钩沉历史资料

荟萃传统英华

载道启智化人

续写锦绣未来

《菏泽历史文化丛书》之十二

道家宗师庄周

袁长海　萧若然　编著

图书在版编目（CIP）数据

道家宗师庄周 / 袁长海，萧若然编著 . -- 北京：中国文史出版社，2024.4

（菏泽历史文化丛书 / 韩广洁主编 . 第三辑）

ISBN 978-7-5205-4657-7

Ⅰ . ①道… Ⅱ . ①袁… ②萧… Ⅲ . ①庄周（约前 369- 前 286）—人物研究 Ⅳ . ① B223.55

中国国家版本馆 CIP 数据核字（2024）第 080898 号

责任编辑：胡福星

出版发行：中国文史出版社
社　　址：北京市海淀区西八里庄路 69 号　邮编：100142
电　　话：010-81136606　81136602　81136642（发行部）
传　　真：010-81136655
印　　装：菏泽英华彩印有限公司
经　　销：全国新华书店
开　　本：787 × 1092　1/16
印　　张：29
字　　数：390 千字
版　　次：2024 年 12 月北京第 1 版
印　　次：2024 年 12 月北京第 1 次印刷
定　　价：1080.00 元（全 6 册）

东明南华公园庄子像、“庄子故里”浮雕（沈鹏　题）

东明南华公园“庄子故里”石刻（刘守安　题）

1995 年 11 月，全国庄子研讨会在东明县召开

2007 年 7 月，全国庄子故里及生平思想座谈会在东明县召开

2011 年 9 月，全国弘扬庄子文化座谈会在东明县召开

2011 年 9 月，南华庄子观重修落成庆典仪式

东明南华庄子观

庄子观南华殿

东明县庄子文化交流中心

庄周墓　坐落在东明县庄寨村北 200 米处的龙山文化和商周文化遗址上

东明县陆圈镇漆园遗址漆园广场庄子像

东明县庄子书画院庄子像

东明县南华庄子观南华殿庄子像

庄周故里牌坊

东明县菜园集镇庄周故里牌坊

东明县菜园集镇庄周文化广场

东明南华庄子观碑林

（局部）

▲东明县裴子岩村明万历壬子年（1612）创建阳明寺记事碑。碑中有“奉敕来牧东明，夫明邑在周时为漆园，即庄周为吏处”字样。

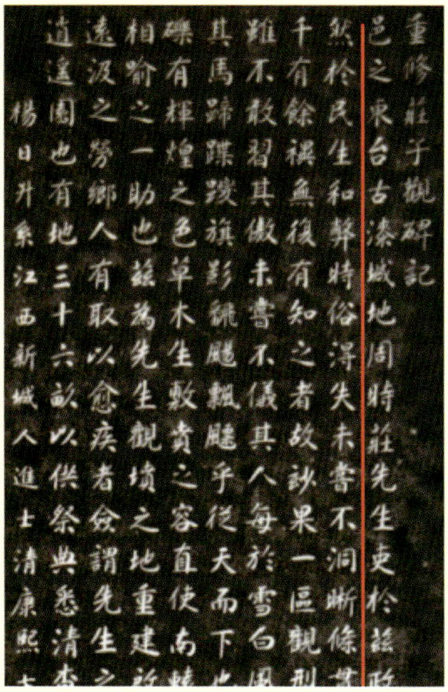

（局部）

▲清康熙十四年（1675）重修庄子观记事碑。此碑为复制碑，残碑尚存，碑文中有“邑之东台古漆城，东周时庄先生吏于兹”字样。

（局部）

▲清雍正七年（1729）黄军营村重修玄帝行宫记事碑。碑文中有“东明古漆园也”字样。

（复制碑）

▲清道光十四年（1834）重修庄子祠墓记碑。碑文中有“东明古冤句，城东裕州屯即漆园也。庄子蒙人，曾为漆园吏，故其祠墓在今县东北东台里”字样。

▲清乾隆五十五年（1790）南华庄子观例应免差徭碑。文中有“大名府正堂王大老爷批示庄、刘二村奉祀先贤庄子例应免差徭”字样。

（全碑）　（局部）

▲清咸丰元年（1851）裕州屯村重修庄子观（南观）记事碑。碑眉为“万民感恩”，中央大字“钦加五品衔知东明县事邹公士民感恩戴德碑”，右侧有“我使君捐廉重修庄子观暨王公祠，令王官屯、赵官营、裕州屯董其祀，蠲徭免役如王公德政，共立感恩戴德碑于庄子观前，与王公碑对峙”字样，左侧为“清咸丰九年”，碑背面为“批准照旧章蠲免三地方差徭以庄子观垂永久”。

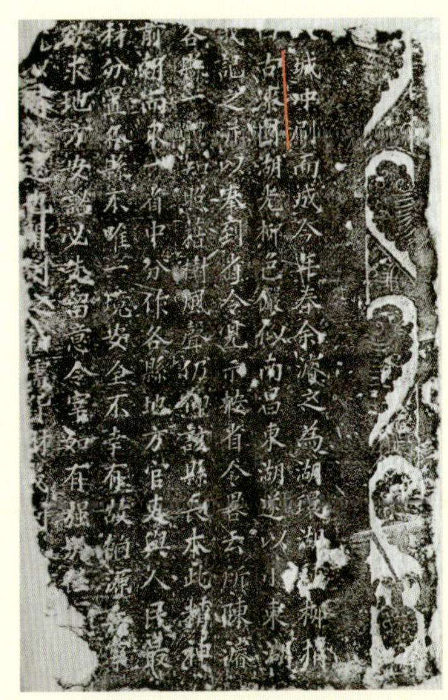

▲民国二十二年（1933）东明小东湖记碑。文中有“东明为庄周漆园故址……额曰古漆园”字样。

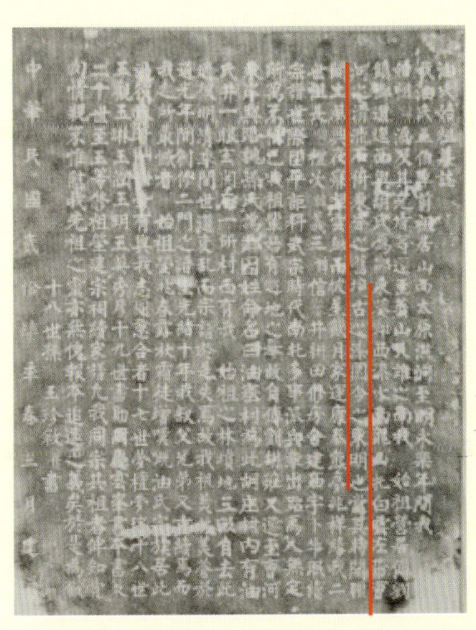

▲民国二十四年（1935）顾庄村油氏始祖墓志碑。文中有“东葵丘，西漆水，南龙山，北白云。左带曹河之清流，右倚东昏之旧境，古之漆园，今之东明也”字样。

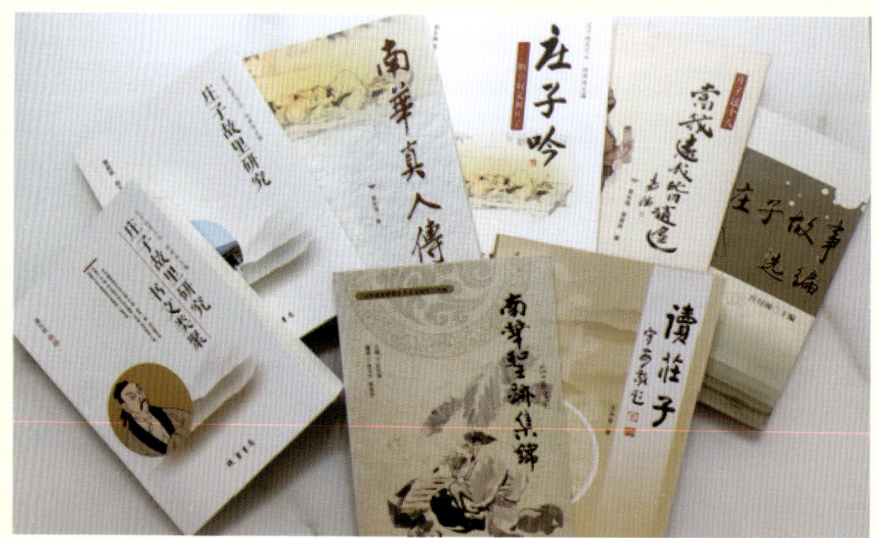

山东省菏泽市庄子文化研究成果

目　录

序 …………………………………………………………… 张　伦　李春英 1
引　言 …………………………………………………………………… 韩广洁 1
前　言 ……………………………………………………… 袁长海　萧若然 1

第一章　庄周的逍遥人生 ……………………………………………………… 1

第一节　武庄后裔　古蒙才俊 ……………………………………………… 1

一、出生蒙地 ……………………………………………………………… 1
二、青少受教 ……………………………………………………………… 4
三、游学历练 ……………………………………………………………… 7
四、辩惠借粮 ……………………………………………………………… 10
五、濮水拒聘 ……………………………………………………………… 12

第二节　漆园为吏　濮水隐居 ……………………………………………… 13

一、漆园为吏 ……………………………………………………………… 13
二、收徒蔺且 ……………………………………………………………… 16
三、陶亳怀古 ……………………………………………………………… 21
四、弃鱼惊魂 ……………………………………………………………… 23
五、隐居濮水 ……………………………………………………………… 25

第三节　游历列国　崭露锋芒 …… 27

一、投奔惠施 …… 27
二、大梁之旅 …… 30
三、东适邹鲁 …… 35
四、骷髅现梦 …… 39
五、淹留荆楚 …… 43

第四节　观鱼梦蝶　亡妻失友 …… 48

一、濠梁之辩 …… 48
二、鼓盆而歌 …… 52
三、梦蝶幻境 …… 57
四、凭吊梓庆 …… 60
五、痛哭惠施 …… 63

第五节　教授生徒　张目道学 …… 66

一、开馆授徒 …… 66
二、借语孔圣 …… 70
三、畅游曹蒙 …… 72
四、美在自然 …… 74
五、养生之道 …… 78

第六节　独立乱世　魂归南华 …… 81

一、潜心著书 …… 81
二、赵国说剑 …… 84
三、关门弟子 …… 89
四、三国分宋 …… 92
五、魂归南华 …… 93

第二章　庄周的典籍记载…………………………………………… 97
第一节　正史文献 …………………………………………………… 97
一、《史记》等史籍文献 …………………………………………… 97
二、《高士传》等史籍文献 ………………………………………… 99
第二节　地方史志与庄氏族谱 ……………………………………102
一、地方史志 ………………………………………………………102
二、庄氏族谱 ………………………………………………………106
第三节　《庄子》中庄周事迹 ……………………………………107
一、内　篇 …………………………………………………………107
二、外　篇 …………………………………………………………108
三、杂　篇 …………………………………………………………111
第四节　《庄子》逸篇佚文与辨伪 ………………………………116
一、《庄子》逸篇 …………………………………………………116
二、《庄子》佚文 …………………………………………………117
三、《庄子》辨伪 …………………………………………………120
第三章　庄周的故事传说 …………………………………………123
第一节　庄姓和庄周名号的传说 …………………………………123
一、庄姓的来历 ……………………………………………………123
二、庄周的名、字的来历 …………………………………………124
三、庄周号“南华”的来历 ………………………………………125
四、庄周出生地蒙的来历 …………………………………………126
第二节　关于漆园为吏的传说 ……………………………………126
一、漆园的性质和方位 ……………………………………………126

二、庄周漆园为吏的逸闻 ……127
三、宛句的来历 ……129
四、庄周辞官 ……130

第三节　庄周游历列国的传说 ……130

一、大梁投案会友 ……130
二、鲁国戏假儒 ……132
三、痛吊惠子墓 ……135

第四节　庄周南华山著书授徒的传说 ……136

一、南华山、宛句县、五霸岗的由来 ……136
二、庄周拒聘 ……136
三、庄周骂曹商 ……138
四、“放生鱼”与“弃相位” ……138
五、一根鱼竿和一条鱼 ……140

第五节　庄子观的传说 ……140

一、庄子观的修建 ……140
二、庄子塑像的由来 ……141
三、幸存的免差徭碑 ……142
四、石狮子半拉头 ……143
五、琉璃井和灵泉井 ……144
六、杨二修观得“三宝” ……145

第六节　庄周墓的传说 ……147

一、庄周的墓碑 ……147
二、浮墓的缘由 ……147
三、出碗盘和金银马驹 ……148
四、黄河大堤“压山不压墓” ……149

第七节 庄周升仙求道的传说 ……………………………………150

一、鼓盆而歌 ……………………………………………………150

二、梦中仙逝 ……………………………………………………151

三、濮河登云桥 …………………………………………………151

四、点化杨日升 …………………………………………………152

第八节 庄周故里风俗的传说 ……………………………………153

一、濮水煮白鱼 …………………………………………………153

二、编草鞋与拧“草呱嗒” ………………………………………154

三、“道士钩”与“倒刺钩” ……………………………………155

四、“二月祭生、八月祭死”的由来 ……………………………155

五、布疑兵，退土匪 ……………………………………………157

六、禁演戏曲《庄周试妻》 ………………………………………157

第四章 庄周的思想主张……………………………………………159

第一节 庄周思想主张概述 ………………………………………159

一、形成背景与学术渊源 ………………………………………159

二、庄周思想的主要范畴 ………………………………………160

三、庄周思想主张概述 …………………………………………161

第二节 “大道”与宇宙 …………………………………………165

一、玄妙的大道 …………………………………………………165

二、无限的宇宙 …………………………………………………170

第三节 相对的认识 ………………………………………………173

一、是非来自“成心” ……………………………………………173

二、人的认识是相对的 …………………………………………175

三、“以道观之”是非齐同 ………………………………………176

第四节　处世的智慧 ……178

一、险象环生的黑暗现实 ……179

二、入世参政的凶险 ……181

三、“无用”的处世哲学 ……185

四、万全的处世之道 ……188

第五节　无为的政治 ……191

一、崇尚自然反对人为 ……191

二、对儒家的批判 ……193

三、无为是最好的统治策略 ……198

第六节　逍遥的境界 ……202

一、鹏程万里未逍遥 ……203

二、逍遥的两个层次 ……204

三、逍遥的心态 ……207

第五章　庄周的文化遗踪 ……211

第一节　庄周遗踪集中地东明 ……211

第二节　庄周的文化遗迹 ……213

一、冤句 离狐 南华 ……213

二、蒙漆园、漆园城遗址 ……217

三、黄河 濮水 漆水 ……218

四、南华山 ……221

五、庄周墓　庄子观 ……223

第三节　庄周的文化遗存 ……225

一、碑刻 ……225

二、楹联　牌匾 ……………………………………………………………233
三、庄氏族谱 ……………………………………………………………235
第四节　庄周的文化遗风遗俗 ……………………………………………237
一、祭祀活动 ……………………………………………………………237
二、《庄子》记载的有关风俗 ……………………………………………240

第六章　历代庄学研究……………………………………………………247

第一节　战国秦汉时期庄学研究 …………………………………………247
一、战国诸子对庄子的评论与阐释 ………………………………………247
二、秦汉时期庄学研究概说 ………………………………………………249
三、司马迁、班固、扬雄、张衡对庄学发展的贡献 ……………………250
第二节　魏晋南北朝时期庄学研究 ………………………………………252
一、魏晋南北朝庄学兴盛的历史背景 ……………………………………252
二、何晏、王弼、阮籍、嵇康对庄学发展的贡献 …………………………253
三、崔撰、向秀、司马彪的《庄子注》 ……………………………………254
四、郭象的《庄子注》 ……………………………………………………255
五、南北朝时期庄学研究概说 ……………………………………………256
第三节　隋唐时期庄学研究 ………………………………………………257
一、隋唐时期庄学研究概说 ………………………………………………257
二、陆德明的《庄子音义》 …………………………………………………258
三、成玄英的《庄子疏》 ……………………………………………………259
第四节　宋元时期庄学研究 ………………………………………………260
一、宋元时期庄学研究概说 ………………………………………………260
二、北宋中后期的庄学研究 ………………………………………………262
三、南宋时期的庄学研究 …………………………………………………264

四、金元两朝的庄学研究 ……267
五、诗文词曲作家的庄学成就 ……269

第五节　明代庄学研究 ……271

一、明代庄学发展的历史背景 ……271
二、明代初、中期的庄学研究 ……273
三、晚明学者及明遗民的庄学研究 ……278
四、明代小说领域的庄学成就 ……282

第六节　清代庄学研究 ……284

一、清代庄学发展的历史背景 ……284
二、前清时期的庄学研究 ……286
三、桐城派的庄学研究 ……291
四、乾嘉学派的庄学研究 ……293
五、刘凤苞的《南华雪心编》 ……295
六、严复、章炳麟、梁启超的庄学研究 ……296

第七章　当代研讨活动 ……300

第一节　东明县三届庄子学术研讨会 ……300

一、1995 年“全国庄子研讨会” ……300
二、2007 年“全国庄子故里及生平思想座谈会” ……307
三、2011 年“全国弘扬庄子文化座谈会” ……322
四、东明县庄学研究主要成果 ……325

第二节　安徽、上海庄子学术研讨会 ……327

一、1989 年蒙城首届国际庄子研讨会 ……327
二、1997 年蒙城第二届国际庄子学术研讨会 ……328
三、2008 年华东师大首届庄子国际学术研讨会 ……328

四、2017 年华东师大第二届庄子国际学术研讨会 ……………………330

第三节　河南省商丘、民权的庄子研究活动 ……………………331

一、庄子故里商丘说 ……………………331

二、庄子故里民权说 ……………………331

第四节　庄子故里鄄城说与曹县说 ……………………332

一、庄子故里鄄城说 ……………………332

二、庄子故里曹县说 ……………………333

第八章　历代咏庄诗文选辑 ……………………334

第一节　地方史志中咏庄诗词选辑 ……………………334

一、《曹州府志》等州府志 ……………………334

二、《东明县志》《东明县新志》 ……………………336

三、《濮州志》《濮州志校补》 ……………………339

四、《新修菏泽县志》 ……………………341

五、《曹县志》《曹南文献录》 ……………………343

六、河南省商丘、民权等地方史志 ……………………346

七、安徽省蒙城、凤阳等地方史志 ……………………347

第二节　魏晋以后诸代文献中咏庄诗词选辑 ……………………354

一、魏晋南北朝 ……………………354

二、唐代 ……………………355

三、宋代 ……………………358

四、金元时期 ……………………366

五、明代 ……………………369

六、清代 ……………………373

第三节 有关咏庄文赋传记、著述序文选辑 ……379

一、咏庄文赋 ……379

二、有关传记 ……391

三、著述序文 ……398

后 记 ……418

序

历史是城市的记忆，文化是城市的灵魂。菏泽市中华文化促进会策划并组织编纂的《菏泽历史文化丛书》全部付梓，标志着这项历时十一年、填补菏泽文化通史空白的宏大工程圆满收官。这是菏泽文化强市建设的一件盛世喜事，对于挖掘、传承和弘扬菏泽优秀历史文化具有重要意义。

菏泽历史悠久、人文厚重，传说乃伏羲之桑梓、尧舜之故里，先为商汤之京畿，继属曹国之疆土，是中华文明的重要发祥地之一。翻阅历史长卷，步入文化长廊，这片古老美丽的土地孕育了绵延千年的灿烂文化，滋养了灿若星河的名人巨匠，曾数度成为中原地区重要的政治、经济、文化中心。远古至夏商时期，传说中的“三皇五帝”在此留下足迹，伏羲授渔猎、造八卦，帝尧制历法、兴禅让，虞舜耕历山、陶河滨，带领先民族群繁衍生息，开启华夏文明之源。西周至战国时期，菏泽人文荟萃、百家争鸣，齐鲁、荆楚、吴越、中原文化在此交汇融合，涌现出一批著名的思想家、文学家、军事家，被《史记》誉为“天下之中”。秦之后的两千多年封建社会时期，菏泽虽饱经沧桑、几经沉浮，但深厚的历史文脉赓续不辍，孕育了象征繁荣昌盛、幸福和平的牡丹文化，蕴含忠孝仁义、重信守诺的水浒文化，体现风俗人情、先民智慧的非遗文化，奠定了菏泽“一都四乡”的文化根基。近现代，作为冀鲁豫边区的首府，这里发生过彪炳史册的红三村保卫战，见证了刘邓大军强渡黄河的战略转折，更诞生了数不尽的仁人志士，用满腔热血和赤胆忠心浇灌出生生不息的“菏泽红”。

习近平总书记指出，修史立典，存史启智，以文化人，这是中华民族延续几千年的一个传统。《菏泽历史文化丛书》坚持以史为据、依史寻源，集中展现了菏泽历史概貌和文化辉煌时期，系统介绍了菏泽的贤哲志士、民俗风物、非遗艺文、战争史话和“一都四乡”等内容。这套丛书共十四卷十六册800余万字，文风朴实、秉笔直书，采撷英华、荟萃众美，钩沉历史、通贯古今，是一部全面反映菏泽历史文化的资料性文献。细细品读，定会深切感受到菏泽历史文化的厚重与璀璨、曹州大地的苍茫与崇高、先贤圣哲的智勇和才情、风土人文的深邃与隽美……历史是最好的教科书，只有铭记历史，才能深刻了解过去、全面把握现在、正确创造未来。我们要以高度的文化自信，深入挖掘菏泽历史文化，坚持创造性转化、创新性发展，古为今用、推陈出新，让历史文脉融入现代生活，让文化基因代代相传。

回眸来时路，菏泽市委、市政府始终牢记习近平总书记“后来居上”的殷切嘱托，全面贯彻落实党中央决策部署和省委工作要求，坚定不移推动高质量发展，经济总量、财政收入分别突破4000亿元、300亿元大关，均跃居全省第8位，实现了由“全省垫底”到“跻身中游”的历史性跨越。展望前行路，菏泽已站在新的历史起点上，全市广大党员干部群众要坚持以习近平新时代中国特色社会主义思想为指引，用好《菏泽历史文化丛书》，学史明理、以文铸魂，从历史经验中获得启迪，从文化传承中凝聚力量，从先贤实践中汲取智慧，全力加快突破菏泽、后来居上步伐，奋力谱写无愧于先贤、无愧于时代、无愧于后世的辉煌新篇！

是为序。

中共菏泽市委书记 张伦

菏泽市人民政府市长 李春东

二〇二三年十二月

引 言

菏泽市中华文化促进会策划并组织编纂《菏泽历史文化丛书》，始于2013年。菏泽市委、市政府对这套丛书的编纂高度重视，给予了有力支持。本市十几名专家、学者在编纂中付出了辛苦劳动和不懈努力。现在，这套丛书已陆续付梓。该丛书是菏泽历史文化的百科全书，堪为菏泽文化建设的一项重要工程。

菏泽历史悠久，文化底蕴丰厚。

远古至夏商时期，菏泽为中华民族的重要发祥地之一。历史文献、远古遗存显示，这里是华族、夏族和东夷族群社会与文化的交融之地，各部族首领和远古先贤们或诞生于此，或创业于此，开启了广阔深厚的远古文明。

两周时期，这里河网纵横，交通便利，人口繁盛，经济发达，为齐鲁文化、荆楚文化和吴越文化的交汇之地，被称为“天下之中”，曾孕育了影响深远的兵家文化、道家文化和儒商文化。

秦代之后的两千多年封建社会中，菏泽虽饱受黄河水患和战争离乱之祸，几经兴衰变迁，但深厚的文化传统仍脉延长续，历代名家贤达辈出，文化成就彰明昭著。

至近现代，菏泽作为民主思想的较早传播地和一方革命老区，民主运动和武装斗争风起云涌，薪火相传，以鲁西南战役为代表的革命战争文化永载史册。

在漫长的历史发展进程中，菏泽还孕育了灿烂的文化艺术，以牡丹、戏曲、书画、武术、民间艺术为主的特色文化，以诗歌、文赋、风物、民俗为基础的地域文化等，在中华民族的艺术百花园中大放异彩、耀眼夺目。

以上表明，菏泽在齐鲁和华夏文明的史册中，书写了一页页光辉灿烂、源远流长的历史篇章。

基于以上人文背景，我们经过广泛征集和挖掘资料、史料，精心打造了这套《菏泽历史文化丛书》，使之为继承弘扬中华民族的优秀传统文化，为建设美好、文明、富裕的菏泽服务。

《菏泽历史文化丛书》，是奉献给菏泽人民的精神食粮。这套丛书计14卷16册，分三辑先后编纂出版。丛书涵盖的主要内容为：菏泽史上四大文化辉煌时期、菏泽非物质文化遗产、菏泽历史名人、菏泽历代科举登科录、菏泽“一都（牡丹之都）四乡（戏曲书画武术等）”、菏泽水浒文化、菏泽艺文、菏泽风物、菏泽民俗和商周时期的菏泽杰出人物伊尹、范蠡、庄子、孙膑等。这套丛书的最大特点，一是时间跨度长，从远古至近现代，悠悠五千余年；二是史实涵盖面广，既包括古今重大文化活动、历史事件和名人志士，又包括个性鲜明的地方特色文化，充分展示了菏泽悠久的历史和丰厚的文化底蕴。《菏泽历史文化丛书》宏富博大，出版这套丛书具有重要的现实意义和深远的历史意义。

首先，丛书给人们提供了一份宝贵的文化遗产和精美的爱国主义教材。丛书从纵向和横向多层面、多角度，比较系统完整地记述了菏泽的历史、文化。横观世事知风雨，纵览史实知兴衰。丛书对于我们进一步了解菏泽，以史为鉴，增强自豪感，树立民族自尊心，陶冶热爱家乡、建设家乡的志向和情操，无疑是十分有益的。丛书各卷中许多史料、图片鲜为人知，是经过广泛走访民间，接触各种线索，查阅多种典籍，或与大专院校、研究机构的专家学者交谈、切磋而获得的。书中相当多的史实、成果是挖掘抢救出来的，弥足珍贵。若不是经过这次大规模收集整理和撰写，丢失难以避免，会留下无尽遗憾和不可挽回的损失。可以说，此套丛书的出版，在菏泽历史文化传承中作用极大。随着时间的推移和岁月的流逝，丛书的价值和重要性将会更加凸显。

其次，丛书有助于提高菏泽人民的人文素质、文化品位，因而对菏泽的文化、社会、经济发展都是十分有益的。文化是灵魂，文化是打开人们心扉、打开社会封闭之门的钥匙。这套丛书会让人们增长历史知识和历史智慧，明确文化与社会、经济的互动作用，自觉加快文化建设的步伐；随着文化品位的提升，文化翅膀将会使菏泽飞得更高、更远，让外部世界更多、更快地了解菏泽、认识菏泽，进而助推菏泽的突破、跨越。

对《菏泽历史文化丛书》的编纂，市有关部门和袁焕勇、冯林、陈一东等同志给予了鼎力相助，我们表示衷心的感谢。

历史是凝固的现实，现实是流动的历史，文化则是历史和现实的折射与升华。菏泽的历史文化、特色文化、革命文化底蕴丰厚、博大精深。在本书编写过程中，我们力求实现科学性、知识性与趣味性的统一，尽量做到图文并茂、雅俗共赏。但是，由于年代久远、资料欠缺，加之我们学识所限，在事件和人物选录、内容取舍、文字表述、图片配置，甚至史实等方面，都可能产生错讹或不妥之处，恳请社会各界有识之士批评指正。

菏泽市中华文化促进会主席 **韩广洁**

二〇二三年十二月

前 言

深入研究庄子 弘扬道家文化

庄子（约前369—前286），姓庄名周，字子休，战国中期宋国蒙（今菏泽市南部曹县、东明一带）人。我国历史上著名的思想家、哲学家和文学家，与老子并称“老庄”，是道家学派创始人之一，有“文哲大师”“逍遥之祖”之称，堪称“道家思想之开山大宗师”（钱穆《庄老通辨》）。

一

庄子一生，仕途不显，仅在家乡蒙邑做过一段时间的漆园吏。他是一个沉思默想、不求功名的隐士型思想家，潜心著述，终生以“明老子之术”为旨。他对战国时期“兵戈不休，诈伪并起”的社会现实非常失望，不愿与统治者同流合污，面对楚、齐等国的高官相聘，他一概婉拒，甘于隐居僻村陋巷，过着十分贫苦的生活。庄子平时穿粗布衣，着自编的草鞋，与贫寒士子为伍，与大自然相伴，优哉游哉，逍遥自适，用自己的人生实践将中国的隐逸文化推到了一个远循高蹈又诗意盎然的境地。他面对残酷的现实，构建了一套完整的超然物外的人生观，试图为人类寻找一种可以摆脱现实困境、超越有限人生的“逍遥”之路。他一生朋友不多，门徒也很有限，官场与学术界名人中，惠施与他交往最深。两人虽然在人生追求和学术思想上的分歧很大，但是两人却有着非常深厚的友谊，《庄子》一书中记载了多则两人相互论辩的故事，如著名的濠梁之上“鱼乐之辨”等。所有这些，都对其哲学思想体系的形成产生了极大影响，并逐步得到促进、升华和完善。

庄子在哲学上继承和发展了老子的思想，认为“道”是客观的存在，他集一生社会体验和饱学广识，写成《庄子》一书传世。《庄子》又称《南华经》，是一部道家经典著作。该书风格独特，语言犀利，内容丰富，包罗万象。首先它是一部探索宇宙万物发展自然规律之道的哲学著作，深入阐明了什么是"道"、人类与"道"的关系、如何达到"道"的境界等重大世界观问题。"道"是《庄子》的中心主题，是庄子的核心思想。在庄子的笔下，"道"有着多种含义，除指事物发展的自然规律外，还被视为宇宙的本原，能产生天地驾驭鬼神，无有形象不可感知，无处不在，具有不可抗拒性、普遍性、永恒性等。他说："道之真以治身，其绪余以为治国，其土苴以治天下。"（《让王》）意思是说，大道的真髓、精华用以修身，它的余绪用以治理国家，它的糟粕用以教化天下。《庄子》一书中多次谈到"体道"之事，"体道"乃是一个人的自我修养，也即是追求一种宇宙精神，一种物我交融的心态，从这一角度说，"道"又是一种精神境界。这种境界的基本特征是："天地与我并生，而万物与我为一"（《齐物论》）；"芒然彷徨乎尘垢之外，逍遥乎无为之业"（《大宗师》）；"乘夫莽眇之鸟，以出六极之外，而游无何有之乡，以处圹垠之野"（《应帝王》）。要达到这样的境界，必须超越外在各种因素的诱惑与影响，突破自身形骸的局限，消除一切智能活动和成见；同时还要培养死生如一的心态，从了解宇宙变化的真情中逐步凝聚自己的精神世界，即所谓"外天下""外万物""外生死"以及"离形去知"，从而达到"坐忘""心斋"的境界。这样的精神境界既是一种人生观的体现，也是一种世界观的体现。

二

庄子的社会观，是其哲学思想的重要组成部分。纵观《庄子》全书，"无为"和"无己"乃是庄子的政治主张和生活旨趣的高度概括。《庄子》一书充分表现了庄子愤世嫉俗的思想和情绪，他对世俗社会的礼、法、权、势进行了尖锐的批判，提出了"圣人不死，大盗不止""窃钩者诛，窃国者为诸侯"的精辟见解；他抨击各国诸侯的征战，谴责他们给人民带来祸殃，《徐无鬼》

篇中说："君独为万乘之主，以苦一国之民，以养耳目鼻口"，指出他们"杀人之士民，兼人之土地，以养吾私与吾神"，并且直接戳穿统治者挑起战争的欺骗蛊惑手段，"爱民，害民之始也；为义偃兵，造兵之本也"。庄子认为，一切虚伪、欺诈、盗窃等社会弊端全都是"昏上乱相"造成的。正是因为统治者的肆虐，才会造成"今世殊死者相枕也，桁杨者相推也，刑戮者相望也"（《在宥》）的社会惨况。面对社会的黑暗与不公、矛盾与动荡，庄周主张返璞归真，把原始"至德之世"的景象作为政治理想的追求。《庄子》所倡导的人生态度的中心是顺应自然。全书多处提出对人为的批评，指出有为的有害性，认为要真正做到无为，首先要忘掉自我，"无己"之后才不会为外物所牵累，不会去追逐功名利禄，不会去追问是非曲直，这样才"可以保身，可以全身，可以养亲，可以尽年"（《养生主》），然后才是有感而应，凝神寂志，并最终达到恬淡自适的境界。

庄子哲学思想的另一个重要组成部分，就是相对论认识。第一，庄子认为事物是相对而又相生的，也就是说任何事物都具有既互相对立又互相依赖的正反两方面。如天与地、日与月、动与静、明与晦、生与死、消与长等等就是最普通的阴阳相对相生的概念。第二，认为事物的运动变化总是向与它相对立的方面转化。《齐物论》所谓"其分也，成也；其成也，毁也"，即总结出了事物分化与合成的对应发展的基本趋势。第三，认为从"道"的总体性、同一性的角度说，宇宙万物尽管千差万别，小与大、短与长、美与丑、分与成，说到底又是齐一的、没有区别的。第四，认为任何认知都会受到特定条件的限制，受到时空的限制，确定认知的标准是困难的，甚至是不可能的，所以，认知就只能是相对的。对待生死的态度，也是庄子哲学思想的一个重要组成部分。庄子主张生死不分、死生齐一，即超脱生死，置生死于度外，"其生若浮，其死若休"（《刻意》），"不知所以生，不知所以死"（《大宗师》）。生与死都是"气"的聚合与离散，因而"死生同状"（《天地》）。《庄子》的哲学思想深邃玄妙，它触及认知世界里的许多重大问题，处处闪烁出人类思维智慧的火花，对后世的影响广泛而深远，是人类思想史上一笔宝贵的精神财富。庄子的思想是十分复杂的。一方面谴责人为征战的恶果和社会不公，另一方面又希图让人安于现状；一方面指出了事物的对立转化，另一方面却又大倡不可知论。其实这些矛盾现象正反映出庄子思想的复杂性，说明《庄子》思想体系本身就是一个复杂而矛盾的整体。庄子的哲学思想深邃玄妙，它触及认知世界里的许多重大问题，蕴含着许多具有永恒价值的极其宝贵的思想遗产，当然它也深深地打上了那一时代的烙印。

三

庄子对后世的影响，不仅表现在他独特的哲学思想上，而且还表现在他巨大的文学成就上。《庄子》既是一部伟大的哲学巨著，又是一部充满浪漫主义的文学经典著作。它思想深湛，想象奇幻，气势磅礴，神采飘逸，辞藻秀美，代表了先秦时期散文创作的最高水平。关于《庄子》的艺术特点，第一是寓言故事的大量形象化运用。现存的《庄子》三十三篇中，大小寓言故事多达二百个左右。庄子的政治主张、哲学思想，通过一个个生动形象、幽默机智的寓言故事，巧妙活泼、引人入胜地表达出来，具有石破天惊、振聋发聩的艺术感染力。第二是生动丰富的譬喻。庖丁解牛喻指遵循事物自然之理，埳井之蛙喻指浅薄鄙陋之人；《则阳》篇中讽刺诸侯之间的战争，用蜗牛的左右角来号称触氏和蛮氏的对抗；《秋水》篇中庄子将自已比作鹓雏，将惠施比作鸱，把功名利禄比作腐鼠，表明自己鄙弃功名利禄的立场和志趣，讽刺惠施醉心于功名利禄且无端猜忌别人的丑态。这一切运用之灵活、达意之精微，极大地增强了文章的表现力和说服力。第三是丰富奇特大胆的想象。《庄子》中通过虚构、夸张和奇妙的幻想，造成一种极为深邃、极为玄妙的意境，富有浓厚的浪漫主义色彩。如《逍遥游》篇，作者为了追求所谓的绝对的自由，将特大与特小之事物均有所依恃的情况进行了极其虚幻夸张的描写。如大鹏水击三千里、抟扶摇而上者九万里，而斥鷃跃起腾飞不过数仞而下；寿长的大椿以八千岁为春为秋，而寿短的菌类则朝生暮谢等，使文章充满了诡奇多变的瑰丽色彩。第四是《庄子》还树起了一座语言艺术的丰碑。文章行文有时奇诡飘逸，有时汪洋恣肆，但都开谷有度，并表现出强烈的情感色彩，其忧惧、爱憎溢于言表。此外，《庄子》中的许许多多生动形象、丰富多彩的语言材料，具有极强的表现力和穿透力，既是对生活的高度概括，又是智慧的凝聚与闪现。至今不少语言材料还活跃在成语里，如"越俎代庖""朝三暮四""庖丁解牛""运斤成风""邯郸学步""东施效颦""望洋兴叹""吐故纳新"，等等，成为现代汉语词汇中的宝贵财富。《庄子》文情跌宕，意境深邃，变化莫测，恣肆汪洋，以其超乎寻常的奇谲风格，飚举于先秦文坛，成为中国文学史上后人难以企及的一座高峰，清初文学批评家金圣叹称之为"天下第一奇书"。鲁迅评价庄子说，"其文则汪洋辟阖，仪态万方，晚周诸子之作，莫能先也"（《汉文学史纲要》）；郭沫若说，秦汉以来的一部中国文学史，差不多大半是在庄子的影响下发展的，"他那思想的超脱精微，文辞的清拔恣肆，实在是古今无两"；"中国人的文化上永远留着庄子的烙印"（闻一多语），"中国文人的外表是儒家，但内心永远是庄子"（李泽厚语）。

四

庄子作为道家学说的集大成者之一，其经典著作《庄子》对后世有着广泛而深远的影响。许多人把他与老子并称"老庄"，把他们的学派尊称为道家学派加以推崇、研究和继承发展。至魏晋时期，"玄学"的兴起带动中国哲学史上的思辨思潮，当时的统治者一改汉代"独尊儒术"，实行"儒道兼宗"，老庄学说进一步受到世人的重视，曾为极其兴盛的显学。一方面，呈现出学者群起解《庄子》、注《庄子》的热潮。晋人司马彪、崔譔、向秀、郭象等纷纷为《庄子》作注，这对于庄子学说的传承起到了至关重要的作用。之后的隋唐、宋元直至明清时代，均有一大批著名学者注疏《庄子》，阐释《庄子》，研究《庄子》。另一方面，道家思想开始渐渐渗进中国文人的骨髓。庄子提出来的“内圣外王”等人格理想，超然适己的生活精神，深刻地参与了中国传统文人的内在精神世界，可以说庄子、老子之道与孔子、孟子之儒共同构成了中华民族精神的源头。在中华民族的精神结构中，一般来说，儒家思想构成其现实层面，道家思想构成其超越层面，儒道互补，构成了中国文化发展的内在张力和基本格局，共同构成了中华优秀传统文化。习近平总书记强调，中华优秀传统文化是中华文明的智慧和精华所在，是中华民族的根和魂，是我们在世界文化激荡中站稳脚跟的根基。

庄子是我国文化思想灵魂缔造者之一，《庄子》一书已成为我们十分宝贵的思想遗产和精神财富。庄子思想的核心是对自然之道的坚守，这种坚守是人类和谐发展的永恒之道。它帮助人们开阔视野、提升境界；消除贪婪的物欲，避免被文明这把双刃剑所刺伤；解开名缰利绳的束缚，防止人之精神魂魄丧失，帮助人们树立正确的人生观和价值观，告诉人们如何自救与解脱，如何在纷繁复杂的尘世中保持心灵的安宁与清静。特别是他的“顺应自然”“逍遥”“自由”等思想，能够帮助我们更好地调适内心、适应社会，获得精神上的超越和自足；可以帮助人们找到自我，离生活的本真更近，消除人与自然、人与人、人的内心世界发生的种种冲突，达到“与道为一”“天人合一”的和谐而逍遥的境界。所以，对庄子和《庄子》用现代观念与方法重新加以认识和研究，具有重要的现实意义。

庄子是菏泽的古代先贤，在深入研究庄子、弘扬道家文化方面，要走在社会和时代的前列。我们对待它要心存温情和敬意，担负起守护和继承它的责任。要坚持马克思主义的根本指导思想，深入学习和领悟庄子文化的精髓要义，做到古为今用、推陈出新，大力弘扬其中的优秀成分，从而为推动经济社会各方面更好、更快地和谐发展，促进中华民族伟大复兴的中国梦的早日实现作出贡献。

袁长海　萧若然

二〇二三年十二月

第一章　庄周的逍遥人生

庄周一生贫困，却安贫乐道，逍遥自适，为后人留下了宝贵的思想遗产和精神财富。本章根据《庄子》《史记》等史籍文献记载，结合民间传说故事，简要记述了他那平凡而伟大、无待而逍遥的一生。

第一节　武庄后裔　古蒙才俊

一、出生蒙地

庄周，宋国蒙人，战国中期伟大的哲学家、思想家、文学家。庄周本是宋国公室之后，曾有显赫的身世背景，先祖可追溯到宋国第十一代国君宋戴公。宋戴公，名武庄，武庄旁支后裔，五世以后，用先祖的名做氏，于是就有了“庄”的姓氏。《通志・氏族略》记载：庄姓“出自子姓，春秋时宋戴公，名武字庄，其支孙以王父（祖父）字为氏”。宋昭公元年（前619），因昭公无道，国人不服，昭公弟公子鲍在王姬的帮助下，杀昭公而取其位，是为宋文公。次年，昭公之子欲为昭公报仇，便纠集文公母弟须与武、缪、戴、庄、桓诸代宋君之族为乱。宋文公平息了这场动乱，参与动乱的贵族重者被灭族，轻者被放逐边疆。庄周的先祖参与了这场动乱，被放逐至宋国西北边陲蒙邑。蒙邑位于宋、曹、卫三国接合部，地处偏僻，环境恶劣，庄周先辈的发展因此受到了很大限制，至庄周的祖父辈时，已式微成平民。

宋国是殷商后裔微子的封国，疆域包括今河南省东南部和山东省、江苏省、安徽省之间一带土地。商朝末年，微子为殷帝乙的长子，因为庶出，不能继位。而帝乙少子辛，“资辨捷疾，闻见甚敏，材力过人，手格猛兽”，得以继位，是为商纣王。帝辛初立，重视农桑，发展生产，积极对外扩张，势力直达江淮一带，国力强盛。然商纣王在位后期，居功自傲，穷奢极欲，荒淫无道，渐失民心。庶兄微子数谏不听，终亡于周。周武王灭殷，封纣子武庚于商都朝歌之郊，治理殷商遗民，以续殷祀。但以分封于商都以东之管叔、以西之蔡叔、以北之霍叔等武王之弟，共同监督武庚。两年后武王卒，其子成王诵继位。因成王年少，天下初定，由王叔周公旦掌管政事。管、蔡、霍等叔对周公心怀不平，武庚乘机利用矛盾，串通管叔、蔡叔，并联合商之旧属国奄（今山东曲阜）、蒲姑（今山东博兴县）及徐夷（今徐州东南部）、淮夷（今淮、泗地区）等 17 个东夷方国，起兵反周。周公旦受成王之命，兴师东征武庚和管、蔡及其诸方国之叛乱。在平定武庚及三叔叛乱后，周公继续挥师东向，进攻东夷诸国。经过三年持续作战，周公取得完全胜利，攻灭淮夷、徐、奄等 17 国。战后大封诸侯，以加强控制与统治被征服地区。于是，周成王命微子启代殷，奉其先祀，封于商丘一带，建立宋国，都于睢阳（今商丘市睢阳区），彭城及其以西之萧、砀、丰、沛地区皆属于宋国管辖范围。

宋国地位特殊，被周天子尊为“三恪”之一。周朝新立，封前代三朝的子孙，给以王侯名号，称三恪，以示敬重。即分别封虞、夏、商之后于陈、杞、宋。春秋时期，齐国内乱时，宋襄公帮助齐公子复国，代齐作为盟主，成为春秋五霸之一。泓水之战后，宋国国力受创。宋景公三十年（前 487），曹伯阳背晋，干预宋政，宋景公兴兵灭曹，国力渐盛。至此，宋国疆域北至鄄城南境，与齐国接壤；西至今东明东境，与当时的卫国相连；东至巨野、成武西部及以南地区，与鲁国毗邻；西南至今河南省开封以东，与楚、晋、郑等国相望。战国时期，宋康王“行王政”，实行政治和军事改革，极力对外扩张，东败齐，南败楚，西败魏，宋国又逐渐强盛起来。它的版图最大时跨有今河南东部、江苏西北部、安徽北部和山东西南端之间，面积约有十万平方公里，皆平原膏腴之地。

《史记·老子韩非列传》称：“庄子者，蒙人也。”西汉·刘向《别录》

亦称庄子“宋之蒙人”。那么，宋国之“蒙”又指哪里呢？其境域涉及今什么地区？史籍所载不详。目前山东东明、曹县，河南商丘、民权，安徽蒙城等地全都声称他们那儿就是司马迁所说之“蒙”，并且各都亮出了大量证据，或方志记载，或古史钩沉，或碑刻物证，或口耳传闻，等等，笔者经过查阅大量史料认为，当今的东明、曹县一带应在当时之“蒙”的区域内。

“蒙”作为一个地区之名，由来久远。商汤在商丘“桑林祷雨”，以“葛伯仇饷”为由攻打葛国，拉开商汤革命的序幕，最终灭夏，在南亳（在今河南省商丘市睢阳区高辛镇至坞墙镇一带）立都建立了商朝。商朝建立后，除中央政权直接管辖的范围外，还有很多相对独立的“方国”。这些方国既有王朝分封建立的，也有边区或外族归服中央的。蒙国，为商朝东土方国之一。东土，指今山东中、西部以及河南东部，安徽、江苏北部。徐杰舜在《汉民族发展史》中列举，商朝东土“属国有肃国、兜国、攸国、蒙国、曾国”。蒙国所封爵位为侯，地位显赫。甲骨文中有“蒙侯虎”的记载，“蒙”为蒙国，“侯”为蒙国之侯，“虎”为蒙侯的名字。侯最初是由王委派在边境地区设置的武装警卫组织，《周礼·夏官·职方》孔注：“侯，为王斥候也，服言服王事也”。由于处于边远和冲突地区，逐渐发展为具有独立经济、军事职能的方国。

那么，蒙国的具体位置又在哪里呢？《曹州府志》记载：“蒙城，在亳城东南。《帝王世纪》：蒙为北亳，汉置县，属梁国。亳城，在曹县南二十里。唐虞、夏时本为商丘之境，自契至汤，凡八迁多在其地，实汤受命处。一名景亳，一名北亳。及汤受命后，始迁于谷熟（今商丘市虞城南），为南亳。后又迁于偃师，为西亳。”即所谓“殷有三亳”。而北亳地域最为广阔，南起蒙泽（今山东曹县南），北至殷（今河南安阳），包括曹、濮之间的黄河、濮水流域的广大地区，统称为北亳、北蒙。《太平寰宇记》：“梁国有二亳，南亳在谷熟，北亳在蒙，汤会诸侯于北亳，即蒙之北亳也。”“蒙之北亳”即是说“北亳在蒙”，意思似乎是说北亳仅是蒙地之一区，地域没有蒙的范围广阔。汉时，统治者在北亳之地置蒙县，址在今山东曹县南，属梁国；隋始改名为蒙县，废寻，唐复置，旋亦废。有人据此认为，所谓宋国之蒙，仅限于今商丘东北，或曹县东南一带狭小区域，实为不确。不论怎样说，蒙作为宋国一邑，其地域在今菏泽市南部的曹县、东明一带是可以肯定的。

清·康熙《钦定古今图书集成》记载："今兴仁宛亭有庄子漆园，古蒙地也。"清·刘藻《曹州府志》亦载："今兴仁府宛亭有庄子漆园，古蒙地也。"而所谓"宛亭"，又称"宛句""冤句"。今之东明即古之冤句，冤句自古有蒙称。唐《括地志》称"冤句属蒙"，宋·罗泌《路史·国名记丙》载"汉之冤句，亦蒙地也"，欧阳忞《舆地广记》说"冤句亦蒙县也"。由此可见，司马迁说庄周曾为吏的漆园为蒙漆园，就在今东明县境，从而也佐证了庄周的出生地之"蒙"，当今菏泽市西部及南部的曹县、东明一带。

二、青少受教

庄周出生于周烈王七年（前369），正值诸侯纷争、战乱频发的战国中期，又生活在处于齐、楚、魏等强国环伺、在夹缝中求生存的宋国，这种情势预示了他的一生，将是充满艰难曲折的历程。

庄周之父的生平事迹史籍无载。据江西省上饶市2006年所修《锦绣庄氏宗谱》记载，庄周之父名"尚文，字应征。配吴氏，生二子同、周"。从中可以看出，庄周之父的名叫庄尚文，庄周排行老二，其兄名叫庄同。

庄周青少年时期生活及受教育的情况，没见有史料记载。宋国处于中原腹地，素有"天下之枢"的称誉，到庄周出生时，已经有七百多年的历史了，历史文化积淀十分雄厚。时值战国中期，社会矛盾激化，各诸侯国之间的兼并战争愈演愈烈，各国为了富国强兵，向社会广纳贤才，诸子百家蜂起，各家学派纷纷涌现，私学炽热，文化繁荣。我们从当时的社会形势和庄周的家世来推断，作为没落贵族出身的庄周，自幼"必然接受过系统的教育，起码是阅读过大量的传世藏书。当时，伴随着乡校的出现，教育在一定范围内得到了普及"（王充闾《逍遥游 —— 庄子传》）。根据文献记载，庄周时代的小学生入学年龄从八岁至十五岁。贵族子弟入学较早些，但庄周的家族已式微成平民，想让庄周早早地进入“官学”学习是不大可能的。庄周的父亲接受过传统的教育，有一定的文化素养，有能力对他进行启蒙教育，待庄周长到八岁时再被送进家乡附近的“私学”读书。

唐朝韩愈提出，庄周之学出自子夏。他在《送王秀才序》中说：“盖子夏之学，其后有田子方，子方之后流而为庄周，故周之书喜称子方之为人。”子夏，即卜商（前507—前400），卜氏，名商，字子夏。春秋末期思想家、教育家，名列“孔门七十二贤”和“孔门十哲”之一，尊称“卜子”。孔子去世之后，面对孔门丧乱，子夏前往魏国教学育人，《史记·儒林列传》载“如田子方、段干木、禽滑厘之属，皆受业于子夏之伦”。韩愈认为，子夏传授于田子方，而庄周受业于田子方。韩愈这种观点有无根据，还不好说，但庄周在其《田子方》篇中，对田子方的事迹多有描述，也不乏称赞尊崇之意。

也许是受韩愈观点的影响，其后有许多学者赞同他的观点，如明代王世贞在《读庄子》中指出，庄子“盖尝受业于孔子之门”，庄子当是游于孔子圣门而中途叛离的人，故而在他的言论中往往留有儒学的印记。就整部《庄子》来看，其中受儒学影响的篇章的确不少。赞同韩愈观点的学者于清代为多，如林云铭说：“若云子夏之后流为田子方，子方之后流为庄周，即谓庄子与孔子同而与老子异，亦无不可也。”（《庄子因》）宣颖认为，“庄子学于子夏，所称夫子多系孔子”（《南华经解释》）。孙嘉淦认为，庄子学说实为“孔孟之心传”，世谓卜氏子夏之学流而为庄周并不可谓为虚言，“庄子亲炙孔子之门人，得圣道之一端而偏至焉，遂能冠百家而祖二氏（指佛、道两家），内典丹经皆南华之牙后慧也。”（《南华通·〈德充符〉通》）今人郭沫若亦认为庄周青少年时期接受的是儒学教育，并提出庄子之学出自“颜氏之儒”的观点。为此郭沫若作过统计，《庄子》中关于颜回的资料共有十件，其中《人间世》《大宗师》篇中的两则思想资料，讲述了颜回与孔子研习“心斋”“坐忘”的事情，而“心斋”和“坐忘”正是《庄子》中的精要。由此可见，庄周从小接受的是传统的儒学教育应该不假，且对其以后的思想也产生了较大影响。纵观《庄子》一书，庄周对儒家思想典籍非常熟悉，对儒家思想资料时有援引借用，孔子是他提及次数最多的人物，其思想言行依然透着儒家本色，在为赵王说剑时也是“儒服而见”。

关于庄周少时的师承问题，东明一带的民间传说称，庄周少时所学是“漆雕氏之儒”，曾为魏相的惠施和宋大夫的曹商都是庄周少时的同窗学友。“漆雕氏之儒”是指漆雕开及其弟子形成的儒家学派。漆雕开（前540—前489），姓漆雕，字子开，孔子的弟子，在孔门中以德行著称，著有《漆雕子》十三篇。他发展了孔子“性相近”“习相远”的学说，提出了“天理”和“人欲”的概念。还进一步指出，人性决定人情，人情又决定人心，而人心则主导人外在的仁义行为。漆雕开具有“勇者不惧”的美德，《韩非子·显学》中说：“漆雕之议，不色挠，不目逃；行曲则违于臧获，行直则怒于诸侯。”意思是说，在遇到威胁时脸色不露出退让的表情，眼睛不露出躲藏的神色；自己行为理屈时，就是对奴隶也要进行躲让，然而行为正义之时，对诸侯也要发怒。孔子门下有三人姓漆雕，即漆雕开、漆雕哆和漆雕徒父，他们好勇任侠，不愿做官，自成一派。《论语·公冶长篇》记载：“子使漆雕开仕。对曰：‘吾斯之未能信。’”这里“信”与“屈”相对，是伸展的意思。“吾斯之未能信”指漆雕开认为如果他步入仕途的话，并不能使自己的本性尽情地得到伸张，所以选择不仕。从漆雕开等人的做派看，似乎也能从中看到庄周的影子。尤其需要说明的是，漆雕氏系神农后裔，本姓姜，神农后第四十一代孙隐居漆水之东，后徙商丘之漆园，其后代遂以“漆”为姓，称漆氏，漆姓由此而始。清《蒙县县志》记载：“西周初，曹国漆雕氏食邑曹国北蒙，称漆邑。”漆雕氏食邑于漆邑，从事漆生产和漆制品的加工，所以这里又称漆园。春秋战国时期漆雕氏有从事文化和其他行业的，如漆雕开、漆雕哆和漆雕徒父同入孔门，为纪念这孔门三贤，单姓漆氏改为复姓漆雕氏，复姓漆雕从此始。而漆雕之姓有源于职业之说，出自古代漆器工匠，属于以职业技能称为氏。相传，漆雕氏最早出现时是一种职业技能称谓，就是以漆来制作、装饰实用器皿的工匠之古称。漆雕氏迁居漆园之后，以经营漆林、制作漆器为业，后来又开办了私人学校，传播儒学，成为远近闻名的私学，而这里离庄周的家乡不远，从而使庄周在此受业于漆雕氏之儒成为可能。

三、游学历练

庄周天资颖慧，又十分勤奋向学，兴趣广泛，入读漆雕氏儒学堂后，如鱼得水。在认真学习“六经”（《诗》《书》《礼》《易》《乐》《春秋》）和“六艺”（礼、乐、射、御、书、数）的同时，“其学无所不窥”，还广泛涉猎前代传世典籍，努力充实自己。当时，游学也是一种传统的学习方式。庄周就特别喜欢游学，遍游境内及周边历史文化古迹，在游学中潜移默化地体验人生，在体验中掌握了大量知识。通过与多家流派的学者广泛交流、切磋，开阔了视野，增益了学识，从而奠定了他那深厚的思想文化基础。

庄周游学商丘期间，结识了怀道高人长桑公子。长桑公子又名长桑君，是道家人物文子的再传弟子，精医术，善养生，究天地玄妙之理，是神医扁鹊的老师，庄周对文子和长桑公子都非常仰慕。文子，姓辛，名钘，号计然，葵邱濮上人，受业于老子，春秋时期著名思想家，道家思想承上启下之人，著有《文子》一书传世。北魏·李暹为《文子》作注云：“（文子）姓辛，葵丘濮上人，号曰计然，范蠡师事之。本受业于老子，录其遗言为十二篇。”庄周在长桑公子那里得到老子的《道德经》和文子的《文子》，爱不释手、百读不厌。读老子和文子之书，如闻天籁之音、耳目一新，完全不同于儒学空洞陈腐的说教，于是弃儒从道，拜长桑公子为师，潜心学习《老子》《文子》等道家学说。梁·陶弘景《真诰》卷一四记载：“庄子师长桑公子，授其微言，谓之《庄子》也。”东明《庄氏族谱序》记载：“始祖讳周，字子休，生于古蒙名区。天资异常，灵敏超众，又好学不倦，年未及冠，将老子之学说深得乎奥妙，而著作之才能已肇于此矣。”庄周经过多年的研习，对道有了深刻而独特的理解，深得道家学说精髓奥义，并继承和发展了老子和文子的思想，建立了自己独特的思想体系。

庄周跟随长桑公子学道以后，经常在商丘一带游学。那时的商丘城在今商丘市睢阳区，所以一般称宋国都城常指睢阳，我们这里也采用这种说法。宋都睢阳城坐落在淮水北岸，这里曾是商部族发祥之地，有几代商部族的祖先在这里建都，故称作商丘。经过几百年的建设，睢阳城已变得非常繁华，成为商业文化大都市。

一次，庄周在长桑公子那里见到宋太宰荡。太宰荡，姓戴，名荡，因宋为商后裔的封国，宋太宰亦称商太宰。太宰是个古老的官位，殷商开始设置，掌邦治，统百官，均四海。宋国机构职位设置沿袭殷商，太宰为殷商首置，更看重太宰职位。在宋国太宰为百官之首，地位相当于他国的相国，宋君偃称王后，亦改称太宰为相国。经过长桑公子的引见，庄周与太宰荡一见如故。

戴姓的始祖也是宋戴公，细论起来庄周与太宰荡算是同宗，二人说起话来自然就多了一分亲近感。太宰荡说："儒家强调治国以仁为本，你对仁有什么看法？"

庄周说："虎狼也具有仁性。"

太宰荡说："都知道虎狼以凶残出名，你说它们也具有仁性，指什么？"

庄周说："它们父子相亲相爱，难道不是仁吗？"

太宰荡说："我问的是至仁，也就是高标准的仁。"

庄周说："至仁不偏不私，忘亲忘爱，就是抛开狭隘的亲情。"

太宰荡说："谁都知道，抛开亲情就会让人没有爱心，没有爱心儿女就不会孝顺父母了。照你说来，至仁就是要人都不要孝顺父母吗？"

庄周说："当然不是这样。至仁是崇高的，孝本来就不足以说明它。真正的仁和儒家所说的孝，本来就是不相干的两回事。这就好像冥山在北方幽暗处，北人不易看见。南行到楚国的郢都，向北眺望，更难见冥山了。为什么？郢都离冥山太远了。儒家所说的仁孝，只是简单的规则，用规定的准则来引导人们做到仁孝，这就像楚国的郢都和极北的冥山之间的距离一样遥远。”

太宰荡说：“那就请谈谈孝吧。”

庄周说：“尊敬双亲，力尽义务，容易做到；眷恋双亲，出自内心，难啊！眷恋双亲，也许容易做到；虚静恬淡，忘亲忘爱，难啊！忘亲忘爱，也许容易做到，做到忘我，难啊！让双亲忘了我，也许容易做到；要我兼忘天下人，那才是真难啊！兼忘天下人，也许容易做到；让天下一切人都恬淡，做到忘我，那才是难上难啊！要说至仁，这便就是。人达到这样高的境界，他当然不屑于像尧舜那样，像历代的好君王那样，留下所谓德政，让百姓去叩头谢恩。他的德是至德，看不见的潜德，恩泽施及万世而又不为百姓所知，这样的人，难道还需要高声赞叹不绝地谈仁论孝吗？所谓的孝悌仁义、忠信贞廉等美德，都是自我勉励而束缚真性的，根本不值得提倡。所以说，能够舍弃一国之君的地位的人，才是真正尊贵的人；能够拒绝一国之财富的人，才是真正富有的人；不把名誉放在心上的人，才是真正崇高的人。这便是永恒不渝的大道。”

太宰荡说：“先生的高论令我受益匪浅。那么，请问又如何治理天下？”

庄周说：“只听说过使天下自在宽容，没听过说治理天下。人们自在，唯恐天下扰乱了他们的本性；人们宽容，只恐天下改变了他的德性。天下不扰乱其本性，不改变其德性，又何须治理天下！”

太宰荡说：“现在天下纷争，宋国在夹缝中艰难生存，国君整日忧虑治国乏人。一个国家如果不加强治理，又如何使国富民强而与大国相抗衡？先生是天下奇才，国家栋梁，希望能留在睢阳，与我共同辅佐国君造福人民。”

庄周说：“我喜欢逍遥自在，日夜奔走在大自然之间，与天地融为一体，虚静无为，恬淡自乐，不愿受任何外在的拘束，你还是另请高明吧！”

太宰荡默然，半晌才说：“先生满腹经纶，思接天地，却不愿为政事所拘，我能理解。当年老子生活在周京洛邑，做了半生的守藏吏，却没有半句参与王室政事的话。我已经是身不由己，欲罢不能了，怎么好再勉强先生呢？”

此时庄周的年纪还不到三十岁，但他的思想已让太宰荡深为叹服了。

四、辩惠借粮

庄周通过深入阅读学习和游历，广泛接触社会，练就了一副好的口才，他能言善辩在蒙邑是出了名的。众学士经常轮番向庄周提出问题，他都能对答如流，于是大家都说庄周在蒙邑一带，已经没有可以相匹敌的辩论对手了。

而他的同学惠施，听说了此事很不服气，一天特意找到庄周发难。

惠施问庄周："人原本就是没有情的吗？"

庄周说："是的。"

惠施说："一个人假若没有情，为什么还能称作人呢？"

庄周说："道赋予人容貌，天赋予人形体，怎么能不称作人呢？"

"既然已经称作了人，又怎么能够没有情？"庄周的话音刚落地，惠施就立即反驳。

庄周回答说："你把人的内涵当作了人之情，你所说的只是人之俗情。俗情，人人皆有。我所说的人之无情，是说他无俗情，能摆脱是非，能忘掉得失，能勘破死生，能淡化欢爱，能消化仇恨，不让俗情损害自己的天性。他顺任自然，也就是顺应天命，不去人为地去补充营养，求所谓的长生。"

惠施说："真是笑话！不去人为地补充营养，靠什么来保有自己的身体？"

庄周说："道赋予人容貌，天赋予人形体，一切早已注定，关键是不让俗情损伤自己的天性。如今你驰散你的心神，耗费你的精力，坐在树下高谈阔论，靠在干枯的梧桐树上闭目假寐。自然赋予了你的形体，你却以'坚''白'的诡辩而自鸣得意！"

惠施笑着说："反正你的言论大而不当，没有用处！"

庄周说："懂得没有用处方才能够跟他谈论有用。大地不能不说是既广且大了，而人所用的只是脚踩踏的一小块罢了。既然如此，那么只留下脚踩踏的一小块，其余全部挖掉，一直挖到黄泉，大地对人来说还有用吗？"

惠施说："当然没有用处。"

庄周说："如此说来，无用的用处也就很明白了。"

"老同学的口才越来越厉害啦！在下佩服！"惠施说完，拱手告辞。

惠施（前370—前310），宋国蒙人。也有人说是卫国滑邑（今河南滑县）人，笔者曾到河南滑县八里营乡冢上村考察，那里就有个惠子墓，冢上村，即因村南有战国时惠子冢而得名。《清一统志》载："惠施冢在滑县东五十里。"《九域志》载："滑州有惠子冢。"《河南道志》载："惠子墓在滑县城东五十里沙河村。"清乾隆二十二年《滑县志》载："惠子冢在县东五十里，相传为惠王相施。"惠施是战国中期著名的政治家、哲学家和辩客，是名家学派的开山鼻祖和主要代表人物，也是庄周的至交好友和辩友。他此次来挑战庄周，虽口称佩服，心却不甘，从此两人便经常在一起论辩问题，研讨学问。两人一个宗道，一个尚名，对具体问题各有所见，往往设辞逞辩，一个心如泉涌，一个意如飘风，互不示弱，学术上相长共进，也增进了友谊。

很快庄周就到了谈婚论嫁的年龄，经媒人介绍聘定了曹邑的农家女曹蝶为妻。离商定结婚的日子越来越近了，一向旷达的庄周，看着四壁空空的家，变得心事重重起来。庄周的日子虽过得艰难，但他崇信"俭""朴"，安贫乐道，无欲无求，生活得有滋有味。但结婚毕竟是人生中的一件大事，总是要破费些钱物的。那么，又到哪去筹措结婚用的钱物呢？最后想到了觉得有一些交情的监河侯。

所谓监河侯，就是负责河水事务的政府官员，既有俸禄，又有封邑收入，是个肥差事。河水，即今黄河的古称。那时的黄河，不在现在的位置，而是流经今河南濮阳城西，监河侯的廨署在河水东岸。庄周从家乡蒙邑出发，晓行夜宿，跋涉了两天，总算来到了监河侯办公的廨署。

庄周见到监河侯，说明了来意。监河侯说："没问题，没问题。不过，现在我手头也比较紧，到了年底，封邑之地的百姓给我缴纳赋税来，我就宽裕啦。到那时我一定借给你三百金，好吗？"

庄周听了，顿时感觉受到了戏弄，气得眼鼓鼓的，说："昨天我在来这路上遇见一桩怪事。我正低头走着，忽听见谁在叫喊救命。四下望望，没有人啊。我终于在路边车辙沟里，看见有条小鲫鱼在那里挣扎。我问：‘小鲫鱼呀，你怎么啦？’小鲫鱼回答：‘我是东海龙王陛下的波浪之臣，不幸被流放到这里。先生，你肯救救我吗？一斗水就够了，有一升水也行啊！”我对小鲫鱼深表同情，拍拍胸膛说：‘没问题。我现在正要去游江南，听说吴、越二王人都不错，我让他们引来西江之水来救你，可以吗？’小鲫鱼听了变了脸色，气鼓鼓地说：‘我从大海流放出来，无处安身。眼下我的要求不高，得到斗升之水就能活下来。可你竟说出这样的空话，说什么引来西江之水救我，还不如早些去干鱼店里找我！’”庄周说完，转身走了。

五、濮水拒聘

惠施听说庄周正为筹办婚事而发愁，就提前送来了礼金。庄周手里有了钱，很快修缮了房屋，添置了家什，筹办了婚事。

新婚后的一段日子，是庄周一生中最幸福、最逍遥的时期。

庄周经常偕妻子曹蝶漫游在濮水两岸，看采桑，听民歌，搜集桑间、濮上的历史掌故，了解当地的风土人情，玩得非常开心。在妻子曹蝶的建议下，庄周还试着学习垂钓，并渐渐迷上了这一爱好。

一天，庄周正在濮水边垂钓，曹蝶领着两个陌生男子来到身边。

陌生男子说：“我们是楚国的大夫，奉大王之命，携千金而来拜见先生。”

庄周听了，手把钓竿，头也不回地说：“你们找我有什么事？”

楚大夫说：“我国王上自与先生在楚北一晤后，知道先生博学多识，有经天纬地之能，一直念念不忘，愿将国内政事委托给你而劳累你了。”

庄周听楚大夫这么一说，不禁回想起与楚威王相见的一段往事。

周显王三十年（前339），庄周到楚北苦县厉乡曲仁里（今河南鹿邑县东）游学，那里是道学宗师老子的故乡，是道家的精神圣地，庄周向往已久。庄周在老子故里流连忘返，踯躅盘桓，正好碰到在此巡边的楚威王。楚威王刚刚继位，雄心勃勃，准备讨伐越国，又举棋不定，听说道学大师庄周在此游览，忙向他请教。楚威王听了庄周的劝告，便打消了伐越的念头。楚威王觉得庄周是个难得的人才，便邀请他到楚国做官，被庄周婉言谢绝。

庄周谏阻楚威王伐越这件事，《韩非子·喻老》有记载："楚庄王（应为楚威王）欲伐越，庄子谏曰：'王之伐越，何也？'曰：'政乱兵弱。'庄子曰：'臣愚智之如目也，能见百步之外而不能自见其睫，王之兵自败于秦、晋，丧地数百里，此兵之弱也；庄蹻为盗于境内，而吏不能禁，此政之乱也。王之弱乱，非越之下，而欲伐越，此智之如目也。'王乃止。"这事虽没过几年，庄周却一直没记在心上。

"哦！我当年对楚王说得已经很明白了，还让你们大老远跑过来干什么？"庄周手持鱼竿继续钓鱼，淡淡地对楚大夫说。

楚大夫说："我们大王想聘先生为相，将楚国的国政委托给您。"

庄周听了，依旧是手把钓竿，连看他们都没有看一眼，说："我听说楚国有一神龟，已经死去三千年了。楚王无比地珍视它，用竹箱装着它，用丝巾盖着它，把它供奉在宗庙里。你们说，这只神龟，是宁愿死去为了留下骸骨而显示尊贵呢，还是宁愿活着在泥水里拖着尾巴爬行呢？"

楚大夫说："它当然愿意活下去，拖着尾巴在泥水里爬行了。"

庄周说："那么，二位就请回吧！我还是希望拖着尾巴在泥水里爬行了。"

第二节　漆园为吏　濮水隐居

一、漆园为吏

婚后的庄周，日子过得舒适安逸，衣食无忧。有时在家读书，有时出外游学，时刻有娇妻相随，逍遥洒脱，其乐融融。

不知不觉中几年过去了，庄周有了两个儿子，大儿子叫庄遍，二儿子叫庄咸。家中添丁增口，家里的经济负担也日益加重。

为了自由，为了不受繁杂事务的拘束，庄周选择了远离仕途，可眼下自己不外出找点事做，谋个一官半职，就不能维持全家的生计。尽管这种选择是痛苦的，但一个男子汉的责任感，不得不让庄周改变自己的初衷。庄周安慰自己道，做官只是一种谋生手段，绝不是去追名逐利。

一天，庄周对妻子说："蒙邑有一处漆园，原是宋国的官方漆园，十多年前被魏国占去了。听说漆园吏最近调到魏都大梁任职，漆园吏一职尚空缺，我如果去那里管理漆园如何？"

妻子曹蝶说："漆园吏大小也算是个官职，是你想干就能干的吗？"

"这事只有去找惠施来帮忙啦。"庄周叹了一口气说。于是，在家人的支持下，庄周通过当时在魏国为相的老同学、好友惠施的举荐，顺利地当上了蒙漆园吏。据东晋张湛《列子释文》记载："庄子，宋之蒙城人，为梁漆园吏。"张湛一方面肯定庄子是宋国蒙人，另一方面又指出庄子做的是梁国的漆园吏，即魏国的漆园吏。说明庄子为吏漆园时，蒙漆园归属魏国。

漆园吏是个不在品的小官员，只是负责管理漆园一般事务的小吏，安排这么个职位也用不着向魏王请示，惠施就安排门人去办理了。

蒙漆园地处蒙邑西北部，即今东明县陆圈镇裕州屯村一带，古濮水南支流经其间。漆园吏廨署建在一片漆树环绕的缓坡上，魏国占领漆园后，对漆园吏廨署进行了刷漆整修。

庄周为了能照顾家庭，又不误公事，就把母亲和妻子接进了漆园。

庄周安顿好家人，叫来漆园监工蔺且了解漆园的情况。蔺且介绍说，蒙漆园方圆数十里，原是宋国最大的漆园，现在也是魏国最大的漆园，宋、魏两国的绝大多数生漆和漆器都是该园提供的。

传说，漆器是舜发明的一种手工艺品。舜做工匠时，见各种木质器物不耐潮、不耐热，容易损污，便想在表面上层涂料，保护木质。他试过许多种涂料，都不理想。一天上山采伐木料，见一种树的树皮裂开，流出一种半透明灰乳白色液体，久溢不止，渐渐干涸，变成黑色，凝体坚固，光泽可鉴。舜就用陶罐割了树汁带回家，均匀涂在木器上，果然木器耐潮、耐热、耐磨损，而外观也变得光亮美观。这种树就是漆树，舜发现漆树的地方就在蒙地，从此就有人在此栽培漆树，割漆、制漆，生产漆器，经营漆园，漆器开始流行天下。

漆树生长五年至八年后就可采割漆液，即将漆树皮用刀切口，插入竹管外导漆液。漆液是一种天然涂料，初为半透明状灰乳白色的液体，遇到空气后就变成黑色，这就是天然生漆。蒙漆园生产生漆，制作各种彩漆，因漆树木材坚实，生长迅速，也生产各种漆器。

蒙漆园经营的漆林，主要在蒙西北一带。这片漆林原为曹国所有，宋景公三年（前 514），宋灭曹，曹绝其祀，自此宋便拥有了蒙漆林，并辟为国家漆园，开始人工栽种培育，逐渐成为宋国乃至天下著名的漆园，成为宋国的重要财源。魏国对蒙漆园垂涎三尺，终于魏惠王十六年（前 354），“魏侵宋曹地”，占领了蒙漆园。

蔺且还介绍说，现在正是漆树的盛花期，园里有许多放蜂的人，蜜蜂既采了花蜜，又能帮助漆树授粉。如果漆树授不了粉，就结不了漆子。金秋十月，漆子熟透了会自动落地，到春天就能长出新的漆树。每年漆工们都收集大量漆子，除一部分培育漆树苗外，大部分种子榨油，果皮取蜡，用来照明。

庄周说：“漆树浑身都是宝啊！树能割漆制器，子能榨油取蜡，更有绿树婆娑，风景优美宜人，漆园真是个好地方。”

这时漆树里隐隐传来一阵歌声，庄周停下脚步，认真倾听：

> 山有漆，隰有栗。（山上漆林叶郁苍，低洼栗树果飘香）
>
> 子有酒食，何不日鼓瑟？（你多美酒和肴菜，何不弹琴又宴觞）
>
> 且以喜乐，且以永日。（姑且用它来作乐，暂而借此度时光）
>
> 宛其死矣，他人入室。（有朝眼闭腿伸去，他人开心进你房）

庄周听着，不住地点头，对蔺且说：“这歌声里虽有谐谑，也隐尽讥怨，但声音粗犷低沉，非常动听。听口音应该是晋地人。”

庄周循着歌声登上一处土岗，土岗下一群漆工正操刀提罐，边割漆，边唱歌。漆工们忽见蔺且和庄周出现在面前，歌声戛然而止。

庄周见漆工们个个噤声埋头，只顾嚯嚯割漆，知道漆工们有所顾忌，就轻轻地说：“刚才的歌声很动听，心里有话就要说出来，劳作累了就唱唱歌、跳跳舞。诗有云：‘情动于中而形于言，言之不足故嗟叹之，嗟叹之不足故咏歌之，咏歌之不足，不知手之舞之足之蹈之也。’”

蔺且听了，小心翼翼地问：“先生是说，漆工们劳作时可以唱歌、可以跳舞？”

庄周笑着说：“当然可以。割漆做工是很辛苦的事，如果劳作累了，就唱唱歌、跳跳舞，活动活动，舒活一下筋骨。气血畅通，一通万通，劲就上来了，工作就能多干些。”

庄周巡视漆园，看到漆工们有说有笑，做工都很卖力，心里非常高兴，有时也同漆工们一块干活。有位满头白发的老漆工说：“我从小就随父亲在漆园里做工，从没见过不欺压我们的漆园吏，您真是一位好人啊！”

庄周接过老漆工的漆罐，边割漆边说：“我也是穷苦人家出身，和大家一样都是出来挣口饭吃，我怎么会欺压你们呢？”

漆工们看着庄周，流露出敬佩的目光，有的默默地流了泪，对庄周说：“先生把我们当人看，当朋友待，我们一定好好做工，报答先生。”

庄周任漆园吏时间不长，漆园里就发生了巨大变化。监工们不再打骂漆工，也没发生过漆工消极怠工和逃跑现象，而漆和漆器的产量却增加了许多。

二、收徒蔺且

一天，庄周正在署廨内看书，蔺且进来禀报说：“现在漆工们不用催促，就早早地上工，干起活来仿佛有使不完的劲。原来整天一声不吭、心事重重的人，有时也开始哼起歌来了。桀骜的变得驯顺，迟钝的变得敏捷，懒惰的变得勤快，这是过去天天用鞭子抽也做不到的啊！这就是您说的无为而治吗？”

庄周笑而不答，蔺且急了，有些冲动地说：“先生不要笑话，我是认真请教。无为而治，就是什么也不去做，什么也不用管吗？”

庄周见蔺且一副认真的样子，便严肃地说：“无为而治就是顺其自然，‘顺’是其中的关键。你知道喂养老虎的人吗？他们不敢用活物喂养老虎，怕它在搏杀时激起残杀的天性；也不敢拿完整的动物喂它，怕它在撕裂时激起暴怒的天性。养虎的人总是把握老虎的习性，对它暴怒的性情加以引导。老虎和人虽属异类，却对饲养自己的人很温顺，这是因为养虎的人随顺了老虎习性的缘故。至于老虎伤人，不过是因为人们违背了老虎的性情罢了。”

庄周见蔺且在专心听讲，就接着说：“养虎跟管理人的道理是一样的。漆工们都很辛苦，劳作累了，想唱唱歌，就让他们唱，这是顺其情；劳累一天后，就让他们吃顿饱饭，睡个安稳觉，这是顺其意。食不果腹，就不会有力气干活，而用鞭子责罚，只能逆其性。你知道那螳螂吗？有一天，它正在大路中间挥舞着双臂，追赶弃网退逃的蜘蛛，有一辆马车朝着螳螂辚辚而来。螳螂大怒，奋力举起双臂去阻挡车轮，结果被车轮碾得粉碎。你要从这个故事中受到警示，如果你高举手中鞭子的威力而去触犯众怒，那就和以臂当车的螳螂差不多了。”

蔺且说：“先生的话如雷贯耳，您的学问高深莫测。我要拜您为师，跟随您学习为人处世之道，学习道学博大奥义。”

庄周说：“我只不过是随便谈谈自己多年来悟出的一些道理罢了，要感知人生的真谛，还必须依靠自己的亲身体验。”

蔺且说：“我也曾是一个读书人，也梦想成为学问家，只因为生活所迫，才荒废了学业。我认识大人的时间不长，但发现您身上蕴藏着无穷的人格魅力和深不可测的学问，我愿此生跟随先生左右，请您一定要收下我这个弟子。”

庄周说：“我从没想过收弟子，也不想做一个聚徒讲学的鼓吹者。许多好为人师者，实际上是误人子弟。古时候，有一个叫朱泙漫的人拜支离益为师，学习屠龙的技术，耗尽了千金家产，三年后技术学成，却没有施展技艺的机会，这真是害人匪浅啊！”

蔺且说：“但先生的学识、为人，我耳闻目睹，深有感触，尊崇至极。我愿意跟随先生左右，终生不悔。”

庄周见蔺且态度诚恳，也觉得蔺且是个挺有悟性的可造之才，只好答应了下来。从此，蔺且就成了庄周的第一个弟子。蔺且在庄周的言传身教之下，逐渐掌握了道家思想的精髓要义，成为庄周的得力助手。

蔺且，宋国商丘人，“姓蔺名且，庄子弟子”（成玄英《庄子疏》），战国时期道家代表人物之一，约生于公元前340年，约卒于公元前260年。其名其事仅见《庄子》外篇《山木》篇，先秦别书不载。有关学者研究称，蔺且是“葆光”不耀、“才全而德不形”的终生践行者，兼知天之所为、人之所为，先秦诸子鲜有能及。有庄学研究者说，《庄子》外、杂篇中有多篇文章出自蔺且之手，其中《寓言》篇是其为《庄子》所作的序文。

一天，蔺且问庄周：“您曾以拒楚王聘相而名闻天下，现在却谋就一个小小的漆园吏，这前后的表现不是很矛盾吗？”

庄周说：“从拒聘到谋职，是我思想上的一大变化。人的思想每天都在变化，就像奔流不息的濮水一样，不可能永远停留在一个地方。但我思想的变化，其中又有不变成分的存在。”

蔺且说：“那不变的成分是什么呢？”

庄周说：“不会改变的是适意的人生。人活在世上，要抛弃一切束缚，让生命充分地享受它的自由。我以前拒聘，就是想避开那些阻拦我意志的东西，现在谋职不过是为适意人生寻求一个基本的前提罢了。许多人之所以傲富贵，轻诸侯，小天下，大多是出于对自由生命的热爱。但一个人倘若吃饭问题解决不好，就不能保全自己的身体，人格的独立和心性的自由更不能长久。在当今充满许多无奈的环境下，保持人格的独立和精神的自由是非常重要的。”

蔺且说：“当今世界，世事纷扰，又怎样才能实现精神的自由呢？”

庄周说:“当今世界,风云突变,气象万千,充满了各种矛盾和无数的局限。所以，一个人要有开阔的大视野，把目光投上远方，有了足够的积累，才能实现精神的自由,从而逍遥于天地之间。如果水的积蓄不深,就无力承载大船。在房子的凹地上倒一杯水，小草就可以浮起来当船；放进一只水杯就会黏在地上，这是因为水浅而船大的缘故。如果风的强度不够，就无力负载巨大的翅膀。大鹏之所以能够高飞九万里,因为风在它的下面,凭借风力翱翔长空，穿越云气，背负青天而不受阻拦，然后飞往南海。”

大鹏飞往南海的时候，激荡起的水花达三千多里，像旋风似的直上九万里高空，一直飞行六个月才一止息。小池泽中的麻雀和斑鸠讥笑大鹏说:“我腾跃而上，不过数仞而下，碰到榆、檀之类的小树就停落在上面；有时飞不上去就落在地上，在蒿草丛中飞来飞去，这也算是愉快至极的飞翔，为什么非要高飞九万里而到南海呢？”这就是小与大的区别！这两只小鸟怎么会知道大鹏的志向呢?

庄周“无为而治”的主张，在漆园里得到尝试，并取得了显著效果。漆树生长良好，漆和漆器的产量都不断增加，漆工们工作自由、自在、自觉，庄周也就有更多的时间研究学问。

他也经常到漆园里巡视，有时找漆工聊天，有时来了兴致就亲手试一试。

庄周虚心好学，平易近人，不耻下问，从漆工们那里学到了许多技艺。漆工们中间有许多奇人，其技艺、其思想都给庄周以很大的触动，对他的人生观和价值观都产生了极大影响。

一次，魏王交给漆园一项制作鐻的任务，说是送给周王室的贡品，要求极高。鐻是悬挂钟磬等乐器的木架子，需雕刻精美图案，并饰以鲜明的彩漆。接到任务的木匠害怕自己制作的鐻达不到要求，而招致杀身之祸，就向庄周汇报说，要完成这项任务，必须请他的师傅梓庆先生来帮忙。

庄周对此事也不敢大意，他知道如果此次任务完成不好，将会给自己带来大麻烦，就立即派人去请梓庆。梓庆看了图样后，对庄周说，一个月后能够做好。

一个月后，梓庆完成了鐻的制作。当揭开鐻上的盖布时，众人顿时被眼前这精美绝伦的工艺品惊呆了。只见鐻上雕刻的飞禽走兽，惟妙惟肖、栩栩如生，让人仿佛听见那雄狮在怒吼、仙鹤在长鸣、长猿在悲啼、百灵在欢唱……

魏王派来的验收官员见了，连连称赞："太神奇了！太神奇了！我们终于可以向王上交差了。"

庄周也惊叹此鐻是鬼斧神工之作，问梓庆："您是不是有神秘的道术？要不然，怎么能制作出如此奇妙的鐻呢？"

梓庆说："我只是一位普通的工匠，能有什么道术！虽然如此，我还是有一种本领。我在制作鐻之前，不敢损耗精气，必定斋戒以平心静气。斋戒三天，不敢怀有功名利禄之心；斋戒五日，不敢怀有是非美恶之心；斋戒七日，就达到了忘我的境界。在这个时刻，眼里没有朝廷，专心于工艺技巧而排除了外界的干扰。然后进入山林，观察树木的天性，见到形态极其符合的材料，一个成形的鐻就呈现在眼前了。然后采集木料，动手雕刻，如果不是这样，就放弃不做。这样心性自然与外界自然相合，乐器之所以被疑为鬼斧神工，恐怕就是这个原因吧。"

庄周说："您刚才说的这些，是怎样做到的呢？"

梓庆说："要让我说是如何达到这种境界的，我也说不清。我家世代木匠，言传身教，就逐渐有了这种境界。我的师傅叫工倕，他用手画圆赛过规矩。走！我带你去见他，他也许能讲出些道理来。"

工倕虽年已古稀，却仍在做工。庄周见工倕制作的木器件件精美绝伦，就问道："老人家有什么诀窍吗？"

工倕说："指与物化。"

庄周问："什么意思？"

工倕说："手指动作随着所造器物的变化而变化，根本不用思考。心性专一而通达，就像忘了脚，是因为鞋子舒适；就像忘了腰，是因为腰带舒适；

就像忘了是非，是因为心灵安适；心神如一，不追随外物，遇事就可以得心应手。本性安适而无所不适，就是忘了安适的安适。”

庄周听了工倕的话，心有感触，似有所悟，点头称是。

三、陶亳怀古

庄周与梓庆、工倕等人广泛接触后，感到自己需要掌握的东西还很多。觉得自己在漆园里待得太久了，需要到外面走走看看，长长见识。

惠施曾几次来人来信，请庄周到大梁切磋学问，庄周都以公务繁忙相拒，其实是不想涉足那喧嚣纷扰的世界。古人云：“小隐隐于野，大隐隐于市。”工倕、梓庆也都曾生活在大都市，说不定到大梁会有新的收获，于是决定前往大梁一行。

庄周并没有西行直奔大梁，而是从漆园东南行先到了陶丘。陶丘是宋国有名的商业城市，距蒙邑、漆园都不逾百里，庄周曾在陶丘市场上卖过草鞋，对陶邑并不陌生。

陶丘是曹国故都。周武王十一年，姬发克商即位建立周朝，封其弟叔振铎于曹，建曹国，都陶丘（今定陶西北）。叔振铎下传二十五世至曹伯阳，曹伯阳受大夫公孙强的蛊惑，不顾自己国小力薄，妄想以小称霸。曹伯阳十五年（前487），蛮横地干预宋国的内政，宋景公大怒，亲率大军攻打曹国，攻破陶丘，杀掉曹伯阳、公孙强，从此曹国并入宋国版图，存国五百五十多年的曹国绝祀。

陶丘是古济水的咽喉之地，济水的支流菏水经泗水、淮水，沟通了邗沟、长江等河流，成为中原水陆交通的枢纽，是货物聚散的中心。长期以来，陶丘商贾云集，发展成为经济大都会，享有“天下之中”的美誉。越国大夫范蠡看中陶丘的特殊位置，居此经商，富甲天下。

范蠡，字少伯，楚国宛邑（今河南南阳）人。出身寒微，却胸怀大志，曾师从道德高尚、学识渊博的名士计然（即文子），富有谋略。范蠡与文种共同辅佐越王勾践二十余年，为越国的复国振兴做出了重要贡献。

庄周目光高远，能得到他赞誉的人不多，范蠡是其中的佼佼者。庄周认为，千古潇洒莫过于范蠡，功名、财富、美人三者兼得，义勇、智谋、气魄集于一身，一生三次变迁，虽身逢乱世，路途坎坷，然每一次变迁都达到了人生事业的巅峰，堪称成功人生的典范。范蠡用兵经商的深谋远虑，为富仁厚的完美人格，把握人生的大智大勇，进退时机的最佳选择，一直为庄周所称道。

庄周曾在陶邑卖过草鞋，也算经过商，但却连全家的生计都维持不了，最后还是不得不违背自己"不为有国者所羁"的心愿，做了一个小小的漆园吏。

蒙泽盛产芦苇，芦苇的花当地方言称为"苇茅缨"。传说，用苇茅缨编织草鞋是庄周的一大发明。庄周家贫，大冬天常常还穿着单草鞋，双脚冻得生疼。一天，庄周在草鞋里放了一些苇茅缨，觉得暖和了许多，这大大激发了他的灵感：用苇茅缨编成草鞋，穿着不一样暖和吗？于是，庄周就采来一些苇茅缨和细麻合在一起编织草鞋，并用木板做成鞋底，鞋里放进一些苇茅缨或麦秸，穿着果然既轻巧又暖和，还能踏雪踏泥。庄周把这种草鞋拿到集市上去卖，很受老百姓的喜欢。因穿着这种草鞋，每走一步，都会发出"呱嗒""呱嗒"声，当地老百姓就称这种草鞋为"草呱嗒"。"草呱嗒"虽是庄周的发明创造，但并没有因此而改变他贫困的生活状况，迫于生计谋就漆园吏，一直是庄周心灵深处隐隐的痛。

庄周已有几年没来过陶丘，集市变得更加繁华，自己经商时结交的几位朋友，生意做得也越来越大。他一番游览后，就离开陶丘南行，赶往古亳（史称北亳，今曹县南）。北亳，又称景亳，或蒙亳，相传为商汤始居之地。夏朝末年，商汤看到夏桀十分腐败，决心消灭夏朝。为了积蓄力量，商汤从商丘徙居亳地，以亳为活动中心，做灭夏准备。当时，与商毗邻的有个有莘氏部落（在曹县北），商汤与有莘氏联姻。商汤的妻子带来的陪嫁奴隶中，有一个人叫伊挚，常以烹饪、耕耘之喻让汤悟王道、施仁政，逐渐引起商汤的重视，让他做了辅相，史称伊尹。之后，商汤在伊尹的辅佐下，终于灭夏兴商。

商汤死后，伊尹继续辅佐商第二代、第三代君王，百岁而终，商第三代帝王沃丁帝，以天子之礼葬伊尹于亳。

商汤、伊尹在亳的故事虽已过千年，但庄周听当地人谈起这些，还是津津有味。他在《庄子》一书中，对商汤和伊尹都多有描述，如《庚桑楚》篇说："汤以庖人笼伊尹。"即是指商汤任用庖人伊挚为相这件事。

四、弃鱼惊魂

庄周离开亳地南行，不到半天时间来到蒙泽北岸。时至盛夏，蒙泽湖上，游荡着许多渔船，渔民一边捕鱼，一边愉快地唱着渔歌。

庄周见此情景，很是兴奋，情不自禁地在岸边唱和。一位渔夫好客，邀请他上船同游，庄周也不客气，纵身跳上了渔船。庄周与渔夫东行，来到与蒙泽湖相连的孟渚泽（位于单县西南浮岗镇、李新集一带）。

孟渚泽，又作孟诸、望诸、盟诸、明都，位于商丘东北，虞城西北，曹县东南，单县西南，为中国九大古泽之首，是四千年前有虞部落的发祥地之一，亦是夏朝第六代国君少康的复兴之地。据《单县志》记载，孟渚泽"南起归、虞；北至济、兖；西连曹、成；东接丰、沛……"当时的孟渚泽一分为二，西称蒙泽，东为孟渚，并有水道相连。孟渚泽上长满荷花和芦苇，但见荷花怒放，芦花飞扬，泽中停靠着许多小船，船上端坐的游人在悠闲地垂钓。庄周好钩善钓，见此情景，不禁技痒，索性让渔夫停下小船，取来鱼竿在湖中钓起鱼来。

这时，孟渚泽岸边的大路上走过一列车队，数十辆马车，车轮滚滚，浩浩荡荡，扬起的尘土遮蔽了太阳；一百多名兵士排着整齐的队伍，手举五色大旗自东向西行进。庄周问："这是谁的车队，比当年见过的周显王车队还气派。"

渔夫说："是魏相惠施的车队。前不久从这里经过出使宋国，这应该是回返复命的。"庄周听说是惠施的车队，突然变了脸色，把钓到的鱼又抛回湖中。

渔夫见状，问道："你怎么又把鱼抛回湖里啦？这可是条大鱼啊！"

庄周似乎有些不快，说：“鱼钓得太多了，够今天吃就行，何必多求。”

渔夫说：“听说惠施是你的朋友，你怎么一听说是他，却有点不高兴啊？”

庄周说：“惠施在我们蒙邑，博学多识，能力非凡。想不到他为相数年，竟还是这么喜欢张扬，恐怕他以后要摔跟头啊！”

庄周孟渚弃鱼的故事，《淮南子·齐俗训》有记载：“故惠子从车百乘，以过孟诸。庄子见之，弃其余鱼。”又说，“惠施为梁相，从车百乘，犹嫌不足。庄子泽边见之，弃其余鱼，以示讽诫。”

庄周从孟渚泽上岸西行，大约走了数十里地，来到一个叫雕陵（东明县南部境内）的地方。雕陵是蒙邑的著名景点，是孔子弟子漆雕氏及其后人的陵园，故称雕陵。每座陵墓墓道两旁，站立着许多精雕细镂的石人石兽，精美的石雕是这片陵园的骄傲，也有人说是因此才被称为“雕陵”的。雕陵内种植了大量栗子树，设有专人管理，外人不能随便进入。

庄周见陵园大门洞开，竟然没人看管，就径直走了进去。陵园广袤，一片片茂密的栗树林簇拥着座座陵墓，环境肃穆清幽。庄周正在陵墓前肃立，忽然一只奇异的鹊鸟，扑棱着翅膀飞来。这只鹊鸟形体奇大，翅膀宽有七尺，眼睛大有寸余，风一样地从庄周额前掠过，然后落在雕陵的栗树上。

庄周心想：这是只什么鸟？翅膀大却不远飞，眼睛大却看不见人。于是提起衣服，小心抬步走过去，手持弹弓伺机射杀它。这时看见一只蝉，得到一处浓密的树荫，在那里“知了”“知了”地叫个不停；一只螳螂看见毫无戒备的蝉，就用浓密的树叶做掩护，举着两把大砍刀，悄悄向蝉逼近，伺机扑上去捕蝉果腹；异鹊看见螳螂心只在蝉，认为这正是捕食螳螂的极好时机。异鹊从中取利而抓住了螳螂，却忘记了自己的生命之忧，殊不知庄周正拿着弹弓瞄向了自己。

庄周见此情景，不禁一阵怵然，自言自语地说：“啊！一个吃一个，一个吃一个！多可怕的食物链呀！这都是因为互相贪利所招致的灾祸啊！”于是扔掉弹弓转身就跑，顾不上走大门，跃出篱墙。

看管栗园的人以为他偷栗子，追赶着责骂他。庄周顾不上解释，急急地跑了，离开陵园很远了，还心魂未定地回身张望。

有了这一惊魂经历，庄周再也没有心情去大梁会见惠施了，于是打道归家，急匆匆地赶回了漆园。庄周返回家中，整整三天心情很不好。弟子蔺且跟随一旁，小心探问："先生为什么这几天来一直很不高兴呢？"

庄周叹了口气，说："我在反省。我留意外物的形体而忘记了自身，观赏于浑浊的流水却迷惑于清澈的水潭。而且我从先师老聃先生那里听说：'每到一个地方，就要顺应那里的风俗，遵守那里的政令。'三天前，我来到雕陵栗园游玩，奇异的鹊鸟碰到我的额头，游玩于栗树林时又丧失了自身的真性，看管园的人不理解我又进而辱骂我，因此我感到很不愉快。"

五、隐居濮水

宋君剔成二十七年（前 329），公子偃发动宫廷政变，举兵攻打宋宫，宋君剔成逃至齐国。公子偃逐兄自立，登上了宋国国君的宝座。

宋国易君，忠正大臣太宰荡也自刎身亡。老百姓并不惊慌，只是好奇，把宫廷政变的事当作谈资，谈论了几天，不再新鲜，也就没了谈兴，日子过得还像以前一样平淡。但太宰荡的自刎身亡，对庄周触动很大。太宰荡满腹经纶，宽厚仁慈，忠心事君，到头来不也落个自杀身亡的下场吗？现在是自己痛下决心离开漆园的时候了。

一天，庄周对妻子曹蝶说："现在宋国公子偃逐兄自立，战火不久就会烧到这里来，这漆园吏是不能再干了，我们还是尽快离开为好。"

曹蝶说："老家正是宋国的地盘，回去不是自投罗网吗？"

庄周说："老家当然是不能回去了。前段时间我北游南华山时，在山南脚下看好了一理想居处，那里北临卫境，南依濮水，偏僻幽静，适合隐居。我已让人搭建了几间茅草房，家就安在那里吧。"

庄周在濮水边安家后，一直低调生活，几乎是隐姓埋名。好在宋君偃继位的最初几年间，也是埋头整顿内政，并没有来纠缠庄周，庄周得以在濮水边平静地生活了几年。

庄周喜爱钓鱼，隐居濮水后临水垂钓便成了庄周的主要活动，一是为了修身养性，静思天地宇宙之玄妙；二也是为了生活需要，因为没有了收入，钓鱼贴补家用。庄周在钓鱼时，发现大一点的鱼正常脱钩，常为此惋惜。

据传说，有一天庄周突发奇想，在鱼钩的下面加了一个倒钩。这样，钓鱼的时候，鱼只要上钩，再大的鱼也很难脱钩了。从此庄周每天都能钓到很多鱼，生活也有了很大的改善，其他人也都争相仿效，“倒刺钩”便很快流传开来。家乡人民为了纪念庄周，便称之为“庄子钩”，一直延续到今天。

后人在庄周经常钓鱼的地方，建造了“庄子钓台”，吸引无数文人墨客来此凭吊盘桓，并写了大量怀念庄周的诗篇。明代诗人李先芳有诗赞曰：

漆园为吏早知归，濮上垂纶愿不违。
浦树千秋依断岸，汀蒲一曲带斜晖。
掉头往事随流水，龟曳何人问钓矶。
独倚南华台上望，逍遥天外大鹏飞。

庄周隐居濮水边，一直过着清贫的生活。一天，惠施来看望他，庄周对惠施说：“你今天运气不错，我刚钓了几条大鲤鱼，就给你做一道你爱吃的生煎鲤鱼。”

庄周把鱼刮鳞，剖洗干净，准备烹煎时，发现家里又没有油了，就只好在锅里放一些盐，白水煮起来。煮熟以后，汤清鱼白，放些葱花、香菜进去，别有风味。惠施尝了尝清汤，感到味道非常鲜美，鱼肉也非常可口，遂赞不绝口。

“濮水煮白鱼”，在当地叫“清炖鱼”。今东明一带的仍有“无鱼不成席”的说法，招待贵宾一定要上一道“清炖黄河鲤鱼”，以表示对客人的尊重。

在庄周隐居濮水的最初几年间，宋君偃见秦、齐、楚、魏诸国忙于中原逐鹿，无暇顾及小小的宋国，认为这正是自己图强称霸的大好时机。于是，加大了扩军备战的步伐，并不时窥视临国，企图以小称霸，还多次在蒙漆园挑起事端。

庄周看到宁静的濮水之滨，很快就会燃起战火，对妻子曹蝶说："现在是我离家远游的时候了，不然就会有大麻烦。"

是夜，庄周和曹蝶相对无言，半夜无话，一种不可名状的离情别绪充荡着两个人的心。结婚几年来，夫妻朝夕相处，恩恩爱爱，从没久别过。庄周将要远行，曹蝶非常难以割舍，泪水止不住地流淌。

庄周也是一阵阵心酸，他轻轻地拭去曹蝶脸上的泪痕，说："我选择出游也是出于无奈。惠施先生还在魏国为相，我打算先到魏国去，生活方面你不用担心，我会照顾好自己。宋君偃正忙于扩军备战，不久就会把我淡忘；也许过几年天下就会变得安宁，到那时我就回家与你团聚。"

第三节　游历列国　崭露锋芒

一、投奔惠施

惠施初至魏的时间，据侯外庐等在《中国思想通史》中所作《惠施年行略表》载：公元前338年，惠施"初至魏，见魏相白圭。应魏王召，论齐、魏战马陵事"。而惠施开始任魏相则是他到魏国四年之后的事。公元前334年，惠施"三十六岁，为魏相，主谋齐、魏相王"（《惠施年行略表》）。惠施仕魏之初为客卿，主要负责对外事务，魏惠王经过几年的观察，终于认可了惠施的才能，决定用他为相，甚至一度欲让贤传国于惠施。

惠施相魏的数年间，勤于政事，大胆改革，每出台一部法令，必先公示天下百姓，老百姓都认为非常好了，再修订后献给魏惠王，魏惠王也都非常满意。《吕氏春秋·淫辞》篇记载："惠子为魏惠王为法。为法已成，以示诸民人，民人皆善之。献之惠王，惠王善之。"在魏惠王的大力支持下，惠施对外坚持团结齐楚、抵御强秦的方针，使魏国东部稳定，西部秦国也不敢轻举妄动；对内改革政治，修订法律，发展生产，坚强军事建设，魏国国力又日渐强大起来。

魏惠王三十六年（前 453），魏惠王依惠施“变服折节而朝齐”之计，到徐州（山东滕州市东南）朝见齐威王，尊齐为王。齐威王不敢独自称王，也尊魏为王，史称“徐州相王”，形成了魏、齐势均力敌的局面。

惠施身为宋人，在魏为相，权势煊赫，堵塞了魏国士人的仕途，加上他平时又喜欢张扬，自然引起一些魏人朝臣的不满，不时在魏惠王面前说他的一些坏话。惠施随着为相日久，也越来越担心有一天会被人夺去。庄周从濮水边赶来大梁之时，是惠施地位正红之时，也是他危机感最强之时。

庄周渡过濮水西南而行，直奔魏都大梁。庄周来到大梁城东门外，仔细地端详着大梁城阙。大梁真不愧为四通八达的中原大都会，城楼巍峨，门道宽阔，比宋都睢阳雄伟、气派很多。城外护城河紧靠城墙，河宽水急，似乎给这无险可据的平原都市，带来了一些安全感。

庄周进大梁城时，受到东门监的严格盘查。当得知这位风尘仆仆的中年人就是庄周时，东门监非常惊喜，立即拉住他的手，说：“前些日子，相国惠施交代我说，宋国公子偃逐兄自立，必会觊觎蒙漆园，那么庄周先生定会去职外游。我看先生的相貌气度，正如惠相所介绍的那样，就小心探问，果然是庄周先生。”

庄周听了东门监的话，心中不禁一热：知我者，惠施也。

东门监说：“当年惠相初到大梁，也和您一样，到了东门城下，对这座气势非凡的中原新城，瞻仰流连，赞叹不已。守门士卒见他左顾右盼，行动诡异，便把他拘禁了起来。我见他气度不凡，就仔细盘问，才知道是宋国名辩惠施先生，赶紧赔礼道歉，于是我们就成了好朋友。我和惠施先生无话不谈，他还向我谈起了来大梁途中发生的一件趣事。”

庄周有点好奇，就问：“什么趣事？”

东门监说："惠施在蒙邑与先生话别后，就匆匆地赶往大梁。途中被一条小河阻挡，久等无船，急得抓耳挠腮，好不容易等来一条渡船，还没等船只停稳，惠施就急急地上船，不慎失足落水，幸被船老大救起。船老大问惠施：'你心急火燎的，打算干什么去啊？'惠施说：'现在魏国相国缺位，我打算到大梁应聘。'船老大说：'先生居船楫之间，都这么困难，如果没有我，你就会被淹死，你还想当魏国的相国？'惠施说：'我居船楫之间，确实不如你。至于安定和保全国家，你与我比起来，只能算是一只还未开眼的小狗啊。'"

"惠子之梁"这件事，西汉刘向《说苑》有记载："梁相死，惠子欲之梁，渡河而遽，堕水中，船人救之。船人曰：'子欲何之而遽也？'曰：'梁无相，吾欲往相之。'船人曰：'子居船楫之间而困，无我则子死矣，子何能相梁乎？'惠子曰：'子居船楫之间，则我不如子；至于安国家，全社稷，子之比我，蒙蒙如未视之狗耳。'"由此亦可见，惠施对自己的治国才能颇为自负。

庄周相信东门监所说的这些话不会有假，说："这就是惠施啊！他也够心急的，也够傲慢的。看起来你们无话不谈，他经常来看你吗？"

"惠施身为魏相，日理万机，怎会有时间来看望一个小小的东门监呢？"东门监说完，不禁轻轻地叹了一口气。

"怎么会这样呢？你们不是朋友吗？"庄周听了，感到有些诧异。

东门监说："人都是会变化的。惠施为相之前倒经常来看我，还说要帮我谋个官位，只是被我拒绝了，可后来就难见到他的身影了。"

庄周问："惠施这几年的政绩如何？"

东门监说："最初的几年，惠施很有一番作为，大胆改革，推行新政，在魏国口碑甚好。现在他开始变了，整天战战兢兢地生怕失去了什么，对自己颁布的那套安邦治国之法，也不再敢强制推行，还一味地迎合魏王。"

庄周听了，说道："惠施就是这样的人！不说他了，去游览一下大梁城吧。"

"好吧，我给先生当导游。"东门监见庄周并不计较，心里轻松了许多。

魏国都自魏惠王九年（前361）从安邑迁到大梁，不过短短二十多年的光景，在列国中算是建设时间最短的都城，却后来居上，气势恢宏，规模远在中原列国都城之上。大梁城呈四方形，方圆三十多里，东西南北四面城墙，每方三座城门，全城便有十二座城门，每个城门连接一条宽直大道。

魏国宫廷在城南，背北面南；市场在城北，整个城市布局严谨，规划整齐。城内人工河纵横交错，河上架着造型各异、别致结实的石拱桥，与街道相连接。河中小船满载游人、货物穿行其中。街道宽阔，行人络绎不绝，通路两旁栽着整齐的柳树，风吹柳摆，婀娜多姿。

大梁城精美和谐的布局设计，整洁自然的市容，引起庄周的极大兴趣。他一向崇尚自然，不禁赞叹大梁建设者暗合于道，使人与自然相辅相成、融洽和谐。

二、大梁之旅

庄周来到大梁的消息，很快就传到惠施的耳朵里。有好事者对惠施说，庄周此来，是想取代你相位的！惠施听了只是一笑了之。庄周离家来魏是惠施意料中的事，但几天了却不来见我，这又是为何啊？惠施想着想着，突然有些不安逸起来，难道真的像有人报告的那样，他是来取代我相位的？

惠施又想，庄周不是这号人啊！但不管咋说，先找到他为好。于是，立即召集相府所有家臣、侍役全城寻找庄周。他们在大梁城的大街小巷、旅店民宅，搜索了三天，都没有发现庄周的踪影。

这天，惠施一个人在厅堂上正郁郁寡欢，门人进来禀报：蒙人庄周求见。

惠施听说庄周求见，“忽”地从座席上站起，自己安排多人找了他三天，都没找到。今天却自己找上门来，他想干什么？惠施心里竟有些莫名的紧张。

庄周见到惠施，不等惠施问话，就说：“听说相国大人正四处搜捕我，我无处可逃，今天主动投案，不知你有何见教啊？”

惠施听了，连连摆手：“没有的事！没有的事！我听说老朋友来到大梁城，却没来见我，我很为你的安全担忧啊。”

庄周说："恐怕你说的不是心里话吧！我出于无奈来到大梁，只想叙叙契阔。不想，竟使你心里不安逸，怕夺了你的相位，是不是？"

惠施见庄周如此说，面色尴尬，目光闪烁，不敢正视庄周，口里嗫嚅道："老朋友，多年不见，怎么一见面还那么咄咄逼人？老毛病一点都没改啊，我们换个轻松的话题好不好？"

庄周说："好吧，那我给你讲一个鹓雏的故事吧。南方有一种奇鸟，它的名字叫鹓雏，你知道吗？鹓雏从南海起飞，要飞到北海去，不是梧桐树不栖息，不是竹子的果实不食，不是甜美如醴的泉水不喝。半路上，一只猫头鹰寻觅到一只腐臭的老鼠，正津津有味地啄食。鹓雏刚好从它前面飞过，猫头鹰以为要抢食它的腐鼠，忙用身体遮盖住，仰着头看着鹓雏，发出'吓''吓'的怒斥声，威胁鹓雏飞开，别想抢走它的美味。"

庄周说到这里，望着惠施说："现在你也想用你的相位来'吓'我吗？"

惠施号称天下第一辩士，辩才犀利，机敏过人，平时总是心如泉涌，意如飘风，还没有像今天这样被动尴尬过，竟然不知如何回答庄周的责问。

庄周毕竟是惠施多年的朋友，也理解惠施的处境和为人，很快就原谅了他，但见惠施仍然忧心忡忡，就问他："难道惠兄遇到难题了？"

惠施说："知我者，庄周也。我确实遇到了难题，还只有你能帮我破解。"

原来，魏、齐自"徐州相王"订立盟约后，两国几年相安无犯。近年魏国见楚国相继攻灭吴越，变得日益强大，也想扩充自己的地盘，就北攻赵国，赵国不敌，向齐国求援，齐威王派兵助赵。魏惠王认为齐威王违背了齐、魏两国徐州之盟，大怒，准备派人去暗杀齐威王。

魏国大将军公孙衍嫌暗杀不光彩，对魏惠王说："王上之国，战车万乘，哪能用普通老百姓的方式去报仇？我请求率领二十万大军，去讨伐齐国，掳其人民，掠其牛马，叫那齐王怒火憋在胸腔，透背而出，红肿溃烂，成痈成疮。然后拿下他的国都，摧垮他的城墙。齐国大将田忌夹起尾巴逃跑，我要活捉他，用木棒棰他的屁股，用鞭子打断他的脊梁骨！"

正在魏国游说魏王合纵抗秦的苏秦，听了公孙衍的话，赶忙对魏惠王说："现在合纵抗秦已到了关键时刻，正如要筑十仞高的城墙，现在城墙已有十仞高了，接着又把它毁掉，这是在折磨役使之人啊。如今魏、齐两国战争不起已经七年了，此乃你王业的基础，动摇不得。公孙衍是挑起祸乱之人，王上不可听从他的主张。"

魏国大夫华子嫌他们两位的发言太丢脸了，对魏惠王说："极力主张讨伐齐国的人，是拨弄祸乱之人；巧言劝说不要讨伐齐国的人，也是拨弄祸乱之人；谴责他们两位是拨弄祸乱之人的人，他本身就是拨弄祸乱之人。总之，胸怀是非得失，谈得头头是道，全是拨弄祸乱之人。"

魏惠王说："既然如此，那该怎么办？"华子说："你还是求助于清虚淡漠、物我兼忘的大道吧！"于是，魏惠王安排相国惠施去办理这事。惠施想，我向哪儿去找这虚幻大道啊？为此整天愁眉不展。

庄周的到来让惠施的眼睛为之一亮，庄周不正是最合适的人选吗？

听惠施如此说，庄周听了不禁哈哈一笑，说："原来如此！那我可不想去抢你的风头！我就没打算让魏王知道有我这个人。"

惠施说："我是真心想请你帮忙，你就不要再将我的军了，这事非你莫属啊！如果你不想出名，那请你化名前去如何？"

庄周说："我怎能因此而改名卖姓呢？嘿，也罢，那我就叫戴晋人吧。戴姓与周姓都出自宋戴公，算是同宗；晋人者，晋见之人也。"

于是，惠施就领着化名戴晋人的庄周，以民间贤士的身份去拜见魏王。戴晋人对魏王说："有种叫蜗牛的小动物，王上知道吗？"魏王说："知道。"

戴晋人说："蜗牛的左角有个国家叫触氏，右角有个国家叫蛮氏，两国经常为互相争夺土地而打仗，战死者达数万。败方逃窜，胜方追击十五天才凯旋。"魏王听了大笑说："噫！这些都是虚妄之言吧？"

戴晋人说："那我就给你说说实情。宇宙之间，上下四方，在你看来，有穷尽吗？"魏王说："没有穷尽。"

戴晋人说："设想你的灵魂飞天，在无穷的境域里遨游。然后返回人迹所至的狭小生活空间，再回过头来想一想通达之国，同那无限大宇宙相比，不觉得若有若无吗？"魏王说："那是当然。"

戴晋人说："通达之国中有个魏国，魏国有个大梁城，在大梁城里有你魏王。王上与那蛮国的国王相比较，难道有很大的区别吗？"

"差不多。"魏王回答时已经显得有气无力了。

戴晋人说完，躬身告辞，而魏王恍惚不定、怅然若失。

惠施等到庄周出来了，便进去见魏惠王。魏惠王对惠施说："你引来的那个说客，真是个了伟大的人物！圣人尧舜都难以与他相比。"

惠施说："吹起竹管，就会有悠长的声音；吹着剑首的环孔，只会有丝丝的声音罢了。尧和舜，是人们所称誉的；但在戴晋人面前谈论尧、舜，如同一丝轻音罢了。"于是，魏惠王停止了对齐国的报复活动。

这些年，魏惠王一直在卑礼厚币，招致天下贤者，见魏国有戴晋人这么一个了不起的人物，就让惠施引进重用。惠施无奈只好承认，戴晋人其实就是宋国道学大师庄周。魏惠王知道后大为惊喜，忙让惠施再次引见庄周。

庄周对惠施说："我本无心仕进，也不可能改变自己，何必再去见魏王。"

惠施说："魏王曾开创中原第一强国，也算得上一位英明的君主。"

庄周说："好吧！既然如此，我也该恢复我的本来面目了。"于是庄周又换上了他原来的行头。他穿着一件大粗布衣服，上面补丁摞补丁，可能是鞋帮和鞋底裂开了，用一根麻绳绑着，准备就这身打扮去见魏王。

惠施说："你以这身行头拜见一国之君，有点寒碜了。"

庄周说："魏王如果看不起我这身衣着，还会看得起我这个人吗？如果他浅薄到以衣着取人，还值得我和他多谈吗？"

惠施见拗不过，只好领着原装的庄周进宫。魏惠王一眼就看见庄周身着破衣，脚蹬破草鞋，吃惊地问："庄先生为何这样狼狈啊？"

庄周见魏惠王果然以衣取人，就淡淡地回答："我这是贫穷，不是狼狈。"

魏惠王问："贫穷和狼狈，有什么不同吗？"

庄周说："当然不同。士人身怀道德而不能施行，因而在失望中，心中没有一个精神支柱，没有自己的理想追求，那样才是狼狈；衣衫褴褛，鞋子破烂，这是贫穷，而不是狼狈，这是因为生不逢时。王上难道没有看见过那善于腾跃的猿猴吗？当它们爬在楠、梓、豫、章等端直的大树上时，攀缘着树枝，身手敏捷，动作迅速，就连善射的后羿和逢蒙对它们也无可奈何。可等到它们钻进柘、棘、枳、枸等多刺的灌木丛中时，行动小心谨慎、左顾右盼、战战兢兢，这并不是由于它们的筋骨受到束缚而不再灵活，而是因为处在不利的环境，不能够施展它们的本领。而如今我们所生活的年代，君昏相乱，远胜于猿猴们所碰到的荆棘，士人想不贫穷，怎么可能呢？这种情况和比干因忠谏而被剖心的背景正好可以互相印证！"

庄周这不是借题发挥，骂我是昏君吗？魏惠王本想发作，又很快冷静了下来。庄周不过是一个落魄的读书人，由他逞逞口舌之快去吧，我不能跟他一般见识，而污了我礼贤下士的名声，何况他又是相国的朋友呢。

魏惠王想到这里，平静地说："先生果然是高论，寡人受教。"

庄周说："既然如此，那么我也就可以告退了。"

魏惠王说："寡人听说当年先生与相国在一起辩论的场面，成为当地一大风景。今天，能否让寡人一睹二位的神采？"

惠施见魏惠王岔开话题，急忙顺水推舟，对庄周说："魏王赐给我大葫芦种子。我种在后院内，结了个大葫芦。匠人加工成容器，容量五十斗，大极了。用它盛水浆吧，它的坚硬程度不够，承受不起自身的重量，容易破碎；将它剖开做成瓢，则因其太大，舀水舀酒舀汤都用不着那么大呀。这大葫芦能说它不够大吗？可是大而无用，空空然枉自大。不中用的东西，我只好将它一锤子打破，摔了。"

大葫芦者，太糊涂也。庄周心想，这是在揶揄我啊，却一点也不生气。他说："你只会用小东西，不善于使用大东西，一贯如此。我也给你讲个故事。

宋国有一家人，世世代代以漂洗丝絮为业，成了专业。同时根据祖传秘方，调制一种护肤的特效药，自产自用。寒冬漂濯丝绵，手搽了药，不皴不裂，不生冻疮。有一个外地客人听说了，愿出百金的高价，买制药的秘方。于是全家人聚会商量，都说：‘我们世世代代漂濯丝绵，辛苦一年才挣得几金。现在卖出这个药方就可得到百金，卖给他吧！’客人买得这个秘方，远游吴国，游说吴王，取得信任。后来越国侵犯吴国，吴王派他率兵御敌。时届隆冬，北风如割，和越国进行水战。越军将士个个龟手裂足，划桨举戈，鲜血淋漓，痛彻心骨，击杀无力。而吴军士兵都搽了护肤的特效药，手脚不生冻疮，手脚灵便，战斗力倍增，大败越军。吴王酬谢他，赐土地，封侯爵。你看，同样一种防手冻裂的药，有人大用，赐土封爵；有人小用，一辈子免不了漂濯丝绵。这就是使用上的差异了。现在你有大葫芦，容量五十斗，真算是大器，为什么不考虑将它镂空内瓤，做成大腰舟，去浮游江湖，倒去担忧大而无用？这样看来，可见你的心仍然如蓬草塞蔽，不开窍啊！”

惠施听了，竟然无言以对。魏惠王见庄周对惠施一点也不客气，忙给惠施解围，说：“现在惠相可是寡人的肱股之臣，魏国的凤凰啊。”

庄周说：“我来魏国之前，以为惠施有了长进，变成了凤凰，想不到今日一见发现仍是一只小燕雀啊。”

魏惠王听了，哈哈大笑。坐者皆笑，惠施也跟着尴尬地笑。

魏惠王知道庄周狂傲不羁，很难与人相处，连自己多年的老朋友都不留情面，也一定难为己用，就随他去吧。于是，吩咐惠施送走了庄周。

庄周喻惠施为燕雀这件事，《太平御览》中有记载，只是与上所述略有不同。《太平御览》是这样说的：“惠子始与庄子相见而问乎。庄子曰：‘今日自以为见凤凰而徒遭燕雀尔。’坐者皆笑。”

三、东适邹鲁

庄周在大梁待了些日子后，决定东适邹鲁，希望能与孟轲等儒家学者有所交流。于是乘小船从汴水进入鸿沟，北行至河水支流济水，然后顺济水东流而下，经过陶丘不久进入菏水。小船顺菏水东行二百余里，来到菏水与泗水交汇处。此地已是鲁国地界，鲁都曲阜在泗水东北方向，庄周决定在此换乘赶往那里。

庄周来到泗水渡口，只见候渡的人成群结队，一只渡船靠岸，不等船上的人下完，岸上的人已争先恐后地往船上挤，少壮不让老幼，男子不让妇女。庄周见了，不禁叹息：天下盛传鲁国为礼仪之邦，人人讲仁义礼让，尊老爱幼。但眼前的场景却大相径庭，难道真是鲁国国势日弱，鲁道也日衰了吗？

当时，鲁国被齐、楚两大强国夹在中间，虎视眈眈，时遭蚕食，国势岌岌可危，鲁国上下人心惶惶，哪还有心讲什么鲁道。但渡河还是需要秩序和礼让的，否则随时都会把人挤下水去，甚至有翻船的危险。

曲阜是黄帝生地、神农故都、商殷故国，是东方文化重要发祥地，周公长子伯禽封于鲁后，把它作为都城。庄周进入曲阜城，但见街道宽广整洁，两旁的房屋古香古色，给人以沧桑、庄重之感。街上行人不多，却人人着儒服。庄周心里直犯嘀咕：难道鲁国尽儒士吗？

孔子是儒学的开创者，他生前的衣冠式样，被人称作儒服，士人都仿效穿戴。曲阜虽是孔子的故乡，儒风深厚，但也不至于都是儒士吧。据说，儒士戴圆冠的，知天时；穿方履的，懂地理；用五色丝带系佩玉的，遇事有主见、善决断。那么，今天就试一试是不是这样？

庄周找到几个穿儒服、着方履、腰间佩玉的人攀谈，却发现大都言语粗鲁、孤陋寡闻，不禁感慨：“穿着儒服的人，也未必就是儒士啊。”

庄周来到曲阜的消息，很快传遍整个曲阜，自然鲁君景公也知道了，急召群臣讨论此事。鲁相说：“庄周是当世道学宗师，主张虚极守静、无欲无为，而我们儒学之邦主张礼义仁爱，修身、齐家、治国平天下，与他的主张格格不入，一定要用儒学压压他的威风。”于是，鲁景公下旨召见庄周。

庄周原来只想会会孟轲，切磋一下学问，看看邹鲁山水，亲身体验一下这个儒学之邦的风土人情。不料自己才到曲阜，就引起鲁景公的关注。心想，既然到了儒都，和鲁君见见面、谈谈话，也是儒道两家碰撞交流的好机会，更是一种难得的人生体验。于是，爽快地随宫使拜见鲁景公。

鲁景公在大殿接见庄周，文武百官肃立朝廷，阵势威严。庄周走进宫殿，不慌不忙，不卑不亢，轻轻地向鲁君鞠躬施礼。

鲁景公以礼乐儒学宗邦之君坐大，大手一摆，出言不逊："听说庄先生是当世道家大师，倡导老子的虚空清静、无欲无为，反对礼乐仁义。而鲁国是周公封国，孔子生地，国中遍地儒士，尊崇礼乐仁义，很少有研习先生思想学说的人。"

而庄周冷静地对鲁景公说："据我所知，鲁国的儒士很少。"

鲁景公惊疑地问："鲁国举国儒服，怎么能说儒士很少呢？"

庄周说："真正的饱学儒士，未必穿儒服；穿儒服的，未必都通儒学。君上如果不相信，何不号令于国中：'如果没有儒士的学问和本事却穿着儒士服装的人，要处以死罪。'到那时再看看，鲁国还会是举国儒服吗？"

鲁景公不容置辩地说："当然依旧会举国儒服。"

庄周说："那我们就以五日为期如何？五日之后，我们再看结果。"

于是，鲁景公全国下诏：**无此道而为此服者，其罪死**！

鲁景公的告示一发，原来穿儒服的个个胆战心惊，人人自危，纷纷摘圆冠，脱方履，藏佩玉，不到一天，曲阜大街内，穿儒服的人少了一半。

第二天，曲阜城内，穿儒服的人十剩其一。

第三天，曲阜城内，穿儒服的人屈指可数。

第四天，曲阜大街上，竟见不到一个穿儒服了。

第五天，派下去的公差报告，整个鲁国都没发现一个穿儒服的人。

五天期限已到，鲁景公哭丧着脸说："难道鲁国没有一个真正的儒士吗？"

庄周说："真正的儒士并不炫耀自己，您现在去查验一下，只要发现还有穿儒服的，那他一定是个真正的儒士。"

于是，庄周陪同鲁景公随车出巡，车驾跑遍整个曲阜城，竟然没有见到一位穿儒服者。鲁景公于心不甘，命令车驾驶出曲阜城，继续在国中巡行，直至跑遍了整个鲁国,居然也没有见到一个穿儒服的人。鲁景公不禁唉声叹气，庄周也为儒学宗主之国的学术衰落而感到悲哀。

庄周看见鲁景公垂头丧气的样子，也不好意思说什么，与鲁景公默默地返回曲阜。当车驾行驶到朝门时，忽然看见有一个男子身穿儒服，站立在朝门之外，似乎正在等候景公和庄周的到来。

鲁景公和庄周都不禁眼睛一亮，鲁景公更是高兴，立刻召见了儒服男子。

庄周心想，此人就是孟轲先生吗？孟轲先生应该年龄稍长于己，但此人似乎比自己还年轻些。庄周问道："请问您是孟轲先生吗？"

儒服男子答："我是孟轲先生的弟子公孙丑，正跟随老夫子在齐国游学，听说鲁君下诏，先生特意安排我赶来面见鲁君。"

庄周听了，心里有些遗憾，也有些释然。

鲁景公倒不理会这些，兴奋地问："你知道寡人关于儒服的新诏令吗？"

公孙丑回答："当然知道！以前，国中无论什么人都穿儒服的时候，我并不穿儒服；现在君上诏下，国中无人敢穿儒服了，我特地穿上了儒服。"

"那么说，你是一个真正的儒士了。"鲁景公激动地说。

公孙丑不卑不亢地说："当然。"

鲁景公说："真正的儒士，少学以修身，长而治国平天下，那么你对国事、天下事应当了如指掌。请问如何才能治理好鲁国呢？"

公孙丑说："鲁国痼疾，在于'三桓'权势倾国，尾大不掉。'三桓'势力多年来与公室争权夺势，导致国库空虚，国力下降，邻近大国齐、楚等又趁势侵凌，致使鲁国国土日渐沦丧，国小力微。现在的鲁国，君不君，臣不臣，礼崩乐坏，仁义不行，国家能不衰弱吗？"

鲁景公说："你既然看出国事症结,那么请你入朝辅佐寡人整顿朝纲如何？"

公孙丑说："当年'三桓'羽翼未丰，孔子任大司寇并摄相事时，曾力劝鲁定公遏抑‘三桓’过分膨胀的权势，终因国君支持不力，没能成功，老夫子只好离开鲁国，周游列国。现在，‘三桓’羽翼已成，就是孔子再世，也无能为力，何况我这后辈儒生？我就是入朝参与政事，于国事又有何裨益呢？”

公孙丑说罢，再拜，然后告辞而去。

庄周说：“公孙丑倒是个明白人。往日，有其道而不为其服；今日，为其服而知其道。知其道，却又不肯居其位，知其不可为而不为，这比孔子还要高明一些，这才是真正的儒士啊。”

鲁景公听到庄周的赞许声，又自得起来：“怎么样，鲁国毕竟是儒学宗邦，儒士不少吧？”

庄周微微一笑，说：“以鲁国之大，真正称得上儒士的，我只见到公孙丑一人，能说儒士多吗？”

庄周本想来邹鲁拜访孟轲，但孟轲却远在齐国，自己对齐国又没有什么好印象，不去也罢。想找公孙丑交流交流，公孙丑又不辞而别，自己再留在鲁国也没有什么意义了。于是，决定南游楚国。但鲁国的风景不错，既然到了鲁国不游览一番，似乎有点缺憾，而孔圣人的家乡更应该去看看。

在曲阜东南五十八里处，有一座山叫尼丘山，是鲁国的名山。这座山虽然不高大，但五峰连峙，悬崖相接，重峦叠嶂，颇具风姿。在它的东面，有一条碧波荡漾的河流——智源溪，河水潺潺，蜿蜒而流，尼丘山倒映水中，山清水秀，景色宜人。在尼丘山的西南隅有个郰邑昌平乡，鲁襄公二十二年（前551）的八月二十七日，孔子就诞生在那里，因此便成了孔子故里而闻名遐迩，一年四季，拜谒的游人络绎不绝。

庄周在孔子故里凭吊了一番孔子后，经过孟轲所属的邹国南下荆楚。

四、骷髅现梦

楚国是立国较早的国家，始封之君为熊绎，其远祖可追溯到颛顼帝高阳。周成王时，封熊绎于楚蛮地区，赐以子男之田，姓芈氏，居丹阳（今河南淅川东南），所统地区多为蛮族或苗族，因而楚人也常以蛮夷自居。

公元前741年，熊通自立为君，向周王室请尊号未允，乃自称武王，与周王室分庭抗礼，开诸侯僭号称王之先河，并开始向外开疆拓土。数十年间，楚武王先后攻占随、鄖、绞、罗诸国，逐渐统一了汉水流域和长江中游的广大地区，国势日强。楚武王三十五年（前706），熊通为了掠取汉东诸国，并"据汉水之固"以御中原之师，将国都从丹阳南迁至郢（湖北江陵县）。于是，楚开始北上进攻宋、晋等国，一度称霸中原，扩大了楚国的势力范围。楚成王拥有"楚地千里"，楚庄王"并国三十六，开地三千里"。

公元前401年，楚悼王即位时，魏、赵、韩已经强大起来，三晋联军连败楚军于乘丘（山东巨野西南）、大梁（河南开封西关）、榆关（河南新郑东北）。而在国内，屈、景、昭三大公族的权势日益强大，处处制约着王室的力量，可以说楚国处于一种逼仄的窘境。《庄子·庚桑楚》篇记载："昭景也，著戴也；甲（屈）氏者，著封也。"楚悼王极想摆脱这种困境，但自己却拿不出良策，又无能臣辅佐，很是苦恼。正当这时，吴起从魏国来到楚国避难。

吴起（前440—前381），卫国左氏（今山东定陶西）人。战国初期军事家、政治家、改革家，兵家代表人物之一。吴起胸怀韬略，军事才能与孙武齐名，受到魏文侯的重用，创立武卒制，"与诸侯大战七十六，全胜六十四"，使"秦兵不敢东向"。后来，魏武侯即位，听信谗言，开始排挤和迫害吴起，吴起只好转投楚国。

楚悼王思贤若渴，知道吴起的才能，遂任命他为令尹，实行变法。由于吴起大力革新政治，彰明法制，详定律令，淘汰冗官，增强兵力，不久就使楚国出现"南平百越，北并陈蔡，却三晋，西伐秦"，"马饮于大河"的强盛局面。

不幸的是，正当变法的紧要关头，楚悼王突然去世，楚肃王即位。由于吴起变法深深地触及了楚国贵族势力的既得利益，贵族们对他恨之入骨，不久就把他乱箭射死。吴起死时，用计借楚肃王之手清算了加害自己的贵族势力。

有传说称，庄姓的来历出自楚庄王，庄周的先祖乃楚庄王之后，而庄周的祖辈参与了加害吴起活动，被楚肃王清算时被迫逃到宋国蒙地隐居。

楚国地处长江中下游，版图涉及今湖南、湖北、安徽、江苏、浙江，地域辽阔，自然条件优越。内地一带，社会相对稳定，许多淡泊人生、超然物外的隐士，常把楚国内地当作避世之所。楚国内地自古就有许多隐士出没，孔子当年周游列国时就遇到过许多隐士，并留下许多有趣的故事，这在《庄子》一书中亦有记载。

关于隐士产生的渊源和隐士的存身之道，庄周在其后来的《缮性》篇中有过广泛而深刻的探讨："古之所谓隐士者，非伏其身而弗见也，非闭其言而不出也，非藏其知而不发也，时命大谬也。当时命而大行乎天下，则反一无迹；不当时命而大穷乎天下，则深根宁极而待，此存身之道也。"孔子从政治的角度，提出"天下无道则隐""隐居以求其志"的士人哲学；老子提出"无为""老死不相往来"的主张，关切的是作为人的自由和安逸的问题，"功成身退，天之道也"说的是一个人从公共回归个体的过程。庄周则更多地关注自我感受，倡导"无为有国者所羁，终生不仕，以快吾志"的生命哲学。在他看来，"仕"就意味着"羁"，要想活得自由自在、有滋有味，就得离仕途远一点儿，而与大自然融为一体。

楚国钟灵毓秀，物华天宝，对于寄情于山水自然、耽于幻想的人来说，楚国就是最理想的游历、隐居之地。楚国苦县是道家宗师老子的故乡，道家学说植根于此，所以道学在楚地广为流传。庄周选择南下楚国，也主要出于这种考虑。庄周南下荆楚，亲身体验到了楚地寥廓，自离宋出游到魏，又由魏经宋入鲁，走了几个国家，迂回曲折，行程也不过千余里，历时数月；而由邹鲁之地径直入楚，还没到达楚都郢城，行程却已有数千里，饮览江南风光，用了大半年时间。

让庄周感到惊讶的是，楚地蚕丝业十分发达。所到之处，处处都能见到采桑养蚕之人。市场上的丝织品有绢、纱、罗、绮、绵等多种，色彩鲜艳，五彩缤纷，种类繁多，工艺复杂。自己曾到桑间、濮上游览，见田间地头、水边高岗，到处都是采桑女，以为是天下最大的桑园了，不想楚国举国上下到处养蚕抽丝，丝织皆能。看来自己久不出门，已变得孤陋寡闻了，早就应该到外边多走走看看。

一天，庄周雇一匹瘦马，来到一个偏僻的山林。庄周慢慢地行走在山间的羊肠小道上，呼呼的山风扑打着庄周瘦削的面孔，掀起他萧瑟的鬓发。庄周环顾四野，但见哀鸿遍野、骷髅遍地，一片兵荒马乱后的悲惨景象。

夕阳西下，暮色四合。庄周走到一棵枯藤缠绕的老树下，惊起树上几只昏鸦盘旋而起，聒噪不休。庄周跳下马来，想找块石头坐下休息，忽见树下草丛中露出一具人头骷髅，便用马鞭敲了敲人头骷髅，"咚""咚"作响。

庄周问："先生，你是贪图人生欲望，违反养生常识，一病呜呼的吗？"

人头骷髅没有回答，庄周又"咚""咚"敲打两响，再问："那么你是惨遭亡国之祸，被敌人抓住了，遭受刑戮，被处死的吗？"

"咚""咚"又敲打两响，又问："那么你是因为行为不端，愧对父母妻儿，自杀的吗？或是因为你是贫穷，衣食无着，冻饿而死的吗？或是因为你是活够了应享的天年，自然死亡的吗？"庄周问毕，突然感到有点困乏，于是燃起篝火，就地露宿。他拉过人头骷髅作枕，侧卧而眠，很快就入睡了。

夜半时分，庄周梦见骷髅主人，衣冠整齐，仪态潇洒，站在面前，笑嘻嘻地说："听你谈话满有口才，像个读书人。不过你问的那些伤心事，都是你们这些活人的负担，人一死就没有这些拖累了。人死后的喜悦，你想听听吗？"庄周说："想听。"

骷髅主人说："人一死，上无君主，下无臣子，人人平等。气候不冷不热，不分四季。春耕，夏耘，秋收，冬藏，种种辛苦全都解脱。人人自由奔放，玩得痛快，天长地久，那样喜悦，即使君王的快乐也比不上啊。"

庄周不相信，说："我与生命之神有交情，让他恢复你的形体，还原你的精神，调你返回故乡，与父母妻子和邻里朋友相处。你愿意吗？"

骷髅主人收敛了笑容，愁眉紧锁，逼问："你是要我放弃君王般的快乐，重返人间活受罪吗？"

庄周从睡梦中惊醒，再也无法入睡，回味着骷髅主人的话，想了许多。自己以为世俗纵情于富贵食色之乐，不足以保全自己的生命，只有因顺自然，无欲无为，才能达到超脱世俗情欲的恬淡、宁静心境。而骷髅主人却说什么活人不如死人快乐，细想也有些道理，人活在世上要经历种种苦难，确实不易。

天明之后，庄周总想起骷髅主人的话，再也无心游山玩水。于是，入长江西北方向逆水行舟，赶往楚国都城郢都。

五、淹留荆楚

郢城（今湖北省荆州江陵）作为楚国都城，是从楚武王开始的，史称"郢都"。经过楚国历代君王近四百年的建设，墙宽城阔，气势非凡，堪称江南第一城，成为与魏都大梁、齐都临淄、赵都邯郸并列的四大都会。

庄周到了郢城，把郢城的大街小巷都走遍了，千姿百态的都市风景，万花筒般地从他眼前掠过。楚国历史悠久，文化灿烂，风光独特，民风淳朴，这都是庄周所感兴趣的，所到之处，总忘不了了解楚国的历史文化和风土人情。

当时楚怀王继位不久，他派令尹兼大司马昭阳率大军伐魏，在襄陵（河南睢县）大败魏师，收回被魏国侵占的八座城邑。怀王得到前方捷报，心里高兴，又听说道学大师庄周来到楚国，更觉得喜上加喜，便立即下诏召见庄周。

庄周正在郢都游览，熙熙攘攘的行人摩肩接踵，但庄周特殊的北方人装束，显得很扎眼，所以宫使还是很快就找到了庄周。

楚怀王在楚宫正殿召见庄周，十分隆重。庄周来到朝殿，只见殿门大开，两侧仪卫肃立，鼓乐齐鸣。以前，庄周朝见国君时，国君都很傲慢无礼。这一次，楚怀王在正殿恭迎庄周，并且用鼓乐仪卫迎接，庄周感到楚怀王有些特别。

楚怀王见庄周来到殿前，竟然走下宝座亲自迎接，庄周也不倨傲，以君臣之礼拜见。怀王说了一些仰慕的话，庄周自然随便地应和着。

庄周说："楚国真大啊！我由鲁入楚，来到郢城，竟走了将近一年。"

楚怀王高兴地说："楚国版图正逐渐扩大，令尹昭阳又攻占了魏国八座城邑，正借士气高昂，以乘风御龙之势移师北进，不久齐国南部也将为楚国所有。"

庄周见楚怀王扬扬自得，却说："物极必反啊！昭阳先生移师北进，可能会无功而返。"

楚怀王听了一愣，说："先生怎么会有这样的估计？当年先君威王亲率大军，发动楚、齐徐州之战，大败齐军，楚军进入泗水一带。当时齐威王年轻气盛，还有田忌、孙膑马陵大破魏军杀死庞涓的余威，而现在齐威王年事已高，早没了当年的气势。况且齐国军师孙膑已经退隐山林，大将军田忌也遭受谗言，亡命国外，而楚国国富兵强，不正是大胜齐军的好机会吗？"

庄周见楚怀王那么自信，也不强辩，只是笑了笑说："也许楚军会乘胜再胜，现在说啥都为时尚早，几天之后，事情就会见分晓。"

楚怀王见庄周笑而不作解释，也不勉强。心想，庄周来到郢都机会难得，一定要把握好时机，希望能偿先王礼聘庄周的遗愿。

几天后，楚怀王收到昭阳奏章，楚军已经由襄陵返回，正在楚北方山要塞休整。楚怀王看了昭阳的奏章，为楚师的无功而返感到不快。但很快又高兴起来，他觉得庄周未卜先知，果然厉害，决定立即召见庄周。

为了显得随便自然，楚怀王在日常休息的便殿接见庄周，这倒让庄周感到轻松了许多。楚怀王见庄周来到，起身相迎，激动地说："先生真是大学问家啊，未卜先知。昭阳已移师回国，正如先生所言，无功而返啊。"

庄周说："昭阳先生身为令尹，可谓身居高位；亲率大军攻魏，连取魏国八座城邑，可谓功德圆满。楚军虽是得胜之师，但与魏军几经搏杀，势已弱矣。如再远奔攻齐，士兵久离家乡，必然思归，斗志已减；况且齐国虽失田忌、孙膑，但尚有雄师百万，能将济济，抵御外侵定能同仇敌忾。在这种情况下，楚军取胜的可能性难占五成。《孙子兵法》有云：'故兵贵胜，不贵久。久则钝兵挫锐，攻城则力屈，久暴师则国用不足。夫兵久而国利者，未之有也。’况且，《老子》有言‘功遂身退，天之道’。昭阳先生学识渊博，岂能不知此道理？况且选择班师回楚，对他本人、对楚国，都不失为最佳选择。”

楚怀王对庄周这番话由衷地赞许，心里暗暗高兴，世上传言庄周说话汪洋恣肆，不着实际，只求自已痛快，话大虚空无事实，今天看来并非如此。刚才所言有理有据，很切合实际，又熟知兵法，确实是难得的人才，一定要让他为我所用。

楚怀王想到这里，对庄周说：“当年先王派专使携重币，远赴蒙邑，想聘先生为相。但那时先生新婚宴尔，乐不思仕，以一个神龟寓言打发了先王的专使，先王一直耿耿于怀，多次吩咐我日后如有机会，一定要把先生请到楚国来。这么多年来，我一直不敢忘记先王的嘱托。现在，先生不远千里来到楚国，算是我们有君臣之缘，恳请先生做寡人的股肱之臣，可以吗？”

庄周对此早有思想准备，对楚怀王说：“王上知道吗？天下有两种人：一种人愿意坐而论道，一种人愿意起而行之。我这个人富于幻想，看重感觉，喜欢坐而论道。坐而论道，海阔天空，汪洋恣肆，无拘无束；起而行之，就要身体力行，身体力行则神为形使，身为物役。我崇尚自然，随心所欲，不着边际，只求自适，所以选择远离仕途，自由自在地逍遥一生。”

“先生是经天纬地之才，有鬼神难测之志，却不能为寡人所用，很是可惜啊！”楚怀王叹息道。很快心中又有些释然，庄周既然无意仕途，也就不担心为他人所用，成为楚国的对手。

于是对庄周说：“这也是一种人生选择，我能理解，也尊重您的选择。生在乱世，有这种选择的士人，在楚国比比皆是，不足为怪。楚国有先生生存的广阔空间，就请先生在郢城住下，我也好向先生求道问策。”

“楚国地大物博，人杰地灵，道学底蕴深厚，有许多需要庄周学习和探索的地方。”庄周见楚怀王并没有难为自己，也如释重负，于是就在楚都郢城定居了下来。

庄周是淡泊豁达之人，不会被任何不快左右自己，什么时候都能坦然面对现实。庄周很快调整好了自己一度思乡眷家的心态，在短时间内就适应了环境，畅游南国名胜古迹，爬山涉水，与美丽的大自然亲密接触，其乐融融，逍遥自适。

楚国历史悠久，文化灿烂。庄周非常重视对楚文化的研究，每到一处十分关注当地的风土人情、方言和神话传说，这对他后来的文学创作产生了很大影响。庄周有时走入繁华闹市，有时深入乡野民间，广泛体验生活，积极丰富自己的思想，这些对其后来的创作都产生了积极影响。

有一天，庄周在楚国一大司马家里，见到一位年已八十的老工匠，捶制的军用衣带钩，工艺绝佳，丝丝入扣。庄周问："你是特别灵巧呢，还是有什么门道呀？"

老工匠说："我有所持守。从二十岁那年起，捶打带钩便是我的唯一爱好。除了带钩，任何东西我都视而不见；与带钩无关的东西，都不会引起我的专注。锻制带钩这是得用心专一的事，借助这一工作便不再分散自己的用心。"

这件事对庄周触动极大，后来把它记入了其《知北游》篇："大马之捶钩者，年八十矣，而不失豪芒。"还为此大发感慨地说："是用之者假不用者也，以长得其用，而况乎无不用者乎！物孰不资焉！"

楚国边境，虽时有战事，但郢都在楚国腹地，相对平静，庄周在楚国平静地生活了多年。据说，庄周居楚期间，还收了一位名字叫詹何的弟子。詹何（前350—前270），楚国术士。詹何善钓，因钓鱼而结识庄周，为庄周的才学所折服，于是拜庄周为师，最终亦成为道家学派代表人物。

《吕氏春秋·执一》篇记载了楚王问詹何"为国"之事："楚王问为国于詹子，詹子对曰：'何闻为身，不闻为国。'"詹何所言也是老子所谓"贵以身为天下……爱以身为天下"之意。由此可见，詹何对老子的思想也是相当认可的，其所以拜庄周为师也是有渊源的。后来，詹何北上濮水之滨南华山专心师事庄周，并与庄周的另一弟子魏牟有过关于"重生"问题的讨论，《庄子·让王》篇和《吕氏春秋·审为》篇均有记载。

在庄周居楚的数年间，秦、齐、赵、魏、宋诸国形势都发生了很大的变化。秦国得商鞅改革内政之利，国富兵强，于是转而向外扩张。魏与秦两国毗连，魏国便首当其冲地成为秦国入侵的对象。恰好此时魏惠王不自戒备，不知西邻之可畏，反而专力攻击兄弟之国赵与韩，结果为齐国所败，国力转弱。秦国趁机大举攻魏，魏国大败，只好割河西之地向秦请和，其势日蹇，使其他各国见了都生戒心，不得不力图自振，以期结成联合战线与西方的强秦相抗。

关东诸国为了对抗强秦，不惜用珍器重宝、肥饶之地，罗致天下人才；同时天下之士，为了猎取功名利禄，凭着自己的智谋言辩，奔走于列国之间，为所事君王或出谋划策，或传递消息，或主军事，或营经济，各显其能，发起和推动了声势浩大的合纵与连横运动。

所谓“合纵”，是合众弱以攻一强，即东方六国联合起来对抗西方强秦；苏秦、惠施和公孙衍是合纵运动的主要组织人和支持者。所谓“连横”，是事一强以攻众弱，主要是西方强秦拉拢一些弱国来攻另外一些弱国；张仪是连横运动的主要组织人和实施者。合纵连横的斗争，持续了数十年，各国为了自身的利益，时而加入合纵，时而加入连横，“朝秦暮楚”，反复无常。

公元前 322 年，张仪被秦惠文君免去相位，专事游说连横策略。魏国是秦国东扩的第一道屏障，张仪首先来到了魏国，游说魏惠王以魏合于秦、韩而攻齐、楚，而魏相惠施坚持“以魏合齐、楚以按兵”的方针。而许多魏臣认为联秦攻齐、楚对魏国有利。于是，魏惠王将惠施罢相，转拜张仪为相，企图通过连横秦、韩，借助强秦之手，达到打击齐、楚两大强敌的目的。

惠施失去相位后，认识到再待在魏国，绝不会有好下场。于是“惠子易衣变服，乘舆而走，几不出乎魏境”，仓皇逃离魏国，来到楚国。

惠施辗转来到郢都，楚怀王热情地接待了他。楚怀王素闻惠施有天下第一辩士之称，又在魏国为相多年，对他很是仰慕，今见惠施在魏国丢了相位，来到楚国游说合纵抗秦之事，心有所动。但楚国大夫冯郝却另有看法，他对楚怀王说："挤走惠施的是张仪，王上重用惠施，就要得罪张仪，同时也会得罪秦惠王和魏惠王，我认为这样做不可取。臣听说宋国正图谋强大，广揽人才，而宋君偃对本国大贤惠施又很敬慕，王上不如做个顺水人情，把惠施送到宋国去。惠施是个被排挤、遭困窘的人，王上却帮助他到宋国去，他就会对王上感恩戴德，宋君偃也必然感激王上。宋国是秦国的新交盟友，同时也不得罪秦惠王和张仪。"楚怀王听冯郝这么一说，觉得很有道理，就赠予惠施车马，把他送到了宋国。

惠施在楚国待的时间不长，与庄周有没有交集，两人是不是一同返回宋国的，没见有史料记载。有关学者说，庄周大约此时离开楚国返归家乡。

第四节　观鱼梦蝶　亡妻失友

一、濠梁之辩

庄周居楚多年，生活得也算是舒适快活，可一旦踏上回家的路，却又归心似箭。进入宋国境内，满目平原，庄周感到视野开阔，空气流畅，看着这似曾相识的情景，耳目一新，心情激动，有一种难以言表的感觉。

对于这种心情，庄周在《则阳》篇中有过形象描述："旧国旧都，望之畅然。虽使丘陵草木之缗入之者十九，犹之畅然，况见见闻闻者也，以十仞之台县众间者也！"意思是说，祖国与家乡，一看到她就分外喜悦。即使是丘陵草木使得她显得面目不清，甚至掩去了十之八九，心里还是十分喜悦，更何况亲身见闻到她的真面目、真情况，就像数丈高台高悬于众人的面前让人崇敬、仰慕啊！由此可见，远在异国他乡的游子对祖国和故乡的思念、牵挂是任何人都无法避免的，即使像庄周这样"六根清净"的道家宗师也不例外。

庄周回到家乡，见母亲已病逝，妻子曹蝶也显得衰老了许多，不禁潸然泪下。令他感到宽慰的是，儿子庄遍、庄咸都已长大成人，一如年轻时的自己，聪明好学，兴趣广泛，喜欢深思，尤其对道有自己独到的见解。

此时的濮水一带已是宋国地盘，但宋君偃并没有纠缠庄周，庄周得以在家安心教育儿子，帮妻子操持家务。有时到濮水垂钓，有时与蔺且探讨学问，有时与在宋国任卿大夫的惠施结伴出游，日子过得平淡而充实。

庄周是个真正的隐士，虽生活贫穷困顿，却鄙视荣华富贵，特立独行，横而不流，顺其自然，将无为推至极限，逍遥而游。庄周从荆楚返回濮水边之后，生活依然贫困，一边靠打草鞋、钓鱼为生，一边读书著述研修学问，生活得也算逍遥自在。

而惠施却是一个闲不住的人，多年的为相生涯，使他热衷于政治上的纷争，乐此不疲，在宋国没有政事可以操劳，就又恢复了其辩者的面目。惠施辩才犀利，口若悬河，平日毫不推辞地接受问题，不假思索地应对，广泛地解说天地万物，滔滔不绝，没完没了。

庄周对惠施的这种做派很是看不惯，对他说，你的才智几乎算得最高的了，因而会载之于史册而流传后世，但你经常向世人炫耀自己的智慧，别人不想领会而一定要人家领会，因而将终生偏蔽于竖白论。你轻视道德修养，努力追逐外物，走的是歪门邪路，不安于道，分散心思于外物而乐此不疲，终于赢得善辩的名声。你的才能放荡而不行于正道，追逐万物而不知回头，就像用声音去追逐回响，用形体与影子竞走一样可悲。

但惠施对庄周的批评并不放在心上，他觉得庄周与自己属于不同学派、不同性格的人，两人的言行不能一致是正常的。重要的是，庄周是自己难得的辩论对手，如果没有庄周，自己就会感到很寂寞。所以，惠施经常找庄周结伴出游，谈学问，辩问题，乐此不疲。

一天，庄周、惠施相约到濠水游玩。濠水是宋国南部边界河，对岸南边属楚国地盘。二人站在桥上，欣赏风景，各看各的，各想各的。

时已仲秋，濠水碧澄。庄周扶着桥栏，俯瞰一群银光闪闪的白鲦鱼，相互追逐，自由自在地游戏，说："白鲦鱼游得悠闲自得，多快乐啊！"

惠施扶着桥栏，正侦察楚国那边的情况，哪有闲情看鱼，便不以为然地说："这就怪了，你并不是鱼，从何而知它们的快乐？"

庄周立刻回问一句，说："若是这么说，那你也不是我呀，你怎么会知道我不晓得鱼的快乐呢？"

惠施说："我不是你，固然不知道你；但你本来就不是鱼，那你不会知道鱼的快乐，也就不证而自明了。"

庄周说："那我们就要刨刨根了。既然你说'你怎么知道它们的快乐'，说明你已经默认了我晓得了它们，只是不明白从何而知罢了。我从何而知的呢？我现在回答你，我是从濠水之上知道的。"

惠施说："你把我绕糊涂了。"庄周拍着桥栏大笑，惊散了那一群白鲦鱼。

这就是著名的"濠梁观鱼"的故事，亦称"濠梁之辩"。这个故事很有趣，也很有名，但至于谁是胜家，还真不好说。庄周对于外界的认识，常常带着观赏的态度，以艺术家的风范，分析问题，超然物外，将主观的情意发挥到外物上，而产生移情同感的作用。惠施则不同，以逻辑家的个性，看重知识论的判断，只站在分析的立场，来分析事理意义的实在性。

惠施在宋国当卿大夫的三年，也是与庄周切磋学术的三年。他们朝夕盘桓，辩论不休，在日复一日的辩论中，在学术上都有突飞猛进的飞跃，两个人的情谊也得到进一步加强。如果说庄周与惠施以前只是学中辩友，那么现在已成为生活中惺惺相惜的契友。

庄周有着旷达的心境，视荣华富贵如敝屣，而惠施对功名利禄始终耿耿于怀。两人的现实生活距离大，在学术观点上也相对立，但两人结下了深情厚谊，使他们无话不谈。惠施知道，庄周对追名逐利的行为向来不屑，但还是经常向庄周倾诉自己对名利的渴望和求之不得的苦闷心情。庄周对惠施说，世上的一切都在变化，你的名利观念也应该有所改变。庄周语气平和，方式委婉，一改多年的一针见血、口无遮拦的作风。

魏惠王罢惠施而相张仪的几年间，执行联秦、韩以伐齐、楚的方针，与齐、楚等国的积怨越来越深，而秦国对魏国的打击并没有放松。魏惠王感到受了张仪的欺骗，再加上公孙衍等人的努力，魏惠王终于在后元十六年初（前334），罢免了张仪的相位，并驱逐出魏国。

惠施听说了此事，一阵高兴，认为自己复就魏相的机会来了，就跑到庄周家中，征求庄周的意见。

庄周看了看心急意切的老朋友，对他说："魏国就那么值得你留恋吗？"

惠施说："我在魏国为相十二年，为魏国费尽了心血，对它难以割舍。现在张仪被驱回秦，这正是我再相魏国，辅佐魏王成就霸业的好机会。"

庄周听了惠施的话，并不作正面回答，只是对他说："你听说过吴狙现巧的故事吗？吴王渡过长江，登上猴山游览。群猴见国王仪仗威严，锣鼓喧天，吓得弃树逃窜，躲入棘丛，不敢露面。独有一猴，并不远逃，不慌不忙，上窜下跳，一会儿翻跟头，一会儿荡秋千，向吴王表演它的灵巧。吴王拉弓射它，此猴敏捷，一把接住飞箭，还向吴王挤眉弄眼。吴王大怒，命众随从一起急射，此猴誓死不逃，结果乱箭射穿，抱树而死，好不可怜！"

惠施心里明白老朋友的意思，但还是说："辅佐君王成就霸业，治理天下，为民造福，是我多年的理想，现在就此改变志向，我不甘心啊！"

庄周说："相国，重位也！几年来令你念念不忘，那么别人就会无动于衷吗？一切都在变化，正如今日这奔流东去的濮水，已非昨日之濮水。你是否觉得今日的魏惠王，还认为魏国相位非你莫属？"

惠施说："对于一个国家，贤臣良相比国君更为重要。国君就像一乘马车，而贤臣良相就是御车的人，那马车走不走正道，就看那御车的人了。"

庄周说："你把贤臣良相的作用看得太重了，那国君也未必就是任人摆布的马车。"

听了庄周的话，惠施神情漠然，一言不发。惠施知道，老朋友对功名利禄的认识，是很难跟自己保持同一的。

二、鼓盆而歌

不久，魏惠王卒，子魏嗣继位，是为魏襄王。魏襄王继位后，惠施一度来到大梁谋求复相，但魏襄王并没有重用他，而是任用公孙衍为魏相。惠施感到自己的政治前途渺茫，于是潜心于学术研究。

庄周曾在《天下》篇中评价惠施说，惠施的学问广博，他的书多达五车，道术杂乱无章，言辞多有不当，常以一些怪异之说引导辩士。他的辩才犀利无比，分析事理，口若悬河、滔滔不绝，总是有意把违反人之常情的事说成是真实的，自认为得而不悟其非，其实是有雄心而没有道术。但却因此而赢得天下第一辩士的美誉。

魏襄王七年（前312），惠施在大梁城组织了天下大辩论，提出考察分析事物本质和规律的十大命题，即有关宇宙万物的学说，称之为“历物十事”，招致天下辩士群集大梁城，与自己辩论。惠施提出的“历物十事”是：

> 至大无外，谓之大一；至小无内，谓之小一。无厚，不可积也，其大千里。天与地卑，山与泽平。日方中方睨，物方生方死。大同而小同异，此之谓小同异；万物毕同而毕异，此之谓大同异。南方无穷而有穷。今日适越而昔来。连环可解也。我知天下之中央，燕之北越之南是也。泛爱不物，天地一体也。（《庄子·天下》）

惠施提出的这十大命题，是惠施著述的核心内容，可惜他的著作已经失佚，无法知道其全部内容。他的这“十大命题”也是赖《庄子·天下篇》而得以保存至今。这“十大命题”都是些结论性的论题，很难做出确切的解释。惠施认为这些都是大道理，炫耀于天下而引导辩士，天下的辩士也乐于与他辩论。

赵国辩坛后起之秀、年仅二十岁的公孙龙，见惠施盛气凌人，辩才犀利，锐不可当，就联络韩人桓团等著名辩者，群起向惠施进攻。

公孙龙、桓团等人都是善辩之人，他们蒙蔽人心，改变人的意向，能够胜过人的口舌，却不能折服人的心志。惠施凭借他超人的智慧，每天与公孙龙、桓团等人辩论，还嫌说得太少，常增加一些怪异的说法。于是公孙龙、桓团等提出了“辩者二十一事”进行回击：

> 卵有毛。鸡三足。郢有天下。犬可以为羊。马有卵。丁子有尾。火不热。山有口。轮不碾地。目不见。指不至，至不绝。龟长于蛇。矩不方，规不可以为圆。凿不可以为枘。飞鸟之景未尝动也。镞矢之疾而有不行不止之时。狗非犬。黄马骊牛三。白狗黑。孤驹未尝有母。一尺之捶，日取其半，万世不竭。（《庄子·天下》）

这些辩题有些跟惠施“历物十事”的观点相合，他们利用相合的问题反驳惠施的问题，还采用惠施惯用的辩论方法，把违反人之常情的东西说成是真实的，“饰人之心，易人之意”，“以子之矛，攻子之盾”。惠施虽辩才犀利，口若悬河，终挡不住公孙龙、桓团等众辩士的凌厉攻势，结果一败涂地。

惠施在政治上失利之后，继以学术上的惨败，沮丧极了，感到再也无颜待在大梁，遂向魏襄王递了辞呈，只身一人返归宋国蒙邑。

惠施回到宋国蒙邑，并没有急着赶回老家，而是直奔濮水边南华山而来。此时此刻的惠施非常想见到庄周，心中似乎有满腹委屈要向庄周倾诉。

惠施来到庄周隐居的茅草屋时，只见门前围满了人，门上挂着柏枝，一旁立有灵幡，一看就知道有人去世了。惠施不禁一惊，忙问：“庄周死了？”

这时，蔺且正好出门，见到惠施，失声痛哭，说：“师母曹蝶夫人去世了。”

惠施走进院门，肃穆凄恻，庄遍急忙迎上，叩首跪谢。惠施扶起庄遍，然后面罩悲悯之容，步入灵堂。眼前的情景却让他大为惊讶，只见庄周披散着头发，两腿八字分开，像簸箕似的坐在地上，手里拿着一根木棍敲打着瓦盆，毫无愁容，放声歌唱。看见惠施吊丧来了，也不打招呼，仍唱他的。

惠施见了，非常生气，怒气冲冲地质问庄周：“你的妻子和你贫困厮守，相濡以沫，为你养儿成人；你久离故园，多年没有音信，她含辛茹苦，扶老携幼；现在她老了、死了，你看得淡，想得开，不哭也就罢了。可你，竟然鼓盆而歌，你不感到做得太过分了吗？”

庄周说：“你说错了。我也是人啊，妻子死了，哪能不悲伤。但我不能一味地受感情支配，还得冷静地想想呀。推究起来，她原本是没有生命的，不仅没有生命而且没有形骸，不仅没有形骸而且没有元气。后来恍恍惚惚之际，阴阳二气交配，慢慢地变得有了元气，元气相交会而有了形骸，形骸变而有了生命。生命经历了种种苦难，现在又变而为死，这种变化就像四季的运行一样，是自然而然地运行的。天地好像一间巨大的居室，死去的人安稳寝息在天地之间，从此没有烦恼、没有忧伤、没有痛苦，得到永远解脱。而我却像一个孩童一样在那里嗷嗷哭啼，那就太不懂得生命原理了。这样一想，我便节哀，所以不哭，就敲盆唱起歌，来为她送行。”

惠施听了，还是觉得庄周做得有些过分，说：“理虽如此，情何以堪？”

庄周说：“人之生死是命，如同日夜交替的永恒变化一样，是自然的规律。人之生命长短，禀受于自然，是人力所无法改变的，这是万物所固有的常情。既然如此，人们就应该克制死亡所带来的悲痛，不使哀伤过分伤身，生不足喜，死不足悲。既明其中道理，以理化情，有什么不堪忍受的呢？天地给我形体，用生使我劳苦，用衰老使我清闲，用死使我安息。因此，如果以生为乐，也就应该以死为善，生死都是物的自然变化。只有听任自然的安排而顺应变化，才可以进入与寥廓无涯的天道同一的境界。”

安葬曹蝶后，惠施在庄周家住了几天，两人几乎形影不离。惠施原准备向庄周倾诉自己的满腹委屈，不想庄周遭遇妻死，似乎比自己还不幸。看来庄周脑子也像受了刺激，说话玄而又玄，也就不断地跟庄周谈一些趣话解闷。

倒是庄周一副达观知命的样子，非常关心地询问惠施这几年的生活情况，说：“听说你入魏后，虽没复相，但出行仍是车马相随，还像当年一样风光。经常游说奔走于各诸侯间，马不停蹄，怎会有时间一个人跑到南华山来？你虽曾八面威风，但现在看起来，也比几年前苍老多了。”

惠施听了，鼻子一酸，落下几滴老泪，长长叹了口气，说：“唉，一言难尽，一言难尽啊！我们到外边走走，慢慢地说吧。”

两个人出了庄周家，来到濮水岸边，边走边谈。惠施从入魏说服魏襄王推迟惠王葬期说起，一直说到大梁大辩论的惨败。

庄周对惠施说：“你今年也快六十了吧？思想上也应该有所转变啦。孔子六十大寿发现自己思想转变已达六十次之多了。当初肯定的，后来否定了，很难说现在所认为是对的，不就是五十九年来所认为是错的。”

惠施说：“孔子为努力实现自己的志愿而苦心运用心智啊。”

庄周说：“苦心运用心智，那是年轻时的孔子。后来他老人家转变了，只是未曾说明罢了。听听他后来是怎样说的：‘人的才智受之于天道，但要复得天地之灵气才有生气。声音合乎韵律，言论合乎法度，将利义摆在前面，好恶是非的说教只能服人之口而已。’此话哪还有苦心用智的影子。而你为卿为相，苦心运用心智，演说比唱歌更好听，训话比立法更周密，爱憎分明，是非清晰，不过只是使人口服而已，却不能使人心服。只有使人心服，思想不再抵触，方能立刻使天下安定下来。算了吧，算了吧！比起孔子，不知道你怎样，反正我是差得远啊！”

惠施无比伤感地说：“我比孔子差得更远啊！现在的我说什么都没有意义了，是不想转变也得转变哪！经历这么多年宦海沉浮，世事沧桑，我也感到累了，我也只有息辩绝游，终老乡野了。”

庄周说：“人若能游，怎么能不游呢？人若不能游，怎么会游呢？流荡逐物的心志，固执己见的行为，都不是至知厚德者的所为！社会上虽然有君与臣的相对关系，但这是时势造成的，时代一变，君臣的关系也就变了。所以说，至人从不固执自己所作所为。凡是道就不能有堵塞，堵塞就梗阻，梗阻不止就会出现相互践踏，那么各种祸害就会随之而至。住房如果不够宽敞，那么婆媳之间就会争吵；心灵如果没有自然活动的地方，六窍就会互相排斥。

森林、高山之所以使人心旷神怡，也是因为广阔无比的缘故。所以说，只有内心虚空无欲无求，才会没有拘系地顺应自然而作逍遥之游。”

惠施听了，不住地点头。以往两人论辩都是针锋相对，不待庄周话音落地，惠施就巧言反驳，凡庄周肯定的，惠施都表示怀疑。这次惠施不住地点头称是，还是第一次。

惠施说：“我在名利场上苦心钻营，自以为聪明过人，其实就是个糊涂虫！”

庄周说：“用瓦片作赌注心里轻松，用带钩做赌注就心存疑惧，用黄金做赌注则心志迷乱。他的赌博技巧前后一样，却因顾虑重重，心思便过多地转移到身外的利害得失上。大凡注重于身外之物的人，其内心就笨拙。”

惠施说：“说得深刻啊！上次你把我比喻成向吴王卖弄灵巧的猕猴，我就深有感触。其实，我早知道魏王刚愎自用，反复无常。众人只看到我为相的表面威风，哪知我常常感到伴君如伴虎，如履薄冰、诚惶诚恐。”

庄周说：“你明知道仕途险恶，反复无常，为什么还恋恋不舍呢？”

惠施说：“经过这些年的挫折，我也逐渐看透了官场的凶险、世态的炎凉。人心比山川还要险恶，比预测天象还要困难；自然界尚有春夏秋冬和早晚变化的一定周期，可是人却面容复杂多变，情感深深潜藏。有的人貌似老实却内心骄溢，有的人貌似长者却心术不正，有的人外表拘谨内心急躁却通达事理，有的人外表坚韧却懈怠涣散，有的人表面舒缓而内心却很强悍。现在人们趋赴仁义，犹如口干舌燥思饮泉水；而他们抛弃仁义，也像是逃离炽热避开烈焰。我自以为是名利场上的角逐高手，到头来却两手空空，自取其辱。还是庄老弟高明啊，绝意仕进，无荣亦无辱。我已决定远离仕途，隐居老家专心学术，只是觉得不向你倾诉一下我的苦闷，心里感到特别难受。”

惠施说着，竟有几滴老泪从浑浊的双眼中滚下。

庄周说：“老兄学富五车，却不安于道，追逐万物而不知回头，游走于辩场而乐此不疲，我曾为老兄的固执而感到悲哀。现在你能觉悟，绝意仕途，专心学术，已有道矣，我从内心里为你感到高兴。”

两人在濮水边话别后，惠施就息辩绝游，隐居在卫国楚丘附近的卫南坡，闭门著述。惠施著《惠子》一书，成为名家学派的代表作之一，其中《历物》一文总结了当年大梁天下大辩论的观点，详细介绍了自己的思想和政治主张，对后世逻辑学和哲学的发展都产生了深远影响。可惜的是《惠子》一书已佚，他的“十大命题”幸赖《庄子·天下》篇而得以保存了下来。

三、梦蝶幻境

庄周安葬了妻子曹蝶，送走了老友惠施，心里感到空荡荡的。惠施的遭遇让庄周想了很多，惠施追名逐利、巧言雄辩了大半生，到头来还是孤零零地一个人返回故里。庄周认为惠施是不幸的，也是幸运的，毕竟在晚年终归大道。而自己呢，在外漂泊了多年，慈母去世时，自己没能守在身边，回到家里还没有享受几年的天伦之乐，妻子却死去了。庄周虽是个旷达之人，但近些日子总有莫名的空虚、孤独围绕着自己，挥之不去。

这天，儿子庄遍、庄咸一大早就出去游学，蔺且也到漆园做工去了。蔺且原在漆园里做监工，庄周当年离家出游后，蔺且就辞去了在漆园的差事，全心全意地照顾庄家上下老少。后来蔺且也娶妻生子，家里开销大了，原有的积蓄日渐捉襟见肘。庄周出游回来时，魏漆园已被宋国夺回，又成为宋漆园，蔺且就又到漆园里当差，挣些低微的俸禄贴补家用。

空荡荡的宅院里，只剩下庄周一个人，连个想说话的伴儿都没有，周围静悄悄的……这种虚极、静笃的氛围，倒是适于读书，适于冥思，也适于静养。但庄周却无心看书，思考问题时，脑子里也是乱糟糟的。于是，走出家门，一个人漫无目标地向野外走去，不知不觉地来到濮水边。

时令深秋，濮水两岸树木的叶子已变得枯黄，在微风吹拂下，纷纷扬扬地飘荡而下。树下落了厚厚的一层枯叶，一地金黄。庄周走在落叶上，软软的，感到两腿乏力，就干脆停下来，躺在落叶上休息。庄周望着在空中飘荡的落叶，望着逐渐西斜的太阳，无限遐想。太阳红红的，放射出明亮的光芒，但并不感到刺目，照到身上感到暖暖的，使人浑身懒洋洋的。不一会儿，庄周就进入了梦乡。

濮水潺潺，碧波荡漾，清澈见底，鱼儿在自由自在地穿梭；濮水岸边，树木葱绿，草色青青，如茵的草地上，一枝枝无名的野花鹤立摇曳，红的火红，白的雪白，黄的金黄……

一只蝴蝶在花间翩翩起舞，鲜花摇曳着绚丽，招引蝴蝶；蝴蝶欣慕着绚丽，追逐花朵。这时庄周也仿佛变成了一只蝴蝶，一只活生生的蝴蝶，身子轻盈，在花间上下翻飞、嬉戏。徜徉在自然的怀抱里，起舞在花叶的温馨中，多么轻快、多么惬意。庄周得意扬扬，浑然不知是庄周化作了蝴蝶，还是蝴蝶化作了庄周。

猛然，发现前面的那只蝴蝶好像自己的爱妻曹蝶，频频向自己以目传情，笑得一脸灿烂，只是感到印象有点模糊，看不清面目，令人心有不甘。于是就紧随在那只蝴蝶后面，想飞得近些、更近些，但前面那只蝴蝶好像在跟自己捉迷藏，你飞得快，她也飞得快；你飞得慢，她也飞得慢，总是保持着一段距离，还是面目朦胧难辨。于是就拼命去追，努力睁大眼睛去看，追啊追啊，睁啊睁啊，就这样，庄周从睡梦中醒来。

庄周急忙坐起，茫然四顾，但见周围一片寂静，夕阳已经西下，满目萧条，遍地枯叶，哪里有什么青草鲜花？哪里有什么蝴蝶？哪里有什么曹蝶？

庄周迷惘了，刚才究竟是怎么一回事？分明是自己变成了一只蝴蝶，抛撇一切俗虑，一身轻盈，扇动两片绢薄的翅翼，翩翩在大自然的怀抱里，翩翩在花叶的温馨中，与妻子曹蝶成双入对自由自在地飞翔。但这一切很快又都不见了，怎么会是一场梦呢？

惶惶然的庄周，看看周围的一切都是真实的，濮水还在哗哗地向东流淌，岸边的杨柳树上不时有枯叶飘落，太阳虽然已落到地平线以下，但余晖映衬得晚霞红彤彤的，像火烧过一样，庄周知道自己刚才的确是做了一场梦。

但梦里的一切，自己身临其境，却感到非常真实，不知道究竟是庄周梦为蝴蝶呢，还是蝴蝶梦为庄周呢？庄周和蝴蝶本来各不相干，二者必定是有分别的。但为什么会出现这种物我交融的瞬间，弄得庄周与蝴蝶不分呢？庄周梦为蝴蝶超越了自我，而蝴蝶也超越了自身而融入了庄周，彼此都突破了形体的局限，这难道就是古人修道所达到的“物化”境界吗？

几天来，庄周一直陶醉于梦蝶的虚幻世界，与蔺且就“物化”现象和人生如梦的境界进行了深刻探讨。

庄周说：“‘物化’就是人与自然万物的和谐交融，是物我两忘、天人合一的境界。人们只有淡化矛盾，超越生死，人才能聆听‘天籁’，游心于太玄，从而达到‘物化’的境界。如果一味地纠缠于成败得失，就会终身为外物所累，从而难以发现内心的快乐与自然的和谐。倘若一切顺其自然，体悟大道，与道为一，就能使认识达到洞彻宇宙变化、与本体合而为一的精神境界。在这种神秘的精神体验之中，天地与我并生，万物与我为一，既不为外物牵累，也不为名利伤神，独与天地精神往来，逍遥自适。”

蔺且说：“我们如何看待人生如梦呢？”

庄周说：“当一个人达到了不受时空的限制，心中也没有牵挂障碍，潇洒、放达而无所不能的时候，才会真正做到蝴蝶为梦，梦为蝴蝶，物我两忘的境界。人只不过是自然中的一粒微尘，只有无所求，才可以尽所有。只有努力让自己达到‘无我’的境界，排除一切外界的干扰，才能看清人世的面目，才能洞彻人世的来龙去脉，才能跳出人世的纷扰，才能真正地回归到人的本性。领悟了大道的真人知道，人生就像一场大梦，而人在梦中不知道是在做梦，有时梦中还在做梦，那些愚蠢的人却自以为清醒，好像什么都知道，整天君呀，民呀，贵呀，贱呀，真是浅陋至极！蔺且啊，现在在这里谈梦的你我，不知是醒着呢，还是在做梦呢？你和我都还在做梦而没有觉醒啊！”

这一天，忽然有一辆马车来到南华山，停到庄周家门前。只见詹何从车上走下来，有点让庄周感到意外。

詹何说：“楚国的局势正如先生所料，一天比一天糟糕。我在楚国待不下去了，就投奔先生来了。”

庄周说：“楚国的形势到底发展到什么地步了？请给我说说吧。我在楚国生活了那么多年，对楚国还是有感情的。”

詹何叹了一口气，说：“先生离开楚国的这几年，楚国发生了很大的变化。由于怀王宠信奸邪郑袖、靳尚等人，又受到秦相张仪的欺诈，断绝了与齐国的联盟关系，在内政、外交上连接失误，楚国内部矛盾激化，边境战争频发，与秦在丹阳、蓝田两次大战皆失败，内外交困，不可自拔。特别是我的同窗好友屈原，满怀一腔热血，忧国忧民，却屡遭打击，痛苦万状，令人悲愤。”

庄周说：“屈原为国为民不惜牺牲自己的操守，固然令人肃然起敬，但这种残生伤性的行为，并不值得提倡。屈原对楚国、对天下的形势都看得清清楚楚，然而他被迷惑蒙住了双眼，明知不可为而为之，这样又能为楚国、为自己带来什么呢？但这就是真实的屈原，我又能说些什么呢？”

楚国的日渐萎缩趋弱，天下的形势更加混乱，屈原的孤愤哀怨也让庄周哀怨横生，他无处发泄他的这种哀怨，只能在文章中倾诉。他后来在其《天地》篇里，对天下的形势，对屈原的行为，进行了透彻地剖析，并明确地表达了自己的观点：

> 孝子不谀其亲，忠臣不谄其君，臣、子之盛也。知其愚者，非大愚也；知其惑者，非不惑也。大惑者，终身不解；大愚者，终身不灵。而今也以天下惑，予虽有祈向，不可得也。不亦悲乎！

清代胡文英在《庄子独见》中对此评价说：“人只知三闾之哀怨，而不知漆园之哀怨有甚于三闾也。盖三闾之哀怨在一国，而漆园之哀在天下；三闾之哀怨在一时，而漆园之哀怨在万世。”

四、凭吊梓庆

楚国的形势日益糟糕，而宋国的形势却如日中天。宋君偃初立之时，魏国霸业正趋衰落，而秦国却变得日益强大，关东诸国为了遏制秦国东进扩张，时而合纵抗秦，时而互相攻杀，中原大地狼烟四起，战火弥漫。宋君偃知道宋国国小势弱，便埋头变法图强，发展经济，训练军队，增强国力，伺机扩张。

经过几年的扩军备战，宋王偃认为宋国拓疆扩土、称霸中原的良机到了。于是，亲率宋军"东伐齐，取五城；南败楚，拓地三百余里；西败魏军，取二城；灭滕，有其地"（《史记》）。就是在这一时期，宋国从魏国手中夺回了蒙漆园。

宋王偃对外穷兵黩武，对内统治暴虐，但还时常摆出以仁义治国、广纳天下英才的姿态，然而庄周对宋王偃的真面目却看得很清楚，既不接受他的虚假邀请，也不向他纳一句忠言，因为庄周心里清楚，宋王偃并不赞成无为而治的主张，只不过想拉他装点装点门面而已，即使向他进言也是不会听的。

宋国有个政客向宋王偃献策，宋王偃那天心情好，听了很舒服，就赏了他十辆马车。这位政客很得意，就跑到庄周面前炫耀。

庄周白了一眼那位政客，对他说："算了吧。我给你讲一个故事。从前，黄河岸边有一户人家，世世代代编织苇席，赖此糊口。有一天小儿下河游泳，潜入深渊，摸得宝珠，价值千金。老父骂小儿不懂事，说：'快拿石头来，给我砸碎它！千金之珠从来都是衔在九重深渊的黑龙嘴里，你能摸得，一定是黑龙睡着了！幸好是睡着了，要是醒着，我到哪去捞你尸骨！恐怕你连寒毛也剩不下一根呢！'老兄，宋国政界水深，比九重之渊还要深，你摸不透！宋王的凶狠更是甚于黑龙啊！赏你车马，那是因为宋王睡着了。要是醒过来，你就要粉身碎骨了！"

这件事，后来被庄周记入了《庄子·列御寇》篇，说："人有见宋王者，锡车十乘。以其十乘骄稚庄子。……今宋国之深，非直九重之渊也；宋王之猛，非直骊龙也，子能得车者，必遭其睡也。使宋王而寤，子为齑粉夫！"庄周把宋国的黑暗政治比作甚于"九重深渊"，把宋王偃比作甚于凶猛的"骊龙"，他的目光是非常敏锐的，他的分析是非常深刻的。

宋王偃经年不息地发动征战，消耗了大量人力、物力、财力，国库更加空虚，但为了维持已经运转开来的战争机器，宋王偃不顾国小财竭的现状，继续向百姓增加赋税，在经济上加紧搜刮，广大民众挣扎在死亡线上。

蒙邑漆园虽远离宋都睢阳，但漆是重要的民用物资，更是重要的战略物资，宋王偃连年大兴土木，攻略征伐，消耗了大量生漆和漆器，漆园自从重新回到宋国手中，便成了宋王偃搜刮的重灾区。

这天，庄周正在南华山茅屋读书，漆园吏派人前来报丧说，梓庆先生去世了。

南华山距漆园不过二十多里，庄周也常去漆园看望梓庆，两个人成了好朋友。梓庆已是七十多岁的龙钟老者，行动已多不便。然而宋政府下达给漆园的任务又紧又重，为了赶交付进度，漆园吏不得不强迫已经退休在家的梓庆，重新出山做工。由于超负荷地工作，又得不到必要的休息和营养补充，终于把梓庆累死了。

梓庆出殡那天，庄周在蔺且的陪同下，来到漆园的梓庆家中吊丧。庄周走到梓庆灵位前，点香行礼，唢呐、笙竽奏起庄严肃穆又凄婉伤感的哀乐。

蔺且跟在庄周后面，跪倒在地，等候庄周礼毕一同哭丧。梓庆是庄周的好朋友，又年长于庄周，所以按当地风俗习惯，庄周在哀乐声中行了跪拜大礼。礼毕，庄周哭号了三声就出来了。

蔺且紧随其后，大惑不解地问："难道梓庆先生不是您的朋友吗？"

庄周说："是朋友啊。"

蔺且又问："那么这样吊丧，行吗？"

庄周说："行。刚才我进去吊唁的时候，看见老年人哭丧如哭自己的儿子，有小伙子哭丧如哭自己的父母。他们聚会在遗体旁，一定有不想吊唁而吊唁，有不想号哭而号哭的，这是违反常理的。滥用感情，忘了本分，违反自然，活找罪受。该来的时候，梓庆应时而生；该去的时候，梓庆顺理而死。生安其时，死顺变化，就不会受到哀乐之情的困扰，古人称之为自然的悬解。"

庄周、蔺且从漆园回家，一路上心情都非常沉重。梓庆一生庆赏爵禄一切俱忘，出手如神，何等超脱，却这么说去就去了，让庄周很难过。庄周认为梓庆制作木鐻时，平心静气，气近于虚，气与神合，专心致志，“以天合天”，全妙皆呈，其修养之高达到忘我忘物、守气全神的境界。

蔺且见庄周一路无话，知道老师此时的心情一定非常复杂，觉得有些话应该向老师说说。于是，蔺且对庄周说：“宋王偃的统治越来越腐朽，这样下去宋国将国将不国。我听说，宋王偃对先生很尊敬，一直希望您能为他谋划治国之良策。现在宋国走到今天这一步，也许您能为它做点什么。”

庄周说：“宋王偃行为独断专横，喜怒无常，处理国事轻举妄动，根本认识不到自己的过错；他轻率用兵，将人民置于死地，死者遍野，形如枯草，人民已经走投无路了！他骄横暴虐，不纳忠言，许多正直的大臣被他射杀。我去规劝他，即使他表面附和，而内心仍是顽固不化，去又何益？况且，道是不能喧杂的，喧杂就要多事，多事就会混乱，混乱就会引起忧患，这样连自己就不能自救，还怎样去挽救别人。古代的圣人，先充实自己，然后再去扶持别人。如果自己都站不稳，还怎么去纠正暴人的行为呢！”

蔺且知道老师对现实社会，既感到愤慨至极，又感到无可奈何，深刻地理解了老师为什么是那么的哀伤了。

回到南华山家里后，庄周变得沉默寡言，心事重重。庄周想在家人和弟子们面前表现得豁达一点，但总觉得要发生什么事，就是豁达不起来。

五、痛哭惠施

公元前310年的一天，一陌生人悄然来到南华山，见到庄周，一脸戚色，低声泣诉：“我从滑邑来，惠施先生已于昨天去世了，特来向您通报一声。”

“啊！惠施先生死了？”庄周听了，心中不禁一震，沉默了半晌，才缓过神来，仰天长叹，“惠施死了，我的朋友又少了一个啊！”

庄周一生心境旷达、桀骜不驯，视富贵权势如敝屣，自然与世人和社会格格不入。庄周生活情趣高超，在他眼中，“天下为沈浊，不可与庄语”，只好“独与天地精神往来”。所以与庄周深交的朋友知己不多，太宰荡算一个，死了；梓庆算一个，死了；现在连最要好的朋友惠施，也离自己而去了。一向旷达的庄周，顿时感到心里空荡荡的，感到是那么的孤独。

惠施是庄周一生中交往最久、感情最深的朋友，他们都很博学，对于探求知识都有浓厚的热情。一宗道，一尚名，学术观念相对立，认知态度不同。庄周偏重于美学的观赏，惠施看重知识论的判断；庄周具有艺术家的风貌，惠施则带有逻辑家的个性。对同一问题，各抒己见，针锋相对，一个心如涌泉，一个意如飘风，在辩论中既增长了知识，又增进了友谊。

惠施自从在大梁名利场受挫，接着又在学术上失利后，逐渐看清了官场的险恶和世态炎凉，原来一心汲汲于名利的他，变得心灰意冷，黯然返归故里。惠施这个曾叱咤在名利场上的角逐高手，在与庄周几次倾心交流之后，似乎大彻大悟，似乎看透了一切，决定绝意仕途，隐居老家，闭门著述。

庄周得到噩耗，立即带领弟子蔺且、詹何和儿子庄遍、庄咸，前去惠府吊唁。庄周站立灵柩前，神情肃穆，冥思木然，两人一生亲密交往的件件往事，又都浮现在眼前。从蒙邑“无情之辩”，到大梁鹓鸰故事；从濠梁“鱼乐之辨”到“吴狙现巧”之喻，一件件，一桩桩，仿佛就发生在眼前。

惠施一生在名利场上奔逐搏杀，最后黯然回乡。现在，惠施已经顺时而去了，他的离去，是不是由于他常常外乎其神，劳乎其精，以情之好恶而内伤其身呢？

庄周亲往吊唁，惠施家人甚感欣慰。惠施一生恃才傲物，目中无人，所以平生真心朋友也不多，庄周是他最敬佩的人，也是他最好的朋友。

庄周随众人来到墓地为惠施送葬，一路神情木然。当棺椁安放进墓坑，众人一齐用土掩埋时，庄周再也控制不住自己的悲痛，放声大哭，任凭众人怎么规劝，庄周一直不能自制。

蔺且说：“师母去世时，您一声没哭；梓庆去世时，您大哭三声；现在惠施先生去世了，您为何痛哭不止？”

庄周说："你们知道吗？从前，楚国郢都有个泥匠，手艺精绝，长袍大袖给泥墙刷石灰，又快又匀，而袍袖不染渍半点白痕。一个徒弟不小心，溅了一滴石灰浆在泥匠的鼻尖上，待石灰浆干透了，凝固成一层薄如蝇翼的白痕点，他让徒弟去请他朋友的木匠石替他削掉。木匠石来了，看了看泥匠的鼻尖，只见他飞快地挥动斧子，又似乎漫不经心地劈削下去，削净了鼻尖上的白灰而鼻子完好无损。泥匠站在那里，面不改色心不跳，眼睛都没有眨一眨。后来，宋元君听说了这件事，派人去请木匠石，说：'听说你技艺高超，出神入化，表演给寡人看看吧。'木匠石说：'我曾经能够运斤成风，不错。可惜我的唯一对手，那个郢都泥匠，他去世多年啦！我也就再无从施展自己的技艺了。'"庄周说罢，久久无言，情不自禁地长吁短叹。

后来，庄周把为惠施送葬的情况写进了《徐无鬼》篇，以"匠石运斤"的故事表达了自惠施死后，自己"无以为质""无以言之"的寂寞心情。妻子去世也要鼓盆而歌的庄周，好友梓庆死了也只是大哭三声，却对惠施的死感到如此感伤、如此遗憾，足见二人情谊之深。

《滑县志》记载，惠施死后葬于卫南坡巨泽西南畔，即今河南省滑县八里营乡冢上村，距东明南华山庄子墓不足二十公里。而惠子墓西南五公里处，有个留固镇庄子营村，原名庄子茔村，以村东有庄子茔而名之，后"茔"演变为"营"。庄子茔，即庄子墓。春秋战国时期，此处属于著名的"桑间濮上"之地，风景奇丽，庄周很是喜欢，多次到此游览，并在此地收了许多弟子。庄周去世后，他的弟子们为了纪念自己的老师，就在此处为庄周修了一座衣冠冢，后来弟子们去世后，也都安葬在庄子墓周围。当地有个叠墓而葬的习俗，多年之后就逐渐形成了一个高大墓群，虽经两千多年的历史沧桑和时代变迁，庄子墓仍然高过地面数米，面积达数百平方米，成为当地一景。

1986年5月4日，滑县人民政府批准庄子墓为县级重点文物保护单位。中国诗词文化研究所研究员陈琼、浙江省社科院词学研究中心研究员吴亚卿等人曾到庄子营村一带考察，拜谒了庄子墓，并赋诗留念。陈琼作《过留固镇谒庄子墓》曰："古镇荒茔在，秋花护子休。无为何境界，我至吊庄周。"吴亚卿作《庄茔书感》诗曰："滑州留固镇，访古谒庄茔。畴昔漆园吏，毕生名利轻。"由此可见，滑县庄子墓也是有其历史渊源的。

第五节　教授生徒　张目道学

一、开馆授徒

庄周在南华山隐居多年，眼见局势纷乱，战争频发，到处充满危险和灾难，选择游学的路子是不可能的了。于是，蔺且建议庄周公开馆授徒，从而把道家学说、庄周的思想发扬光大。

选择设馆授徒虽是无奈，也不失为最佳选择了，既可以传播道家学说，宣扬自己的思想，又能维持生计。庄周决定把学馆建在南华山上，并名之曰漆园学堂。漆园学堂与别的私人学堂不同的是，学习对象以对道家学说感兴趣的成年人为主。庄周认为，少儿读书还是入读传统的儒学堂为好。

南华山地处蒙邑西北部边境，北依濮水，南临漆水，是一个自西南向东北方向走势的高数十米的土山，连绵数十里，与魏、卫、齐三国接壤。山上古木参天，风景秀丽，环境清幽，是个学习的好地方。

道学大师庄周息游，在南华山上开馆授徒的消息，很快在宋国传开，周围邻邦的魏、卫、齐、楚等地也知道了，一些对道家学说有浓厚兴趣的青年学子，纷纷来到南华山上。寂静多年的南华山变得热闹起来，整天歌声阵阵、书声琅琅。

庄周少时曾在儒学堂学习多年，后来虽皈依道家，但孔子儒家学堂的教学模式和经验，给庄周办学提供了许多有益的借鉴。庄周教学的教材以老子的《道德经》、计然的《文子》为主，同时教授自己多年学习研究的心得体会，并逐步成为教学的主要内容。

庄周教学时一再强调，办学宗旨是宣扬道家思想，"明老子之术"。但庄周教学时，并不拘泥于传统的道家学说，而是经过自己多年来的研习揣摩，把道家学说推上了一个崭新的高度，形成一套完整的、独特的庄学体系。

“道”是庄周思想学说中最为重要的一个概念，他的所有思想都是围绕着这个“道”而展开的，可以说，理解了这个“道”，也就理解了庄周的全部思想。

庄周说：“老子讲大道、求大道，就是让人知道宇宙的根源，也就是让人懂得宇宙从一开始，就遵循自然而然的法则演变，也就是让人按照大道的自然法则行事。老子的这种劝导，这种追求，就是一种精神的追求、精神的修养。”

弟子东郭子问：“所谓的道，在哪里呢？”

庄周说：“无所不在。”

东郭子说：“请指明具体所在？”

庄周说：“在蝼蛄中，在蚂蚁中。”

东郭子说：“怎么这样低下哟！”

庄周说：“在稻田的稗草里。”

东郭子惊异地问：“怎么更低下了哟！”

庄周说：“在砖里，在瓦里。”

这次东郭子连舌头都吐了出来，他惊异地问：“这砖头瓦块连一点生命的气息都没有，怎么越来越低下哟！”

庄周说：“在屎中，在尿里。”

东郭子听了觉得一阵恶心，半天说不出话来。

庄周说：“道，哪里都在。我不是已经回答了吗？可你问个不停，问又问不到点子上。我再给你举例说明一下吧。一个名叫正获的市场管理官吏询问屠夫怎样鉴别猪的肥瘦，屠夫的回答从猪头说到猪腿，愈是猪的下部愈能探知肥瘦的真实情况。你不要只是在某一事物里寻找道，因为道哪里都在，万物没有什么东西能脱离道，道是万物的主宰。物与物之间有界限，道与物却没有界限。道使物发生盈虚的变化，而自身却没有盈虚之分。因此，物来源于道，又归于道；道产生万物，又不能脱离物。”

在庄周看来，道虽不可知，却无处不在，它遍布在天地宇宙之间，蕴含在各个事物之中，无始无终，没有穷尽，并成为万事万物存在运行的规律。

庄周教学注意坐而论道，重视思辨，提倡博览群书，强调不能死读书，读死书，更重视读社会、自然这本无字之书，所以经常带弟子旅游，把大自然当作课堂。在游览过程中，通过所见听闻的鲜活事例，点拨学生，形象生动，使他们悟道，弟子们对这种教学方式最欢迎。

一天，庄周带领弟子漫游南华山，在正在采伐的林区，看见一棵大树，枝叶茂盛。只见树高数丈，直指云霄，树冠大如巨伞，能遮蔽土地数亩。几个伐木人坐在树下休息，却没有砍伐它的意思。庄周停下脚步，和伐木人攀谈："如此好大的一棵树，长在路边，砍倒之后，运出方便，怎么一直没人砍伐？"

伐木人说："这有什么好奇怪的。这种树叫臭椿，树虽高大，木材却无所可用。其材质粗劣虚松，见水易腐，不能做舟船；用来做家具，容易毁坏；用来做梁柱，易受虫蚀。此乃不材之木，虽大无用，故能有如此长寿。"

庄周听了，深有感悟，对弟子们说："一棵大树，立在道旁，匠人不顾，伐者不取。此树因不材而得以终其天年，岂不是无用之用，无为而于已有为吗？有用的大树即使隐于高山深壑，也躲藏不住，匠人还是把它找到，砍倒运出，难尽天年。宋国荆氏之地，适宜种楸、柏、桑树，一把、两把粗的，需要拴猴子木橛的人把它砍了去；三四围粗的，被需要建高大屋栋的人砍了去；七围、八围粗的，被需要做独幅板棺椁的富贵人砍了去，故不能终其天年，而中道死于斧斤，这就是有用之材的祸患啊。山木因为材质可用而招致砍伐，油脂因为可以燃烧照明而自取煎熬。桂树皮芳香可以食用，因而遭到砍伐，漆树之汁因为可以用作涂料，所以招致刀割。每个人都知道有用的用处，却不懂得无用的更大用处。"

庄周师徒从南华山中部南行，不大会儿就到了蒙漆园。漆林深处，有一块平坦开阔之地，一条小溪潺潺流过，依溪水建筑着几间茅舍，一老者正悠闲地躺在椅子上晒太阳。老者见庄周师徒走来，连忙招呼：“庄先生，请到寒舍歇歇脚吧。”

庄周向弟子们介绍说：“这位是我做漆园吏时结交的一位朋友，已多日不见了，我们就在此留宿休息。”

故人相见，格外亲切，似乎有说不完的话。说话当儿，已到饭时，老者连忙吩咐童仆杀鹅款待庄周师徒。童仆请示主人：“两只公鹅，一只爱叫，高亢清亮；一只嗓子嘶哑，常不出声，杀哪一只？”

老者说：“爱叫的有用处，夜晚能防贼呢。杀那只不爱叫的吧。”

老者用老鹅，时鲜蔬菜，自酿米酒，招待庄周师徒，谈笑风生，宾主尽欢。

翌日早起，道谢老者，继续南行。途中，蔺且问庄周：“昨天山上那棵大树，因为不成材，所以不挨斧砍而能享尽天年；而你朋友家那只公鹅，因为不爱叫，主人认为没有用处，所以被杀掉做了下酒菜。有用无用都可能挨刀，先生站在哪一边呀？”

庄周忍不住笑了，说：“一边是有用，一边是无用，两边都站不得。那我就站在有用无用之间吧，从有用那边看我是无用，从无用那边看我是有用。站在有用无用之间，似是而非地两边欺骗人，似乎是合适的位置，其实不然，这样活得很累啊。要想活得轻松愉快，逍遥自在，只有驾乘双翼，一翼修道，一翼养德，随风漂泊。不问有用，不管无用，不受赞誉，不被毁谤。顺应社会的变革，改换自身的形色，一会儿如龙之显现，一会儿如蛇之潜藏，能伸能屈，与时俱化，而不偏执一端。该显扬便显扬，该隐藏便隐藏，总以合乎天性为原则，茫然无心漫游于万物之源。主宰万物而不为外物所役使，哪里会受到牵累呢？至于说到万物的实情，人类的习惯，就不是这样的。有聚合也就有分裂，有成功也就有毁灭；棱角锐利就会受到挫折，尊显就会遭受非议；有作为就会受到亏损，贤能就会被人谋算，而无能也会受到欺侮。这样的社会，哪能活得逍遥自在、轻松愉快？太可悲了。弟子们记住吧，要想活得不累，逍遥自在，只有修道养德、回归自然。”

二、借语孔圣

庄周在教学过程中，孔子是他提到次数最多的人物。庄周时代，孔子已经赢得世人的广泛尊重，被奉为师表。庄周为了使自己的观点受到世人重视，常常让孔子以得道者的形象出现，为道家张目。

孔子的远祖是宋国贵族，七世祖叫正考父，是侍奉过宋武公、宋戴公和宋宣公的三朝元老。关于正考父的事迹，庄周在《列御寇》篇中有记载："正考父一命而伛，再命而偻，三命而俯，循墙而走，孰敢不轨！"意思是说，正考父首次任命为士便逢人躬着背，再次任命为大夫便深深地弯着腰，第三次任命为卿更是谦恭地俯下身子，总是让开大道顺着墙根快步疾走，态度如此谦下，谁还敢干出不轨之事？正考父的儿子孔父嘉后来担任了宋大司马之职，按周礼制，大夫不得祖诸侯，故其后代以孔为氏。宋殇公十年（前710）春，太宰华父督作乱，弑其君宋殇公，杀大司马孔父嘉。孔父嘉的后代逃奔鲁国陬邑，卿位始失，下降为士。孔子出生不久，其父叔梁纥去世，家境衰败，但孔子勤奋好学，精"五经"，通"六艺"，成为当时社会上最博学者之一，在世时就被尊奉为"天纵之圣""天之木铎"。孔子创立了儒家学派，开创了私人讲学之风。

孔子是庄周在教学时经常提及的人物，后来，他还把这些涉孔内容记入《庄子》一书。孔子在《庄子》中至少以三种面貌出现，第一是以道家面貌出现的孔子，一言一行都是地地道道的道家腔调。这时的孔子，虚心以游世，不以死生、穷达为念，德充之为美。第二是由儒家而转向服膺道家的面貌出现，这时的孔子，内忘仁义，外去礼文；息奔竞之心，入恬淡之境；遗形去智，悟道之方。第三是以儒家面貌出现的孔子形象，几乎可以跟儒家经典中描绘的孔子模样相仿佛。这时的孔子，虚心好学，务求博赡；死抱仁义、礼乐、法度，不知应时而变；四处奔走，极意营谋天下。纵观《庄子》三十三篇，孔子是该书中出镜率最高的人物。据统计，至少有四十二个章节中孔子以"夫子""孔子""仲尼""孔丘""丘"等名义出现，而有老子的出现章节尚不足二十个。《庄子》中孔子出现的名字不一，其形象也不一致，时而道家，时而由儒而道，时而儒家，后世不善于“正照之，斜照之，远照之，反照之”（胡文英《读庄针度》）者，“往往执于一偏之见，以驰其说，以致大与作者当日著笔之意相背离”（方勇《庄子学史》）。

庄周让孔子在《庄子》中以不同的形象出现，历代学者从多方面分析了他这样安排的用意，但又往往不能从整体上来理解，因而做出了各种片面甚至违背情理的解说。归纳起来，大致可分为三种：一是“诋訾”说。在历史上，最早持此说的是司马迁。他说，庄子“作《渔父》《盗跖》《胠箧》，以诋訾孔子之徒，以明老子之术”（《史记·老子韩非列传》）。二是“助孔”说。苏轼在《庄子祠堂记》中批评司马迁是“知庄子之粗者”，认为庄子本是“助孔子者”。他说：“庄子之学，皆实予而文不予，阳挤而阴助之，其正言盖无几。至于诋訾孔子，未尝不微见其意。”而《盗跖》《渔父》虽“真若诋孔子者”，却是“昧者勦之以入”的作品，当删而去之。三是“尊孔”说。受清代尊孔之风盛行的影响，使原来的“助孔”说发展成了普遍流行的“尊孔”说。刘鸿典云：“庄子之尊孔子，其功不在孟子之下也。”（《庄子约解》）吴世尚亦云：“庄子之学，所见极高，其尊信孔子，亦在千古诸儒未开口之前。”（《庄子解》）方勇在《庄子学史》中说：“‘助孔’‘尊孔’二说，或片面武断，或违背情理，咸非庄子当时著笔本意。”“司马迁的‘诋訾’说，还是大致可取的。”

孔子孜孜为学宣扬仁义几十年，特别是周游列国十四年，其思想观点时刻都在变化，庄周与惠施曾就孔子“六十而化”的问题有过辩论。鲁哀公十一年（前484），周游列国十四年后，孔子又回到了鲁国，继续聚众授徒，传播儒家学说。第二年，带领弟子到宋国蒙邑缁帷一带游历，然后到蒙泽边的杏坛上讲经休息。《庄子·渔父》篇记载：“孔子游乎缁帷之林，休坐乎杏坛之上，弟子读书，孔子弦歌鼓琴。”杏坛本是蒙泽边的一块高地，因多植杏树而得名。在杏坛之上，孔子被得道者渔父教训了一番，对他的思想影响很大。有学者说《渔父》篇中的得道者渔父其实就是文子。文子，姓辛氏，号计然，春秋时期的思想家、哲学家、教育家、经济学家。祖先是晋国流亡贵族，后隐居在葵丘（今东明五霸岗村）、濮上一带，颜师古曰：“计然者，濮上人也。”因而又称葵丘濮上人。也有学者说渔父就是范蠡。

葵丘属古蒙地，濮上与蒙毗邻，所以孔子晚年游览蒙泽，得到渔父的教诲是有可能的，所以不能把《渔父》篇完全当作寓言看待。据曹县同人介绍，该县县城内工商银行后院原有一土丘，相传为杏坛遗址，乃是《渔父》所记孔子会隐士渔父之处。顾炎武《日知录》谓孔子旧居本无杏坛，其名乃出自庄子的《渔父》篇。据有关资料介绍，宋天禧二年（1018），孔子第四十五代孙孔道辅监修孔庙，他相信庄周描写的孔子“休坐乎杏坛之上，弟子读书”这件事的真实性，所以将大殿旧址除地为坛，环植杏树，名之曰“杏坛”。从此，孔府“杏坛”名闻天下，而古蒙之“杏坛”则渐渐鲜为人知了。

三、畅游曹蒙

曹邑历史悠久，人类的祖先在这块神奇的土地上捕过鱼、打过猎，刀耕火种，创造了人类的文明。古传说中的许多神秘人物，如华夏始祖伏羲和尧、舜、禹、汤，都曾在曹邑之地生活过，并留下了许多动人的传说故事。南华山距曹邑不足百里，庄周经常带弟子到那里游学。

庄周亲临古曹大地，搜集了许多关于伏羲的传说故事，并认真考证了一些历史遗迹，确定伏羲就出生在雷泽湖东岸，一个被称为“成”的地方。“成”即位于雷泽东南岸边的古成阳城，顾炎武《肇域志》载：“成阳城在曹州东北六十里。”关于伏羲的一些传说故事，在庄周以前人们只是口头传承，在任何文献中都没有记载，《庄子》是最早记载“伏羲”的先秦古籍，自此开始，有关伏羲的文字记载，才开始陆续出现在各种文献资料之中。

《庄子》一书中，多处提及伏羲，或称之伏戏，或称之庖牺氏，或称之伏牺氏。如《人间世》篇有“是万物之化也，禹舜之所纽也，伏戏、几蘧之所行终”，《大宗师》篇有“伏戏氏得之，以袭气母（指阴阳）”，《胠箧》篇有“昔者容成氏、大庭氏、……伏牺氏、神农氏，当是时也，民结绳而用之，甘其服，美其服，乐其俗，安其居”之句等等，足以说明庄周对伏羲是有较多了解的。由于伏羲使中华先民从蒙昧步入了早期文明，所以被尊奉为中华民族的人文始祖。而尧、舜、禹都是伏羲的后代，为帝时都曾在伏羲的出生地“成”建都。在今菏泽一带，关于尧、舜、禹的传说故事流传甚多。

尧，姓伊祁，名放勋，系轩辕黄帝五世孙，出生于曹邑鄄城境内，年十五岁封唐侯，国于陶丘（定陶西北），故又称陶唐氏。尧八十六岁那年，感到自己老了，想选拔接班人执掌天下，听说高士许由德才兼备，能够弘扬帝业，造福天下，就屈驾到箕山之侧、颍水之旁（鄄城东北箕山镇箕山集村），拜访在那里隐居的许由，想把天下让给他，但许由却不接受，这件事庄周在《逍遥游》篇中有详细记载：“尧让天下于许由，曰：‘日月出矣，而爝火不息，其于光也，不亦难乎！时雨降矣，而犹浸灌，其于泽也，不亦劳乎！夫子立而天下治，而我犹尸之，吾自视缺然。请致天下。’许由曰：‘子治天下，天下既已治也，而我犹代子，吾将为名乎？名者，实之宾也，吾将为宾乎？鹪鹩巢于深林，不过一枝；偃鼠饮河，不过满腹。归休乎君，予无所用天下为！庖人虽不治庖，尸祝不越樽俎而代之矣。”

舜，姓姚，名重华，又称有虞氏，出生于姚墟（山东鄄城南境舜城集）。舜德行出众，天性至孝，待人至诚，善教于民，三十岁时被尧帝选作帝位继承人，佐尧帝施政二十年，五十岁时代行天子事，六十一岁登帝位，在位三十九年。后来，舜选定禹作为他的继承人。尧舜时期，洪水泛滥，平原沃壤化为一片汪洋。禹接受舜的命令治理洪水，率领民众，夜以继日，不畏劳苦，在外治水十三年，三过家门而不入，终于获得成功，人民从此安居乐业，不再受洪水的威胁了。《天下》篇记载：“昔禹之湮洪水，决江河而通四夷九州也，名川三百，支川三千，小者无数。禹亲自操橐耜而九杂天下之川，腓无胈，胫无毛，沐甚雨，栉疾风，置万国。禹大圣也，而形劳天下也如此。”大禹治水，可谓费尽千辛万苦，风里来雨里去，成语“沐雨栉风”即出自这个故事。

大禹治水时手下有一助手叫契，帮助大禹治水，立下大功，被舜授为司徒，封商为其领地。契在封地建立了一个小国，叫作商，从契传十四世到汤，汤从商丘徙居亳（今山东曹县南）。汤都亳后，努力发展生产，为了消灭暴君夏桀，做了大量的准备工作。首先是实行德政，取信于民；其次是选贤任能，拜生于“有莘之野”出身奴隶的伊尹为相；再次是区别对待原为夏所控制的部落方国，恩威并举，先后打败了葛、韦、顾、昆吾等夏朝的附庸国，扫清了西进的障碍，使古曹邑之地成了汤灭夏的巩固根据地；最后在伊尹的辅佐下，商汤灭夏立商，广施仁政，大行王道，国泰民安。商汤百岁而崩，葬在亳地涂山。

商汤死后，伊尹继续辅助商第二代、第三代君主治理天下。后来，伊尹回到老家莘冢集隐居，死后被安葬在那里。庄周曾游览过汤王陵和伊尹墓，今带着弟子们前来游览，算是故地重游。虽才经过二十多年的变迁，见汤王陵、伊尹墓残破了许多，烟火也不旺盛了，顿感世事沧桑、万事难料。

到周朝时，周武王封其六弟振铎为曹国国君，都城设在陶丘，宋灭曹国后，曹国故地就成了宋国一邑，称曹邑。庄周与弟子们经常到曹邑游学，对曹邑这块古老的大地产生了浓厚的兴趣，既开阔了视野，又增长了知识。

四、美在自然

庄周非常重视对美学的探讨，把美学教育列为弟子的必修科目。他首先关注了儒家的美学思想，尤其是孔子的美学思想。

孔子的美学思想核心为“美”和“善”的统一，提倡“诗教”，即把文学艺术当作改变社会和政治的手段。孔子在易学中提出了“美在其中”“见仁见智”等美学命题，认为阴阳之美、生命之美、自由之美、中和之美可谓美学之宗。庄周对孔子的这些美学思想都进行了批判性的改造与吸收，但对孔子认为美与政治、功利是密不可分的观点，持完全否定的态度，认为道是美的本原，美是不计利害、是非功过的，并不是有意识地追求什么目的，却自然而然地成就了一切，具有超越有限的、狭隘的功利目的的特征。

庄周继承并发展了老子等道家的美学思想，创建了自己独特的、自成一家的美学思想体系。他的美学观直接来源于他的哲学观，他眼中的美并不是纯粹的自然美或艺术美，而是与“道”合一的境界美，是一种独特的美学观。他首先从个人是否得道的角度，来判断美的层次或境界，提出“得至美而游乎至乐，谓之至人”的观点；从大道和天地境界的角度，提出了“大美”的概念；从道通为一的观点，提出了美丑同一论；从“孰知天下之正色”出发，提出美的相对性；从德有所长、形有所忘的现实，提出了美丑转换论；并批判“判析天地之美”的做法，主张“心困焉不能知，口辟焉不能言”的审美感知说。庄周认为，人一旦做到“天地与我并生，而万物与我为一”“独与天地精神往来”，“澹然无极而众美从之”，就能从天地万物中体验到一种人与自然合一的愉悦感，这才是美的极致。

庄周追求“意在言外”的含蓄美和境界美，主张传神，反对拘泥于形迹，指出“言者所以在意，得意而忘言”。认为真正的美在于任其自然，人类的生活应当超出一切利害得失的考虑之上，摆脱一切物役的束缚，解除人生的一切痛苦，达到精神的完全自由，从而保持人格的独立和绝对自由的境界。

庄周认为，美丑齐一，美丑是相对的，任何不自然的做作都与美无缘。为了阐述自己的这一美学观点，他向其弟子讲述了一个“东施效颦”的故事：

> 故西施病心而颦其里，其里之丑人见之而美之，归亦捧心而颦其里。其里之富人见之，坚闭门而不出；贫人见之，挈妻子而去之。

庄周说：“西施之美，自然而成。西施因为心痛而皱眉，是自然而然，所以西施皱眉也不失其美。东施生来就丑，这是她的自然、她的真。可她却扭捏作态，仿效西施，就失去了自己的本真，她自以为美，其实丑上加丑，结果吓跑了邻里。”

弟子说："是不是丑人就不可救药，永生与美无缘呢？"

庄周说："并非如此，丑人之美就在于她本身的丑。只要丑人能正视自己的丑，展现自己的本然之丑，那就是一种美。有一次杨朱到宋国去，寄宿于一家旅店。旅店主人有两个妾，一个漂亮，一个丑陋，丑陋的受到店主人的尊宠，而漂亮的却被冷落。杨朱感到很奇怪，询问其中的原因。店主人说：'其美者自美，吾不知其美也；其恶者自恶，吾不知其恶也。'（《山木》）在别人看来，美貌的人因炫耀而失去美，丑陋的人因谦虚而使人忘记其丑。"

"人格之美"是庄周授课的一个重点。詹何问："伯夷和叔齐对于富贵，即使唾手可得，却并不获取，节操高尚，行为与众不同，独乐其志，不迎合世俗。对两位贤士的气节和人格，自古以来一直广泛赞美。孔子曾评价他们说，'求仁而得仁，又何怨'。那么，他们应该算是人格之美的典范了吧？"

庄周说："伯夷和叔齐是商朝孤竹国的两个王子，因互让王位而离家出走到西周岐阳。他们却极力反对周武王讨伐商纣，就又离开了岐阳，向北逃到人烟稀少的首阳山，并发誓再也不与周人往来，不种周人的地，不食周人的粮食。但整个天下都已是周朝的地盘，只好采薇而食，没过多久，两人便饿死在首阳山下。据说，他们死前还作了一首《采薇》之歌，颇有怨愤之辞。"

弟子说："他们做的有什么不对吗？他们表现出的人格难道不美吗？"

庄周说："伯夷和叔齐为了名节，死于首阳山下；盗跖为了私利，死于东陵山上，他们的死因虽然不同，但在残生伤性上却是共同的。既然如此，又何必赞颂伯夷、叔齐，而非议盗跖呢？天下人都是为了某种目的而牺牲自身，有的为了仁义而牺牲，世俗称之为君子；有的为了财宝而牺牲，世俗则称之为小人。他们同样都是牺牲，却有君子和小人之分，如果就残生伤性的角度看，盗跖和伯夷、叔齐并无两样，这就是君子和小人的齐一，为仁义而牺牲与为逐利而殉身的齐一。那么，你还认为伯夷和叔齐是人格美的典范吗？"

弟子说："一个人虽长相丑怪，也可以具有无穷的人格之美吗？"

庄周说："卫国有一个面貌丑陋的人，名叫哀骀它，男子和他相处，依恋他舍不得离开；女子见了他，就向父母请求说：‘与其做别人的妻子，不如做这位先生的妾。’鲁哀公把他召至宫廷，相处不到一年，就非常信任他，要把国政托付给他。他没有人君的权位以救济别人的灾难，也没有食物使别人饱食，而且面貌丑陋使天下人见了都感到惊骇，可是女人、男人都亲附他，使人乐意把国政委托给他。哀骀它不说话也能取信于人，没有功绩也能受到人们的尊敬，这是因为他才智完备而有内德，具有无穷的人格之美啊。”

庄周把外形的丑与内在的美联系在一起，让极丑产生了极美的震撼，这种美主要来自人的本质力量，来自“真”，来自“道”。庄周认为，美在精神，而不在于形体，人的形体是丑是美，无关紧要，重要的是“德充”神全。他的这种特殊的审美观和价值观，是建立在对人的精神高度重视的基础上的，他以丑为美，有意识地打破了均衡和谐之美，给人一种强烈的不和谐、超常规、超世俗的怪异之感。这种怪异，由于来自本真自然、任性适志、人格独立和精神自由，所以产生了一种独特奇异的美感和巨大的感染力。

庄周对自然美的追求，使他对世俗所谓的美丑进行重新审视，认为一般人所说的美丑都是相对的，在一定条件下可以相互转化。天下万物齐一，没有美丑之分，提出“举莛与楹，厉与西施，恢恑憰怪，道通为一”（《齐物论》）的观点。但并不是说庄周否定美，只是认为不合理的划分美丑的方法，给人们带来了不必要的烦恼，所以要求人们不必执着于美丑的绝对划分。

庄周无限向往和极力追求无限之美，极为推崇“天地之大美”，他说：“天地有大美而不言，四时有明法而不议，万物有成理而不说。圣人者，原天地之美而达万物之理。是故至人无为，大圣不作，观于天地之谓也。”（《知北游》）庄周认为，人类生活只要像天地那样，实行自然无为的原则，就可以无拘无束、逍遥自在，达到最大的自由，获得最高的美。

探讨生存际遇，寻找精神家园，是庄周美学探讨的必然关注。他认为真正的美，不是世俗的人们所追求的感官声色的愉快享受，或权势欲望的恣意满足，也不是儒家虚伪仁义道德的实现，而是一种同自然无为的道合为一体，超越人世的利害得失，在精神上不为任何外物所奴役的绝对自由的境界。只有这样，才可以从人世的苦难中获得解脱，始终保持精神上的自由，从而达到美的境界。

庄周提倡超功利的人生态度，多方面地、深刻地剖析了美与真、善之间的尖锐矛盾，以及美与丑区分的相对性和不确定性，在很大程度上弥补了儒家美学强调美善统一，而对美自身的价值和特征认识不足的缺陷，突破了儒家美学理论的狭隘性、保守性。在庄子美学体系中，美得到了极大的延伸和拓展，对后世的美学研究和文艺创作有着积极而深远的影响。

五、养生之道

庄周是一个养生学家，对当时及以前各家的养生理论，都进行了深入细致的研究，并结合自己多年的养生实践，形成了自己独特的养生思想。庄周是中国历史上第一次提出“养生”这一概念的人，著《养生主》篇。《庄子》中多篇内容都涉及养生思想，他的养生思想与其哲学思想是紧密联系在一起的，其中渗透了关于自然、关于道的观念等等。因此，可以说庄周是中华养生文化的奠基人。

庄周的养生思想，可以概括为两个方面：一是避免伤害，珍视生命；二是顺任自然，善养生命。他在教学时，首先讲授了养生的要领，即“养生主”。庄周在《养生主》篇开头，对养生的要领进行了高度概括，他说：

> 吾生也无涯，而知也无涯，以有涯随无涯，殆矣；已而为知者，殆而已矣。为善无近名，为恶无近刑。缘督以为经，可以保身，可以全生，可以养亲，可以尽年。

“吾生也无涯，而知也无涯”，常用以告诫自己或别人，人的生命是有限的，但知识却是无穷的，所以要努力去学习，一刻也不容松懈。其实，庄子这句话的本意并非如此。他在后面所说的“以有涯随无涯，殆矣；已而为知者，殆而已矣”意思是说，知识无穷无尽，而生命有限，如果以有限的生命去追求无限的知识,就会弄得很疲困。既然这样还要去学习研究世界上所有的学问，那就很危险了。从养生的角度说，就是要遵循人自然生命的限度，而不可过分追求其自然生命以外的东西，否则就会劳形伤神，将身体弄得疲惫不堪，对自然生命造成伤害，这是遵循生命自然规律的体现。知识无穷，智慧无穷，财富无穷，不能苛求穷其所有，要学会合理地安排自己的人生之路。如果什么都想学，什么都想要，就会使自己的才智过早地耗尽，当你需要发力的时候，自己却没有力气了，那样就会连自己健康的身体都保不住，更不要说成功了。“为善无近名，为恶无近刑”，庄周的本意是说，做好事不免接近于名利，做坏事不免接近于刑戮，因此最好“缘督以为经”。所谓“缘督以为经”，意思就是顺任自然之理而行，不偏不斜，如此就可以保护身体，可以保全天性，可以善养精神，可以颐养天年。

为了使抽象的道理变得生动形象，庄周先后讲述了“庖丁解牛”“越俎代庖”等十多则寓言故事，从不同角度，或明或暗地阐明养生的要领。其中“庖丁解牛”的故事，是庄周当年游历大梁时的一段经历，对他的养生思想产生了很大影响，并收入他的《养生主》篇中。“越俎代庖”的故事，宣扬了庄周的“重生”思想。避免伤害，珍视生命，是庄周养生之道的第一个内容。他认为，所有外在的东西都是身外之物，而只有生命是属于自己的，即使是整个天下，也没有自己的生命贵重。真正珍重生命的，虽富贵也不会因养尊处优而伤害身心，虽贫贱也不会因追求利禄而累伤形体。一是因为人的生命对于每个人只有一次；二是只有生命的存在其他一切的存在才有意义和价值，这就构成了庄周的“重生”思想。

为了能够让弟子们更好地理解自己的观点，庄周讲述了许由、子州支父、善卷等高士“重生轻天下”的故事，这几个人都是非常重视自己生命的人，为了不使自己生命受到丝毫的损伤，他们都放弃了做天下帝王统治天下的机会。庄周通过许由等几位高士拒绝禅让的故事，宣扬的是一种“重生”的思想，即使是整个天下，也没有自己的生命贵重。“重生”是善养生命的第一步，也就是必须有珍惜生命的思想意识，然后才能落实为善养生命的具体行动。那么应如何善养自己的生命呢？庄周在教学过程中，先后提出了养形、养神、养性、养心等具体方法。

庄周认为，人不仅是一种物质的存在，而且是一种精神的存在，人是物质和精神紧密结合在一起的一个共同体，形体是精神的物质载体，如果没有形体的存在，则精神也就没有了依托；精神则是支配形体的主宰，一个人没有了精神，也就无异于一具行尸走肉。所以善养生命，就要形神兼养。他强调，养形是养生的基础，因为形体是人的生命的物质载体，所以首先保证形体的健康存在，生命才能有所保证。对于养形，庄周提出了几个方面，一是“养形必先之以物”（《达生》）。也就是说，必要的物质条件是养形的基础。但并不意味着充足的物质条件一定等于健康的身体，因为在现实生活中，有很多人有充足的物质条件非但身体没有保养好，却反而因为物欲太盛而伤害身体。二是“夫欲免为形者，莫如弃世”（《达生》）。“弃世”，也就是要抛开社会上的一些尘俗事务，因为这些尘俗事务往往会使人的形体过于操劳，“形劳而不休则弊”（《刻意》），形体劳累而不休息就会疲惫不堪，从而使形体受到伤害。三是藏其身，也就是要避开世俗中的各种伤害。庄周举例说，口能含车的巨兽，独自离开山林，就难逃网罗之祸；吞舟的大鱼，因波流动荡而离开了水，就连蚂蚁也能整治它。所以，“鸟兽不厌高，鱼鳖不厌深。夫全其形生之人，藏其身也，不厌深眇而已矣”（《庚桑楚》），对于想保全形体生命的人，要隐藏起自己，越是深远越好。庄周之所以把“藏其身”也作为善养形体的一个内容，与当时社会现实的险恶有关。

庄周强调，养形虽是养生的必要条件，但形体保养好了，并不等于就是生命保养好了。因为人的精神是人的主宰，他支配着人的一切活动，一个没有精神的人不是一个真正的人。所以，养生除了保养形体以外，养神更为重要。养形与养神是养生的两个方面，应该形神兼养，两者不可偏废，偏废其中任何一方，都达不到养生的目的。庄周认为，事物的自然本性对于事物本身是最为合理的，也是最好的和最善的。因此，对事物自然之性的破坏，也就意味着对事物形体和生命的破坏，所以，养生自然也就包括养性，也就是养自然之性。养自然之性，也就是要反对外在的因素对人的自然本性的破坏。

同时，庄周也探讨了养心的重要性。我们常说“病从心起”，说明人的心理因素与人的身体健康有着密切的关系，这已经为现代科学所证明。早在两千多年前的庄周就注意到了这一点，并通过“齐桓公见鬼”的寓言故事给予了阐述。这个故事庄周在《达生》篇中有详细记载，可以看作一个典型的心理治疗的案例。齐桓公的病其实不是鬼在作祟，而完全是自已心理因素所致。齐桓公由害怕“见鬼”到有幸“见鬼”，这精神一转变，心结一解，心中通畅，则所谓的病自然也就烟消云散了。所以，培养良好的心理素质，做好心理问题的疏通，对于保持健康的身体，对于养生都是非常重要的。

庄周养生之道的一个重要内容，就是对古代道家气功养生法的完善和发展。他在《庄子》一书中，归纳总结出了“心斋”“坐忘”“缘督”“听息”“踵息”“守一”“导引”“吐纳”等八种修炼方法，对后世气功的发展产生了深远而广泛的影响。庄周的养生思想内容丰富，所提出的许多养生理论，无疑含有很多合理的成分，对于我们今天养护身体、休养生命仍具有一定的借鉴意义。

第六节 独立乱世 魂归南华

一、潜心著书

庄周时代，诸子百家风起云涌，互相论战，出现了“百家争鸣”的局面，大大地促进了思想学术的活跃和繁荣。他们虽主张不同，见解相异，但都冲破了传统思想的束缚，对旧制度、旧意识、旧传统表现出或修正、或反抗、或否定的态度。而他们宣传自己学派主张的重要手段，便是著书立说，当时儒家有《孟子》，墨家有《墨子》，名家有《惠子》等，系统地阐述了自己学派的主张，大行于世。

庄周却认为，世上流传的各派著述，多是欺世之作。他们或者大谈虚伪的仁义礼乐；或者醉心于使用心术的纵横捭阖之术；或者引人追逐外物，大都不能探源人生的真精神，反而使人丧失本性，将天下读书人引入歧途。但是，儒、墨等家都把自己的学说绝对化，都认为自己的学说是天下至理。孔子本人把自己看作是文王的继承人，是传播天下大道的承担者，后学者更是把他奉为绝对权威，如子贡就说："仲尼，日月也，无得而逾焉。"《墨子·天志》篇说："我有天志，譬如轮人之有规，匠人之有矩"，把所谓"天志"当作裁决一切是非的绝对标准。

道学与当时被称为显学的儒学、墨学并驾齐驱，同样引起天下读书人和统治者的高度重视。庄周觉得，自己作为老子学说的传人，有义不容辞的责任为道张目。为了使道家学说发扬光大，自己应该把道学的精神要义告知天下人，让他们了解、接受、宣扬道家主张，使道家学说流传后世、万世不竭、造福人类。那么，眼下著书立说就成了当务之急。

庄周继承并发展了老子的学说，建立了自己的学说，是道家的集大成者。但多数人并不了解庄周思想的全貌和真相，有时候甚至产生了误解。许多人认为，庄周只是个很有才华而会编寓言的读书人，因为不得志而消极避世。所以，庄周对此次著书非常慎重。

庄周著书，以授徒讲义为提纲，结合自己多年的学术研究和人生体验，系统地总结成文。为了增强文章的论辩效果和说服力，庄周十分讲究辞章的修饰和逻辑的严密，根据自己丰富奇特的想象力，运用大量寓言故事寄哲理于形象之中，文章具有很强的文学意味和艺术色彩，最终为后人留下了一笔宝贵的精神财富《庄子》一书，也为后人留下了许多探索不尽的谜题。

陆德明《经典释文·序录》云："《汉书·艺文志》'《庄子》五十二篇'，即司马彪、孟氏所注是也。"陆德明的意思是说，《庄子》一书，原有五十二篇。他还于"司马彪注二十一卷、五十二篇"下注云："内篇七、外篇二十八、杂篇十四、解说三。"而今人所能看到的《庄子》只有三十三篇，内篇七、外篇十五、杂篇十一，共计六万五千九百二十三字，这是郭象删削司马彪五十二篇本而成的。司马迁《史记·老子韩非列传》谓庄周"著书十余万言"，并列举了《渔父》《盗跖》《胠箧》《畏累虚》《亢桑子》等五个篇名，这说明他所见到的本子比郭象删定的三十三篇本的字数要多得多，篇目也有郭象本《庄子》所无者。郭象认为《庄子》中有"一曲之才，妄窜奇说"，故其"以意去取"而删削成三十三篇本，无论从篇章还是从字句方面来看，无疑都显得更为精纯了，因而后世便渐奉郭象本为定本流传千年而不灭。但可惜的是，由于郭象的这一"以意去取"，却使古本《庄子》失去了十九篇，至今都难得窥见《庄子》的全貌。

然而，就是这本经郭象删定的三十三篇《庄子》，从唐宋以来，有人仍提出其中篇目真伪的问题。明代归有光、文震孟《南华真经评注》引有韩愈所谓《盗跖》篇"讥侮列圣，戏剧夫子，盖效颦庄、老而失之者"，《渔父》篇"论亦醇正，但笔力差弱于庄子"，《说剑》篇"类战国策士之雄谭，意趣薄而理道疏，识者谓非庄生作"等语。这就是说，从唐代人就已认为郭象本《庄子》中可能掺杂着一些"非庄子所作"的篇章。宋代苏轼在《庄子祠堂记》中，认为"若真诋孔子者"《盗跖》《渔父》二篇不可能是庄周本人的手笔，而《让王》《说剑》二篇又皆"浅陋不入于道"，也根本不可能为庄周本人所作。如果从思想内容和语言风格等方面来看，《庄子》外、杂篇中多有与内篇不相一致者，但"岂可因这四篇的思想内容不类他篇，或文章意境不太高妙，而遽定期为伪作？"（方勇《庄子学史》）当然，苏轼的这些说法尽管不一定正确，却开启了后世争论《庄子》篇目真伪问题的风气。

宋末罗勉道提出《庄子》"二十六篇"说，他说："今所存三十三篇，东坡苏氏又黜《让王》《盗跖》《说剑》《渔父》，而以《列御寇》接《寓言》之末，合为一篇，其说精矣。然愚尚谓《刻意》《缮性》亦复浅肤非真，定为二十六篇。”（《南华真经循本》）其后，陆西星《南华真经副墨》、陈深《庄子品节》、王夫之《庄子解》、宣颖《南华经解》、方潜《南华经解》、陈寿昌《南华真经正义》等，或将《让王》《说剑》《渔父》《盗跖》四篇全部删去，或将它们从杂篇中剔出而附于卷末。元初吴澄提出关于《庄子》“初无所谓杂篇也，庄子书内篇，盖所自著。外篇，或门人纂其言以成言，其初无所谓杂篇也”。“夫庄氏书，瑰玮参差，不以觭见之，唯《骈拇》《胠箧》《马蹄》《缮性》《刻意》五篇自为一体，其果庄氏之书乎，抑亦周秦文士所为乎？是未可知也，故特别而异之，以俟夫知言之君子详焉。”（《吴文正集·老庄二子叙录》）

现代庄学研究成果表明，《庄子》本子的演变情况相当复杂，而无论是古本《庄子》，还是今本《庄子》，内七篇皆出于庄周之手是毫无疑问的，是《庄子》全书的精华，它们所表达的内容都不相同，都代表了庄子哲学的一个重要方面，且七篇文章暗含内在的逻辑关系而头尾相连，互相呼应、互相补充，构成了一个大的体系。

概括来说，《逍遥游》是庄子哲学的总纲，是庄子人生观的集中体现；《齐物论》是庄子对世界的认识论；《养生主》是关于养生的学问；《人间世》讲的是庄子的处世哲学；《德充符》是讲庄子的道德观；《大宗师》是本体论，讲宇宙万物起源，居于庄子哲学思想的最顶层；《应帝王》是讲庄子的政治观。从宇宙本体论到认识论，从历史观到道德论，从人生观再到养生论与处世艺术和政治观，庄子的思想脉络清晰，形成了一个完整的庄子思想体系。

二、赵国说剑

庄周把自己的文章当作教材，让弟子们边读边评。不料想被弟子们奉为奇文，争相传抄，并广泛地向外传播，很快传遍了蒙邑，传遍了整个宋国，也传到了齐、赵、魏、中山等国，在中原各国一时兴起庄周文章热，许多庄周意想不到的事情也接踵而来，如齐湣王就派使者来到南华山，要聘他为相，只是被庄周拒绝了。

齐国聘庄子这件事，正史中没见有记载。《列御寇》篇中，有“或聘于庄子”一节：“或聘于庄子。庄子应其曰：‘子见夫牺牛？衣以文绣，食以刍菽，及其牵而入于太庙，虽欲为孤犊，其可得乎！’”陈朝释智匠《古今乐录》记载：“庄周者，齐人也。明笃学术，多所博达，进见方来，却睹未发。是时齐湣王好为兵事，习好干戈，庄周儒士，不合于时。自以不用，行欲避乱，自隐于山岳。后有达庄于王，遣使赍金百镒，聘以相位，周不就，使者曰：‘金至宝，相尊官，何辞之为？’周曰：‘君不见夫郊祀之牛，衣之以朱彩，食之以禾粟，非不乐也。及其用时，鼎镬在前，刀俎列后。当此之时，虽欲还就孤犊，宁可得乎？周所以饥不求食、渴不求饮者，但欲全身远害耳。’于是重谢使者，不得已而去，复引声歌曰：‘天地之道，近在胸臆。呼精神，以养九德。渴不求饮，饥不索食。避世守道，志洁如玉。卿相之位，难可直当。岩岩之石，幽而清凉。枕块寝处，乐在其央。寒凉固回，可以久长。’”后来，北宋大型类书《太平御览》和清马国翰《玉山房辑佚书》均收录了这条资料，其可靠性还是值得肯定的。

这些天，大家一直在议论庄周拒齐聘相这件事，而庄周却像什么事也没发生过，照常早起锻炼，读书授课，按时作息。

这天黄昏，忽见从山下驶来几乘豪华马车。马车驶到漆园学堂门前，从车上下来两名中年男子，只见短衣紧裤，脚蹬皮靴，一副胡人打扮，但看长相，又与中原人无异，感到很奇怪。

来人说：“我们是赵国的使者，奉太子赵悝之命，携千金前来拜见庄周先生。”

庄周问：“贵使意欲何为？”

赵使说：“太子遇到了大难题，苦苦求索，不能破解，特意来请先生帮忙。”

庄周说：“太子能有什么样的难题，竟值得让人携千金不远千里而来。”

赵使说：“文王爱好剑术，招纳剑客，登门投靠的剑客超过三千人，没日没夜地赛剑，选拔国手。一年下来，死伤上百，而王上兴趣不减。三年下来，国库空虚,国势衰颓,各国诸侯商量讨伐赵国,而文王仍不醒悟,沉迷在剑术里。太子看不惯，忧心忡忡，可又不敢断掉父王的兴趣。先生智慧超凡，文章令人叫绝，所以特命在下携千金而来，希望通过先生断掉王上的爱好。”

庄周说：“赵国民风慷慨，尚武重商，多侠义之士，早年曾计划到燕赵之地游学,却未成行,这次倒是个机会。”于是带剑术高超的弟子詹何前往赵国。

庄周一行从南华山西北行，经过卫都帝丘，来到黄河边。当时的黄河流经今濮阳西境，距今黄河东明段有数十里的路程。时至秋汛季节，千百条河流注入黄河，河面宽广，波涛汹涌。洪水之大，隔河相望，分辨不清对岸的牛马。这种洪水泛滥的宏大场景，庄周在《秋水》篇中，有过很形象的描述：“秋水时至，百川灌河，泾流之大，两涘渚崖之间，不辨牛马。”

庄周经过几天的颠簸，来到赵都邯郸，随使者一道进宫去见太子，问：“太子有什么吩咐竟赏我千金？”

太子说：“久闻先生圣明，敬赠千金不敢言赏。先生不受，我怎好意思开口？”

庄周说：“听使者谈过了，太子想通过我去断掉王上的爱好吧。我去说服王上，如果出言冒犯，触怒王上，不但对不起太子，自己还得受刑处死，你赏的千金对我何用呢？如果出言得体，王上听进去了，那就对得起太子了，我要什么，贵国都会给的，还在乎那千金吗？”

太子说：“王上只接待剑客哟！”

庄周说：“知道。我的剑术还是不错的。”

太子说：“不过王上接待剑客，只喜欢那些头发蓬乱、鬓毛突起、帽子垂下、帽缨粗糙结实、衣服前长后短、横眉瞋目、谈吐粗野的家伙。先生儒士打扮，去见王上，肯定会把事情弄糟的。”

庄周说：“请给我置备一套剑服吧。”

三天后备好了剑服，庄周穿上。只见庄周一袭白色剑服，银须飘逸，道貌仙骨。太子见了，大为惊叹，乃引庄周去见赵文王。

赵文王坐在演武厅，正手持利剑等候庄周前来献技。庄周跨入厅门，一副雄赳赳的样子，见了赵文王也不下拜，只抱拳行礼。赵文王知道庄周不拘礼节，也不计较，问："你托太子介绍，前来见我，有什么事？"

庄周说："在下听说王上爱好剑术，特来表演击剑。"

赵文王说："克敌功夫怎样，你的剑术？"

庄周说："在下的剑术嘛，十步斩一人，沿途皆取胜，千里无阻拦。"

赵文王惊喜说："哈！那么说先生是天下无敌啦！"

庄周说："做一个高超的剑客，第一要示之以虚，让对手摸不透底；第二要设置诱饵，给对手尝尝甜头；第三要后发制人，让对手急急进攻；第四要出剑神速，出手即中要害。请给机会让我试试。"

赵文王说："先生，请先回客舍休息。等我下命令安排好击剑比赛，再请你来。"

赵文王把三年来选拔的国手集合在演武厅，编组赛剑。七天赛事完毕，死伤六十多人，挑选出五六个最优秀的国手，叫他们各自备剑，到厅外去等着。赛场收拾妥当，这才召见庄周。

赵文王说："今天想请你参加比试对剑，一决高下。"

庄周说："我对此盼望好久了。"

赵文王说："先生所用的剑，长短如何？"

庄周说："我的剑长短都行。不过我有三种剑，由王上任意选用，请让我先作介绍然后比试。"

赵文王说："我想听听哪三种剑。"

庄周说："我的三种剑，长短不同：第一种天子之剑，长；第二种诸侯之剑，中；第三种庶人之剑，短。"

赵文王听了，感到好奇，说："天子之剑？啥样呀？"

庄周说："天子之剑，以燕谿石城为剑锋，齐鲁泰山为剑刃，晋卫两国为剑脊，周邦宋国做剑环，韩魏两国做剑柄；四夷做剑鞘，四季做剑衣，渤海做缠绦，恒山做佩带；用五行制衡，用刑德论断，阴阳开合，春夏养持，秋冬运作。这种剑直刺一往无前，高举冲破云霄，下探穿透黄泉，左右挥劈旁若无物，上断浮云，下斩地维。此剑一用，诸侯听命，天下归心。这就是天子之剑。”

赵文王怅然若失，满眼迷茫地探问：“诸侯之剑什么样？”

庄周说：“诸侯之剑，军师武将做剑锋，清官廉吏做双刃，贤良之士做剑脊，忠圣之臣做剑环，英雄豪杰做剑柄。这种剑直刺也一往无前，高举也冲破云霄，下探也穿透黄泉，左右挥劈也无物能阻挡；上法圆天以映三光，下法方地以顺四季，中和民意以安四方。此剑落在谁手，轻轻一挥，犹如雷霆震动，封疆之内无不宾服，都规规矩矩地听从国王的政令。这就是诸侯之剑。”

赵文王听了，忽有所悟地问：“庶人之剑又是什么样？”

庄周说：“庶人之剑嘛，短得可怜，握在手中舞弄的尽是那些头发蓬乱、鬓毛突出、帽子低垂、帽缨粗实、衣服紧身、前长后短、横眉瞋目、谈吐粗野的所谓剑客。他们在大庭广众前互相击打，上斩脖胫，下断肝肺，没日没夜地赛剑。这就是庶人之剑，和斗鸡没有什么两样，弄不好把命也丢了，可对国家一点帮助都没有。如今王上您存着天子的志向，有着诸侯的地位，结果却喜好庶人之剑，在下以为太不值得啦！”

赵文王听了，面红耳赤，尴尬极了。过了好大一会儿，走下宝座，牵着庄周的手，走向内殿，喝令内侍摆上酒席，请庄周入座。赵文王吃不下，站起来绕着餐桌走了三圈，心神不宁。庄周说：“王上坐下定定神吧。三种剑我已经解释了，下一步就看王上怎样选用了。”

赵文王说：“还望先生为寡人谋划。”

庄周说：“我所说王上总想以武力开疆拓土，成就一代霸业。殊不知，天下强者易折，柔弱反而能长久。如果王上能舍弃现在的霸道，而怀柔远人，实行王道，天子之剑自然就会在您的手中了！”

此后，赵文王三月未出宫门，戒绝了喜剑之好，专心治理国家，那些剑士失宠羞愤，个个心怀忧惧，不久都纷纷逃散了。

三、关门弟子

庄周说赵文王罢剑后，谢绝了太子悝的挽留，与詹何一起在赵地漫游。

这天，庄周与詹何来到中山国故地。中山国刚被赵国攻灭，到处都是战火烧过的痕迹，残垣断壁，满目疮痍，一派凄惨悲凉的景象。

中山国，为北方少数民族白狄的一支——鲜虞部落在公元前 507 年建立的“侯国”，疆域在燕南赵北之间，即今河北省中部太行山东麓一带，初建都在中人城（今河北唐县西北境内），因中人城中有山，故名曰“中山”。后来中山国被魏国攻灭，而成为魏国的属国。

赵武灵王实行胡服骑射后，国力大强，便发动了吞并中山国的战役。从公元前 300 年开始，赵国出动二十万大军连续进行了五年四战中山，中山国皆失利，只好割地求和，苟延残喘。“赵武灵王以惠文王三年（前 296）灭中山，迁其君尚（中山后王魏尚）于肤施”（《史记·赵世家》）。中山王魏尚之弟、中山公子魏牟从此流落民间乡野。

魏牟虽然年轻，但声名显赫。当年，惠施在大梁提出“历物十事”等辩题，招致天下辩士群集大梁论辩。年仅二十岁的赵人公孙龙，击败了惠施而一举成名。当是时，魏牟正流连宗主国首都大梁，亲临了大辩论会场，十分倾慕公孙龙。魏牟英俊潇洒，好义任侠，不恤国事，好与贤人游，遂拜年仅长已五岁的公孙龙为师，研习公孙龙的名学。但自从读了庄周的《逍遥游》等文章以后，原有的信仰发生了动摇。庄周那汪洋恣肆、仪态万方的文笔，奇趣迭出、思深意远的寓言，飘逸旷达、放浪无际的意境，征服了一向目空一切的魏牟。

公孙龙听说魏牟弃名学而向庄学，就来责问魏牟说：“听说公子得庄周文章后，爱不释手，日夜研读，想必有所得，特来请教。”

魏牟说：“庄周的文章的确是天下奇文，任何文章都比不上它。”

公孙龙说："我年轻时学先王之道，长大后又懂得了仁义的行为；能把事物的同和异合而为一，把同一物的坚硬和白色分别开来；把不对的说成对的，把不可说成可。曾使百家智士困惑，众多善辩之口词穷，就连号称天下第一辩士的惠施都不是我的对手，我以为是最通达的了。现在我听了庄周的理论，感到十分迷茫和惊奇，不知是我的口才不如他呢，还是我的知识不如他？已经让我无法开口，请你教教我吧，这方面的学识。"

魏牟靠着几案长叹一声，仰天大笑说："井底之蛙的故事，像你这样的大学问家应该听说过，我就不细说啦！有些俗士，见识浅陋，连起码的是非长短也分不清，居然想了解庄周的学说。这好比派遣蚊虫背负泰山，怂恿蜈蚣爬泳黄河，真是苦虫之所难啦。有些人的智力不足以理解微妙的理论，只晓得沉湎于辩论是非长短，争个你死我活，捞得眼前名利。这不就像井底之蛙吗？况且庄周的理论可入地登天，不分南北，四通八达，高深莫测；无分东西，开始于微妙的境界，返归于虚寂而无所不通的大道。你却慌慌张张跑来找我，用洞察万物的眼光探求它，用雄辩争胜的尺度去衡量它，这简直如同以管窥天、用锥测地，不是显得太渺小了吗？我看你还是快回赵国去吧！有个笑话，难道只有你没听说过吗？燕国寿陵有个少年，不务正业，爱赶时髦，听说你们国都邯郸的人走路姿态优美，跑到那里学习走路姿态。学了三年，新姿态没学会，旧步伐却忘记了，只好爬着回去。你不快点回去，谨防忘记自己的旧步伐，白白丢掉你第一辩者的名号，那才值不得呢。"公孙龙闻言大惊，张口结舌，灰溜溜地逃走了。

失国后的魏牟，颠沛流离，饱尝丧国失家之痛，受尽人间苦难，更深刻地体会到庄周思想的博大精深，觉得庄周洞察了人世间的一切险恶和苦难的根源，看透了社会的风云变幻无常。魏牟完全被庄周征服了，决心寻找庄周，跟随庄周学习道学，作逍遥之游。

庄周、詹何来到一深山丛林中，但见高山巍峨，古树参天，风景变得奇秀起来，二人忘情于大自然的造化之中。这时，从山上下来一衣冠不整的青年，头发凌乱，但腰佩利剑，眉宇间透出一股英气。那青年见到庄周，倒头便拜：“观先生风度，您一定就是庄周先生。晚辈是中山公子魏牟，听说先生来到赵国说剑，就苦苦追寻不得，想不到在这荒山野岭如愿。请先生收下晚辈为徒，我将终生跟随先生学习道学。”

魏牟的故事庄周早有耳闻，他听了魏牟的诉求，竟有些激动，说：“一个万乘公子，最后皈依道家，是命也是缘。但我年逾古稀，在世的时日已不多，你日后多跟你师兄詹何学习啊！”于是，庄周收下了这个小自己将近五十岁的年轻人做关门弟子。

魏牟跟随庄周来到蒙邑南华山上，得到庄周的亲自教诲，如鱼得水，学业突飞猛进，但有时也常暗自叹息。有一次，他对詹何说：“身漂泊在江湖之上，心徘徊在宫阙之下，我该怎么办啊？”

詹何说：“请尊重生命吧。有这个前提，回头看名利，轻若微尘。”

魏牟说：“道理我也晓得，可就是把握不住自己呀。”

詹何说：“把握不住，必然放纵，胡思乱想跑野马，岂不徒劳精神，伤害你自己？把握不住，已经一度受伤，又强迫自己不要放纵，那就是二度受伤了。二度受伤，反复折腾自己，长寿显然是不可能了。”

庄周知道魏牟是万乘之国的公子，他隐居山野，要比平民困难得多，虽然还没有达到道的境界，但可以说有这种意念了，就鼓励他顺其自然。

在庄周的亲切教诲和詹何的热心帮助下，魏牟克服了种种思想障碍，进步很快，成为战国后期庄周学派的代表人物。学者张远山著有《〈庄子〉初始本编纂者魏牟论》一文，认为魏牟是《庄子》初始本的编纂者。张远山说，依据钱穆《先秦诸子系年》，《秋水》实为魏牟称赞庄子，纠正了《汉书·艺文志》“魏牟先庄子”“庄子称之”的错误。指出，魏牟改宗庄子而师从詹何，詹何是魏牟鄙弃名家改宗道家的接引人。如果说庄子弟子蔺且是传承庄学第一人，而庄子再传弟子魏牟则是弘扬庄学第一人。魏牟撰写了《天下》《秋水》《则阳》诸篇，精微卓绝地辨析了老聃、关尹、墨子、宋钘、慎到、田骈、惠施、公孙龙等大量诸子，并在《惠施》篇中批评公孙龙“能胜人之口，不能服人之心”。对于张远山的观点，我们在此不妄加评论，但这的确是一种值得重视的庄学研究新成果。

四、三国分宋

社会的急剧变革，又激起了庄周的创作热情；时局的动荡不安，使庄周感到写作的紧迫性。而长时间的伏案写作，侵蚀了庄周的身体健康，他知道自己已年逾八十，属于自己的时间已经不多了，希望把自己的毕生所学全部留给弟子和后人。但是，庄周这种要求不高的愿望，很快就被打破了。

这天，庄周正为弟子们在南华山上授课，几位官差模样的人来到了漆园学堂，他们把学子们集合起来，宣布了宋国的征兵条例。

由于宋王偃连年对外用兵，宋国内地上至六十老人，下至十几岁的少年都被强行征兵，兵源几近枯竭，庄周的弟子中一些人也被征召入伍。庄周望着被征弟子远去的背影，一阵心酸，久久无言。

此时宋国的形势更加严峻，晚年的宋王偃更加暴虐无道，整天沉湎于酒色，热衷于围猎征战、穷兵黩武，把整个宋国搞得怨声载道、民不聊生、十室九空。

宋国长期与齐、楚、魏等强邻为敌，屡屡以小犯大，挑起战争，终于激怒了齐滑王，联络魏国和楚国，合力攻宋，宋国形势岌岌可危。

宋偃王四十二年（前 286），齐滑王派大将韩聂统领大军，从东、北两面向宋进攻，魏国从西面出兵，楚国从南面出兵，四面围攻宋国。宋王偃自知难敌三国的同时进攻，即派人驰秦救援。秦昭王受苏秦之弟苏代的蛊惑，坐山观虎斗，希望三大对手因伐宋而师劳国疲，自己好坐享渔翁之利。

齐、楚、魏大军所向披靡，宋军望风而溃。宋王偃见大势已去，凭借自己超人的武力，杀出重围，率领少数侍卫向西逃亡，欲逃往盟国秦国。当逃至魏国温邑（今河南省温县）神农涧时，被联军围困。激战中，宋王偃被杀，于是宋国灭亡。齐、楚、魏三国随即瓜分了宋国的领土。《汉书·地理志》

记载："宋为齐、楚、魏所灭，三分其地，魏得梁、陈留，齐得济阴、东平，楚得其沛。"宋亡后魏占曹卫之地，建立东郡，于是蒙漆园及庄周隐居的濮水、南华山一带归魏。

魏国得蒙邑，并在蒙邑驻扎兵力。一辆辆战车，一队队步卒，组成有序的行军队列，向蒙邑开来。异国旌旗，异国服饰，不见宋国一兵一卒迎战，蒙邑百姓知道宋国亡了，顿感大祸临头，惊慌失措，纷纷扶老携幼，举家外逃。或躲进漆园的漆林深处，或避入蒙泽芦苇荡中，还有的逃避到南华山上。

庄周看着蜂拥而至的难民，也不慌乱，组织弟子施食安抚。蔺且对庄周说："我们已成了亡国之民了，还是找个地方避避吧。"

庄周说："现在天下哪里还有安静的地方。各诸侯国都是周天子封的，蒙邑归宋也好，属魏也罢，不都是周天子的封国吗？'溥天之下，莫非王土；率土之滨，莫非王臣。'宋在，你我是周天子的臣民；宋亡，你我还是周天子的臣民。我们还是顺其自然、静观其变吧。"

热闹几天的蒙邑，很快就恢复了平静。老百姓见魏军只在蒙邑重镇煮枣（东明县南东明集北一带）、襄丘（东明县西十里一带）、葵丘（东明县东南五霸岗村）、武父（东明西南十里许满城村西）、漆园等地留下少量驻兵，并未扰民，就又陆陆续续地回到家里，照样朝起夕息，吃饭做事。

蔺且说："现在蒙邑又安静了，我们又能照常上课学习了。"

庄周说："这安静只是暂时的，过分的安静之后必有大的风暴。我们还是珍惜这眼前短暂的安静吧。"

五、魂归南华

庄周知道，诸侯间的兼并战争不会停止，蒙邑的安静只是暂时的，说不定什么时候战火又会燃起。庄周一边教授弟子，一边抓紧时间著书。不久，《骈拇》《马蹄》《胠箧》《在宥》《天地》《天道》《天运》《刻意》《缮性》《秋水》《至乐》《达生》《山木》《田子方》《知北游》《庚桑楚》等文章相续完成。

庄周的文章从第一篇《逍遥游》算起，已达五十篇，蔺且、詹何等弟子劝庄周结集出版刊行，并名之曰《庄子》。蔺且为《庄子》作序曰《寓言》，魏牟为《庄子》作跋曰《天下》，经庄周审查修改后一并刊行于《庄子》。

由于詹何、蔺且等人的共同努力，《庄子》的出版发行工作很快完成。弟子们都赶来向庄周祝贺，庄周高兴地拿起书简，反复地追问弟子们是否还有不解的地方需要解释。

魏牟说："我跟随先生的时间最短，但也自感到从先生那里得到了许多，只是有一点不明白。先生在现实生活中，安贫乐道，滑稽放言，谕人讽世，痛诋专制，是那么大胆真言，敢于面对魏王、鲁君的无礼而针锋相对，使他们难堪，楚国两代君王求聘被拒，又居楚多年几乎不为楚国纳一言，使楚王很感郁闷和无奈。但为什么在著书时却表达得极其隐晦、艰涩无比，几乎全书借用寓言、重言、卮言这些特殊的方式来表达自己的思想观点。"

庄周说："能畅所欲言谁还会去拐弯抹角？但当直言将给自己带来危险时，使用寓言、重言、卮言就是最好的语言表达方式。生在乱世，要懂得适应环境，自觉地随物而化，避免祸患的侵袭。我们身处宋国，宋王偃凶残暴虐，谁逆其性必遭诛杀，如著书时直言不讳，自身难保不说，所著文章也会遭到剿灭。著书的目的在于宣扬自己的思想，并使之传世久远，影响后人，如因言语不当而遭剿灭，实在不值。所以我著书时极其慎言，不得不大量采用寓言、重言、卮言的特殊方式，来表达自己的思想主张，以免授人以柄。"

魏牟说："那么，什么时候使用寓言？什么时候使用重言？什么时候使用卮言啊？它们的寓意有什么区别呢？"

庄周说："所谓'寓言'，即不直接称赞自己所言极是，而借用他人的口吻来表达，其中的是是非非，剥去假托之名，是不难从中分离出来的。所谓'重言'，为年长的人或古贤所言。他们的阅历丰富，名声显赫，所说的话，分量就重，意义就大。让历史上有名声的人出来说话，谁能怀疑他们的话是对是错呢？他们说的话，是对还是错，都是他们的事，与我没有关系，我只是引用转述，别人又奈我何。所谓‘卮言’，即酒酣之言，酒后之言，其言也狂，其言也真；亦无心之言，流露自然，随时出现，支漫推衍，以终天年。”

魏牟说：“现在宋国已亡，宋王偃已死，先生以后著书可以直言不讳了。”

庄周说：“宋王偃虽死了，但还会出现许多‘宋王偃’。任何时候著书一概直言不讳，无所顾忌，都会给自己招来祸患。寓言、重言、卮言之类特殊的语言表达方式，永远有用。弟子们要记住啊！天地的纯真和古人完美的道德风貌，已被割裂毁掉了，社会变得越来越动荡不安，人们的思想更加混乱，至真至纯的大道由于各执一词而分崩离析。但我坚信，未来的社会将终会返归真朴，趋于和谐，无为而治将会大行其道。这就是我们道家学派的奋斗目标，弟子们，努力吧！”

庄周以大智慧、大觉悟者的超高眼光，揭示了未来社会的美好性和道路的曲折性。他的语气深沉而悲壮，似乎在作临终安排。几场大病严重侵蚀了庄周的身体健康，弟子们感到老师垂垂老矣，不禁一阵怆然。

不久，庄周又得了一场重病，一连昏迷了几天。有的弟子以为老师将要死了，不禁哭泣起来，蔺且忙召集大家商量庄周的后事。

这时，庄周苏醒过来，看到弟子们有的在哭泣，有的在争论，奇怪地问：“你们在吵什么啊？把我的好梦都惊醒了。”

弟子们见庄周苏醒过来，都非常惊奇：“你已经昏迷好几天了，把我们都吓坏了。大家正商量您的后事呢，这不棺椁都为您准备好了。”

庄周说：“我还没有死，只是做了一场梦。这个梦好长啊，在梦中我见到了母亲、妻子、太宰荡、梓庆、惠施等好多故人。我梦见母亲正为我点燃香鼎驱赶蚊虫，梦见与曹蝶在濮水边垂钓，梦见与太宰荡在睢阳谈道，梦见与梓庆在漆园切磋技艺，梦见与惠施在濠梁之上争论游鱼之乐……梦中的我感到非常快乐，竟然被你们吵醒了。你们还给我准备了棺椁，真是枉跟随我这么多年，我即使死了，还用得着这种东西吗？”

弟子们见老师责怪，都羞愧得无地自容。庄周说：“自然赋予我形体，使我生来劳碌，老来安逸，死后休息。我应时而生，顺天而亡，生而有益，死而无憾。弟子们，你们应该为我的死感到高兴才对啊！”

蔺且说：“理虽如此，但我们于情何忍。”

庄周说：“我以天地为棺椁，把日月当连璧，视星辰做珠玑，万物都可以成为我的陪葬，我的葬礼还不够吗？哪里用得着棺椁这种东西呢？”

蔺且说：“我们担忧乌鸦和老鹰啄食先生的遗体。”

庄周说：“弃尸地面将会被乌鸦和老鹰吃掉，深埋地下将会被蝼蚁吃掉，夺过乌鸦老鹰的吃食，然后交给蝼蚁，怎么能如此偏心呢？”

庄周为自己安排的葬礼可谓惊世骇俗，他生时以天地万物、日月星辰为知己，死后也希望回归大自然。他没有把“生”看作一个追求名利的疲惫过程，而把“生”看作在大自然中的逍遥和无为的内心自在。庄周一生无累，特立独行，对死没有悲痛欲绝的别离，只是希望平静地回归自然、彻底休息。庄周重视“生”时的道德，而蔑视“死”后的繁文缛节，只有能将生死看透的人，他的内心境界才会无比开阔。庄周面对死亡的坦荡超脱，给弟子们上了最生动的一课。

公元前 286 年农历八月二十四日，庄周在南华山漆园学堂溘然长逝，享年八十三周岁，走完了他那曲折而逍遥的人生旅程。

蔺且、詹何和庄遍按照庄周的遗愿，把庄周安葬在南华山南山脚下。虽没有举办隆重的葬礼，但还是在庄周墓前竖立了一块石碑，上书：至人庄周之墓。

庄周死后，他的弟子及其后裔一直守护在庄子墓旁，并在这里繁衍生息，世代相传。唐贞观二年（628），当地政府和庄氏族人在庄子的墓葬之地，即南华山南山脚下修建了庄子观。唐天宝元年（742）二月二十二日，唐玄宗诏封庄子为“南华真人”，其著作《庄子》为《南华真经》；并于同年的八月二十四日，诏改庄周故里离狐县为南华县。

庄周去世至今已二千三百多年，他给后人留下了一个个谜题，留下了无穷无尽的思想，也留下了无穷无尽的怀念。庄周以他出众的才华，奇幻的想象，优美的辞章，深深地影响着和震撼着后人，解读不尽，永无达诂。

第二章　庄周的典籍记载

在历史典籍中，记载庄周比较全面的是《史记》，其中有司马迁所作的《庄子本传》，仅有234字，其他文献的记载则更为简略。而在一些地方史志和一些庄学研究专著中，有一些风格各异的庄周小传，大多沿袭司马迁在《史记》中的说法。记载庄周较多的是《庄子》原著，记述了庄周二十多件事迹。

第一节　正史文献

一、《史记》等史籍文献

1.《史记·老子韩非列传》

庄子者，蒙人也，名周。周尝为蒙漆园吏，与梁惠王、齐宣王同时。其学无所不窥，然其要本归于老子之言。故其著书十余万言，大抵率寓言也。作《渔父》《盗跖》《胠箧》，以诋訾孔子之徒，以明老子之术。《畏累虚》《亢桑子》之属，皆虚语无事实。然善属书离辞，指事类情，用剽剥儒墨，虽当世宿学不能自解免也。其言汪洋自恣以适己，故自王公大人不能器之。楚威王闻庄周贤，使使厚币迎之，许以为相。庄周笑谓楚使者曰："千金，重利；卿相，尊位也。子独不见郊祭之牺牛乎？养食之数岁，衣以文绣，以入太庙。当是之时，虽欲为孤豚，岂可得乎？子亟去，无污我。我宁游戏污渎之中自快，无为有国者所羁，终身不仕，以快吾志焉。"

太史公曰：庄子散道德，放论，要亦归之自然……庄蒙栩栩，申害卑卑。

2.《史记·孟子荀卿列传》

荀卿嫉浊世之政，亡国乱君相属，不遂大道而营于巫祝，信禨祥，鄙儒小拘，如庄周等又滑稽乱俗。于是推儒、墨道德之行事兴坏，序列著数万言。

3.《荀子·解蔽》

墨子蔽于用而不知文，宋子蔽于欲而不知得，慎子蔽于法而不知贤，申子蔽于势而不知智，惠子蔽于辞而不知实，庄子蔽于天而不知人。

4.《汉书·艺文志》

《汉书·艺文志》道家：《庄子》五十二篇。名周，宋人。

5.汉·刘安《淮南子·齐俗训》

惠子从车百乘，以过孟诸。庄子见之，弃其余鱼。

惠施为梁相，从车百乘，犹嫌不足。庄子泽边见之，弃其余鱼，以示讽诫。

6.汉·刘向《说苑·善说》

庄周贫者，往贷粟于魏，文侯曰："待吾邑粟之来而献之。"周曰："乃今者周之来，见道旁牛蹄中有鲋鱼焉，大息谓周曰：'我尚可活也？'周曰：'须我为汝南见楚王，决江淮以溉汝。'鲋鱼曰：'今吾命在盆瓮之中耳，乃为我见楚王，决江淮以溉我，汝即求我枯鱼之肆矣。'今周以贫故来贷粟，而曰须我邑粟来也而赐臣，即来亦求臣傭肆矣。"文侯于是乃发粟百钟，送之庄周之室。

7.宋·乐史《太平寰宇记》

庄周，宋蒙人。不以祸福累心，为漆园吏。楚威王以千金币迎，周不应，钓于濮水。

8.宋·王溥撰《唐会要》

天宝元年二月二十二日敕文，追赠庄子南华真人，所著书为《南华真经》。文子、列子、庚桑子，宜令中书门下更讨论奏闻。至其年三月十九日，宰臣李林甫等奏曰：庄子既号南华真人，文子请号通元真人，列子号冲虚真人，庚桑子号洞灵真人。其庄子、文子、列子、庚桑子，并望随号称。从之。

9. 清・董诰等编《全唐文》卷三十六

昊穹眷命，烈祖降灵，休昭之仪，存乎祀典。庄子、文子、列子、庚桑子，列在真仙，体兹虚白。师元元之圣教，洪大道于人寰。观其微言，究极精义，比夫诸子，谅绝等夷。其庄子依号曰南华真人，文子号曰通元真人，列子号曰冲虚真人，庚桑子号曰洞灵真人。其四子所著改为真经，崇元学置博士助教各一员，学生一百人。

二、《高士传》等史籍文献

1. 三国魏・嵇康《高士传》

庄周，少学老子。梁惠王时，为蒙县漆园吏，以卑贱不肯仕。楚威王以百金聘周，周方钓于濮水之上，曰："楚有龟，死三千年矣，今巾笥而藏之于庙堂之上，此龟宁生而曳尾涂中耳。子往矣，我方曳尾而涂中！"后齐宣王又以千金之币迎周为相。周曰："子不见郊祭之牺牛乎？衣以文绣，食以刍菽，及其牵入太庙，欲为孤豚，其可得乎？"遂终身不仕。

2. 南朝陈・释智匠《古今乐录》

庄周者，齐人也。明笃学术，多所博达。进准见，方来却睹未发。是时齐湣王好为兵事，习用干戈。庄周儒士，不合于时。自以不用，行欲避乱，自隐于山岳。后有达庄于湣王，遣使赍金百镒，聘以相位，周不就。使者曰："金至宝，相尊官，何辞之为？"周曰："君不见夫郊祀之牛，衣之以朱采，食之以禾粟，非不乐也。及其用时，鼎镬在前，刀俎列后，当此之时，虽欲还就孤犊，宁可得乎？周所以饥不求食，渴不求饮者，但欲全身远害耳。"于是重谢，使者不得已而去。后引声歌曰："天地之道，近在胸臆，呼噏精神，以养九德。渴不求饮，饥不索食；避世守道，志洁如玉。卿相之位，难可直当。岩岩之石，幽而清凉。枕块寝处，乐在其央，寒凉固回，可以久长。"

3. 唐・陆德明《经典释义・庄子序录》

庄子者，姓庄，名周（太史公云：字子休），梁国蒙县人也。六国时，为梁漆园吏，与魏惠王、齐宣王、楚威王同时（李颐云：与齐愍王同时）。齐、楚尝聘以为相，不应。时人皆尚游说，庄生独高尚其事，优游自得，依老氏之旨，著书十余万言，以逍遥自然无为齐物而已；大抵皆寓言，归之于理，不可案文责也。

4. 唐·成玄英《南华经注疏》

其人姓庄名周，字子休，生宋国睢阳蒙县，师长桑公子，受号南华仙人。当战国之初，降衰周之末，叹苍生之业薄，伤道德之陵夷，乃慷慨发愤，爰著斯论。其言大而博，其旨深而远，非下士之所闻，岂浅识之能究！

5. 宋·吕祖谦《大事记解题》卷三

周显王三十年，楚聘庄周为相。解题曰："周，蒙人，尝为蒙漆园吏，与梁惠王、齐宣王同时……（同《史记》庄子本传）。"史记失其年，今载于威王（楚）元年。蒙县属梁国。

6. 北宋·陈景元《南华真经章句音义》

庄子，姓庄名周，或字子休，宋之蒙城人也。与梁惠王、齐威王同时，尝为漆园吏。师长桑公子，受其微旨，著书十万余言，目之曰"南华"。论其学本于黄老，又师楚人蜎渊。后隐于抱犊山，服北育火丹，白日升天，补太极闱编郎。唐开元十九年五月四日，侍中裴光庭请册四子。天宝元年二月二十日，诏册庄子，宜依旧号，曰《南华真经》，文子号曰《通玄真经》，列子号曰《冲虚真经》，庚桑子改为《洞灵真经》。"南华"者，义取离明，英华发挥道妙也。

7. 南宋·林希逸《庄子口义》发题

庄子，宋人也，名周，字子休，生睢阳蒙县。在战国之初，与孟子同时，隐遁而放言者也。所著之书，名以《庄子》，自分为三，《内篇》七，《外篇》十五，《杂篇》十一。虽其分别次第如此，而所谓寓言、重言、卮言三者，通一书皆然也。《外篇》《杂篇》则即其篇首而名之；《内篇》则立为名字，各有意义，其文比之《外篇》《杂篇》为尤精，而立言之意，则无彼此之异。陈同甫尝曰："天下不可以无此人，亦不可以无此书。"而后足以当君子之论。若庄子者，其书虽为不经，实天下所不可无者。郭子玄谓其"不经而为百家之冠”，此语甚公。然此书不可不读，亦最难读。东坡一生文字，只从此悟入；《大藏经》五百四十函，皆自此中绸绎出。

8. 明·冯梦龙《警世通言·庄子休鼓盆成大道》

话说周末时，有一高贤，姓庄名周，字子休，宋国蒙邑人也。曾仕周为漆园吏，师事一个大圣人，是道教之祖，姓李名耳，字伯阳。……老子知他心下了悟，把《道德》五千字的秘诀，倾囊而授。庄生默默诵习修炼，遂能分身隐形，出神变化。从此弃了漆园吏的前程，辞别老子，周游访道。……楚威王闻庄生之贤，遣使持黄金百镒，文锦千端，安车驷马，聘为上相。庄生叹道："牺牛身被文绣，口食刍菽，见耕牛力作辛苦，自夸其荣；及其迎入太庙，刀俎在前，欲为耕牛而不可得也。”遂却之不受。挈妻归宋，隐于曹州之南华山。

9. 明·凌濛初《二刻拍案惊奇》

话说春秋时，曹国曹州有座南华山，是宋国商丘小蒙城庄子休流寓来此，隐居著书，得道成仙之处。后人称庄子为南华老仙，所著书就名为《南华经》，皆因此起。

10. 清·宣颖《南华经解》

庄周隐曹州之南华山，因名其经曰《南华》。

11.《辞源》（修订本）

庄周，约公元前369—公元前286年。战国宋蒙人。曾为漆園吏。相传楚威主闻其名，厚币以迎，许以为相，辞不就。著书十余万言，往往出以寓言，主张清静无为，独尊老子而摒斥儒墨。《史记》有传。

12.《辞海》

庄子(约前369—前286)，战国时哲学家。名周，宋国蒙(今河南商丘县东北)人。做过蒙地方的漆园吏。家贫，曾借粟于监河侯，但拒绝了楚威王的厚币礼聘。他继承和发展老子“道法自然”的观点，认为“道”是无限的、“自本自根”“无所不在”的，强调事物的自生自化，否认有神的主宰。他的思想包含着朴素辩证法因素。但他认为“道”是“先天地生”的，从“道未始有封”（即“道”

是无界限差别的），达到“万物皆一也”（即万物也应该是齐一的，无差别的）的见解。他看到一切都处在“无动而不变，无时而不移”中，却忽视了事物质的稳定性和差别性，认为“天下莫大于秋毫之末，而泰山为小；莫寿乎殇子，而彭祖为夭”（《庄子·齐物论》）。主张齐物我，齐是非、齐大小、齐生死、齐贵贱，幻想一种“天地与我并生，万物与我为一”的主观精神境界，安时处顺，逍遥自得，倒向了相对主义和宿命论。著作有《庄子》，亦称《南华经》，道家经典之一，庄子及其后学著。《汉书·艺文志》著录《庄子》五十二篇，但留下来的只三十三篇。其中《内篇》七篇，一般认定为庄子著；《外篇》《杂篇》可能掺杂有他的门人和后来道家的作品。其文章汪洋恣肆，并多采用寓言故事，想象丰富。在哲学、文学上都有较高研究价值。历来注解极多，今通行本有晋郭象注、清末王先谦《庄子集解》、郭庆藩《庄子集释》等。

13. 山东省地方史志办公室编撰《齐鲁概览》

庄子（约前369—前286），战国中后期著名思想家、哲学家、文学家。名周，宋国（今东明）人。

第二节　地方史志与庄氏族谱

一、地方史志

1.《曹州府志》

庄周，字子休，睢阳蒙人。其学无所不窥，然要本于老子之言。梁惠王时，为漆园吏。楚威王闻其贤，以厚币迎之，许以为相。周笑谓楚使曰：“千金，重利；卿相，尊位也。子不见郊祭之牺牛乎？衣以文绣，食以刍菽，及入太庙，欲求为孤豚而不可得。子亟去，毋污我。”遂终身不仕，隐于曹之南华。著书数万言，后人称为《南华经》。大抵皆寓言，无事实，然善属书摛辞，指事类情，用剽剥儒墨，洸洋自恣，虽当世宿学，不能自解免也。唐贞观二年，建祠州北，名南华观。（清·刘藻纂《曹州府志》）

2.《兖州府志》

庄周，战国蒙人，少尝为漆园吏，学本老子，著书十余万言，洸洋自恣，虽当世宿儒不能自解免也。楚威王闻其贤，使使厚币迎之，许以为相。周笑曰："千金重利，卿相尊位也。子不见郊祭之牺牛乎？衣以文绣，食以刍菽，及其入太庙，欲为孤豚而不可得。子亟去，我宁游戏污渎之中以自快，不为有国者所羁。"遂隐于曹州南华山，因名其经曰《南华经》。唐天宝元年，赐号南华真人。（明万历二十四年 于慎行编《兖州府志》）

3.《归德府志》

庄子，蒙人，名周。尝为蒙漆园吏。其学无所不窥，然其要本归于老子之言，故其著书十余万言，大抵率寓言也。其言洸洋自恣以适已，故王公大人不能器之。楚威王闻庄周贤，使使厚币迎之，许以为相。庄周笑谓楚使者曰："千金，重利；卿相，尊位也。子独不见郊祭之牺牛乎？养食之数岁，衣以文绣，以入太庙。当是之时，虽欲为孤豚，岂可得乎？子亟去，无污我。我宁游戏污渎之中自快，无为有国者所羁，终身不仕，以快吾志焉。"（《史记·列传》）《庄子》云：庄子钓于濮水之上，楚王使大夫往，曰："愿以境内累。"庄子持竿不顾，曰："吾闻楚有神龟，死二千岁矣，巾笥藏之庙堂之上。此龟宁死为留骨人贵乎？宁其生曳尾涂中乎？"大夫曰："宁曳尾涂中。"庄子曰："往矣，吾将曳尾于涂中。"与此传不同。（《史记正义》）谨按：《汉书·地理志》蒙县属梁国。又《史记正义》引《括地志》云："漆园故城在曹州冤句县。"窃疑周非宋人，然今府南二十里有小蒙城，旧志云即庄子本邑，我姑听之。（清·乾隆十九年陈锡辂查岐昌纂修《归德府志》）

4.《东明县志》

庄周，战国蒙人。少尝为漆园吏。学本老子，著书十余万言，洸洋自恣，虽当世宿儒不能自解免也。楚威王闻其贤，使使厚币迎之，许以为相。周笑曰："千金，重利；卿相，尊位也。子不见郊祭之牺牛乎？衣以文绣，食以刍菽，及其入太庙，欲为孤豚而不可得。子亟去！我宁游戏污渎之中以自快，

不为有国者所羁。”遂隐于曹州南华山，因名其经曰《南华经》。唐天宝元年，赐号南华真人。（清·杨日升纂《东明县志》）

5.《菏泽县志》《新修菏泽县志》

（1）庄周，字子休，宋之蒙人。梁惠王时为漆园吏，楚威王闻其贤，厚币聘之，许为相，不应。隐于曹之南华。（清·叶道源《菏泽县志》）

（2）庄周，字子休，睢阳蒙人。其学无所不窥，然要本于老子之言。梁惠王时，为漆园吏。楚威王闻其贤，以后币迎之，许以为相。周笑谓楚使者曰：“千金，重利也；卿相，尊位也。子不见郊祭之牺牛乎？衣以文绣，食以刍菽，及入太庙，欲求为古豚而不可得。子亟去，毋污我。”遂终身不仕。隐于曹州南华，著书数万言，后人称为《南华经》，大抵皆寓言无事实。然善属书摛辞，指事类情，用剽剥儒、墨，洸洋自恣，虽当世宿学，不能自解免也。唐贞观二年，建祠州北祀之，名“南华观”。（清·宋明在《新修菏泽县志》）

6.《曹县志》

（1）庄周，字子休，蒙人，尝为漆园吏。其学无所不窥。楚威王闻其贤，聘以为相，周笑谓使者曰：“千金重利，卿相尊位也，子独不见牺牛乎，养食之数岁，衣以文绣，牵入太庙，虽欲为孤豚岂可得乎，子亟去，无污我，我宁游戏污渎之中，无为有国者所羁，终身不仕，以快吾志焉！”著书数万言，洸洋自恣，大率寓言也。蒙为北亳，是为县境。于宗伯《府志》云：“商之北亳与有侁之国，在曹为县境于宋之蒙城，而祀于偃师，此当核实者矣！姑记于此，以告后之正典礼者。”（清·门可荣纂《兖州府曹县志》）

（2）庄周（前369—前286），字子休，战国时期宋国蒙（今曹县南）人，战国时期伟大的哲学家、思想家、文学家。他生活贫困，处穷闾厄巷，面黄身瘦，靠编草鞋为生。他见魏王时，穿的是补丁衣服、系着带子的鞋。生活拮据时，曾向管理河道的监河侯借过米。庄周学识渊博，涉猎、研究的范围无所不包，思想源于老子，所著《庄子》十余万言，大多是托词寄意的寓言。他写的《渔父》《盗跖》《胠箧》是用来诋毁孔子学派，而表明老子学说的。可是庄子善于行文措辞，描摹事物情状，用来攻击和驳斥儒家和墨家，即使当世博学之士，也难免受到他的攻击。他的语言汪洋浩漫，纵横恣肆，以适合自己的性情，所以从王公大人起，都无法利用他。庄子一生鄙视功名利禄，只当过漆园吏。他痛恨虚伪做作，依势压人，对于宋国君臣昏庸失国悲愤难抑。在他书中，宋国人都是讥笑对象，用以寄托他的亡国之恨。他不愿为诸侯王做奴仆，仰人鼻息。楚威王听说庄周贤能，派遣两个使臣带着丰厚的礼物去聘请他，许以令尹之职。庄周正在钓鱼，他连钓竿也不放下，一边笑对楚使说："千金，确是厚礼；卿相，确是尊贵的高位。您难道没见过祭祀天地用的牛吗？喂养它好几年，给它披上带有花纹的绸缎，把它牵进太庙去当祭品，在这个时候，它即使想像一头孤独的小猪一样自由自在地跑，难道能办得到吗？您快走开，不要脏了我的耳朵。我宁愿在小水沟里身心愉快地游戏，也不愿去做官，被国君束缚住。"庄子晚年，离开家乡，北游南华（今菏泽、东明间），钓于濮水（今鄄城南），授徒讲道。《庄子》一书收有庄子所著文章及语录，也有后学所作。（山东省曹县地方志编纂委员会、姚少华等编）

7.《民权县志》

庄周（约前 369—前 286），即庄子，战国时宋国蒙人。其故里在今顺河乡清凉寺。庄周是我国著名的哲学家、思想家，也是文学家。他曾任宋国蒙地方的漆园吏。性情旷达，不乐于仕，一生过着清贫的生活，衣履破旧，有时靠借贷度日。尽管如此，他却甘于贫苦，鄙视权贵。楚威王听说他贤能非凡、才华出众，即派人携重金厚礼，聘其出任楚国令尹之职，庄周却断然拒绝，并以牺牛喻笑之。他的哲学思想源于老子，继承和发展了老子道法自然的观点。故世以老庄并称。他的学说以"道"为中心，他是道家的主要代表人物。他的思想是主观唯心主义，主张顺应自然，反对人为。其消极避世言行，对后人影响很大。但他对封建统治阶级的揭露却是很深刻的。他曾说"窃钩者诛，窃国者为诸侯"。庄周在我国文学史上也有很高的地位，他的文章，文笔流畅、语言丰富、逻辑性强、善用比喻，极富想象，有浓厚的浪漫主义色彩和幽默感、

讽刺味。后人赞之为“汪洋辟阖，仪态万方”，对后世有深远的影响。（《民权县志》河南省民权县地方史志编纂委员会 编）

8.《考城县志》

庄周，战国蒙人，尝为蒙漆园吏，其学无所不窥。楚威王闻其贤，遣使厚币迎之。周叹曰：“千金重利，卿相尊位也。子独不观牺牛乎？我宁游戏以快吾志焉。”著书十余万言，有《南华经》行于世。大抵寓言，汪洋自恣，虽当世宿学，不能穷其源也。（清·康熙三十七年王贯三纂《考城县志》）

二、庄氏族谱

1. 东明《庄氏族谱》

窃维吾族之始出自春秋宋国，《左传》所谓戴武庄之族者是也。其后，战国时吾始祖讳周，字子休，生于古蒙名区。天资异常，灵敏超众，又好学不倦，年未及冠，将老子之学深得乎奥妙，而著作之才能已肇于此矣。楚王闻其贤，聘为国相，子休公辞而不就，北游漆园，漆园任为吏，而漆民至今颂其德，后退隐南华山著书十余万言，大要以老子之学说为宗旨，即《南华经》也。唐天宝元年诏号为《南华真经》，李白有诗赞曰：“万古高风一子休，南华妙道几时修，谁能造入公墙里，如上江边望月楼。”（庄合钦《庄氏谱序》）

2.《浙闽姓氏志·温州庄氏通志》

公元前369年，宋国出了个庄周，字子休。周尝为蒙漆园吏，楚威王闻其贤，欲拜他为相，辞不受，隐居南华山，著书号《庄子》，卒于公元前286年。（庄传选《温州庄氏通志》）

3. 江西上饶《锦绣庄氏宗谱》

周公，字子休，蒙县人。仕周时，幼学本老子，为漆园吏。楚威王内使聘之为相，周叹曰：“予不见牺牛乎？衣以文绣，食以刍菽，及其入太庙，欲为孤豚而不可得。”遂隐于曹州之南华山，著《南华经》，大抵寓言，洸洋自恣，称为高士。（《锦绣庄氏宗谱》卷一《行传》）

第三节 《庄子》中庄周事迹

一、内 篇

1. 大瓠之种

惠子谓庄子曰："魏王贻我大瓠之种，我树之成而实五石。以盛水浆，其坚不能自举也；剖之以为瓢，则瓠落无所容。非不呺然大也，吾为其无用而掊之。"庄子曰："夫子固拙于用大矣。宋人有善为不龟手之药者，世世以洴澼絖为事。客闻之，请买其方百金。聚族而谋曰：'我世世为洴澼絖，不过数金。今一朝而鬻技百金，请与之。'客得之，以说吴王。越有难，吴王使之将。冬，与越人水战，大败越人，裂地而封之。能不龟手一也，或以封，或不免于洴澼絖，则所用之异也。今子有五石之瓠，何不虑以为大樽而浮乎江湖，而忧其瓠落无所容？则夫子犹有蓬之心也夫！"（《逍遥游》）

2. 吾有大树

惠子谓庄子曰："吾有大树，人谓之樗。其大本臃肿而不中绳墨，其小枝卷曲而不中规矩，立之涂，匠者不顾。今子之言，大而无用，众所同去也。"庄子曰："子独不见狸狌乎？卑身而伏，以候敖者；东西跳梁，不避高下；中于机辟，死于罔罟。今夫斄牛，其大若垂天之云。此能为大矣，而不能执鼠。今子有大树，患其无用，何不树之于无何有之乡，广莫之野，彷徨乎无为其侧，逍遥乎寝卧其下。不夭斤斧，物无害者，无所可用，安所困苦哉！"（《逍遥游》）

3. 庄周梦蝶

昔者庄周梦为胡蝶，栩栩然胡蝶也，自喻适志与！不知周也。俄然觉，则蘧蘧然周也。不知周之梦为胡蝶与？胡蝶之梦为周与？周与胡蝶，则必有分矣。此之谓物化。（《齐物论》）

4. 人固无情

惠子谓庄子曰："人故无情乎？"庄子曰："然。"惠子曰："人而无情，何以谓之人？”庄子曰：“道与之貌，天与之形，恶得不谓之人？”惠子曰：“既谓之人，恶得无情？”庄子曰：“是非吾所谓情也。吾所谓无情者，言人之不以好恶内伤其身，常因自然而不益生也。”惠子曰：“不益生，何以有其身？”庄子曰：“道与之貌，天与之形，无以好恶内伤其身。今子外乎子之神，劳乎子之精，倚树而吟，据槁梧而瞑。天选子之形，子以坚白鸣！”（《德充符》）

二、外　篇

1. 太宰问仁

商大宰荡问仁于庄子。庄子曰：“虎狼，仁也。”曰：“何谓也？”庄子曰：“父子相亲，何为不仁？”曰：“请问至仁。”庄子曰：“至仁无亲。”大宰曰：“荡闻之，无亲则不爱，不爱则不孝。谓至仁不孝，可乎？”庄子曰：“不然。夫至仁尚矣，孝固不足以言之。此非过孝之言也，不及孝之言也。夫南行者至于郢，北面而不见冥山，是何也？则去之远也。故曰：以敬孝易，以爱孝难；以爱孝易，而忘亲难；忘亲易，使亲忘我难；使亲忘我易，兼忘天下难；兼忘天下易，使天下兼忘我难。夫德遗尧、舜而不为也，利泽施于万世，天下莫知也，岂直大息而言仁孝乎哉！夫孝悌仁义，忠信贞廉，此皆自勉以役其德者也，不足多也。故曰：至贵，国爵并焉；至富，国财并焉；至愿，名誉并焉。是以道不渝。”（《天运》）

2. 钓于濮水

庄子钓于濮水。楚王使大夫二人往先焉，曰：“愿以境内累矣！”庄子持竿不顾，曰：“吾闻楚有神龟，死已三千岁矣，王巾笥而藏之庙堂之上。此龟者，宁其死为留骨而贵乎？宁其生而曳尾于涂中乎？”二大夫曰：“宁生而曳尾涂中。”庄子曰：“往矣！吾将曳尾于涂中。”（《秋水》）

3. 惠子相梁

惠子相梁，庄子往见之。或谓惠子曰：“庄子来，欲代子相。”于是惠子恐，搜于国中三日三夜。庄子往见之，曰：“南方有鸟，其名为鹓鶵，子知之乎？

夫鹓鸰发于南海而飞于北海，非梧桐不止，非练实不食，非醴泉不饮。于是鸱得腐鼠，鹓鸰过之，仰而视之曰：‘吓！’今子欲以子之梁国而吓我邪？”（《秋水》）

4. 濠梁之上

庄子与惠子游于濠梁之上。庄子曰：“鲦鱼出游从容，是鱼之乐也。”惠子曰：“子非鱼，安知鱼之乐？”庄子曰：“子非我，安知我不知鱼之乐？”惠子曰：“我非子，固不知子矣；子固非鱼也，子之不知鱼之乐，全矣。”庄子曰：“请循其本。子曰‘汝安知鱼乐’云者，既已知吾知之而问我，我知之濠上也。”（《秋水》）

5. 鼓盆而歌

庄子妻死，惠子吊之，庄子则方箕踞鼓盆而歌。惠子曰：“与人居，长子、老、身死，不哭亦足矣，又鼓盆而歌，不亦甚乎！”庄子曰：“不然。是其始死也，我独何能无概然！察其始而本无生，非徒无生也而本无形，非徒无形也而本无气。杂乎芒芴之间，变而有气，气变而有形，形变而有生，今又变而之死，是相与为春秋冬夏四时行也。人且偃然寝于巨室，而我噭噭然随而哭之，自以为不通乎命，故止也。”（《至乐》）

6. 髑髅见梦

庄子之楚，见空髑髅，髐然有形，撽以马捶，因而问之，曰：“夫子贪生失理而为此乎？将子有亡国之事，斧钺之诛而为此乎？将子有不善之行，愧遗父母妻子之丑而为此乎？将子有冻馁之患而为此乎？将子之春秋故及此乎？”于是语卒，援髑髅，枕而卧。夜半，髑髅见梦曰：“子之谈者似辩士。视子所言，皆生人之累也，死则无此矣。子欲闻死之说乎？”庄子曰：“然。”髑髅曰：“死，无君于上，无臣于下；亦无四时之事，从然以天地为春秋，虽南面王乐，不能过也。”庄子不信，曰：“吾使司命复生子形，为子骨肉肌肤，反子父母、妻子、闾里、知识，子欲之乎？”髑髅深矉蹙曰：“吾安能弃南面王乐而复为人间之劳乎！”（《至乐》）

7. 材与不材

庄子行于山中，见大木，枝叶盛茂，伐木者止其旁而不取也。问其故，曰："无所可用。"庄子曰："此木以不材得终其天年。"

夫子出于山，舍于故人之家。故人喜，命竖子杀雁而烹之。竖子请曰："其一能鸣，其一不能鸣，请奚杀？"主人曰："杀不能鸣者。"

明日，弟子问于庄子曰："昨日山中之木，以不材得终其天年；今主人之雁，以不材死；先生将何处？"庄子笑曰："周将处乎材与不材之间。材与不材之间，似之而非也，故未免乎累。若夫乘道德而浮游则不然。无誉无訾，一龙一蛇，与时俱化，而无肯专为；一上一下，以和为量，浮游乎万物之祖，物物而不物于物，则胡可得而累邪！此神农、黄帝之法则也。若夫万物之情，人伦之传则不然。合则离，成则毁；廉则挫，尊则议，有为则亏，贤则谋，不肖则欺，胡可得而必乎哉！悲夫！弟子志之，其唯道德之乡乎！"（《山木》）

8. 衣弊履穿

庄子衣大布而补之，正緳系履而过魏王。魏王曰："何先生之惫邪？"

庄子曰："贫也，非惫也。士有道德不能行，惫也；衣弊履穿，贫也，非惫也；此所谓非遭时也。王独不见夫腾猿乎？其得柟梓豫章也，揽蔓其枝而王长其间，虽羿、蓬蒙不能眄睨也。及其得柘棘枳枸之间也，危行侧视，振动悼栗，此筋骨非有加急而不柔也，处势不便，未足以逞其能也。今处昏上乱相之间，而欲无惫，奚可得邪？此比干之见剖心征也夫！"（《山木》）

9. 游于雕陵

庄周游于雕陵之樊，睹一异鹊自南方来者，翼广七尺，目大运寸，感周之颡而集于栗林。庄周曰："此何鸟哉，翼殷不逝，目大不睹？"蹇裳躩步，执弹而留之。睹一蝉，方得美荫而忘其身；螳螂执翳而搏之，见得而忘其形；异鹊从而利之，见利而忘其真。庄周怵然曰："噫！物固相累，二类相召也！"捐弹而反走，虞人逐而谇之。庄周反入，三月不庭，蔺且从而问之："夫子何为顷间甚不庭乎？"庄周曰："吾守形而忘身，观于浊水而迷于清渊。且吾闻诸夫子曰：‘入其俗，从其令。’今吾游于雕陵而忘吾身，异鹊感吾颡，游于栗林而忘真，栗林虞人以吾为戮，吾所以不庭也。”（《山木》）

10. 鲁少儒士

庄子见鲁哀公。哀公曰：“鲁多儒士，少为先生方者。”庄子曰：“鲁少儒。”哀公曰：“举鲁国而儒服，何谓少乎？”庄子曰：“周闻之，儒者冠圜冠者，知天时；履句屦者，知地形；缓佩玦者，事至而断。君子有其道者，未必为其服也；为其服者，未必知其道也。公固以为不然，何不号于国中曰：‘无此道而为此服者，其罪死！’”于是哀公号之五日，而鲁国无敢儒服者，独有一丈夫，儒服而立乎公门。公即召而问以国事，千转万变而不穷。庄子曰：“以鲁国而儒者一人耳，可谓多乎？”（《田子方》）

11. 道无不在

东郭子问于庄子曰：“所谓道，恶乎在？”庄子曰：“无所不在。”东郭子曰：“期而后可。”庄子曰：“在蝼蚁。”曰：“何其下邪？”曰：“在稊稗。”曰：“何其愈下邪？”曰：“在瓦甓。”曰：“何其愈甚邪？”曰：“在屎溺。”东郭子不应。庄子曰：“夫子之问也，固不及质。正获之问于监市履狶也，每况愈下。汝唯莫必，无乎逃物。至道若是，大言亦然。周、遍、咸三者，异名同实，其指一也。尝相与游乎无有之宫，同合而论，无所终穷乎！尝相与无为乎！澹而静乎！漠而清乎！调而闲乎！寥已吾志，无往焉而不知其所至，去而来不知其所止，吾往来焉而不知其所终；彷徨乎冯闳，大知入焉而不知其所穷。物物者与物无际，而物有际者，所谓物际者也；不际之际，际之不际者也。谓盈虚衰杀，彼为盈虚非盈虚，彼为衰杀非衰杀，彼为本末非本末，彼为积散非积散也。”（《知北游》）

三、杂　篇

1. 踦子求钟

庄子曰：“射者非前期而中，谓之善射，天下皆羿也，可乎？”惠子曰：

“可。”庄子曰：“天下非有公是也，而各是其所是，天下皆尧也，可乎？”惠子曰：“可。”庄子曰：“然则儒、墨、杨、秉四，与夫子为五，果孰是邪？或者若鲁遽者邪？其弟子曰：‘我得夫子之道矣。吾能冬爨鼎而夏造冰矣。’鲁遽曰：‘是直以阳召阳，以阴召阴，非吾所谓道也。吾示子乎吾道。’于是乎为之调瑟，废一于堂，废一于室，鼓宫宫动，鼓角角动，音律同矣。夫或改调一弦，于五音无当也，鼓之，二十五弦皆动，未始异于声而音之君已。且若是者邪？”惠子曰：“今夫儒墨杨秉，且方与我以辩，相拂以辞，相镇以声，而未始吾非也，则奚若矣？”庄子曰：“齐人蹢子于宋者，其命阍也不以完，其求钘钟也以束缚，其求唐子也而未始出域，有遗类矣！夫楚人寄而蹢阍者；夜半于无人之时而与舟人斗，未始离于岑而足以造于怨也。”（《徐无鬼》）

2. 庄子送葬

庄子送葬，过惠子之墓，顾谓从者曰：“郢人垩慢其鼻端。若蝇翼，使匠人斫之。匠石运斤成风，听而斫之，尽垩而鼻不伤，郢人立不失容。宋元君闻之，召匠石曰：‘尝试为寡人为之。’匠石曰：‘臣则尝能斫之。虽然，臣之质死久矣。’自夫子之死也，吾无以为质矣，吾无与言之矣。”（《徐无鬼》）

3. 卤莽灭裂

长梧封人问子牢曰：“君为政焉勿卤莽，治民焉勿灭裂。昔予为禾，耕而卤莽之，则其实亦卤莽而报予；芸而灭裂之，其实亦灭裂而报予。予来年变齐，深其耕而熟耰之，其禾蘩以滋，予终年厌飧。”庄子闻之曰：“今人之治其形，理其心，多有似封人之所谓，遁其天，离其性，灭其情，亡其神，以众为。故卤莽其性者，欲恶之孽，为性萑苇；蒹葭始萌，以扶吾形，寻擢吾性；并溃漏发，不择所出，漂疽疥痈，内热溲膏是也。”（《则阳》）

4. 涸辙之鲋

庄周家贫，故往贷粟于监河侯。监河侯曰：“诺。我将得邑金，将贷子三百金，可乎？”庄周愤然作色曰：“周昨来，有中道而呼者。周顾视车辙中，有鲋鱼焉。周问之曰：‘鲋鱼来！子何为者邪？’对曰：‘我，东海之波臣也。君岂有斗升之水而活我哉？’周曰：‘诺。我且南游吴越之王，激西江之水而迎子，可乎？’鲋鱼忿然作色曰：‘吾失我常与，我无所处。吾得斗升之水然活耳，君乃言此，曾不如早索我于枯鱼之肆！’”（《外物》）

5. 子言无用

惠子谓庄子曰：“子言无用。”庄子曰：“知无用而始可与言用矣。天地非不广且大也，人之所用容足耳。然则厕足而垫之，致黄泉，人尚有用乎？”惠子曰：“无用。”庄子曰：“然则无用之为用也亦明矣。”（《外物》）

6. 六十而化

庄子谓惠子曰：“孔子行年六十而六十化，始时所是，卒而非之，未知今之所谓是之非五十九非也。”惠子曰：“孔子勤志服知也。”庄子曰：“孔子谢之矣，而其未之尝言。孔子云：‘夫受才乎大本，复灵以生。’鸣而当律，言而当法，利义陈乎前，而好恶是非直服人之口而已矣。使人乃以心服，而不敢蘁立，定天下之定。已乎已乎！吾且不得及彼乎！”（《寓言》）

7. 庄周说剑

昔赵文王喜剑，剑士夹门而客三千余人，日夜相击于前，死伤者岁百余人，好之不厌。如是三年，国衰。诸侯谋之。太子悝患之，募左右曰：“孰能说王之意止剑士者，赐之千金。”左右曰：“庄子当能。”

太子乃使人以千金奉庄子。庄子弗受，与使者俱往，见太子曰：“太子何以教周，赐周千金？”太子曰：“闻夫子明圣，谨奉千金以币从者。夫子弗受，悝尚何敢言！”庄子曰：“闻太子所欲用周者，欲绝王之喜好也。使臣上说大王而逆王意，下不当太子，则身刑而死，周尚安所事金乎？使臣上说大王，下当太子，赵国何求而不得也！”太子曰：“然，吾王所见，唯剑士也。”庄子曰：“诺。周善为剑。”太子曰：“然吾王所见剑士，皆蓬头突鬓，垂冠，曼胡之缨，短后之衣，瞋目而语难，王乃说之。今夫子必儒服而见王，事必大逆。”庄子曰：“请治剑服。”治剑服三日，乃见太子。太子乃与见王，王脱白刃持之。庄子入殿门不趋，见王不拜。王曰："子欲何以教寡人，使太子先？"曰："臣闻大王喜剑，故以剑见王。"王曰："子之剑何能禁制？"曰："臣之剑，十步一人，千里不留行。"王大悦之，曰："天下无敌矣。"

庄子曰："夫为剑者，示之以虚，开之以利，后之以发，先之以至。愿得试之。"王曰："夫子休待命就舍，令设戏请夫子。"王乃校剑士七日，死者六十余人，得五六人，使奉剑于殿下，乃召庄子。王曰："今日试使士敦剑。"庄子曰："望之久矣！"王曰："夫子所御杖，长短何如？"曰："臣之所奉皆可。然臣有三剑，唯王所用，请先言而后试。"王曰："愿闻三剑。"曰："有天子剑，有诸侯剑，有庶人剑。"

王曰："天子之剑何如？"曰："天子之剑，以燕溪石城为锋，齐岱为锷；晋卫为脊，周宋为镡，韩魏为夹；包以四夷，裹以四时；绕以渤海，带以常山；制以五行，论以刑德；开以阴阳，持以春夏，行以秋冬。此剑直之无前，举之无上，案之无下，运之无旁。上决浮云，下绝地纪。此剑一用，匡诸侯，天下服矣。此天子之剑也。"

文王茫然自失，曰："诸侯之剑何如？"曰："诸侯之剑，以知勇士为锋，以清廉士为锷，以贤良士为脊，以忠圣士为谭，以豪桀士为夹。此剑直之亦无前，举之以无上，案之亦无下，运之亦无旁。上法圆天，以顺三光；下法方地，以顺四时；中和民意，以安四乡。此剑一用，如雷霆之震也，四封之内，无不宾服而听从君命者矣。此诸侯之剑也。"

王曰："庶人之剑何如？"曰："庶人之剑，蓬头突鬓，垂冠，曼胡之缨，短后之衣，瞋目而语难。相击于前，上斩颈领，下决肝肺。此庶人之剑，无异于斗鸡，一旦命已绝矣，无所用于国事。今大王有天子之位而好庶人之剑，臣窃为大王薄之。"

王乃牵而上殿。宰人上食，王三环之。庄子曰："大王安坐定气，剑事已毕奏矣！"于是文王不出宫三月，剑士皆服毙其处也。（《说剑》）

8. 舐痔得车

宋人有曹商者，为宋王使秦。其往也，得车数乘。王说之，益车百乘。反于宋，见庄子曰："夫处穷闾厄巷，困窘织屦，槁项黄馘者，商之所短也；一悟万乘之主而从车百乘者，商之所长也。"庄子曰："秦王有病召医。破痈溃痤者得车一乘，舐痔者得车五乘，所治愈下，得车愈多。子岂治其痔邪？何得车之多也？子行矣！"（《列御寇》）

9. 探骊得珠

人有见宋王者，锡车十乘。以其十乘骄稚庄子。庄子曰："河上有家贫恃纬萧而食者，其子没于渊，得千金之珠。其父谓其子曰：'取石来锻之！夫千金之珠，必在九重之渊而骊龙颔下。子能得珠者，必遭其睡也。使骊龙而寤，子尚奚微之有哉！'今宋国之深，非直九重之渊也；宋王之猛，非直骊龙也。子能得车者，必遭其睡也。使宋王而寤，子为齑粉夫！"（《列御寇》）

10. 牺牛之喻

或聘于庄子，庄子应其使曰："子见夫牺牛乎？衣以文绣，食以刍叔。及其牵而入于大庙，虽欲为孤犊，其可得乎！"（《列御寇》）

11. 庄子将死

庄子将死，弟子欲厚葬之。庄子曰："吾以天地为棺椁，以日月为连璧，星辰为珠玑，万物为赍送。吾葬具岂不邪？何以加此！"弟子曰："吾恐乌鸢之食夫子也。"庄子曰："在上为乌鸢食，在下为蝼蚁食，夺彼与此，何其偏也。"（《列御寇》）

12. 庄周学说

寂漠无形，变化无常，死与生与，天地并与，神明往与！芒乎何之，忽乎何适，万物毕罗，莫足以归。古之道术有在于是者，庄周闻其风而悦之。以谬悠之说，荒唐之言，无端崖之辞，时恣纵而不傥，不以觭见之也。以天下为沈浊，不可与庄语，以卮言为曼衍，以重言为真，以寓言为广。独与天地精神往来，而不敖倪于万物。不谴是非，以与世俗处。其书虽瑰玮而连犿无伤也，其辞虽参差而諔诡可观。彼其充实不可以已，上与造物者游，而下与外死生、无终始者为友。其于本也，弘大而辟，深闳而肆；其于宗也，可谓稠适而上遂矣。虽然，其应于化而解于物也，其理不竭，其来不蜕，芒乎昧乎，未之尽者。（《天下》）

第四节 《庄子》逸篇佚文与辨伪

一、《庄子》逸篇

《汉书·艺文志》“道家”条下载“《庄子》五十二篇”，意思是说古本《庄子》原有五十二篇，而今本《庄子》仅三十三篇。今本《庄子》与古本《庄子》（《汉书》本、司马彪注本）相比较，则《庄子》逸篇有十九篇。若不计《淮南子》的作者所作的三篇《庄子》解说，即《庄子解》《庄子后解》《庄子略要》，则尚有遗篇十六篇。这些篇章被郭象或“略而不存”，或“裁取其长”，即被删削或合并，本来面目已无从恢复，然而其篇目有些亦可考而知。

唐陆德明《经典释义·序录》曰：“庄生宏才命世，辞趣华深，正言若反，故莫能畅其弘致。后人增足，渐失其真，故郭子玄云：‘一曲之才，妄窜奇说，若《阏弈》《意修》之首，《危言》《游凫》《子胥》之篇，凡诸巧杂，十分有三。’”从此可以看出，《阏弈》《意修》《危言》《游凫》《子胥》五篇当属于《庄子》遗篇。后证以日本镰仓时代（约相当于我国南宋时期）高山寺所藏《庄子》古钞本《天下》篇后的附语，断定为郭象《庄子注》的跋记，是极为可信的。因而也可以断定这些篇是《庄子》古本中所有而被郭象删掉的。

《惠施》一篇见于《北齐书》。《北齐书·杜弼传》称杜弼“耽好玄理，老而愈笃，又著《庄子惠施篇》《易上下系》，名《新注文苑》，并行于世”（《北齐书》卷廿四）。宋代王应麟据此判定《惠施》是《庄子》遗篇（《困学纪闻》卷十）。《畏累虚》一篇见于《史记·老子韩非列传》之《庄子本传》。《庄子本传》说，庄子“作《渔父》《盗跖》《胠箧》，以诋訾孔子之徒，以明老子之术，畏累虚、亢桑子之属，皆空语无事实”。有人说“亢桑子”即“庚桑楚”，为《庄子》杂篇首篇之篇目，那么，类而推之，“畏累虚”亦当为篇名，故司马贞《史记索隐》说：“畏累虚，篇名也。即老聃弟子畏累。”《马捶》一篇见于《南史·何子郎传》。《南史·何子郎》传谓，子郎“尝为《败冢赋》，拟庄周《马捶》，其文甚工”（《南史》卷七十二）。孙志祖据此认为“《马捶》亦《庄子》遗篇也”（《读书脞录续编·庄子逸文》）。“马捶”事见《庄子·至乐》篇，是一则很完整的寓言故事。另外，学者严灵峰称《重言》亦应是《庄子》遗篇名。他说，郭象《庄子注》跋语中提到的篇名“危言”，日本高山寺本作“尾言”，“危”“尾”字疑皆为“卮”字之形近而讹。今本《庄子·寓言》篇谓，“寓言十九，重言十七，卮言日出”，“危言”篇当作“卮言”篇。照此推理，似尚有《重言》篇。严灵峰的推断可谓巧妙，亦不为无理。但缺乏旁证，姑且从之。如此计算，《庄子》遗篇尚有七篇不得而知，有待于有心人考证求索。

二、《庄子》佚文

据有关文献记载，唐代尚有司马彪的《庄子》五十二篇注本，由此推测《庄子》古本是唐以后遗佚的。为了寻求《庄子》的佚文，历代学者花费了大量的精神，从唐代以前学者著述的征引中和唐宋类书的荟萃中查找一些蛛丝马迹，辑录了一些《庄子》佚文的条目。

宋代王应麟著《庄子遗篇》一书，开了庄学史上纂辑佚文的先河。《庄子遗篇》后有王应麟所作跋云：“《庄子》遗篇十有九，《淮南鸿烈》多袭其语，晋世司马彪注犹存，《后汉书》《文选》《世说》注，《艺文类聚》《太平预览》间见之，断圭碎壁，亦足为箧椟之珍，博识君了，或有取焉。”王应麟说，《庄子》遗篇的片段，有的还保存在《淮南子》《艺文类聚》《太平预览》及《世说新语》《文选》《后汉书》的注解中，虽“断圭碎璧，亦足为箧椟之珍”，是可以供“博识君子”时加摭拾观赏的。因此，他便努力搜索，从上述诸书及注解中辑得《庄子》佚文共三十九条。主要有以下诸条：

阏弈之隶与殷翼之孙、遏氏之子，三士相与谋致人于造物，共之元天之上。元天者，其高四见列星。（《文选》颜延之《车驾幸京口》诗李善注）

游凫问雄黄曰："今逐疫出魅，击鼓呼噪，何也？"雄黄曰："黔首多疾，黄帝氏立巫咸，使黔首沐浴斋戒以通九窍，鸣鼓振铎以动其心，劳形趋步以发阴阳之气，饮酒茹葱以通五藏。夫击鼓呼噪，逐疫出魅鬼，黔首不如，以为魅祟也。"（《太平预览》卷五三〇）

惠子始与庄子相见而问乎庄子，（庄子）曰："今日自以为见凤凰，而徒遭燕雀耳。"坐者俱笑。（《太平预览》卷四六六）

庄子谓惠子曰："羊沟之鸡，三岁为株。相者视之，则非良鸡也。然而数以胜人者，以狸膏涂其头。"（《太平预览》卷九一八）（按，王应麟于此条佚文后引司马彪注："羊沟，斗鸡处；株，魅帅也。鸡畏狸也。"）

老子见孔子从弟子五人，问曰："前为谁？"对曰："子路，勇且多力。其次，子贡为智，曾子为孝，颜回为仁，子张为武。"老子叹曰："吾闻南方有鸟，名为凤。凤之所居也，积石千里，河水出下。凤鸟居止，天为生食，其树名琼枝，高百仞，以璆琳琅玕为宝。天又为生离珠，一人三头，递进以伺琅玕。凤鸟之文，戴圣婴圣，右智左贤。"（《太平预览》卷九一五）

槐之生也，入季春五日而兔目，十日而鼠耳，更旬而始规，二旬而叶成。

尹儒学御，三年而无所得，夜梦受秋驾于其师。明日往朝其师，其师望而谓之曰："吾非独爱道也，恐子之未可与也。今将教子以秋驾。"

鹊上高城之垝，而巢于高榆之巅，城坏巢折，凌风而起。故君子之居世也，得时则蚁行，失时则鹊起。

插桃枝于户，连灰其下，童子入不畏，而鬼畏之。是鬼智不如童子。

孔子病，子贡出卜。孔子曰："汝待也。吾坐席不敢先，居处若斋，食饮若积，吾卜之久矣。"

孔子舍于沙丘，见主人曰："辩士也。"子路曰："夫子何以识之？"曰："其口穷踦，其鼻空大，其服博，其睫流，其举足也高，其践地也深，鹿与而牛舍。"

子张见鲁哀公不礼士也，托仆夫而去，曰："臣闻君好士，故不远千里而见。君之礼士也，有似叶公子高之好龙：室凋文，尽写以龙，于是天龙下之，窥头于牖，拖尾于堂。叶公见之，弃而还走，失其魂魄，五色无主。是叶公非不好龙也，好夫似龙而非龙也。今君非不好士也，好夫似士而非士者也。"

王应麟的《庄子遗篇》作为庄学史上第一部辑佚专著，其所具有启迪性和学术意义是显而易见的，后世的《庄子》辑佚工作，几乎都是在王应麟的这一基础上进行的。如清代的阎若璩为王应麟的《困学纪闻》作笺注，又辑得《庄子》佚文八条，翁元圻校订《困学纪闻》增录二条，孙志祖撰《读书脞录续编》增录十二条。民国时期的马叙伦撰写《庄子义证》一书，末有附录多种。附录一为《庄子年表》，《庄子年表》后附有《庄子宋人考》一文，依据刘向《别录》佚文等断定庄周为宋国蒙人，并进而论证说："《史记·宋世家》索隐引本书（指古本《庄子》）曰：'桓侯行，未出城门，其前驱呼辟，蒙人止之，后为狂也。'司马彪注曰：'呼辟，使人避道。蒙人以桓侯名辟，蒙人止之，故为狂也。'"可见，"桓侯行，未出城门，其前驱呼辟，蒙人止之，后为狂也"即为一条《庄子》佚文。附录二为《庄子佚文编录》，从桓谭《新论》、仲长统《昌言》、张华《博物志》、张湛《列子注》、顾野王《玉篇》、刘孝标《世说新语注》、杜台卿《玉烛宝典》、虞世南《北堂书钞》、欧阳询《艺文类聚》、李贤《后汉书注》、司马贞《史记索隐》、李善《文选注》等，辑得《庄子》佚文“六七十事”，“合之旧辑，得一百余事”，从而为《庄子》辑佚工作做出了很大贡献。而王叔岷搜求更为细心，援引更为广泛，乃至有佛典义疏，《华严经随疏演义钞》《净土三部经音义》《因明论疏明灯抄》等，合之前人旧辑，共得《庄子》佚文一百五十余条，纂成《庄子逸文》，从而把《庄子》辑佚工作推到了相当完善的地步。

出自其他文献的《庄子》佚文还有：

庄子曰：君子内无饥寒之患，外无劫夺之忧，居上而敬，居下不为害，君子之道也。（《史记·日者列传》）

惠子从车百乘，以过孟诸。庄子见之，弃其余鱼。（《淮南子·齐俗训》）

庄周病剧，弟子对泣之。应曰：“我今死，则谁先？更百年生，则谁后？先不得免，何贪于须臾？”（《意林》引桓谭《新论》）

庚市子，圣人无欲者也。人有争财相斗者，庚市子毁玉于其间，而斗者 止。（《文选》张协《七命》注引《淮南子·庄子后解》）

江海之士，山谷之人，轻天下，细万物，而独往也。（《文选》江淹《杂体诗》等注引《淮南子·庄子略要》及司马彪注）

现已辑录的《庄子》佚文，大都是一些片段的历史故事和粗糙的博物知识，显示不出明显的理论观点或思想倾向。但现在看来，它们仍然具有珍贵的学术价值。就庄学研究来说，它们可以印证郭象在《庄子注》的跋语中所列举的被删削的“巧杂”篇章是确实存在过的，亦可为说明《庄子》确非出自庄周一人之手，也决不是成于一时提供一些有价值的佐证。

三、《庄子》辨伪

唐代以前，人们都认为《庄子》三十三篇都是庄周一人之作。虽然韩愈也曾觉察到《盗跖》篇“讥侮列圣，戏剧夫子，盖效颦庄、老而失之者”，《渔父》篇“论亦醇正，但笔力差弱于庄子”，《说剑》篇“类战国策士之雄谭，意趣薄而理道疏，识者谓非庄生所作”，但并没有引起人们关注与重视。而苏轼《庄子祠堂记》从所谓“庄子助孔子”的见解出发，认为“若真诋孔子者”的《盗跖》《渔父》二篇不可能是庄周本人所作，而《让王》《说剑》二篇又皆“浅陋不入于道”，也根本不可能是庄周本人的手笔。认为这四篇是“昧者勦之”，应该从《庄子》中删除。尽管苏轼的说法是否正确尚无定论，但却开启了后世众多学者重视探讨、研究《庄子》作者问题的新风气，其影响是相当深远而广泛的。

南宋罗勉道著《南华真经循本》一书，他在《逍遥游》篇题下说：“按《汉书·艺文志》‘《庄子》五十二篇’，郭象固已辨其巧杂十分之三。今所存三十三篇，东坡苏氏又黜《让王》《盗跖》《说剑》《渔父》，而以《列御寇》接《寓言》之末，合为一篇，其说精矣。然愚尚谓《刻意》《缮性》亦复肤浅非真，宜定为二十六篇。”他还在《刻意》篇题下申述说：“《刻意》《缮性》失之浅拙，《让王》以下四篇失之粗粝，决非《庄子》本文，黜之附于卷末。”罗勉道认为，《刻意》《缮性》与《让王》《盗跖》《说剑》《渔父》四篇一样，也“失之浅拙”，绝不是庄子的文章，应该从外篇中删除，所以《庄子》“宜定为二十六篇”。

明代学者把《庄子》辨伪推向了一个小高潮，其中的代表人物为王夫之。王夫之基于《庄子》全书脉络的把握，通过内、外、杂各篇所表现的思想和艺术成就的对比，认为，内篇七篇首尾相因，一脉相承，是一个完整的体系，形式上虽恣肆无涯，但神理前后圆通，应出自庄子一人之手；而外篇则“踳驳而不绪”“言穷意尽”“固执粗说”“忿戾诅诽”，只为一时口舌之快而不能探化理于玄微，不可能出自庄子之手。而杂篇“言虽不纯，而微至之语，较能发内篇未发之旨，盖内篇皆解悟之余，畅发其博大轻微之致，而所从入者未之及，必于杂篇取其精蕴，诚内篇之归趣也”。（“杂篇”总解）当代学者颜世安在《庄子评传》中说，三十三篇非庄子一人所作，其中内篇七篇早出，提出了庄子思想中最基本的问题，奠定了庄子学说的基础，是庄子本人自著。外篇、杂篇中有些内容风格与内篇相近，可能是庄子后期著作，也有可能是庄子后学中最得真传的弟子所作。外、杂篇中另有一些篇章内容风格与内篇差异稍大，但除《说剑》以外，大体与内篇思想无严重矛盾，是其弟子及其后学者的博引发挥，也是庄子思想体系的重要组成部分。

民国时期的叶国庆在其《庄子研究》中，将外、杂篇一律定为伪作。他认为“文势不类者”有《盗跖》《说剑》《让王》《骈拇》《马蹄》《胠箧》《刻意》《缮性》《天运》等十篇；“思想不类者”有《天道》《至乐》《天地》三篇；“事实或时代不符者”有《田子方》《盗跖》《徐无鬼》《则阳》《胠箧》等五篇等。而现代著名哲学家、历史学家任继愈提出了与之相左的观点。任继愈认为，《庄子》外、杂篇是庄子所著，而内篇则是庄子后学所作。其理由有三：一是司马迁在《史记·老子韩非列传》所举《渔父》《盗跖》《胠箧》等代表作，都不在内篇，而在外、杂篇；二是荀子说“庄子蔽于天而不知人”，是就《天地》《天道》《天运》等外篇而言；三是外、杂篇以篇首几字为篇名，保持了古例，而内篇则有题目，应晚于外篇。还有内七篇，从篇名到内容，都带有浓厚的汉代宗教神学方术的特色。（《庄子探源》）任继愈的观点别开生面，值得人们去研究。但以冯友兰为代表的学者认为，《庄子》的内、外、杂篇已被郭象搞乱了，致使同一篇既有庄子作品，也有后人的作品。还有学者认为，《庄子》一书基本上都是庄周的著作，对内、外、杂篇不必加以区别，应该把《庄子》作为一个整体来看待。至于《庄子》各篇存在的种种差异，当是庄子在不用时期、不同情况下认识的差异性所造成的。

第三章 庄周的故事传说

庄周传说在东明民间流传很广，主要是当地民众口耳相传，在与其有关的典故、风俗中也多有记载和反映。有些传说故事是历代文人从《庄子》三十三篇中脱颖而出，经民众口传，为这些传说故事赋予了民众的愿望和期盼。

第一节 庄姓和庄周名号的传说

一、庄姓的来历

庄姓的来历有两种说法：

一是楚庄王说。传说，庄子是春秋时期楚庄王（前613—前591）的后代。唐朝《元和姓纂》记载："庄姓，出于芈姓，楚庄王之后，以谥为姓。"认为楚庄王为庄姓的鼻祖。公元前381年前，楚悼王（前401—前381）曾任用吴起（约前440—前381）为令尹，实行变法，进行大刀阔斧的改革，其中一条就是"废公族疏远者"，即强迫旧贵族到边远之地开荒种地，以裁减冗员，其中也包括楚庄王之后，遭到这些旧贵族的忌恨。公元前381年，楚悼王死，被遣边区开荒的旧贵族反扑变法者，将吴起杀害，并箭伤楚悼王尸体。楚肃王（前381—前370）继位后，将杀害吴起、箭伤楚悼王尸体的旧贵族治罪，有的被杀，有的被放逐到楚国边疆，其中包括庄子的祖辈、父辈，后来他们流寓到了宋国蒙地。

二是宋戴公说。传说，庄子是宋戴公（前799—前766）的后人。宋戴公是春秋时期宋国的第十一代国君，宋戴公死后，谥号武庄，武庄旁支后裔，五世之后，用先祖的名做氏，于是就有了“庄”这一姓氏。《通志·氏族略》记载：“春秋时，宋戴公，名武，字庄，其裔孙以王父所谓名字为氏 。”《世本卷七》（上）曰：“庄氏，氏于谥，宋有庄朝、庄堇。”庄子的先祖就是宋戴公。宋戴公比楚庄王早153年。东明《庄氏族谱序》亦记载：“吾族之始，出自春秋宋国，《左传》所谓戴武庄之族者是也。其后战国时，吾始祖讳周，字子休，生于古蒙名区。”东明县庄周后裔认为，庄周一支庄氏出自宋戴公。

既然庄周是宋戴公的后裔，又为什么生于古蒙名区呢？这里也有传说故事。相传，宋昭公元年（前619），因昭公无道，国人不服，昭公弟公子鲍在王姬的帮助下，发动宫廷政变，杀昭公而夺取了君位，是为宋文公。次年，昭公之子纠集文公母弟须与武、缪、戴、庄、桓等宗族发动反对宋文公的叛乱。宋文公很快平息了这场叛乱，参与动乱的贵族重者被杀，轻者被放逐。庄周的先祖参与了这场叛乱，被放逐到宋国西北边陲的古蒙之地，那么庄周后来出生在这里也就是顺理成章的事了。

二、庄周的名、字的来历

庄周的先辈自被放逐到古蒙之地，自身的发展也就受到了很大限制，到了庄周的祖、父辈时，已经式微成了平民百姓。庄周出生时，父母希望他能为庄氏家族带来好光景，也希望自己的儿子吉祥美好，就给他起名叫“休”。传说，青少年时期的庄休，受家庭贵族渊源的影响，曾受过良好的教育。起先他接受的是传统的儒学教育，有人说是出自子夏之门，有人说是出自颜氏之儒，也有人说出自漆雕氏之儒，至今没有定论，但他自小接受是传统的儒学教育是应该肯定的。

后来年纪渐长，为了开阔眼界，庄周常游学于宋国都城商丘。其间，结识了怀道高人长桑公子。长桑公子又名长桑君，相传是道家人物文子的再传弟子，精医术，善养生，究天地玄妙之理，学术造诣很深，扁鹊曾跟随学医，成为一代名医，庄休对长桑公子很是仰慕。长桑公子见庄休聪明好学，便悉心传授学问与技能，并将自己珍藏的老子《道德经》交给他研读，庄休为之耳目一新，惊为神奇之书，于是开始弃儒从道，认真研治道家学说。

庄休经过刻苦学习，学业有了很大的长进。一次，长桑公子问庄休对“道”的理解。庄休说，道者，“周”也。长桑公子认为他已理解了“道”，就说，“周”者，圆也，天也，道也，你就叫“周”吧。从此，庄周之名逐渐名闻天下。庄周走向社会后，因为他品德高尚，学识渊博，自成一家之说，人们便尊称他为庄子，并把他的原名“休”与“子”连在后面叫做“子休”。于是，庄子就成了姓庄名“周”字“子休”了。关于庄子字“子休”，还有另一种说法。庄子字子休之说并非源自先秦时期，大约是唐代以后才出现并流行开来。唐·成玄英《南华真经注疏》、司马贞《史记·越王勾践世家》索隐等，均提到庄周字“子休”。从此以后庄子便字“子休”了。

三、庄周号“南华”的来历

关于庄周号“南华”有多种说法：一说，是庄周的老师长桑公子给他起的号；二说，北宋陈景元在《南华真经章句音义》中认为，是取“离明英华”之义；三说，清代宣颖在《南华经解》中说，是由于庄周曾隐于曹州的南华山之故；四说，庄子的正式号“南华真人”，始于唐玄宗天宝元年（742）的《加庄义列庚桑四子为真人敕》“庄子依号曰南华真人”，这是当时的“中央红头文件”正式命名的“号”。而南北朝时期的梁旷著《南华论》以及唐初成玄英《南华真经注疏序》中就称庄周为“南华”了。唐玄宗“依号”敕封庄周为“南华真人”，最现实的当是依梁旷和成玄英的所称之号。其实，这事很简单，庄子长期隐居活动在曹州南华山，命其为“南华真人”，著作为“南华真经”是顺理成章的事。更有意思的是，同年唐玄宗又把南华山所在的离狐县也改成了南华县，“南华”二字的地理概念是显而易见的。

四、庄周出生地蒙的来历

蒙地在宋国西北边陲，其得名的来历在东明有两种传说。

传说之一：蒙草说。相传在春秋战国时期，这个地方由于河汊较多，土地潮湿，当地就生长了一种草，这种草蔓延的速度很快，把土地都给蒙住了，所以人们就把这个地方称作“蒙”。可是因为蒙草生长得十分茂盛，种的庄稼也长不出来，老百姓非常头疼。后来有人发现漆树不怕蒙草，人们就赶紧种植了大量的漆树，漆树长大了，蒙草就都死了，庄稼也就能正常生长了。而漆树也给当地老百姓带来了不少好处，人们逐渐过上了好日子。

传说之二：蒙地说。相传在春秋战国时期，宋国这个地方是周朝留给殷商后人祭祀祖先的一块封地。因为宋地的殷民信奉天命，顽固不化，并且曾造反作乱，所以就把这些人叫蒙人，而且把他们的都城称为蒙城，他们的水泽称为蒙泽，连蒙城的城门也叫蒙门，甚至连他们所属的很多地方前面也要加个“蒙”字，就连漆园也称为蒙漆园。

第二节　关于漆园为吏的传说

一、漆园的性质和方位

据《史记》记载，漆园是庄周为吏的地方。但漆园究竟是个什么性质的处所，历来说法不一。有的说，漆园是个以产漆、制漆为主的林场；有的说，漆园是个城邑、村庄。因为古蒙漆园在今东明县城东十里陆圈镇裕州屯一带，当地对这个问题也有不少传说。

相传，商周时期东明一带的气候、土壤、水利条件优越，极宜漆树生长，到处是成方连片的漆树林。到春秋战国时期，在西起襄丘、东至葵丘、北到南华山的方圆几十里内长满了茂密的漆树，成了当地最大的漆园。到战国中后期，这块地方属于宋国。宋国把此地漆园辟为国家漆园，设立了专门管理漆园的机构，并建立了监狱。他们把掠来的奴隶，战争抓来的战俘，用来管理漆树、割漆、熬漆和制作漆制品。大量的成品漆和精美的漆制品，成了当地主要的宫廷贡品。这些颇有名气的产品吸引了周边地区的能工巧匠到这里搞起了各类加工作坊，如铁业铺、木作铺、制漆坊、竹编坊等，加工业手工作坊在这里蓬勃发展了起来。快速发展的加工业又带动了商贸、物流、服务业的配套发展，市场体系和城市功能应运而生，小有名气的漆园城就这样诞生了，并粗具规模。后来，由于气候的变化，黄河的改道，濮水、济水逐渐断流，漆树的存活量逐年降低，生漆原料逐年减少，各类加工业也随之萧条，漆园城往日的繁荣渐渐消退，城市规模也步步萎缩，到金元时期就成了一个漆园村。明清时期，这个漆园村又分成了裕州屯、岳蒋庄、王官屯三个自然村。

唐朝的《括地志辑校》记载："漆园故城在曹州冤句县北十七里，庄周为漆园吏，即此。"宋朝的《太平寰宇记》"冤句县"条下载："漆园城在县北五十里，庄周为吏之所，旧置监，今漆园城北有庄周钓台。"明朝正德年间《大名府志》记载："漆园城在旧县（指东明县，治在今东明集北）东北二十里，今名漆园村，有庄周庙，以其尝吏于此也。"这些都证明了漆园城的真实存在和兴衰历史，至今庄子观、逍遥园、登云桥遗址仍清晰可指。

漆园的面积有多大，目前没有确切的说法，但从已出土的带有"漆园"字样的几十块石碑中可以看出，南到今小井乡裴子岩村，北到菜园集镇的庄寨村，东到陆圈镇的五霸岗，西到县城西南，都是漆园的所属范围，总面积约占全县面积的近二分之一。封建社会的文人墨客常常把"漆园"当成了东明的代名词，像"齐鲁"就是指代山东一样，"漆园"即是指代东明了。

二、庄周漆园为吏的逸闻

相传，庄周二十多岁时与一名叫曹蝶的女子结了婚，一年后生了个儿子，取名叫庄遍，没几年又生了个儿子，取名叫庄咸。这时，庄周的父母已双亡，与哥嫂分家生活。不擅种地的他，对田地照料不周，致使耕地荒芜，收成无几，家里常常处于断炊挨饿的境地。庄周看着饿得嗷嗷直哭的儿子，心里很不是滋味。他思来想去，为了养家糊口，决定去谋个差事做，于是就向好友惠施求助。惠施根据庄周的意愿，很快把他安排在蒙漆园做了一名漆园吏。

漆园吏是个不在品的小官员，只是个负责管理漆园事务的小吏，相当于现在的林场场长之类。庄周为吏的这个漆园位于宋、魏交界处的煮枣（古邑名，战国魏地。在今山东省东明县南东明集北。公元前312年齐、宋围魏煮枣，即此）城东北数十里（今东明县裕州屯村一带），此地属于蒙，原是宋国最大的国家漆园，后来被魏国夺了去，自然也就成为魏国的漆园了。漆园里的工作主要是刮开漆树的皮，用木桶去接流出来的漆汁，再去进行加工。加工后的成品漆，主要供应宫廷，用来涂饰各种器物，多余的漆再拿到市场上出售。在漆园里做工的工人，大多数是世代为奴的奴隶，还有一些是被发配到这里的做无偿劳动的罪犯和战俘。他们看见新上任的漆园吏手里没拿鞭子，而且也没有过去的漆园吏凶狠样，倒是有些奇怪。

这天，庄周到漆园里转悠，他走到哪里，哪里的工人们就不说话了，都低下头一声不吭地干活。他走到一个步履蹒跚、满头白发的老者面前，和蔼地说："老人家，您在这里干多长时间了？"老者说："我也不知道。自从我懂事，就跟着父亲在这里干活了。"庄周说："噢，那您可是制漆老手了。"老者说："不敢，不敢。"说着便提着漆桶到另一棵树前去了。庄周跟随而来，对他说："老人家，您也该歇着了，这么大岁数了，干这么重的活，这满满的一桶漆，能提得动吗？"老者看了庄周一眼，说："我生来就是干活的，干到两腿一蹬、两眼一闭的那一天，就算完事了。"庄周握住老者的手说："从明天开始，你就到吏所里来，负责收集生漆，再也不用到这里干活了。"老者似乎不相信自己的耳朵，不知怎么回答才好。庄周又说："真的，我不会骗您。"老者"扑通"一下跪在庄周面前，老泪横流，泣不成声。旁边的工人也都围了过来，愣愣地看着这个场面。庄周扶起老者，对大家说："大伙听着，我庄周也是穷苦人家出身。我到这里来，不是来欺压你们的，也是为了养家糊口。我们大家都是为了生活，你们不要把我当成官来看待，有什么事尽管开口。”工人们看着庄周，都默默地流下了泪，异口同声地说：“你可真是一个好官啊！”从此，漆园里再也没有发生过怠工或逃亡的现象。加上庄周不断改善工人的伙食，修缮工人的房舍，工人的干活热情都很高涨。

庄周一晃为吏四年了，工作顺利，衣食无忧，其间收了一个徒弟，名字叫蔺且，还交了一个工匠朋友名字叫梓庆。宋君剔成二十七年（前329）的一天，宋国突然发生政变，公子偃驱兄自立，登上了国君宝座，四处征战，国内物资消耗巨大，特别是作为战略物资的生漆，就想把失去的蒙漆园重新夺回来。庄周得到这一消息，心想，我不能为了一点小小的利益而忘记了自己的生命安全。于是辞掉漆园吏一职，带妻儿和徒弟蔺且，隐居到附近的南华山而去。

三、宛句的来历

据传，庄周曾在蒙漆园（今东明县裕州屯村一带）当了几年的漆园吏。当时东明这一带种植漆树，生产的生漆和漆制品质量上乘，是为贡品。这里原是属于曹国的漆园，生产生漆和漆制品。曹国被宋国吞并后漆园就是宋国的了，后来宋国衰弱了，漆园又被魏国侵占了去。当时魏国的相国是惠施，庄周想去看望一下老同学惠施，也顺便谋个吃饭的差事做。庄周看到魏国占领蒙地漆园不久，还缺人手管理，觉得蒙漆园离家比较近，又与政事几乎不搭界，比较适宜自己，于是就来到了魏国都城大梁（今河南省开封市）。但有好事者告诉惠施，庄周此来是取代他相位的。惠施知道庄周的能力在自己之上，就生怕庄周真会取代他，便在大梁城中搜捕庄周，阻止他见到魏王。庄周听说此事后，主动来到惠施的相府，对惠施说：“我看你的相位就像鹓雏看臭死老鼠一样。”当惠施了解到庄周并无意当官，只是想有一个养家糊口的饭碗罢了。惠施很是羞愧，就将蒙漆园交给庄周管理，漆园吏是一个品位最低的官员，这事也用不着向魏王报告，就让庄周上任了。庄周做了漆园吏后，将蒙漆园改为鹓雏漆园，寓意自己是一只高洁的凤凰，漆园只不过是凤凰暂时栖息的梧桐树。后来这里就叫鹓雏了，时间长了逐渐演化成了宛朐或冤句了。

到了汉代，这里设置了宛朐县，又称宛句县或冤句县。冤句县治，因水患几次迁徙，但都在东明县境内。后来东昏县遭受地震和水患，县城夷为平地，人们称之为地陷东昏。东昏县北移至冤句县旧地，治所在今东明县东明集北。

四、庄周辞官

庄周所做的漆园吏不是个地方官，而是一个管理漆园的小吏，当时人们都叫他庄啬夫，后人称他为漆园吏。他下边还有丞、办等小吏，园子里有不少生产漆和漆制品的工匠，庄周就让他们自己选择能干的活，让所有的人各尽其才。在庄周管理漆园期间，出了许多能工巧匠，制出的漆和漆制品都称是上好的，当时远近闻名。但没过几年宋国兴兵打仗，往东打败了滕国，往北侵入了齐国薛邑，又接连西攻魏国，南夺楚国淮北之地，四面树敌。宋康王好大喜功，连年征战，国力消耗巨大，宋国人民负担越来越重，蒙漆园也就时刻处在危险之中，庄周觉得再干下去就会遭难，便主动辞职了。

第三节 庄周游历列国的传说

一、大梁投案会友

有一次，庄周去拜访在梁国为相的惠施。庄周来到魏都大梁，看到一群人围观墙上贴的一张告示。庄周一看，原来是一张通缉令，上面写着：庄周图谋不轨，凡捉拿到案送交相府者，赏银五十两。下面还盖着相府的大印。庄周看了十分纳闷，要说是真的吧，自己的好朋友怎会无故加害？要说是假的吧，上面还盖着相府的大印呢！这时庄周想起了自己和惠施在学校的一件事：有一天，惠施被几个狂学生围在当中，你推我搡。庄周走向前去，照着惠施前胸就是两拳，边打边大声说：“这个孩子让我教训教训。”说着便拉住惠施，怒冲冲地往外走，一边走一边喊：“到没人的地方我揍死你！”那几个狂学生信以为真，就没有追赶而散去了。庄周想到这里，觉得惠施一定是学会了自己的法子。于是决定到相府投案自首,看看惠施到底要的什么花招。

这时一个小孩，走到庄周跟前，求庄周施舍。庄周见小孩面黄肌瘦，破衣烂衫，一问得知小孩刚死了父亲，因无钱尚未下葬，于是十分同情，摸摸身上已无分文，便说：“我给你五十两银子，跟着我到相府去取吧！”说着拉着小孩就走。

到了相府门口，庄周对小孩说：“你去给把门的说，捉到了庄周，前来领赏。”小孩疑惑不解地说：“庄周在哪里？”庄周说：“我就是庄周，只要你去说了那句话，赏银就是你的了。”小孩又问：“那你为什么不领赏呢？”庄周说：“相国是我的朋友，我要钱做什么，你快去说吧！”小孩照着庄周的话说了一遍，看门的叫小孩把庄周带过来。这时庄周走过来说：“我就是庄周，请你们的相爷来验认。”看门的不敢怠慢，赶紧跑进去禀报。惠施听说庄周就在府门前，连忙出来，见了庄周忙说：“庄老弟啊，让你受委屈了。”庄周说：“甭假仁假义，快拿赏银交给捉我的这个小孩。”小孩这才明白，他向庄周笑着点了点头，连声说：“您真是个大好人。”庄周和惠施看着领了赏的小孩，不约而同地笑了。这个小孩叫蔺且，后来成了庄周的弟子。

蔺且走后，惠施拉着庄周的手，进了相府的大堂，没等惠施开口，庄周就说：“我在南方见到一种鸟，它的名字叫鹓雏，鹓雏从南海飞向北海，一路上非梧桐树不栖，非竹子的果实不食，不是甘醴的泉水不饮，因为它怕别的东西玷污了它的身体。有一天，一只猫头鹰寻觅到一只发臭的死耗子，正打算躲在静处啖食，忽然发现从南方飞来的鹓雏，那个猫头鹰惊慌失措，以为鹓雏要夺它的死耗子,便怒视着鹓雏,口里嚷道:走开,甭来抢我的死老鼠！”

惠施听完朗声大笑，说：“我也不是猫头鹰，也不怕你来吃耗子。”接着他告诉庄周：缉拿你正是为了你的安全。原来惠施在魏国有个政敌，这个人听说庄周来到魏国，他怕庄周帮助惠施，就散布谣言说，庄周来到魏国要谋夺相位，想以此来挑拨惠施和庄周的关系。惠施深知此人狡诈，恐怕庄周落入政敌之手，也深知庄周信赖自己，便想出这个法子。

两位是朋友，胸怀坦荡，相互信任，哪里还须解释。于是惠施摆下酒宴盛情款待庄周，并和庄周抵足而卧，彻夜长谈。

二、鲁国戏假儒

庄周要离开魏国漫游，正巧魏国有一个使团到鲁国、赵国去进行外交活动，惠施便让庄周随同使团去了。

庄周随魏国使团到达鲁国。鲁侯听说随魏国使团来了一位大学问家庄周，便想通过笼络庄周以钓取美名。于是，他亲自到馆驿看望庄周，一见面就说庄周的学问比老子大，见识比孔子高，自己非常佩服。接着又吹嘘自己，说自己从小学会了仁义礼智信的圣人之道,后来继承了先君遗业,更加尊重贤能,提倡儒学，全国的儒士成千上万，真正成为礼仪之邦。

庄周一听就知道鲁侯是一个沽名钓誉的人，便顺着鲁侯说："我一进鲁国就听说这里的儒士衣帽讲究，言行都彬彬有礼，明天我想到曲阜大街上看一看，拜访一下你们的儒士。"鲁侯一听庄周这样夸奖鲁国，高兴得不得了，便告别庄周回宫了。

次日，庄周来到曲阜大街上，一看果然有许多人穿着儒士服装，招摇过市。庄周知道鲁国有个规定：懂得天时的儒者，可以戴圆冠；懂得地理的儒者，可以着方履；遇事能够决断的儒者，可以戴用五色丝带系佩的玉玦。这时正巧迎面来了一个头戴圆冠的儒士，庄周打了一个问讯，说："先生，我看您是一位通晓天文的儒士吧？"那个人高傲地仰视着天说："是的，凡是天上的我无所不晓。"庄周说："我想请教几个问题：天有多高？银河里的星星都叫什么名字？为啥天天日出又日落？"那个儒士慢慢地低下了头，看着自己的脚尖，停了好一会儿，才挠着头说："天高无法量，我不知其数；银河里的星数如同百姓，我不知其名；日出日落天天见，我不知其理。"庄周说："你一不知天数，二不知天象，三不知天理，怎能叫通晓天文呢？不通天文，你又怎么能戴圆冠呢？我看你还是把它摘了吧。”这个儒士乖乖地摘下圆冠，夹在腋下，灰溜溜地走开了。

庄周又往前走，一个穿方履的人摇摇摆摆地走过来。庄周迎上前去也打了个问讯，说：“先生，您一定知晓地理吧？”那人说：“是的，天下大地，诸侯领土，个人私田我无所不晓；山川河流，地形地貌，城邑村庄我也样样知道。”庄周说：“那好，我有几个问题不明白，想请教您。”那人伸出拇指说：“有问必答。”庄周问：“大地是什么形状？”“方的。”“为什么？”“因为天圆地方。”庄周笑了笑又问：“既然天是圆的，你看天扣着地，严丝合缝，不证明它是圆的吗？”那人嘟嘟囔囔答不上来，庄周见他答不上来，便说：“大地是圆是方且不说，我想问一问它的边在哪里？”“在大海。”“大海外边还有吗？”“当然有。”庄周说：“边外有海，海外有边，到边在哪里？”那人难为得直咧嘴。庄周见他答不上来，就说：“鲁国你知道吧！它与齐的国界究竟在哪里？”那人说：“弱肉强食，齐国得寸进尺，天天蚕食，哪里能定下边界。”庄周说：“你脚下踩着的地方是谁家的？”那人说：“张三的。”赶巧李四走来说：“昨天这块地已经卖给我了。”庄周笑着对那人说：“你大不知大地，中不知国土，小不知田宅，怎能自夸通晓地理，快把你的方履脱掉吧。”那人无奈何地脱了方履，提在手中光着脚，耷拉着脑袋走开了。

庄周继续往前走，看到一个腰间挂着玉玦的人趾高气扬地走过来。庄周迎上去打了一个问讯，说：“先生，我有几个难题，求您给想个办法。”那人大言不惭地说：“甭说几个难题，就是一百个，也难不住我，你说吧！”庄周编排说：“我有一个朋友，他是地方上的一个官吏，结婚那天正赶上国王选美，拜完花堂妻子还没入洞房就被选美的选中了，你说他是让妻子去还是不去呢？”那人想了想说：“让他的妻子去吧，以尽臣子之忠。”庄周说：“去了，他的老母亲就会气死。”那人说：“不去，以尽人子之孝。”庄周说：“国王的花轿已停在门前了。”那人说：“去吧，以尽君臣之礼。”庄周说：“他的妻子向往名节要自杀呢？”那人说：“不去，以尽夫妻之情。”庄周说：

“国王不准呢？”那人唉了一声说：“这个事太难了，尽忠不能尽孝，尽孝不能尽礼，尽礼不能尽情，让我没法去断。你再说一个难题吧。”庄周说：“那好，我就另说一个：一个老汉有三个儿子，他们父子四人各有一匹马。老汉临死时，当着三个儿子的面对老伴说：‘我死后你要认真组织三个儿子赛马，谁的马跑得慢，就将我的马给那个儿子。’老汉死后，老伴按照老汉的遗嘱，在一个打麦场上画出跑道，让三个儿子各自跨上自己的马进行比赛。三个儿子都想得到父亲的马，都紧勒缰绳不让自己的马跑，你看怎么办？”那人听了抓耳挠腮想不出法子，就埋怨起老汉来：“比马哪有比慢的道理，这样怎能比出慢马来。”庄周说：“其实他的老伴倒是想了一个法子，还真灵，三个儿子扬鞭策马跑完了全程，还真是比出了慢马来。”那人忙问：“她用的什么法子？”庄周说：“互易其马。”那人一听后悔极了，怎么自己还不如一个老太婆呢？这时庄周摸了一下那人的玉玦说：“先生，我还有两件事求您决断。”那人一听，慌忙摆手说：“甭说了，甭说了。”说着把玉玦偷偷地摘了下来，藏在怀中，活像一个丧家之犬，慌慌张张地溜走了。

隔了一天，鲁侯又来拜会庄周。一见面就先声夺人地说：“这次让你大开眼界了吧，我的鲁国凡是读书人都以儒为业，普天下的诸侯国都没有鲁国的儒士多！”庄周说：“你国内穿儒服的人很多，但很少有学孔夫子道术的，所以说鲁国的儒士很少。”鲁侯说：“全鲁国都穿着儒士的服装，怎么说儒士少呢？”庄周说：“真正有道术的，未必穿儒服；那些穿儒服的，未必是真正的儒士。你如果不相信，不妨检验一下便知。”鲁侯问：“怎样个检验法。”庄周说：“很简单，只要您发布一条号令，申明凡是身着儒服而不知儒术者处死，这样就行了。”于是鲁侯号令于国中说：“无此道而为此服者，其罪死！”结果号令一出，举国震惊。原来穿儒服的个个心惊胆战、人人自危，纷纷摘圆冠，脱方履，藏玉玦，不到一天光景，曲阜大街上穿儒服的少了一半。第二天，曲阜城内，穿儒服的人十剩其一；第三天，曲阜城内，穿儒服的人屈指可数；第四天，曲阜大街上，竟见不到一个穿儒服的人了；第五天，鲁侯派下去的公差报告说，整个鲁国都没有发现一个穿儒服的人。

鲁侯听了，很是沮丧，他哭丧着脸对庄周说："难道全国没有一个真正的儒士吗？"庄周说："真正的儒士并不炫耀自己，您现在查一下，不管在哪里，只要他穿着儒服，一定是真正的儒士。"鲁侯又照着庄周的办法，在全国进行普查，终于在朝门下发现一个男子穿着儒服站立在那里。鲁侯立刻召见他，问道："你知道寡人关于儒服的新诏令吗？"儒服男子说："知道。以前，国中无论什么人都穿儒服的时候，我并不穿儒服；现在国中无人敢穿儒服了，我就特意穿上了儒服。"鲁侯问："那么说，你是一个真正的儒士啦？"儒服男子说："当然！"鲁侯听了很是高兴，接连询问国事，儒服男子千变万化应对如流。鲁侯笑着对庄周说："看来鲁国儒士还是不少啊！"庄周说："全鲁国只发现一个儒士，能叫多吗？"

据传说，庄周此去鲁国是为了拜访孟轲，想通过鲁侯发布号令的方式找到他，但见到的一位真正儒士并不是孟轲本人，而是孟轲的弟子，所以庄周与孟轲终无缘相见交流。于是庄子、孟子虽然生活于同时期，"何不一相遇？又不闻相道及，如何？"成了庄学研究的一大谜题。

三、痛吊惠子墓

一天，庄周和弟子蔺且为一位朋友送葬，路过惠施的坟墓。

惠施的坟墓在卫国帝丘之阳（今河南省滑县七里营镇冢上村），坟上的草已经长一尺多高了，在微风的吹动下轻轻地摇摆。也许，这些小草就是惠施的躯体变化而成的，要不然，为什么庄周看见它们，眼前就浮现出惠施那谈笑风生、口若悬河的面庞呢？

庄周在墓前上了香，默哀了许久许久，一幕幕地回忆着他们共同度过的时光。蔺且忍不住地心痛，问道："先生，自从惠施先生仙逝之后，您几乎不开口说话了，这是为什么？"庄周叹了一口气，给蔺且讲了一个"运斤成风"的故事后，他说："匠石有很高的技艺，但必须有他的好朋友郢都人密切配合，郢都人死了，匠石就再也无法表演这种技艺了。自从惠公死后，我言谈的对象就没了，我何须开口。知音已死，鼓琴何用！”

庄周凭吊过惠施墓之后，回到家里便大病了一场，卧床了许久。

第四节　庄周南华山著书授徒的传说

一、南华山、宛句县、五霸岗的由来

据传说，过去在曹州、东明一带有济水、濮水，还有漆水，经常泛滥成灾，房子冲塌，牛羊冲跑，庄稼淹死，老百姓叫苦连天。这件事惊动了玉皇大帝，玉皇大帝便下令，让山神在这个地方起几座山挡住洪水，保一方百姓。

谁知这个消息被一个仙人得知了，他无意间泄了密，老虎知道了便跑到一处起山的地方，准备占山为王；一条龙知道了，也跑到了一处要起山的地方占地盘；一只凤凰知道了，也先到一个起山处占地盘。

山神布置起山，一看下面怎么虎、龙、凤都提前来了。于是报告玉皇大帝说不起山了。老虎在那里等几天，不见起山，饿死在那里了，人们就叫这个地方为饿虎牢；现在还有一个七亩岭、八亩台，在现在的通古集。龙占的地方没有起山，但起了一个崮堆，人们叫它龙山；后来成了一个集镇，就是现在的东明县大屯乡的龙山集。凤凰见没有起来山就飞走了，留下一个小凤凰，就叫鹓鸰；在秦朝的时候，这块地方立县叫宛句县。

中间还有五百个岗子也没有起来山，叫五佰岗。后来，因齐桓公曾在此会诸侯，所以又叫五霸岗（现东明县陆圈镇五霸岗村）。北边也起了一个崮堆，因为在南华沙沟的北面，就叫南华山。庄子退隐后，就来到了北有濮水、南有漆水的南华山上，搭建了草房就隐居下来。

二、庄周拒聘

据说，庄周辞去漆园吏后，就隐居在濮水岸边的南华山上写书，写累了

就下山到濮水边上去钓鱼，冬去春来，年年如此。

楚威王听说庄周是个贤能的人，就想请庄周出山，到楚国辅佐他治理国家。于是就派两位使臣，带着重金聘礼，不远千里，来到濮水岸边寻找庄周。一日，两位使臣在濮水南岸的一个钓台上找到了庄周。只见庄周身穿粗布衣衫，头戴一顶旧草帽，静静地坐在钓台上钓鱼，两只眼睛出神地看着水面上的鱼浮，等待鱼儿上钩。两位使臣轻轻地走到庄周身边，小声对他说："我们王上早就听说您才华出众，想聘请您到我们楚国做相国，协助王上管理国家大事，有劳您受累了。"

庄周听见只当没听见，他手握鱼竿，眼盯鱼浮，吭也不吭一声。两位使臣耐心地等了好大一会儿，不见庄周转脸答话，便又将来意说了一遍。这时正巧，庄周从河里钓上来一只可爱的小乌龟。他看着小乌龟，慢声慢语地对两位使臣说："我听说楚国有一只大神龟，已经死了三千多年了，你们楚王把它装在一只竹箱子里，还用丝巾盖着它，放在宗庙里面供奉着它，有这回事吗？"

两位使臣忙说："有！有！"庄周这才转过身来，将小乌龟放到河边的泥水里说："请问二位使者，那只神龟是宁愿死去留下骨壳显示尊贵呢，还是宁愿活着像这只小乌龟一样，拖着尾巴在泥水里爬呢？"

两位使臣一时不明白庄子的用意，随口回答说："当然是宁愿活着拖着尾巴在泥水里爬了。"庄子一听，连声大笑起来，他指着在泥水中爬行的小乌龟说："你们两个赶快回去吧！回去转告楚王，就说我庄周宁愿像这只小乌龟一样在泥水里拖着尾巴爬，也不愿意让人将骨壳供奉在庙堂上显示自己的尊贵。"两位使臣这才明白了庄周的意思，立刻把聘金捧到庄周面前说："这是我们楚王送给你的重金聘礼，许你为相，您总该前去赴任了吧？"

庄周看也没看，回答说："千金，重利也；相国，位尊也。这些对我来说没什么意义，你们还是赶快回去吧！"两位使臣见庄周主意坚决，只好扫兴而回。

三、庄周骂曹商

有个宋国人名叫曹商，小时候曾经和庄周一起读过书，但学习成绩一直不如庄周，始终耿耿于怀。一个偶然的机会，宋王给了他几辆马车，代表宋国出使到秦国。曹商驾着马车来到了秦国，便有意讨好秦王，秦王很高兴，就赏给他一百辆车子。曹商一下子得到了这么多车子，十分得意。

曹商在返回宋国的途中，特意绕道庄周隐居的南华山炫耀。他见到庄周，高傲地说："你居住在穷闾陋巷，住着漏雨的茅草屋，穿着破旧的衣服，家境困窘，靠编草鞋为生，饿得脖子又细又长，脸色发黄，那我是不会有的；我为宋王出使秦国，说服万乘之主，一下子就得到了一百多辆车子，这是我曹商的长处啊！"说完他得意地大笑起来。

庄周最看不起这种得志便猖狂的小人，便笑着说道："你确实是比我有本事。我听说秦王有痔疮病，请了许多人为他医治，可是一直没治好，秦王就下了一条赏令：能为他挤脓疮，挑粉刺的赏马车一辆；能用舌头给他吸吮痔疮脓血的，赏赐马车五辆。所医治的病越下贱肮脏，得到的赏车也就越多。你现在得到秦王这么多赏车，莫非你是给秦王舔痔疮了吧！要不然怎么会得到这么多的马车呢？"

曹商被庄周嘲笑了一番，脸一阵红一阵白，灰溜溜地走了。

后来"舔痔"二字也成为因谀上而得贵的无耻之徒的绝妙画像。今东明一带常常把好巴结人的人称为"老舔"或"老舔货"，就是源自这个传说故事。

四、"放生鱼"与"弃相位"

庄周与惠施是推心置腹的好朋友，虽然两人辩论了一辈子，但在关键时刻还是两肋插刀、真诚相助的。

有一天，惠施独坐官邸，心潮翻滚，很不平静。心想，本人自从出任魏相后，惠王信任，言听计从，民富国强，边疆稳定，觉得这是自己努力奋斗的结果，是在仕途上取得的巨大成功。但是，自从张仪入仕魏国，运用诡计把自己逐出魏国，撵到了楚国，楚国又像踢皮球一样，踢到了宋国，在宋国又遭到冷遇和慢待，心里苦闷极了。于是，就想找好友庄周吐吐自己的苦衷。

这天，庄周正在濮水边的鱼窝钓台钓鱼。惠施见到庄周后唉声叹气，情绪糟糕极了。鱼窝里鱼群熙熙攘攘，却怎么也使他高兴不起来。庄周愕然了，问："惠兄，今天怎么这样啊？"惠施把自己的遭遇诉说了一遍，伤心地说："我惠施在魏国苦心经营了十多年，如今不仅功名尽弃，还成了丧家之犬。"说着说着声音嘶哑，竟流下泪来。

庄周毕竟是庄周，他不仅没有陪着惠施伤心，反而哈哈大笑起来，说："惠兄，你也真够气量狭小的。古代圣贤连天下都辞而不为，你失掉一个小小的相位就如此伤心吗？"惠施说："魏国可凝聚着我半生的心血啊！"庄周一脸不屑地说："当初，你的心血就不该耗费在那儿！"说到这里，惠施有点后悔了，认为自己不该在庄周面前失态。庄周视天下为弹丸，视官位如腐鼠，可我怎么就无法放得下呢？庄周接着戳他的痛处，说："我当年就对你说过，你到头来除落个满头白发，什么也不会得到。事实证明，你斗不过那些人，你不得不认输啊！"庄周看着惠施依然笑着说。惠施激昂地说："只要一息尚存，我就与他们斗到底！"

庄周一看惠施还如此激动亢奋，知道他并没有真正从梦中醒过来，还在追求那些不切实际的幻想，但眼下不能让他太悲伤了。于是对惠施说："到家中再谈吧！"说着便收拾鱼竿，惠施急忙过来帮忙。他端起庄周盛鱼的瓦盆，确实挺沉重的，忙叫人来帮忙。庄周走过来，说："惠兄，不用了，要不了这么多鱼。"说着捞出几条较大的鱼，然后端起瓦盆连水带鱼全部倒入河中，说道："够今天吃的就行，何必多求！"水面上溅起涟漪，鱼儿飞快地钻入河底，跑得无影无踪。

聪明的惠施马上领会了庄周的用意，心想原来他还是在开导我啊！还在想方设法让我减轻思想负担啊！他十分激动地说："庄兄真是用心良苦啊！"

庄周说：“用口舌说服不了你，也只能如此了。”惠施说：“我真是惭愧。像你这样穷居山野，尚能弃多余之鱼，而我身为卿大夫，却念念不忘旧日之功，惭愧！惭愧！”庄周说：“我盼惠兄能忘我忘物、忘是忘非，轻轻松松地与天地精神合为一体。”惠施顿觉轻松，连声称谢，随庄周愉快地回家喝酒去了。

五、一根鱼竿和一条鱼

从前，有两个非常饥饿的人，来到了濮水河边，看见一位老者正在钓鱼，这个老者就是庄周。庄周看见他俩就说：“我这里有一根鱼竿和一条鱼，你们两个每人选一样吧！”其中一个要了一条鱼，另一个人要了一根鱼竿，于是他们俩就分别走了。得到鱼的那个人就地用干柴把鱼烤了，狼吞虎咽地还没品出鱼的味道就吃了个精光，不久，他就饿死了。另一个得到鱼竿的人，忍饥挨饿地一步一步地向海边走去，没等走到海边，也饿死了。

又有两个非常饥饿的人，庄周同样对他们说：“我这里有一根鱼竿和一条鱼，你们两个每人选一样吧！”同样，一个人选了鱼，一个人选了鱼竿，只是他们俩没有各走各的，而是共同吃了那条鱼，商量着一起去寻找大海，他们走了很久很久，来到了海边，从此他俩开始了捕鱼的生活。几年以后，他们盖起了房子，都有了各自的家，过上了幸福的生活。后来，庄周用这个故事教育他的弟子说：一个人只顾眼前利益，得到的是很短的欢喜。一个人有高远的目标，但也要面对现实。只有把目标和现实结合起来，才有可能成功。

第五节　庄子观的传说

一、庄子观的修建

自远古时期，黄河流域的人们就有了“敬天法祖”的观念。祖，生前是人，死后是鬼，其中的杰出者死后就敬为“神仙”。庄周就是这样的人。庄子观就是庄周死后接受祭祀的地方。

相传，庄周去世不久，他的学生和子孙们十分怀念他，便在他住居的庄寨村内盖了“家庙”，供奉庄周的灵位，每年的春秋两季举行祭祀活动。汉代以后，“家庙”改称为“庄子祠堂”，移建到庄周墓前。唐贞观二年（628），又改称“南华庄子观”。南华观背倚南华山，面临漆水河，过了登云桥一条大道直通庄寨村内。这里松柏常青，环境幽静，四季花开，流水潺潺，风景很好。

庄子观由“家庙”到“祠堂”，已有两千年多年的历史。它像一位饱经风霜的老人，目睹了时代的变迁，经历了无数次的河患与战乱，时存时毁，屡毁屡修，有文字记载的重建与维修不下数十次。在庄氏族人的心目中，庄子观地位崇高，庄周老爷神圣高大，观内的一草一木都有灵气，只能修缮，不能损坏，谁若损害，必遭报应。

传说，一次修缮庄子观时，一位在观上干活的庄氏族人不慎把两颗钉子带回了家，也没有再带回观去。庄子观维修好后，这个人得了个头痛病，天天精神恍惚，心神不宁，白天没法干活，夜间不能睡觉。找几个先生看病，都说他身上没病，不给开药，但他的头痛症状却一天比一天厉害。这天，他老婆给他洗衣服，从衣兜里掏出两颗铁钉子，问她丈夫说：“你衣袋里的两颗钉子哪来的，是不是庙上的？”这一问，他恍然大悟，于是拿到那两颗钉子，跑到庄子观内烧香，上供，还钉，许愿。不久，头痛不知不觉地好了。

这件事在村内传开了，都说：庙上的东西不能动，谁动谁得头痛病。从此，庙上不管工程有多大，时间有多长，建筑材料从没发生过丢失现象。所以，现在观内还存着唐宋时期的石头构件、明清时期的砖瓦梁檩，就连半拉头的石狮和各类旧物件，都完好无缺地放在那里。

二、庄子塑像的由来

相传，江西进士杨日升自诩是庄子后身，清康熙七年（1668）任东明知县。他翻阅《东明县志》后，知道这儿是漆园旧地，庄周故里，随即带人寻访漆园、逍遥园、庄子墓等遗迹。

一日，杨日升在县城东北十八里处见一古丘，大数亩，高数丈，旁有一座道观，附近居民自称都是庄子的后裔，方知这里便是庄子墓。他走近墓前，看见庄子观颓废不堪，一片狼藉。于是决定重修庄子墓，重建庄子观，重塑庄子像，春秋设祭。施工时为庄子塑像一事难坏了塑像工，他们不知道庄子是什么模样。正在左右为难之时，在庄子墓前为庄子观挖墙基的工人挖出一块瓦当，上面有庄子像。此像头挽发髻，髻带飘动，慈颜慧目，和颜悦色，身穿道袍，正襟危坐，俨然一幅仙人之相。人们都惊骇不已，皆呼庄子果然神奇也。塑工照此像塑出，众人皆心悦诚服。这一惊世骇俗之事被记入了乾隆版《东明县志》，并在东明广为流传。

1925 年，黄河暴发洪水，庄子观又一次被洪水淹没，塑像被毁，需要灾后重建重塑。主持修建工作的庄传道认为，已经民国了，不宜再用发髻了。庄子既然是道家鼻祖，就应改为道冠帽。这样，戴道冠帽的庄子像一直沿用至 2000 年以后。2009 年重建庄子观时，为严肃庄子像的制作，县人大庄富阁主任组织有关人员，反复论证，认真筛选，终于还原了庄子的本来面目，并由北京电影学院副教授、东明籍姑娘王琪来完成铜像的设计制作工作。在大家的共同努力下，庄子铜像制作获得了令人满意的效果。

三、幸存的免差徭碑

20 世纪 50 年代以来，庄子观遭受了三次人为的大破坏。一是解放初期的破除迷信运动，把庄子观内的牌匾全部改成了学校的课桌；二是 1958 年“大跃进”运动中兴修水利时把几十通古碑打碎烧成了石灰；三是庄子观大厅在“文化大革命”中被拆除。

第三次拆除庄子观大厅是红卫兵的决定。头一天夜里，庄氏族人像往次一样，怀着沉痛的心情，在观中给老爷爷烧香、磕头、祷告，诉说了心中的痛苦、惋惜和无奈。第二天红卫兵们打着红旗，喊着口号，真的来破“四旧”了。他们上房的上房，揭瓦的揭瓦，院内一片混乱。村民庄著俭、庄合道等人迎向前去说："拆房危险性大，弄不好会砸伤人，尤其这老旧房子说塌就塌，砸伤人您也不好交代，不如您回去，拆房我们干，明天来验收就可以了，您看如何？"红卫兵们同意回去了。他们走远了，村民们小心翼翼地把砖瓦梁檩拆下来，放稳妥，保存好。当拆到大厅的夹墙时，意外地发现夹层中有一块完好的石碑，抬出来一看，碑文是"庄、刘二村奉祀先贤庄子例应优免差徭碑。乾隆五十五年仲秋谷旦。"大家一阵唏嘘，这原来就是传说的清朝大名府正堂王大老爷批示的免差徭碑呀！它就是这样躲过1958年烧石灰的呀！庄著俭、庄合道等人没敢吭声，会心地一笑，又悄悄地把免差徭碑埋藏在庄子观废墟的地槽里。

"文化大革命"过后，庄氏族人又把免差徭碑挖掘出来，成为庄子观仅存的完整的珍贵文物。原件现保存在东明县文化馆内，现在庄子观内的免差徭碑是复制件。

四、石狮子半拉头

原庄子观前有一对威武的石狮子，但左边的一尊石狮子却只有半拉头。

相传，庄子观前左侧的一尊石狮子吸日月之精华，受庄子观之灵气，日久成精，会吐元宝。这个秘密后来被一南方人（当时人们称之为"南蛮子"）发现，于每年的大年初一五更都捡回一块元宝。后来这位"南蛮子"老了，不能来了，就把秘密传给了他的儿子。这一年的大年初一，他的儿子发财心切，不到五更就早早地起来，正赶上石狮子往外吐元宝。一块金光灿灿的元宝刚露出喉咙，这位"小蛮子"向前就抢，石狮急忙把元宝又咽了回去。"小蛮子"一看这情景，气急败坏，一时性起，一刀劈去，把石狮子的头齐刷刷地劈下半拉。从此这尊石狮子就只剩下半拉头了，再也不能吐元宝了。

关于庄子观石狮半拉头的传说，还有另外一个版本。

从前，在庄寨的邻邦村，住着兄弟俩，老大娶了媳妇，老二还没成人（没结婚的青年男女，当地俗称没成人）。老大媳妇嫌公公、婆婆年纪大，老二年纪小，光吃饭不能干活，就闹着要分家。分家以后，老大家没有恁些负担了，日子过得比较富裕，老二却只好靠要饭来养活老爹老娘。

有一天，老二出门要饭，突然下起了大雨。老二跑到庄子观门下躲雨，可是，他篮子里还没要到一点饭，雨又一个劲地下个不停，急得他直哭，边哭边说："老天爷你别下啦，俺爹俺娘都快饿死啦。"他哭着说着，庄子观前面的石狮子睁开了眼，看见老二又穷，心眼又好，就从嘴里往老二篮子里吐了两个金元宝。老二一看，高兴得不得了，以为是庄老仙显灵了，连忙对着庄子观磕了几个头，拾起元宝去买了米买了面。从此以后，老二和父母再也不用为吃穿发愁了。这个事叫老大家知道了，感到很奇怪，就跑到老二家，问他是咋着发的财。老二到底年纪小，没几句话就把实情说出来了。

老大两口子回家后，天又阴了起来，眼看要下大雨，老大媳妇就叫老大赶快去庄子观。老大站在庄子观大门口念叨："老天爷别下来，俺爹俺娘快饿死啦。"念了好多遍，石狮子就是不吐元宝。老大急了，挽起袖子，拿起一个木棍子就别石狮子的嘴，就听见"嘎嘣"一声，石狮子的头被别下来半拉，飞出来的石子，崩瞎了老大一只眼。老大疼得龇牙咧嘴，捂着眼睛就往家里跑，再也不敢想着发横财了。

至今，庄子观门前的石狮子还是半拉头，那一带的人磕着碰着受了伤，都忌讳是"石子"（狮子的谐音）崩的这句话。

五、琉璃井和灵泉井

在庄子观东侧五十米处，有一口水井。在井旁曾立有高约一米五左右的石碑，石碑上刻有"灵泉"二字。石碑在 1958 年兴修水利时被打碎烧成了石灰，其碑座尚存，现保存在庄子观内。

"灵泉井"又叫"琉璃井"。传说是庄氏始祖庄周生前使用过的吃水井。相传井中曾出现一条黑龙，一翻身，井中起火，熊熊烈火，滚滚浓烟，一直烧了三天三夜，把原来的砖井烧成一个整体的琉璃井。人们怕再闹出什么动静，就用土把井填埋了。

清代康熙十二年（1673），东明知县令杨日升重修庄子观。工匠在取土的过程中，无意中把埋没已久的琉璃井又发掘了出来，经过淘洗，井深一丈有余，井水清冽异常，甘甜可口。人们用这口井的水，做米饭好喝，做豆腐多出豆腐，开粉坊多出粉面，周边村庄的人们争相前来取水。一位双目失明的老人用井水洗目，很快恢复了光明。知县杨日升欣然挥毫题“灵泉”二字，并撰写了碑文。可惜灵泉井在2005年黄河大堤淤背时，被埋在了大堤之下。

六、杨二修观得“三宝”

古时候，在东明有一户姓杨的人家，上一辈的老人都不在了，只有兄弟二人一起过日子。老大种地，还做点小买卖，老二是个读书人，由哥哥供应上学。后来老大结婚娶了媳妇，日子过久了，老大媳妇就对老大嘟囔开了：“咱们出力干活挣钱，老二怪得，清吃清喝，还要咱拿钱供他上学，这样不中，咱也得让老二出去挣钱去。”老大听媳妇的话，就逼着老二辍学了。

有一天，老大拿出一百两银子，对老二说：“老二，我给你一百两银子，你到外边去做点生意吧。”老二是个读书人，哪会做生意啊？出门就往北走，也不知道走了多长时间，只见前面有一条河挡住了去路，河边不远的地方，有一座道观，走近一看，是庄子观，眼看天都黑了，就只好在这里过夜啦。庄子观里住着一位道人，见老二远道而来，文绉绉的像个读书人，一问才知道是被哥嫂赶出来的，第一次出门做生意，赶了一天的路，连饭也没吃。道士便赶紧烧火做饭，吃完饭，老二看这庄子观十分破旧，便说：“这道观太破烂了，我这里有一百两银子，给你把道观修修吧。”

冬去春来，转眼一年快过去了，庄子观也修缮完毕，老二觉得自己该回家了。老二想想哥嫂给的一百两银子是叫他做生意的，如今把钱都修庄子观了，回家咋给哥嫂交代呀？想到这儿，老二伤心地哭起来。道士见了，就对他说：“你回去后，你哥嫂肯定要和你分家，分家的时候，你啥家产都别要，就要你庄西北的二亩盐碱地和你家没人穿的那一件破棉袄。另外你出了庄子观往东拐，庄东头有一个姑娘等着你，你别嫌她丑，就娶她当媳妇。”老二没办法，也只好如此。

就这样，老二领着媳妇回到了家里。哥嫂一见他这样，不但没赚到钱，领个媳妇回来又恁丑，都冲着老二直瞪眼。哥嫂便把舅舅请来，商量和老二分家。老二说：“家里的财产我啥也不要，就把咱庄西北的二亩盐碱地给我，再把咱家没人穿的那件破棉袄给我就中啦。”舅舅一听，觉得老二怪可怜的，就劝他还是再要点吧。老二还是不要。哥嫂二人嘟囔着说：“不要更好，就这样分家。”老二媳妇很贤惠，也没说啥。第二天一早，饭也没吃，老二领着媳妇、带着破棉袄就走了。在盐碱地的地头，搭了个草庵子，就和媳妇住下来。晚上，老二和媳妇一起坐在破棉袄上，说说笑笑，不一会儿，两口子就像睡在柔软的大床上一样甜甜地睡着了。第二天天一亮，两口子走出草庵子一看，二亩地里长出了厚厚一层白花花的盐碱。在古时，盐是紧俏物品，两口子一看，高兴坏啦。从此，老二夫妻俩做起了熬碱卖盐的生意。老二媳妇不分白天黑夜地刮碱熬盐，老二出门卖盐。两年以后，他们盖起了新房子，还买了地，雇了长工和短工，要啥有啥。又过了几年，他们有了孩子，孩子吃得又白又胖，小日子过得美滋滋的。这时候，老二才明白，庄子观的道士原来是南华老仙，他得到了仙人的帮助。

然而，周围地方却不是旱就是涝，老百姓缺少吃穿，老二就放粮救济穷人。有一天，他哥嫂领着一家老小，也来这里排队领粮。老二说：“大哥大嫂怎么混的，田地财产都归你们了，咋反而穷到这种地步。”哥嫂羞愧地低下了头，嫂子说：“别说了，他二叔，都怨我心眼不好。这就叫‘善有善报，恶有恶报’真是一点也不假。”老二也不忌恨哥嫂，反而尽力帮衬他们，弟兄俩又和睦如初。

后来，当地就有了这样的传说：杨二修观得“三宝”，丑妻、薄地、破棉袄。

第六节 庄周墓的传说

一、庄周的墓碑

据传说，庄子生前酷爱南华山，按照他的遗嘱，死后就把他安葬在南华山上。庄子墓的具体位置，在庄子观的北面。庄子墓前原来立有墓碑，正面碑文是："先贤庄周之墓。楚宣王壬子仲阳月阳至韩厘王乙亥。"背面碑文记载了庄子的生平事迹，因为字体较小，时代久远，风化严重，所以具体的内容已无从分辨了。

编者按语：楚宣王壬子仲阳，指庄周的出生年月；韩厘王乙亥，指庄周的去世时间。楚宣王（？—前 340），原名熊良夫，楚肃王之弟，公元前 369—前 340 年在位。楚宣王壬子年，即为公元前 369 年，仲阳指农历二月。韩厘（釐）王（？—前 273），姬姓，名咎，韩襄王之子，战国时期韩国国君，公元前 296—前 273 年在位。韩厘王乙亥年，为公元前 286 年碑文记载了庄子的生卒时间，这是该碑的重要学术价值。

二、浮墓的缘由

传说之一：

据传说，庄子逝世后，庄氏家人把他葬在南华山前。具体位置在庄子观的北面，黄河大堤之南，离大堤根五十米处。庄子墓地上，一年四季芳草青青，不管遇到多么干旱的天气，庄子墓上都是水浸浸的，并飘带有少量的油星。

相传，在黄河改道前的某一年，暴发了一场特大洪水，到处一片汪洋，许多村庄被淹没。庄寨村的所有村民都逃到了庄子墓上去避难。只见洪水汹涌澎湃，一阵紧似一阵。西面不远处有座著名的回日楼，眼睁睁地淹没在洪水里。而躲在庄子墓上的庄氏家人却安然无恙，只见水涨墓长，水落墓落，洪水始终淹没不了庄子墓。此后，人们便说庄子墓是座浮墓。

传说之二：

庄寨村和庄子墓都离黄河不远。在旧社会，黄河经常泛滥成灾，给村民的生命财产造成巨大损失。

有一次，黄河又暴发特大洪水，一人多高的水头从西边呼啸着直奔庄寨而来。村里人见状恐慌极了，乱作一团。这时，那个几亩地大、几丈高的庄子墓，像一艘巨大的方舟，展现在村民面前。全村男女老少哭喊着向庄子墓跑去。不一会儿墓上挤满了几百口人。一些老年人跪在墓上磕头祷告，乞求老爷爷保佑平安。这时，那汹涌的洪水一阵急似一阵地扑打着墓基，水位在不停地上涨。村西南不远处著名的回目楼，转眼间消失在洪水之中。正在这时，一个奇怪的现象发生了：田野里被洪水冲倒的大树一棵接一棵地冲到墓的周围，把庄子墓围了一层又一层，狂风巨浪没能触动庄子墓，墓周边的水位纹丝不动。过了三天三夜，黄河水渐渐退去。田野里落下了厚厚的一层淤泥，墓边扎下的水位标杆还是原样没动，几百名村民安然无恙。于是人们纷纷议论说："老爷墓是浮墓，水涨墓长，水落墓落。这次大难是老爷爷救了咱们。"

从此，庄子墓被人们认定为"浮墓"，成了庄寨村民逃水避难的场所。

三、出碗盘和金银马驹

据传说，过去庄子墓中能出盘子出碗，是专供人们办红白喜事用的。今天烧个香，明早就给准备好了。但是必须有借有还，即使你把盘子碗打破了，也要把破盘子、破碗送回原处，等下次再有人借时。被打破的盘子和碗就都锔好了。如果不讲信用，有借无还，再借就不灵验了。

离庄寨村不远的孟庄村，据说朱家老坟有一条地洞，一直通到庄子观，也曾出现过盘子和碗。后来由于黄河多次发大水，洞被泥沙淤实了，就再也没有出现过盘子和碗。

关于庄子墓，还有许多神奇的传说。传说，夜间有人看到庄子墓周围，常有金马驹、银马驹出现，围着墓跑几圈就又回去了。一次深夜，金马驹、银马驹刚从墓中出来，准备跑跑。蹲守在墓旁的人突然蹿出来，想捉住它卖钱。

马驹子受到惊吓，扭头钻进墓中，再也不出来了。

四、黄河大堤“压山不压墓”

传说之一：

南华山是庄子退隐后著书立说的地方。唐天宝元年（742），唐玄宗诏封庄子为南华真人，诏改《庄子》为《南华真经》，诏改离孤县为南华县。但是南华山并非一座高大的石山，而是像东明县境内其他两座“白云山”“龙山”一样，是一座不太高的土山，加之黄河的不断泛滥淤积，南华山就显得更低了。南华山前面约五十米的地方是庄子墓。

1875年，为了防备黄河泛滥，在东明沿黄修筑黄河大堤。按施工设计，大堤走向正好压住庄子墓。居住在庄寨村的庄子后裔得此消息后，都是十分震惊，认为将自己老祖先的墓压在大堤底下，一是不吉利，二是也不便于祭祀先祖。于是人们合计，找人向官方反映，请求官方修改大堤走向。这时庄氏族人庄立固正巧与管修筑大堤的道台有交情，经过周旋，将堤标北移，定在南华山上。当时便有“压山不压墓”之说。这样南华山就削高就低被压在大堤之下，庄子墓幸免被压。时至今日，仍看得出绕庄子墓而修的大堤，在那里有个罗圈弯。

传说之二：

清朝咸丰五年（1855），黄河决口于河南省兰阳县铜瓦厢。滔滔的黄河水直冲东明而来，河道在东明境内摇摆漫游了二十年。到清朝光绪元年（1875），河势基本固定在现行河道位置。清政府决定在黄河下游两岸修筑堤防，以固定河势，防御黄河泛滥成灾。

时任山东巡抚的丁宝祯负责山东段堤防的筑修工作。堤防设计者正好把堤标定在了庄子墓上。这下子庄寨村的庄氏族人急眼了。庄周的第七十代孙庄立固与高村河防衙门官员有旧交，便立即与之斡旋。河防道台说：“这是‘皇堤’，地方无权改变设计。想改必须上报巡抚，再报朝廷恩准，才可改变。”

河防道台将此事上报丁宝祯后，丁宝祯为之一怔，心想，庄周乃先秦大哲学家、大文学家，在国内外有很大影响，其墓在山东，山东人有责任保护它。况且这是历史文物，绝不能将墓压在大堤下面，让文物消失在我们手中。怎么办呢？他立即召集工程设计负责人讨论此事。勘察负责人告诉他，庄子墓北五十米是古南华山遗址，现在还高出地平面数米，顺河势向东北绵延二十余里，是庄周隐居之地。丁宝祯说："南华山也是历史文化遗迹，亦应保护呀！"转念又一想，如果将原设计北移，沿南华山顺势而修，在山上加高培土，不仅增加了南华山的山势，而且节省了土方，还保留了庄子墓，是一举多得的好事呀！于是他奏明朝廷，陈述利害，把大堤方案从庄子墓北移了五十米，改成了沿南华山而修的方案。于是当地就有了黄堤"压山不压墓"的说法。

第七节　庄周升仙求道的传说

一、鼓盆而歌

庄周的妻子死了，他的许多亲戚朋友都前去吊唁。惠施闻讯后，也从外地匆匆赶来。走进灵堂，他愣住了，只见庄周披散着头发、光着脚，蹲在地上，正敲着一个瓦盆，一边敲一边唱歌。吊唁的人都愣愣地站在一旁看着，以为庄子过度悲伤而精神失常了。

惠施很生气地问庄周："你的妻子为你生儿育女，操持家务，现在她死了，您不悲哀就够了，怎么还唱歌呢？这也太过分了吧！"庄周看着惠施说："你说的不对，我妻子死了，连你们都感到悲痛，难道我会不悲痛吗？"

惠施说："既然如此，那你为什么却唱歌呢？"庄子慢慢站起来说："开始我也很悲痛，但现在我想通了，人本来没有形，没有气，是天生气，气生形，形生命，现在人死了又恢复到无，这是所有人的归宿。她回到了自己的归宿，我为什么还要为她号啕呢？如果我还在一旁号啕大哭，那也太不通达天命了！"听了庄周的话，在场的人有的点头，有的摇头，大家谁也不劝他了。

二、梦中仙逝

据说，庄子年轻时最爱做梦，到八十三岁那年，他天天在沉睡中飘游，在沉睡中做梦。他一会儿梦见自己变成了小鱼儿，在清水中自由自在地畅游；一会儿又变成了一只蝴蝶，在花丛中翩翩起舞；一会儿又变成了一只大鹏，在高空中腾云驾雾；一会儿又变成了一只凤凰，落在梧桐树上翘首远望；他还梦见与好朋友惠施在濮水里游泳，还梦见爱妻帮他编织草鞋，还梦见老子，自己也像老子那样，骑着青牛向远方奔去……

他的弟子们见他天天昏迷不醒，就商量着为老师打一口好棺椁，用厚礼安葬他。庄子在朦胧中睁开眼睛，望着弟子和家人说："人死了，就像灯灭了一样，你们千万别为我做棺椁、备葬礼。那天地就是我最好的棺椁，那日月就是我最好的连璧，天空中的星星就是陪伴我最好的珠宝。世间万物都可以为我作陪葬，难道我的陪葬品还不够完备吗？哪里还用得着你们去准备呀！"弟子和家人们说："如果不用棺椁安葬你，我们担心老鸹和老鹰会啄食你的身体。"庄子说："尸体放在地面上会被老鸹和老鹰啄食，埋在地下面，不是一样会被蝼蛄和蚂蚁吃掉吗？夺过老鸹和老鹰的食，再交给蝼蛄和蚂蚁去吃，这样做不是太偏心、太不公道了吗？"说完，庄子就安详地闭上了眼睛。

夜里，庄子又做梦了。他梦见明月当空，繁星点点。月光下，他悄悄地走出家门，离开了漆园。一会儿他化作一团轻烟，驾着仙鹤，跨过漆水河，踏上登云桥，向着西南方向飞去。庄子的家人和弟子，遵照他的遗嘱，没有厚葬他，只是简单地把他安葬在庄寨北面的南华山前。

三、濮河登云桥

传说，漆园附近的濮河上有座名叫"二百单三孔"的长桥。其实并非是说此桥有二百零三个桥孔，而是只有三个桥孔的石桥，在桥的两端各种有一棵柏树，谐音"二百（柏）担三孔"。庄子常在此桥上休闲度步，观鱼赏乐。

公元前286年农历八月二十四日这天，久病不愈的庄周突然来了精神，要儿子和弟子蔺且用车推着他到长桥上转转。庄周斜躺在推车上，仰望蓝天，大雁行行，呼叫南飞；俯视田野，麦苗青青，树叶枯黄。他长出一口气说："该收的入了仓，该种的苗儿壮，大自然新的轮回开始了。"他环顾蔺且和儿子，又深情地说道："我的一生除了那几篇文章，没有遗产，很轻松，无负累。我死后你们不必悲伤，不要厚葬，让我回归自然，把我放在南华山上，与日月星辰同室，与山林花鸟为伴，让雨露为我浴洗，由风霜为我送爽。漆水作我笔墨，大地作我帛简，我还要写文章……你们想想，回归大自然，该是多么逍遥、多么惬意呀！"他脸上露出淡淡的笑容。蔺且和他的儿子推着车在桥上慢慢地走着，静静地听着。到了桥头，不知怎的听不到先生说话了。停车一看，庄子已安详地停止了呼吸。他们捶胸顿足，齐声呼唤："先生回来吧！先生回来吧！"哭喊声在南华山上、濮水河边回荡。这时，蓝天白云间来了一队仙鹤，低低飞临长桥，一团七色彩云从桥上腾空而起，人们看到，庄周乘鹤向西方去了。

过了一年又一年，黄河改道，济水断流，濮水成了季节河。人们为纪念庄子的仙逝，于乾隆二十三年（1758）在长桥原址建了一座三孔桥，在桥的两端各栽一棵大柏树，称之为"登云桥"，刻碑纪念。登云桥碑今仍存在南庄子观中。

四、点化杨日升

杨日升，字东义，江西建昌府新城（今永修县）人。清康熙初年，杨日升进京应试考进士，进场看到试题后，面现难色，一时思绪烦乱，不知道如何下笔，急得满头大汗。恍惚中，一银须老人飘然降临，俯下身来用手在卷面上指指点点。杨日升豁然茅塞顿开，感激万分，忙问老者何方人氏？老者答道："吾乃庄公，东明县城东北十八里庄堌堆人也。"正说话间，一眨眼老人不见了。于是杨日升妙笔生花，文章一气呵成，中了进士。

后来，不知是朝廷的恰巧安排，或是杨日升有意自求，杨日升来东明县当了知县。上任后，日夜心神不定，总感到有什么大事要办，但一时又想不出来。一日上午，一个人坐在大堂上想事，小童端上茶刚退出来，就听到有人吩咐说："将买来的茶叶装起来！"说者无意，听者有心，一个"装"字使杨日升忽然想起了庄公。当下就命人备轿，往县城东北十八里寻找庄堌堆。衙役们走了十八里来到庄寨村，附近果然有一大堌堆，住有先贤庄周的后裔，村北还有庄周墓、庄子观，遂命鸠工庀材，重修庄子观，使"瓦砾有辉煌之色，草木有富贵之容"，使后人赖以致祭、观瞻，抒怀先贤情思。杨日升还为此撰写了一篇《重修庄子观碑记》。他在任职东明期间，年年每逢农历八月二十四日庄子祭日携全县官吏、学子参与祭祀，以此报答庄子的点化之恩。

第八节 庄周故里风俗的传说

一、濮水煮白鱼

庄周隐居南华山，常在濮水边钓鱼，过着贫穷的生活。一天，好友惠施到南华山看望他，见庄周过着吃不饱、穿不暖的日子，就对他说："跟我去魏国做官吧，能过上荣华富贵的好日子。"庄周说："不去，我在这里多好啊，虽然苦点、穷点，但自由自在啊！今天你来了，一定给你做一个好吃的大菜，改善一下生活！"惠施一笑，说："看你穷得连粗粮都吃不上，还能让我吃啥大菜？"庄周说："你跟我走吧。"说着顺手拿起鱼竿，带上自制的鱼钩，和惠施一起去了濮水岸边，挂上鱼饵，把鱼竿甩在水中，边和惠施聊天，边等着鱼儿上钩。不一会儿，就钓上几条鱼。他们带着钓的鱼回到家里，把鱼刮洗干净，放在锅中，把顺便带回来的一瓢濮河水倒入锅中，放点葱段、姜片、花椒和盐巴煮了起来，不放油，其实是庄周太穷，很少有油吃。煮了一滚又一滚，直到白鱼白汤香味扑鼻时，才停了火。惠施尝了尝，味道鲜美，他说在大梁也吃不到这样好吃的菜，味道好极了。

濮水煮白鱼，当地也叫“清炖鱼”。至今东明一带还有“无鱼不成席”的说法。有贵客一定要上一道“清炖鱼”，对客人以示尊重之意。

二、编草鞋与拧“草呱嗒”

庄周辞去漆园吏后，携妻儿、蔺且隐居在南华山之阳，濮水河之滨。由于断绝了收入来源，生活又一天一天地陷入困境，聪明能干的蔺且看到濮水河边长着许多葛麻，很适合编织草鞋，如果卖草鞋，也可以养家糊口。他和庄周一商量，这事就成了。于是，蔺且到河边采葛麻，曹蝶带儿子在家中编织，庄周摆地摊在市上叫卖。卖草鞋虽然是小本生意，但时不多久，庄周一家开始过上温饱的生活。

庄周每天到市场上卖草鞋，一点也不觉得窘迫，反而感到怡然自得，非常欢乐。他们织的草鞋物美价廉，在市场上很受欢迎。有一次，他卖完草鞋正要收摊，一个商贩过来说：“今后，我将您的草鞋全买了。”庄周问：“此话何意呀？”小贩说：“实不相瞒，你编的草鞋如果运到当今最大的商都陶邑卖，肯定能赚更多的钱。”庄周说：“你若能全部包销，也省得我费时劳神，我又可以钓鱼、静坐、鼓琴、读书了。”庄周很高兴，当即定了下来。从此之后，庄周不再赶集上会了。

一日，庄周在南华山脚下的湿地旁散步，看到满塘的芦苇花随着秋风翩翩起舞，顺手抓住一穗，顿觉软绵绵、暖融融。他灵机一动，心里顿时高兴起来。心想，如果用芦花编成草鞋，冬天穷人的脚不就暖和了吗？他立即把想法告诉了妻子和蔺且。蔺且说：“是个好办法。成功了我们就又多了一种产品。”聪明伶俐的曹蝶想了想，说：“芦花发暖但不耐摩擦，葛麻耐摩擦而不会发暖，二者必须结合起来用。”蔺且说：“冬季天气冷，下雪地湿滑，如果使鞋帮固定在木板上，木板下加两个防滑木垫片，暖草鞋就完美了。”心灵手巧的曹蝶说：“让我先来试做一下。”于是，她以葛麻绳作经，固定在鞋底木板上，以芦花作纬，与经合拧成鞋帮，让鞋帮高高的。做成后，庄周穿在脚上，感觉非常暖和，走起路来“呱嗒”“呱嗒”地响。庄周高兴地说：“就叫它‘草呱嗒’吧！”从此就有了“草呱嗒”这名称。这草呱嗒可踩雪，可踏泥；既防潮，又保暖；男女能穿，老少皆用。草呱嗒一上市，立即被抢购一空。庄周与家人商量，说：“此物源于自然，理应回报社会。我们家有了吃喝，钱多了有何用！不如把编织技术传授给大家，让天下人免受冻饿之苦，那时我们该多么高兴呀！”曹蝶、蔺且一致同意，把拧草呱嗒的技术全部教给了邻居。这样，一传十，十传百“草呱嗒”传遍了中原大地，庄周的美名流传到了今天。

三、“道士钩”与“倒刺钩”

庄周一生中最喜欢做的一件事，是在濮水或雷泽湖畔钓鱼。据说，今东明县濮水河边的鱼窝村和雷泽湖畔的海头村等都有过他的钓台。

传说，庄周在有吃有喝时钓鱼，是为了养心静神、寻求乐趣，不计较钓多钓少。但在家里揭不开锅时钓鱼，则是为了找鱼下锅、聊解无米之炊。在生活困顿的环境中钓鱼，心里总盼着多钓一些，让孩子老婆多吃几顿。但是，往往事与愿违，越是心急越钓不住，越是大鱼越容易脱钩，庄周心里不是个滋味。后来，他想了一个办法，在制作钓钩时，在大钩的下边加上一个倒刺。这样不论大鱼小鱼，一上钩就别想逃脱，越是大鱼钩得越牢稳。庄周使用这种钓钩后，每次都比别人钓得多，家庭生活由此得到保障和改善。其他钓鱼者，闻讯后争相仿效，个个都获得成功。从此，这种钓钩很快在这一带流传开来。人们为了纪念庄子的发明之功，便称这种钓钩为“道士钩”。因为“道士钩”与“倒刺钩”语音相近，传来传去把“道士钩”传成了“倒刺钩”。至今还是这么说，还是这样用。

四、“二月祭生、八月祭死”的由来

庄氏族人一直延续着祭祖的习俗。相传，庄周生于公元前369年农历二月九日，卒于公元前286年农历八月二十四日。庄氏族人每年都有二月祭生、

八月祭死的活动，俗称“二八大祭”。庄氏族人对庄子通称为“老爷”，都认为老爷是神。祭祀祖宗即是本分，同时也希望“老爷爷”保佑子孙平安。

生日的祭祀活动，在太平盛世之时，二月初九前后，请剧团在庄子观前唱几天大戏，周围几十里的村民都赶来看戏祭拜，热闹非凡。中华人民共和国成立后，曾多次请县以上剧团来该村演出。1989 年农历二月，庄氏族人自发集资重修庄子观后，请来了东明县大平调剧团，从二月初九到二月十二，一连唱了四天。二月初九这天，三省（豫、鲁、黑）八县区（山东东明、牡丹区、曹县，河南兰考县、杞县、原阳县、太康县，黑龙江汤原县）三十余村的庄氏家人的代表，以及庄寨村的男女老幼，一个个穿着节日的盛装，分男一班、女一班，一队队地向先祖顶礼膜拜。从早晨到晚上，香火不断，鞭炮不停，蔚为壮观。平常年份的一般祭祀，也有三省八县三十村的庄氏家人的代表赶来祭祀，庄氏族人兑些钱，买些香烛鞭炮，男女老幼集合在庄子观前，向庄子烧香磕头，以示纪念。即使是战乱年代和灾荒年份，庄氏族人也忘不了在二月初九这一天，三五成群地向老祖宗磕上一个头，烧上一张纸，点上一炷香。1959—1961 年三年困难时期，二月初九这天，庄氏族人也忘不了到庄子观前插草为香，表示纪念。“文化大革命”中，庄子观被拆除，几位老人冒着被批斗的危险，在庄子观遗址上垒起一个简陋的小庙，把先祖供奉起来，三五成群地来到庙前祭祀。

官方多在八月祭祀。尤其是清代康熙十四年八月二十四日，东明县知县杨日升率举人、秀才来庄子观祭祀，声势浩大，盛况空前。此后，官方祭祀庄子便成了惯例，一直到辛亥革命前，举人、秀才来庄子观祭祀者络绎不绝。除此之外，庄氏家人每逢初一、十五，也都自发地到庄子观烧香磕头。

“二月祭生，八月祭死”，庄氏族人，世代相传，年复一年，累代不改。唐天宝元年（742），在庄子祭日这天，诏改离狐县为南华县，是当时就确认庄子卒于八月二十四日这一天，还是历史的巧合？值得深思和研究。

五、布疑兵，退土匪

清末民初，盗贼遍地，土匪横行。当时人们称土匪为混子。为抵御土匪和盗贼，村里组织了红枪会。由于庄寨村红枪会组织严密，战斗力强，土匪对庄寨屡次袭击，都没得手，让混子心里不快，总想找机会报复。

一次混子又出动了，一路烧杀抢掠，从东向西拥来。先是在东面的武屯村抢劫了一阵子，烧了几座房子，接着又向西推进，向庄刘二寨进攻。一进庄寨村头，见村内红缨遍地，刀枪林立，明光耀眼，红枪会员严阵以待。混子吓得掉头就跑，从此再也不敢骚扰庄寨了。

事后混子说，不知道庄寨村哪来的那么多刀枪？哪来的那么多人？他们既充满疑惑，又胆战心惊。庄寨村村民在一起议论起此事，也感到蹊跷。其实那天庄寨村也没有特别防备，村里也没有那么多红缨枪。大家想，肯定是老爷显灵了，在混子来袭时，给布下了疑兵，把混子给吓跑了。

六、禁演戏曲《庄周试妻》

以庄周为主人翁编入戏曲的最早剧本是元杂剧《老庄周一枕蝴蝶梦》。讲的是年轻英俊的书生庄周在太白金星的点化下，通过和四位仙女的风流艳遇，经历了酒、色、财、气的人生后参悟世事轮转的道理，终于超脱尘俗，重入仙班。从这个剧本中可见，在元人的故事里，庄周的蝴蝶梦和他的妻子还没有什么关系。明代小说家冯梦龙《警世通言》里把这个故事演绎成了《庄子休鼓盆成大道》，故事的主题就由得道成仙的个人修行变成了夫妻关系中道德问题的评判。那个一直没有出场的庄周之妻，不仅有了自己的姓名，而且成了这个故事的主角。

后来有人据此先后改编成曲剧、豫剧、京剧、黄梅戏等剧种，剧名有《庄周试妻》《大劈棺》《蝴蝶梦》《劈棺惊梦》等，剧情梗概是：庄周得道，路遇新孀扇坟，盼土快干，以便改嫁。庄周因此回家试探妻子田氏。他伪装病死，成殓后，却幻化为楚王孙，携一书童前来吊唁。田氏见王孙英俊年少，顿生爱慕之心，拟嫁之。洞房中楚王孙假装头痛，谓死人脑髓可治，田氏乃劈棺取庄周之脑。庄周突然跃起，责骂田氏。田氏羞愧得无地自容，终致自戕而死,庄周亦弃家而走,终生没有再娶。这是一个糟蹋圣贤,恶搞庄子的故事。自清末此剧出世起，就遭清政府屡屡查禁，但因其内容能迎合许多人的低级趣味，仍然有许多新剧出现，内容大都换汤不换药，对庄子的形象多有贬损。中华人民共和国成立初期，国家再次以诋毁圣贤之名列为被禁的剧目。

据说，多年前有一家外地豫剧团来东明演出，他们不知道东明就是庄子的老家，演出了他们的当家剧目《大劈棺》，结果遭到东明庄氏族人的抵制，差点酿成流血事件。当剧团了解了缘由后，公开赔礼道歉，表示以后决不再演出此剧目。从此之后，东明县再没有演出过《大劈棺》等有损庄子形象的戏曲。可见，东明人对庄子的爱戴和尊崇之深，时时刻刻都在极力维护着庄周的圣人形象。

第四章　庄周的思想主张

庄周的哲学思想，主要集中体现在《庄子》一书中。他继承发展了老子的思想，认为“道”是客观真实的存在，把“道”视为宇宙万物的本原。他的哲学核心是以相对论为主的辩证法；主张顺应天道，反对“人为”；强调人的生命价值和精神自由。他的思想代表着平民阶层对平等、自由、快乐的渴望，他把创造一个人与人、人与自然和谐相处的社会作为自己的理想。

第一节　庄周思想主张概述

一、形成背景与学术渊源

庄周思想主张的形成有其深刻的时代背景，是当时社会的必然产物。庄周思想主张的形成与他所处时代的历史状况、地理条件、社会环境及文化气息之间有着密切的关系，并且有一个复杂而漫长的过程。

战国中后期，社会急剧动荡，一方面，各国都在变法革新，网罗人才，社会的变动和各国的战争为士人猎取政治功名提供了广阔的前景，这使得许多士人的成就欲望被大大地激发出来，造成了生机勃勃的社会流动和文化繁荣。另一方面，社会动荡带来的严酷的人类相互残杀现象，又给一些有正义感的士人带来强烈冲击。诸侯间大规模的兼并战争，造成了严酷的人类相互残杀，各国严酷的刑法也导致了大量平民身亡肢残，再加上水、旱等自然灾害，统治者又不顾农时抽调力役，更使人民生活困苦不堪。庄周在这样的环境下生活了半个多世纪，其所遭受的痛苦可想而知。庄周对乱世之中个人所遭遇的种种痛苦有独特体验，而这种痛苦的体验正是庄周思想的起点。庄周对人生痛苦的感受，对人世间黑暗的体认，是庄周思想的一个重要组成部分。

庄周学识渊博，意境高远，他的思想充满了深邃的哲理、高超的智慧和丰富的人生经验。从总体上看，庄周的思想与老子的思想一脉相承，司马迁在《史记·老子韩非列传》中，对庄周的学识、思想性格和文章风格有一个很好的概述，其中说："其学无所不窥，然其要本归于老子之言。"意思是说，庄周对各家多方面的学说都有所涉猎，知识广博，但他的思想要本归于老子之言，也就是说庄子的核心思想在老子那里可以找到源头。但是，庄周不仅仅是继承了老子的思想，更重要的是丰富和发展了老子的思想，同时也扬弃了老子的一些思想诸如老子的权术思想，等等，形成了更为完整的道家（庄周）思想体系。也正因为如此，道家才成为一个能够与当时显学儒家、墨家鼎足而三的学术派别，甚至可以说成中国最具哲学思辨水准的一个思想学术流派，在构建中国古代哲学的主体部分宇宙观和人生观方面发挥了无与伦比的作用，这是其他任何学派都难以企及的。

二、庄周思想的主要范畴

庄周的思想主张可以概括为自由、无为、自然、超越。这八个字体现了庄周哲学的核心思想，提倡人们从根本上改变自己的思维模式和行为方式，摆脱生活中的束缚和困扰，寻求自由和超越。

自然哲学、人生哲学和社会批判是庄子思想体系中的主要的和基本的方面。庄周的自然哲学思想主要由三个范畴组成：一是构成万物基始的"气"；二是万物生成和存在形式的"化"；三是宇宙根源的"道"。庄周认为，"气"的本性是"阴""阳"，"阴"和"阳"的相互对立和相互作用，使天地的原始存在状态发生变动，产生宇宙万物。宇宙万物时刻在运动和变化，即所谓"无为而万物化"，而运动和变化的最后根源是"道"。"道"总括涵盖了自然秩序和社会法则的内容，是更为纯粹的、抽象的思维形式，是宇宙万物的最后根源，是人的精神或道德的最高境界。

人生哲学是庄周思想的核心部分，是他对人生理想境界实践方法的思考，这种思考立足于个人生存中的困境，探索理想人格的精神境界和实现这一境界的修养方法，以及对待世俗生活的态度。庄周认为，生与死、时与运、情与欲是人生中难以逾越的困境，对待物质上的人生困境，不能摆脱的要能忍受，而对待精神上的痛苦，不能忍受的要有能力超脱，这种忍受和超脱的力量，来自个人的人格独立和对精神绝对自由的追求。这种追求就是要人的精神从人与自然的界限中，从社会的世俗观念中，从自我的情欲中跨越出来，进入一个无任何负累的、无任何对立面的境界。

庄周的社会批判思想，表现在“无君论”“无为论”“返朴论”三个方面。庄周认为，君主制度和统治者用来统治百姓的仁义道德，是给人们带来极大痛苦和灾难的根源，无为才是君主和一切修养道德的人的行为准则。因为天地万物在本性上都是无为的，作为万物之一的人类也应该顺任万物之理。庄周从这一自然主义的立场出发，主张人类应该除去等级制度，除去仁义道德，使人与人和谐相处；主张抛弃已经取得的精神和物质文明的成果，自觉回到原始的、朴素的自然状态，使人与自然和谐相处，这就是“返朴”。庄周的理想社会是无政治道德的约束（自由）、无人与人的相互倾轧（平等）、无沉重生活负累（快乐）的社会，也就是所谓的“至德之世”。

三、庄周思想主张概述

庄周的思想具有鲜明的思辨性和相对主义色彩。在对自然、人生、社会的探索中，他以敏锐的目光观察事物、分析事物，努力寻找它们的内在规律，认识到万事万物都是在不停地运动变化的，是在从一种形式向另一种形式转化的；贵贱、大小、有无、是非、同异等，都是相对地存在，随着观察者的立场不同而不同，随着视角的变化而变化。他进而对这种认识事物的相对性升华为具有实在内容的相对主义，成为观察对待具体事物的认识基础，得出了“齐万物”“等贵贱”“一生死”“和是非”的结论。他还发现，宇宙有总的规律，各个具体事物都有其内在规律，这些规律不是人强加的，是事物本身固有的。庄周对事物相对性、人类认识的相对性和局限性所进行的精辟论述，揭示了人类在认识世界和自我的过程中的矛盾运动和辩证理论。

庄周既关注天道、自然，又重视社会、人生。认为，道，“在太极之上而不为高，在六极之下而不为深，先天地生而不为久，长于上古而不老”（《大宗师》）；道，“视之无形，听之无声，于人之论者谓之冥冥”（《知北游》）；“道，凌于物际，超乎时空，充塞天地。——这些方面全都具有形上品格；而生命哲学，举凡人性、人生、命运、生命意识、心灵世界的感悟与认知，更是他所着意研索的课题。庄子哲学显现诗性特征，是充分个性化的，有些方面近于艺术；它重精神，重境界，重感悟；超越政治、现实，超越物质、功利，围绕着把握生命、张扬个性、崇尚自由而生发智慧，启动灵思。”（王充闾《逍遥游·庄子传》）就学术品格、精神境界看，庄周思想尤其可贵的是具有鲜明的包容性。庄周思想意境宽广，概念、观念、命题等都非常丰富，既质疑一切固有的观念、模式，又以开放、宽容的态度对待不同学派的建树。他承认和尊重个体的差异性，以为各种事物、各种歧见“然与可”的判断，都各有成立的依据。所以说，庄周思想是我们消化吸取异质文化观念的桥梁、思想的通道，同时，对异质文化的宗教侵蚀，具有抵御、藩篱的作用。由此可见，庄周思想在中国文化形成发展中是一个最积极、最活跃的观念因素。可以毫不夸张地说，如果没有庄周思想，就不会有现在的中国文化，就没有现在的中国哲学。

庄周具有高远的精神境界和开阔的胸襟视野。他以其极度的清醒，本着超越世俗的价值标准，揭示了遭致遮蔽的生命真实，尖锐地指出“自三代以下者，天下莫不以物易其性矣”（《骈拇》）。面对世界的荒谬、社会的黑暗、民生的疾苦，庄周在与众生同游共处之中，坚持自我的价值取向，“游于世而不僻，顺人而不失己”（《外物》），实现精神对现实的超越。庄周对现实功利不屑一顾，他拒绝参与政治活动，同统治者保持严格的距离，却又不同于上古的隐士许由、巢父，栖身岩穴，洁身自好，脱略世事。作为首倡人性自由、精神解放的伟大思想家，庄周视自由精神、独立人格、自然天性、逍遥境界为人生的终极价值，主张顺任自然，离形去智，物我两忘，与道合一。在庄周看来，万物本乎自然，一切都是相对而存在的；万物本齐，物我可泯，死生一如，有无、大小、美丑、是非等无不处于相对状态，物我限界一体泯除，时空阻滞化为乌有，唯于生命自由、精神解放持绝对态度。

庄周的思想主张极易引起历代隐士、落魄文人甚至失势官僚的认同和共鸣，并成为他们孤寂心灵的慰藉。在历代知识分子的精神世界中，它一直发挥着精神引导、心灵抚慰的重要作用，所以宋代诗人李洪说“《南华》一卷是医王”。在中华大地上，历朝历代的文人，向来都喜欢庄周，从前的读书士子，未曾诵读过《庄子》的少之又少。南宋大理学家朱熹，一生以儒家正统自居，却尤其佩服庄周的学识、文采，他说：“庄子文章只顺口流出，煞高！”庄周所倡导的自由精神——摆脱功名利禄、金钱权力等外在的种种束缚而求得自己精神上的超越；所提出的“无为”思想——抵制统治者对民众、对社会、对自然的过度干预，这些方面都是极富现实针对性和普世价值的。庄周哲学思想是艰难时世的产物，体现了应对乱世的智慧。庄周无意逃避现实，但也不取凌厉进攻、战胜攻取的强者姿态，唯以坚守本性、维护自由为无上律令。他所探究的是如何在夹缝中生存，如何在乱世、浊世、哀世中养性全生摆脱困境，其中涵括了也包蕴着一代哲人对其所遭遇的种种痛苦的独特生命体验。

庄周的思想主张是以自然的观念为其理论的基础，追求逍遥自由的精神境界，崇尚自然、回归自然、顺应自然，是庄周哲学思想的一个核心理念。庄周从宏观现实出发，基于人的本性和人类共时处境的思考所提出的自然观；其生命哲学关于生命现象的思考，关于生命精神的积极营卫，以及追求自由精神，防止和克服人性的异化——这些方面都具有跨地域、跨时代的普世价值。庄周哲学思想之所以伟大，就在于他思考了人生的一些终极性的问题，他的思想具有彻底性。这种彻底性和终极性表现在不同方面。首先是探讨宇宙天地的终极问题，为个体生命开辟了深邃旷远的理论境界。其次是深刻地思考了生死问题，把生死作为个体生命的基础问题加以审视。庄周把生死放在天地大化流衍的过程中去讨论，把个体生命提升到宇宙生命的高度，使有限的个体生命融入宇宙生命之中，从而获得永恒的存在。这种生死观展现了庄周思想的深刻力量和超脱旷达的情怀。

庄周是一位天才思想家，他敏锐地觉察到人在物质层面日益进化，而在精神层面却日益退化的趋势；指出作为人的异己力量，物质技术正在成为人性异化的本原。他在由衷赞赏出神入化的各种手工技艺的同时，又提醒人们警惕智能竞争、滥用技术而导致的“人为物役”的后果；他从自然、社会、人生诸多方面，预见到技术与道相违、使人异化的弊端，发出了“有机械者必有机事，有机事者必有机心”（《天地》）的严正警告，呼唤回归本真，回归上古先民的未被功利、权势、知识、智谋污染过的“赤子”情怀。庄周这些天才般的预见，已为严酷的社会现实所验证。现代社会人们对于科技的“双刃剑”特性，对于过度开发所造成的自然生态的深度破坏，特别是损害人类健康、戕残人性的灾难性后果有了比较清醒的认识。由于现代社会人们过于看重金钱和物质利益，无休止地追求物欲的满足和感官的享受，造成社会关系日益紧张和自我身心失衡，已开始影响和威胁着人类社会进一步的和谐发展。庄周早已预见了这些问题，始终把顺应自然所赋予的本来面目，作为人生的根本依据。他看重人类的尊严，但反对以人为中心；他看重自我，提倡个性张扬、精神解放，但反对以自我为中心，其追求的最高生命境界是“天地与我并生，而万物与我为一”（《齐物论》）。

第二节　“大道”与宇宙

一、玄妙的大道

“道”是庄子思想体系中最为重要的一个概念。据统计，《庄子》一书中，共有三百二十多处使用“道”字，庄子的所有思想都是围绕着这个“道”而展开的，可以说，理解了这个“道”，也就理解了庄子的全部思想。

1. 何谓“道”

“道”是一个极为复杂的概念，它集中反映了在生产力低下、科学认识水平还不高的情况下道家学派对宇宙本体和物质变化的总的认识。“道”可以指宇宙的本原，可以指万物发展变化所依循的规律，又可以指宇宙万物的同一性，同时“道”还可以视为哲学领域里的一种境界。

“道”的本义是指人行走时所沿着的道路和路线。因为道可以指引人们前进的方向，人们沿着这个方向就能够到达自己的目的地，所以“道”后来引申为真理、正义等。随着人们认识水平的提高，人们发现自然界和人类社会都有各自运行的规律和法则，自然界运行的规律和法则称为“天道”，人类社会运行的规律和法则称为“人道”。庄子说：“何谓道？有天道，有人道。无为而尊者，天道也；有为而累者，人道也。主者，天道也；臣者，人道也。天道之与人道，相去远矣，不可不察也。”（《在宥》）这里的“道”作为规律或法则讲，是对“道”的本来含义的一种抽象和引申。为“道”赋予更丰富内涵的是老子，他进一步发展了“道”作为规律和法则的含义，将“道”作为他研究的一个主要方面，并且将“道”的含义进行了更加的抽象，不仅将“道”作为天地万物产生的根源和存在的依据，而且将道看作天地万物和人世间发展变化的总规律。

“道”是老子思想中核心的和最高的概念，他的思想学说都是以“道”为中心展开的。所以，从老子开始，“道”就成为一个固定的、独立的、极度抽象的哲学概念，获得了它自身的独特含义。其后的庄子，继承并发展了老子关于“道”的一些思想，他的思想也是以“道”为核心的、最高的概念，他的其他思想也是以“道”为中心而展开的。正因为如此，所以以老子和庄子为代表的学派就被称为“道家”，老子就成了道家学派创始人，而庄子就成为道家思想的发展者。由此可见，“道”在老子、庄子思想中具有重要的地位，只要我们理解了他们所说的“道”，也就理解了他们的思想。

2.“道”是产生天地万物的根源和依据

老子将“道”作为产生天地万物的源头，并对“道”产生天地万物的过程进行了具体的描述，他说：“道生一，一生二，二生三，三生万物，万物负阴而抱阳，冲气以为和。”（《老子·四十二章》）庄子继承并发展了老子的这一说法，进一步阐述了道的无限性、永恒性和普遍性。

老子在《道德经·二十五章》中，第一次提出了“道”的概念，他说：“有物混成，先天地生。寂兮寥兮，独立而不改，周行而不殆，可以为天下母。吾不知其名，字之曰道，强为之名，曰大。”意思是说，有一个混混沌沌的东西，在天地产生之前就已经存在了。它寂静寥廓没有声音，独自存在着永远保持着它自己的样子，它在不断地运行，周而复始，永远没有停止，只有这样的东西才可以作为天地万物的母体。对于这样的一个存在物，我不知道它的名字，我把它叫作“道”，或者也只能勉强地给它起个名字，叫作“大”。在这里，老子列举了“道”作为天地之母的几个特征，将“道”视为产生宇宙万物的源头和母体，认为天地万物都是从道演化而来的。

庄子继承和发展了老子关于“道”的一些思想，也认为“道”是产生天地万物的根源。他在《大宗师》篇中，对“道”的无限性和永恒性特征作了进一步的描述：“夫道，有情有信，无为无形；可传而不可受，可得而不可见；自本自根，未有天地，自古以固存；神鬼神帝，先天地生；在太极之上而不为高，在六极之下而不为深，先天地生而不为久，长于上古而不为老。”庄子认为，“道”虽是一种真实的存在，但却无形无象，无法看到，不可捉摸，更不可描绘与言传；“道”不仅使鬼神、上帝具备了神奇的能力，而且产生了天地。可知庄子所谓的“道”具有两重性，既不是人格化了的神，也不是超越了客观世界的主观意念，而是一种客观存在。他在《知北游》篇中说：“天不得不高，地不得不广，日月不得不行，万物不得不昌，此其道与！”那么，“道”是如此神通广大，那么它究竟是什么？它有哪些特征和作用？我们又如何去把握它？庄子在《大宗师》篇中说：

> 豨韦氏得之，以挈天地；伏戏氏得之，以袭气母；维斗得之，终古不忒；日月得之，终古不息；……彭祖得之，上及有虞，下及五伯；傅说得之，以相武丁，奄有天下，乘东维，骑箕尾，而比于列星。

庄子用诗一般的语言，将道的作用描绘得淋漓尽致，说明上至天下至地，还有天地之间的万事万物，都离不开道，道是万物存在的根据。既然道是那么神奇，是不是“道”始终存在于天地之外和高高地跃居在万物之上呢？庄子回答说：不是。他认为，虽然“道”是天地万物之母，但在它产生天地万物的同时，就已经蕴含在万物之中了，并且无所不在。庄子为了说明这个道理，他在《知北游》中讲了一则“东郭子问道”的故事。庄子肯定道是先于天地而存在的，但也肯定当天地万物生成之后，道便存在于天地万物之中了。当东郭子向他请教道存在于何处时，他便说道的本质并不是存在于某一个特定的事物之中，而是普遍存在于万事万物之中的，因此越是取喻于卑下的事物，就越是能说明大道无处不在的道理。道作为一种自然的原则，遍布在天地宇宙之间，蕴含在各个事物之中，是万事万物存在运行的规律。

3. 如何体认大道

庄子认为“道”具有无限性、永恒性和普遍性，但同时认为“道”也是可以认识的。他在《庄子》一书中多次谈到“体道”之事，表面上看，“体道”是个人的自我修养，其实是追求一种宇宙精神，追求物我交融的心态，从这一角度说，“道”又是一种精神境界。那么，我们究竟怎样去走近“道”，认识“道”，从而达到有“道”的境界呢？《大宗师》篇记载了一则颜回“坐忘”得道的故事：

> 颜回曰：“回益矣。”仲尼曰：“何谓也？”曰：“回忘仁义矣。”曰：“可矣，犹未也。”他日复见，曰：“回益矣。”曰：“何谓也？”曰：“回忘礼乐矣。”曰：“可矣，犹未也。”他日复见，曰：“回益矣。”曰：“何谓也？”曰：“回坐忘矣。”仲尼蹴然曰：“何谓坐忘？”颜回曰：“堕肢体，黜聪明，离形去知，同于大通，此谓坐忘。”仲尼曰：“同则无好也，化则无常也。而果贤乎！丘也请从而后也。”

孔子和颜回都是儒家的代表人物，但在这个故事中，他们的形象被庄子作了转变，变成了宣扬道家学说的人物，庄子借孔子和颜回的对话表述了自己的观点。庄子认为，由于人们形体的存在，因此产生了许多不恰当的欲望，即所谓“欲壑难填”；同时由于人们的一些小智慧、小聪明带来了一些不恰当的思虑，总是太关注、太在乎自身的存在，总是患得患失、斤斤计较，拿得起却放不下。为此，庄子借颜回之口指出，只有在忘掉仁义礼乐的基础上，还要忘掉自己形体的存在，超脱形体对自己的外在束缚，减少因对自我的过分关注而带来的拖累，人们的心灵才会变得平静，从而达到“坐忘”的境界。“坐忘”二字包含丰富，它既是一种超越世俗、外物的体道悟道过程，也是归向于“朴”的得道境界。我们平时常说的“忘我”，就具有一种诗意的混沌神秘之感，在“忘我”的状态下工作、学习，不但效率高，而且还不觉得苦和累，就是因为在这样的状态下，忘记了自我的存在，而进入了没有任何因素干扰的境界，所以我们的精神所享受的只有愉悦和快乐。

《达生》篇中，庄子描述了一个“佝偻承蜩”的故事。用竹竿粘蝉本来是件很普通的事情，可其中也蕴含有“道”，驼背老者所说的“道”，其实就是一种心无旁骛的精神专一状态。在这种状态下，他的眼光只集中在蝉的身上，其他的任何事物都不进入他的视线，从而使他用竹竿粘蝉就像从地上拾取一样容易了。这种“用志不分，乃凝于神”的境界，也隐喻着一种修养道性，把握道、入于道的境界。驼背老者在捉蝉时，所有的私心杂念都被排除，一切世俗的名利是非都被抛弃，他已经忘物、忘俗、忘我，进入与天合一、与道为一的境界。这种境界的超越能使人精神凝聚，心无旁骛，从而产生无穷的创造力，使人的技能、力量得到超常的发挥，进而达到事业上的大成境界。

捕蝉之道与处世之道是相通的，庄子借捕蝉之道强调把握道的重要性。技艺训练是基础，道的修养是灵魂，失去了灵魂，掌控技艺的力量也就丧失了。如果一个人对功名利禄强烈渴望和焦虑，始终浮躁不安，往往会钳制他的思想，就会影响技艺的正常发挥，甚至会出现重大失误。庄子说：“以瓦注者巧，以钩注者惮，以黄金注者殙。其巧一也，而有所矜，则重外也。凡外重者内拙。”（《达生》）庄子借用孔子的这段话，旨在说明，一个人如果心中无所顾惜，精神专一，就能自由轻松地畅其所能；而如果为外物所牵制，患得患失，内心就笨拙，神志就混乱，做事就不可能成功。

我们可以看出，《庄子》之中所谓的道是一种自然之道，是以自然优越性为引导，寻找人的自新之路，是对人的生存困境的拯救。当人获得了道、体悟到了道的时候，人的精神和境界就会得到升华，人的胸怀就从狭小变得宽广，人的精神也就从外界事物的束缚中超脱出来，就会内化成人的一种最高层次的精神境界和心灵境界。庄子把个体生命置于道的背景下加以谛视，为个体生命开辟了深邃旷远的理论境界，在宇宙论层面上，人与天地万物皆出于道，人与万物是一体不可分的；在本体论的层面上，道是生命存在的终极根据，道是生养天地万物的根源，且无处不在，故人与天地万物从根本上是同根同源且地位平等的。人与自然应该是和谐统一的，所以我们应该取法于道，以道为生命的最高准则，做到人与自然的和谐统一，即所谓“天地与我并生，而万物与我为一”（《齐物论》）。庄子的这种“天人合一”的思想也是中国古代哲学的基本精神。

二、无限的宇宙

庄子对宇宙的认识来源于老子，老子认为“道”是宇宙万物的本原，是宇宙的母体。老子的弟子文子说：“往古来今谓之宙，四方上下谓之宇，道在其中而莫知其所。”（《文子》）庄子则继承与发展了老子和文子的宇宙学说，并形成了自己独特的宇宙观。庄子认为，宇宙是无限的时空，宇宙是“道”的载体，并在“道”的作用下周而复始地永不停息地运行着。

1. 宇宙是无限的时空

庄子说：“有实而无乎处者，宇也；有长而无本剽者，宙也。”（《庚桑楚》）空间是切实存在的，是没有界限的；时间是不断延长的，是无始无终的。可以看出，庄子认为“宇宙”的概念是指无始无终、无边无垠的时空。但“宇”的本义指屋檐，“宙”的本义指栋梁；“宇”引申指空间，“宙”引申指时间，是一个漫长的过程。而“宇宙”一起连用，最早出自《庄子·齐物论》篇：“旁日月，挟宇宙，为其吻合。”这时的“宇”代指一切空间，“宙”代指一切时间，这里的“宇宙”的意义已是标准的时空了。著名哲学家任继愈先生说，庄子“在哲学史上第一次提出了时空这对范畴，为时空下了定义，明确了它在哲学上的意义”；日本诺贝尔物理奖获得者汤川秀树说：“《庄子》包含着与现代物理相同的时空观念。”

《庄子》一书多次提到时间和空间的无限性。如《则阳》篇中，庄子借戴晋人之口问魏惠王：“君以意在四方上下有穷乎？”王说：“无穷。”《在宥》篇说：“入无穷之门，以游无极之野。”《秋水》篇说：“又何以知天地足以穷至大之域？”等。以上是讲宇宙空间的无穷性。对于宇宙时间的无限性庄子也多有论述，如《则阳》篇说：“吾观之本，其往无穷；吾求之末，其来无止。无穷无止，言之无也，与物同理；或使莫为，言之本也，与物始终。”《盗跖》篇说：“天与地无穷，人死者有时，操有时之具，而托于无穷之间，忽然无异骐骥之驰过隙也。”意思是说，天地是无穷的，人的生命是有限的，将有限的生命寄托在无穷的天地之间，其疾速消逝无异于骏马奔驰一闪而过。庄子把有限的人生放入无穷的时间中相比较，说明人的一生不过如“白驹过隙”，是十分短暂的。同样的话，庄子还在《知北游》篇中说：“人生天地之间，若白驹之过隙，忽然而已。”庄子认识到，时空是无限的，而人是渺小的，人生是短暂的，万物各自都是有限的，正是这些有限之物组成了无限的宇宙，因此无限与有限又是对立统一的。

2. 宇宙是自然之物

既然宇宙是无限的时空，在空间上无限大，在时间上无穷尽。那么宇宙的本原又是什么呢？老子认为宇宙与“道”有着密不可分的联系，“道”是宇宙的本原，既是根本，又是源头。而“道”是无法用语言来详细描述的，所以老子说“道可道，非常道”，人们只能从某一方面、某个特定的角度表达自己对道的理解。在老子看来，宇宙在“道”的作用下永不停息地有规律性地运行着，这种规律性的运行就是自然，“人法地，地法天，天法道，道法自然”（《老子》二十五章）。老子所谓的“自然”，就是自然而然，不得不然，是不以人的意志为转移的客观规律，所以老子认为自然与宇宙，宇宙与“道”都是相通的，密不可分。

到了庄子这里，又认为宇宙万物是怎么形成的呢？《知北游》篇中有一句重要的话：“通天下一气耳”；《则阳》篇又说：“阴阳者，气之大者也。”庄子认为，一切有生命的东西都起源于“气”，“气”是万物的共同物质基础，所谓“人之生，气之聚也；聚则为生，散则为死”（《知北游》）。《田子方》篇说：“至阴肃肃，至阳赫赫；肃肃出乎天，赫赫发于地，两者交通成和而物生焉。”《则阳》篇又说：“阴阳相照相盖相治，四时相代相生相杀。”“气”作为自然之物庄子用以解释自然，并赋予阴阳二性，阴阳交媾就会形成物体，形成了宇宙万物。“气”与“阴”“阳”是客观的存在，是具有物质性的东西。

阴阳二气在“道”的作用下形成了宇宙万物，宇宙万物都遵循着“道”，而人是宇宙万物中的一物，人自然也应该遵循“道”。庄子将其宇宙观引入社会和自己的人生，形成了自己的人生观，包括反朴于自然的人性、修养合于大道的人格、尊重人生的价值取向、追求独与天地精神往来的境界等。

3. 宇宙始终在循环变化

在庄子看来，宇宙与“道”既有相同的一面，又有不同的一面。相同的是宇宙和“道”都有无限的特质，不同的是宇宙是由“有”作为存在的形式，是形下的，“道”则是以“无”作为存在形式，是形上的。庄子认为，任何事物都是由“无”到“有”，再由“有”到“无”的转化过程。宇宙的运行也同样遵循这一规律，这一规律是自然而然的，是物的自“化”。

“化”是庄子自然哲学的一个重要概念。庄子认为万事万物都处在发展变化之中，他经常使用“化”“自化”“物化”这些名词来诠释宇宙万物的变化。如《秋水》篇说：“物之生也，若聚若驰，无动而不变，无时而不移，何为乎？何不为乎？夫固将自化。”所谓“自化”，意谓事物本身存在着内在的发展变化的动力，这种动力不是靠外力推动的，是它本身固有的。《天地》篇说：“无为而万物化”“天地虽大，其化均也。”从庄子对“化”的表述中可以看出，宇宙在“道”的作用下运行，万物都在变化，这种变化具有多种形态，有物之自化，有相互转化，但“化”是普遍存在的，而且是以万物的内因为根据的。而“物化”则是庄子首创的一个哲学概念，用来表示一种泯除事物差别、彼我同化的精神境界，是他在《齐物论》篇“庄周梦蝶”故事中首次提出的，后来有多次引用，用来表示事物的变化。如《则阳》篇说：“冉相氏得其环中以随成，与物无终无始，无几无时。日与物化者，一不化者也，阖尝舍之！”说明一个人要善于自处，善于应物，要遵循天道而随物变化。《寓言》篇说：“万物皆种也，以不同形相禅，始卒若环，莫得其论。”意思是说，万物都有一个共同的起源，却用不同的形式相互替代、相互转化，始终循环往返，没有谁能够掌握其间的规律。庄子所谓的“道”就是“自然”本身，是自然界的客观规律。所以，人类必须尊重自然规律而与大自然和谐相处。

庄子认为宇宙无限，时间无穷，宇宙中没有任何绝对不变的事物，绝对永恒的是宇宙本身。“道”是无为的，但它化育万物又无所不为；万物的“自化”是无为的，但其结果又是无不为的，“自化”是万物变化的根本。庄子采用思辨的方法来观察宇宙万物，提出“道”就是自然本身的呈现，把对自然的认识引入社会，从而形成了自己的自然宇宙观。

第三节　相对的认识

庄子对客观事物的认识来源于他广泛的社会实践，而更多的是来自他对现实的冷静审视与深刻思考。庄子怀着一颗救世之心，俯视社会人生，重视生产生活实践，深入社会各个层面，上至君王宰相，下至士农工商，了解民间疾苦，探究社会弊端。他“处穷闾阨巷，困窘织屦”，还曾向监河侯借粟度日，所以他洞悉劳动人民的疾苦，并表示深切的同情。在此基础上，庄子逐渐形成了自己的实践观。“这种实践是前无古人的，是一种自觉地感性实践，他又重思索，思索使其实践具有了理性，所以他才能把维护生命的价值提升到哲学层面。”（李福禄《庄子志》）在庄子看来，宇宙中的万物都是自然而然的，无所谓是非对错，但由于个人主观“成心”的加入，而产生了是非的争论，是非的争论不仅造成了自己精神的紧张，造成了人与人之间的对立，而且是对大道的亏损。

一、是非来自“成心”

自然界中万事万物都是自然而然的，那么人们对客观事物的认识不应该有是非对错之分。但是人们却时刻在进行着是非对错的争辩，庄子在《齐物论》中对人们是非争论的形态进行了形象的刻画，他说：

大知闲闲，小知间间；大言炎炎，小言詹詹。其寐也魂交，其觉也形开，与接为构，日以心斗。缦者，窖者，密者。小恐惴惴，大恐缦缦。其发若机栝，其司是非之谓也；其留如诅盟，其守胜之谓也；其杀如秋冬，以言其日消也；其溺之所为之，不可使复之也；其厌也如缄，以言其老洫也；近死之心，莫使复阳也。喜怒哀乐，虑叹变慹，姚佚启态。乐出虚，蒸成菌。日夜相代乎前，而莫知其所萌。

庄子在这里描述了社会各种现象和人的各种不同心态，并指出这些实实在在的东西又都是出自虚无。他认为世界万物包括人的品性和感情，看起来是千差万别，归根结底却又是齐一的，这就是"齐物"。没有所谓的是非和不同，这就是"齐同"。但是，庄子看到的却是令人悲哀的现实：人们一旦持有了是非的观念，就与外物处于了一种相互对立、相互交错、相互攻击的状态，驰骋追逐于其中而无法停止。于是，他痛心疾呼："人之生也，固若是芒乎？其我独芒，而人亦有不芒者乎？"（《齐物论》）人性的弱点，使人们在认识世界、探索"真知"的道路上充满迷雾，许多貌似神明的智慧、小聪明大行其道。更可悲的是，有人不但身怀小聪明，还大耍小聪明，结果使一些人活得沉重、压抑、虚伪、复杂。"小知"的人不惜把自己的人生托付给整日揣摩和挖空心思，热衷于各种设计，为迎合一个又一个机会而忙碌着。人们之所以有是非的争论，之所以会出现如此钩心斗角的事情，是因为人人都存在"成心"，都是"成心"在作怪。所谓"成心"，就是人在认识客观事物的时候形成的一种成见或偏见，有了偏见就有了是非。以主观的成见或偏见去评判客观的事物，就形成了是非对错的种种争论。庄子认为，人们因"成心"而生是非，是对道的亏损，就是人们的认识已经与道不相符了。

从"道"的角度看，人们的是非争论就是一种俗见，而不是一种"真知"。庄子认为，"见独""撄宁""坐忘"是获得"真知"的具体方法。"见独"一词出自《大宗师》篇："朝彻，而后能见独；见独，而后无古今；无古今，而后能入不死不生。"指经过一定的修养之后，能遗忘天下万物，进而遗忘自身，从而大彻大悟，获得绝对的“真知”，超脱时间与死生的束缚。所谓“撄宁”，“撄而后成者也”。（《大宗师》）。意思是，不受外界事物的纷扰，而后保持心境的宁静。所谓“坐忘”，就是“堕肢体，黜聪明，离形去知，同于大通”（《大宗师》）。意思是，遗忘了强健的肢体，抛弃了灵敏的听觉和清晰的视力，脱离了身躯而除去心智，和大道混同融为一体。“见独”“撄宁”与“坐忘”都是一种精神修养方式，由这种方式达到内心的虚静忘我，最终进入精神上一片混沌的无待状态。在这个过程中，人以一种神秘的直觉大彻大悟，并获得感官经验所提供的“真知”。

二、人的认识是相对的

是非之辨是人们认识事物的一个象征，因为人们的所有认识都要通过是非的肯定或否定来进行。是非判断贯穿人们生活的方方面面，人们也常常以是非的判断来断定事物或观点的正确与错误，所以人们对于是非对错的判断已经习以为常，并且认为这种判断所揭示的就是事物的本质，所代表的就是真理，从而形成了人们的认识。

在认识自然与社会等客观事物的过程中，庄子很清楚地意识到，由于感觉经验、个人思维和时间、空间等方面的局限，使得人类在认识上很难达到完全的统一，而往往表现出某种相对性。这种相对性常常是令人困惑和不安的，因此人们一直在寻找超越这种相对性的绝对的“真知”。但人们已经习惯于将自己的认识看作对事物本质的揭示，以为自己的认识就是“真知”。在庄子看来，由于认识的局限与被认识的对象的无限，由于人受到了主观和客观条件的限制，人类获得“真知”显然是一件十分困难的事情。人们的认识根本不是真正的认识，或者说不是正确的认识，人们的认识是相对的。

首先，人们的生命有限的，所获得的认识也只能是有限的和相对的，这是主观条件的限制。庄子说：“吾生也有涯，而知也无涯，以有涯随无涯，殆已！已而为知者，殆而已矣。”（《养生主》）意思是说，人的生命是有限的，但知识却是无限的，用有限的生命去追求无限的知识，就会将自己弄得相当疲惫。明白了这个道理而仍旧去拼命追求知识，结果只会弄得自己疲惫不堪。在庄子看来，人的认识能力是极其有限的，而人的认识对象却是无穷无尽的，以有限的能力去探求无限的知识，显然是十分困难的。所以人们在自己有限的生命之内所获得的对事物的认识，也只能是相对的。庄子说："朝菌不知晦朔，蟪蛄不知春秋"（《逍遥游》）。因为朝菌朝生朝死，所以它认为世界上根本就没有什么月初和月末，而蟪蛄是夏初生夏末死，所以它认为世界上根本就没有什么春和秋，这就是它们的相对认识。人的生命与宇宙万物相比也是极其短暂的，人们的认识也只是局限在短短的生命过程之中，在这个过程中所获得的认识也只能具有相对的意义。

其次，从客观条件而言，庄子认为外在的事物时刻处于变化之中，人们对外在事物的认识也就具有了不确定性。庄子将事物放在了一定的时间中，而时间是时刻都在流逝的，所以事物也就相应地在时刻发生着变化，事物所处的每一时刻的状态都是不同的，人们对事物的认识也就是不确定的。庄子举例说："孔子行年六十而六十化，始时所是，卒而非之，未知今之所谓是之非五十九非也。"（《寓言》）意思是说，孔子六十年来在认识上年年都有变化，开始时所认为对的，最终又否定了，很难说现在所认为是对的就不是五十九年来所认为是错的。可见，人的认识总是在不断深化的，是随着实践的不断深入发展而发展的，即使是孔圣人也不例外。所以，人的所有认识都会随着时间的推移而变化，只具有相对的意义，而不具有绝对的意义。

三、"以道观之"是非齐同

庄子认为，世界上存在着许多种类的认识主体，不同的认识主体它们的认识标准是不一样的，所以确定一个共同的或统一的判断是非对错的标准是困难的，甚至是不可能的。庄子说："民湿寝则腰疾偏死，鳅然乎哉？木处则惴栗恂惧，猨猴然乎哉？三者孰知正处？民食刍豢，麋鹿食荐，蝍蛆甘带，鸱鸦耆鼠，四者孰知正味？猨猵狙以为雌，麋与鹿交，鳅与鱼游。毛嫱丽姬，人之所美也；鱼见之深入，鸟见之高飞，麋鹿见之决骤。四者孰知天下之正色哉？”（《齐物论》）大意是，人们睡在潮湿的地方就会腰部患病甚至酿成半身不遂，但是泥鳅会这样吗？人们站在高高的树木上就会心惊胆战惶恐不安，但是猿猴会这样吗？人喜欢住豪华的房屋，泥鳅却宁愿在污泥里钻来钻去，猿猴则喜欢在高高的树木上来回跳跃，人、泥鳅和猿猴三者的居住习惯不同，谁才算懂得真正舒适的住所呢？人吃禽兽之肉，而麋鹿喜欢吃蒿草，蜈蚣喜好吃小蛇，猫头鹰则爱吃老鼠，那么人、麋鹿、蜈蚣和猫头鹰这四类动物究竟谁才懂得真正的美味呢？猿猴把猵狙当作配偶，麋则喜欢与鹿生活在一起，而泥鳅则与鱼优游在一块。毛嫱和丽姬是人们称道的美人，可是鱼儿见了她们都迅速地潜入水底，鸟儿见了她们则迅速地高飞天空，麋鹿见了她们也都撒开四蹄飞快地逃离。人、鱼、鸟和麋鹿四者究竟谁才懂得天下真正的美色呢？由此可见，不同的认识主体对于处所、美味、美色等有着不同的认识，这说明不同的事物都有判断是非的不同标准，共同的标准是无法确立的，这就进一步揭示人们认识的主观性和是非的相对性。

在庄子看来，以人的感性和理性所能感知、推测的事物，都不可避免地带有相对性与有限性，生死、贵贱、大小、是非、善恶、美丑、荣辱、得失等，都是人们心中的成见，是人们被自己有限的认知能力所蔽而导致的。庄子说：“彼亦一是非，此亦一是非。果且有彼是乎哉，果且无彼是乎哉？”（《齐物论》）庄子认识到事物之间存在普遍的差异，而且这种差异不是绝对的，而是相对的，且这种相对性来自人类自身的种种局限，来自人们站在不同的主观立场上而得出的。庄子的这种相对主义主宰了他对于自然、社会、人生等各个领域的认识与理解，但也必然将他带入不确定的混乱之中。于是，庄子提出了“以道观之”的方法。“以道观之”，就是从“道”的角度来看待世俗的是非问题，来审视宇宙万物之间的差别。因为“道”代表的是一种绝对，是一种无分别，是一种超越具体的绝对抽象，也是一种自然而然。庄子认为，虽然事物之间没有特定的标准来彼此衡量，但只要将万物都归结到一个统一的本原，即“道”之中，就没有了任何的差别。这就是庄子“万物齐一”的思想，一是齐是非，一是齐万物，这也就是庄子所说的“齐物论”。“齐物论”包括齐物之论和齐同物论，齐物之论是对万物齐一的论述，齐同物论是对人们是非争论的齐同。无论是齐同万物，还是齐同是非，都是“以道观之”的结果，也就是说，“以道观之，是非齐同”。

庄子把对自然规律的认识用于人类社会，使他成为在中国古代思想家中，对人类的认识进行反思最为深刻的思想家，是他对中国哲学的一大贡献。尤其是庄子对人类认识的反思，一方面是，揭示出人类的认识具有相对的意义。从思想史角度考虑，认识具有相对性是庄子最早提出来的，庄子认为真正正确的认识应该是“以道观之”，从而为人们思考问题提供一个新的视角。另一方面是，由于人们各持己见而陷入了是非对错的争论之中，不仅造成了人与人之间的对立，而且造成了思想上的疲困，从而陷入不自由的境地。而庄子“以道观之”的认识方式，则有利于消除人们的主观偏见，让人们获得一种超越的眼光，使人们从是非争端中解放出来，使人的精神获得自由而与道合一，从而可以“独与天地精神往来，不谴是非，以与世俗处”（《天下》）。这就是精神的大自由、大自在，这就是庄子所要追求的逍遥境界！

第四节　处世的智慧

庄子时代，是中国历史上一个前所未有的巨大变革的时代，诸侯国之间的战争连绵不断，就是在一国的内部之间，也都存在着尖锐的矛盾和残酷的斗争，整个社会处于激烈的动荡不安之中。因为战争和暴政，导致生灵涂炭、民不聊生，“今世殊死者相枕也，桁杨者相推也，刑戮者相望也”（《在宥》），人人都处于朝不保夕的极度危险之中。面对这样残酷的现实，庄子作为一个思想家，他在苦苦思索人处在这样一个凶险的社会当中，应如何获得一种全身自处之道，企图为人类寻找一个不仅摆脱现时社会困境，而且摆脱最终生命困境的途径。庄子一方面要求鄙弃人间的世俗道德、功名利禄，以达到远祸全身、逍遥自适的境界；另一方面要求齐同死生，不悦生也不恶死，从而超越死生，达到真正自由的目的。这也正是庄子的人生观。

一、险象环生的黑暗现实

庄子作为一个哲学家，他对他生活的时代有着敏锐的观察，并对当时的黑暗现实进行了深刻的揭露；但庄子作为一个文学家，他观察和揭露社会现实的方法又非常独特，往往通过一些看似轻松的小故事来表达他的观点。

1. 螳螂捕蝉黄雀在后

“螳螂捕蝉，黄雀在后”是个著名的成语，说的是只看眼前的利益，而不知道危险或祸害就在后面。这个成语出自《庄子·山木》篇，庄子借以比喻社会之中存在环环相扣的危险，所有的事物都处于危险交织的网络中，一不小心就会成为危险的牺牲品。

在这个故事当中，蝉用树叶遮蔽住自己，以为非常安全，却不想被后面的螳螂盯上了；螳螂看到将要抓住蝉，非常得意，以致得意忘形，却又被怪鸟盯住了；怪鸟为将要得到的螳螂而忘其身，不想又正处于庄子弹弓的弹射之下；而庄子只顾观察物物之间的相争相杀，反而被管理园子的人误认为在偷栗子而挨了一顿辱骂。这其实是在暗示一种环环相争相杀的社会关系，人只要生活在社会之中，就不可避免地处在社会的关系网中，当自己注意到外在事物的时候，自己同时也正在被他人所注意。但人只把自己当作一个注意者，而往往忘记或根本不知道自己同时也是一个被注意者。所以，一旦得意忘形，就忘记了自己所处环境的安危，潜藏的危险便骤然降临而来不及躲避。整个社会就是这样一种环环相扣的关系网，潜伏的危险可谓防不胜防。这样险象环生的社会环境，必然给人的处世带来极大的潜在危险。这就是庄子所处的社会现实。

2. 狂人接舆的悲歌

在《庄子》一书中，庄子记载了一些隐士，这些隐士大都不满社会现实，或者为了逃避政治的迫害而选择了隐居的生活方式。这些人大部分都是有知识并对黑暗的现实有着深刻认识的人，楚国有一个叫接舆的狂人就是其中的一个。

《人间世》记载，孔子周游列国时，来到楚国，楚国隐士接舆在孔子的门前高声唱道："凤兮凤兮，何如德之衰也！来世不可待，往世不可追也。天下有道，圣人成焉；天下无道，圣人生焉。方今之时，仅免刑焉。福轻乎羽，莫之知载；祸重乎地，莫之知避。已乎，已乎！临人以德！殆乎，殆乎！画地而趋！迷阳迷阳，无伤吾行！吾行郤曲，无伤吾足！"从接舆的歌词内容上看，似乎是接舆在劝诫孔子，其实是对孔子周游列国行为的讽刺。

孔子因为在鲁国不得志，所以离开鲁国周游列国，宣扬自己的政治主张，歌词中所说的"凤鸟"，象征的就是孔子。孔子恓恓惶惶周游列国十四年，却没有一个国君采纳他的政治主张。孔子所生活的时代已经是一个道德堕落的时代，各诸侯国都崇尚武力，准备发动兼并战争，夺取土地人口，扩展自己的疆土，所以孔子的德治主张根本不会被当时的诸侯所采纳。庄子时代距孔子二百来年，当时的社会形势比孔子时代更为糟糕。所以，庄子就借用孔子的故事来映射战国时代照暗的社会现实，"方今之时，仅免刑焉"，就是当时社会黑暗现实的写照。所以，当时的社会形势非常险恶，就像布满了荆棘的道路，走路时要多拐几个弯儿，因为稍不留心就会被刺伤脚胫。

3. 对社会黑暗的血泪控诉

庄子在《则阳》篇中，讲述了一个"柏矩哭辜人"的故事。故事的内容大概是说：柏矩跟随老聃学习了一段时间后，请示老师后决定到齐国去游历。柏矩刚到齐国，就见到一个被处以死刑而抛尸示众的人，便用手推推罪犯的尸体把他摆正，然后解下朝服覆盖在尸体上，仰天号啕大哭地诉说："你呀！你呀！天下出现如此巨大的灾祸，偏偏唯独让你先碰上了。人们天天在说不要做强盗，不要杀人！世间一旦确立了荣辱的观念，然后各种弊端就显示出来了；财货日渐聚积，然后争夺财产的现象也就显露出来了。如今社会上树立的都是人们所厌恶的弊端，聚积的都是人们想要争夺的财物，使人们遭受穷困之苦而没有休止的时候，想要不出现像你这样的遭遇，怎么可能呢？”从柏矩的哭诉中可知，这个“辜人”是因盗窃而被处死的，按理说，作为一个盗窃犯死有余辜，但柏矩不这么认为，他说：“今立人之所病，聚人之所争，穷困人之身，使无休时。欲无至此，得乎？”柏矩认为，这都是社会造成的，是社会的价值观出现了问题，其根源在于统治者。

庄子认为，正是统治者将人们的财富搜刮聚集起来，使人们处于极度穷困的状态，人们为了生活而迫不得已才要靠盗窃生活，原来就是当时的统治者把人们逼迫得只能做盗贼！不仅如此，当时的统治者“匿为物而愚不识，大为难而罪不敢，重为任而罚不胜，远其涂而诛不至”，意即隐匿事物的真情却责备人们不能了解，扩大办事的困难却归罪于人们不敢克服困难，加重承受的负担却处罚别人不能胜任，把路途安排得十分遥远却诛杀人们不能如期达到。人民耗尽了智慧和力量，就用虚假来继续应付，能力不足便虚伪，智慧不足便欺诈，财物不足便盗窃。盗窃的行径，对谁加以责备才合理呢？所以，庄子要表达的意思很明确，人们做盗贼被杀戮完全是统治者的责任。在柏矩请求游历天下的时候老聃就说，天下所有的地方都差不多，这说明这种悲惨的状况已是一种普遍的现象，整个天下都如此。从中我们可以感受到当时社会形势的极度险恶，要想在这样的社会中生存下去，是极为艰难的。

二、入世参政的凶险

人作为一种现实的存在，客观的生存环境是人无法脱离的活动场所，人总是处在一定的社会关系当中。在所有的社会关系中，政治关系又是约束人的最为强大的一股力量。所以，庄子对人在社会中的生存状况，尤其对现实社会的政治问题有着深入细致的观察和体会，而对于当时的士人来说，游说君王、参与外交活动和为帝王师是参政入世的三条主要途径。在《人间世》中，庄子分别对这三种参政形式进行了深入的分析，揭示了人在社会政治关系之中的种种痛苦和无奈。

1. 游说君王的艰险

战国时代，出现了许多游说之士，他们凭借三寸不烂之舌，纵横捭阖游说诸侯，一朝得用，即可由布衣平步青云，如张仪、苏秦等人即是如此。张仪本是魏国平民，首创“连横”的外交策略，游说六国入秦，得到秦惠文王赏识，封为相国。苏秦，东周洛阳人，曾与张仪一同师事鬼谷子，后游说列国，提出合纵六国以抗秦的战略思想，并最终组建合纵联盟，任“从约长”，兼佩六国相印，身份显赫。所以，游说君王对士人有极大的吸引力，也成为当时士人入政参政的重要途径。但是庄子却窥察到了其中所暗藏的危险，这种危险性，《人间世》篇通过颜回与孔子之间的一番对话描述得淋漓尽致。

卫国国君年轻气盛，为人刚愎自用，处理国事轻率鲁莽，致使百姓流离失所，无家可归。颜回想前去卫国劝说卫君，孔子对他说此去恐怕你会遭到杀身之祸。接着，孔子为颜回分析了卫国的形势，指出了他前去游说卫君不可能成功的原因和存在的危险。孔子说，从前，夏桀杀害了敢于直谏的关龙逢，商纣王杀害了力谏的王子比干，关龙逢和比干这样的人都十分注重自身的道德修养，但他们也同时以臣下的地位违逆了君主的意志，所以他们的国君就排斥他们、杀害了他们。这都是因为好名而招来的祸害啊！当年尧征伐丛枝和智敖，禹攻打有扈，使这三国的土地变成废墟，人民也全都死尽，而国君也被杀死，就是因为这三国不停地使用武力，贪求别国的土地和人口。这些都是求名求利的结果。名声和实利，就是圣人也很难超越，何况是你呢？

颜回说，我游说卫君有两套方案。第一套方案是：“端而虚，勉而一。”也就是说，我外表端庄内心谦虚，勤奋努力终始如一。孔子说，卫君刚猛威武，而且喜怒无常，人们都不敢有丝毫的违背。像他这样的人，每天用浅显的道理来感化他都不会有效果，更不要说用高深的大道理了！他即使表面上赞同你的意思，其实内心也毫无悔过的诚意，你这样的想法怎么能行得通呢？于是，颜回又提出第二套方案，那就是“内直而外曲，成而上比”。就是内心诚实正直，而外表上表现得顺从恭敬，并且我所说的言论自古就有，不是我的发明。孔子听了，不以为然地说，你的这些法子虽然有些固陋，但是倒可以免去罪责，不过充其量也只能如此而已。但要想去感化卫君那是不可能的！

颜回自己所提出的游说君主的两套方案，在孔子看来都行不通，最多也就是免除自己的罪责，要想感化卫君那是不可能的。所以孔子要颜回将自己的救世之心收回，不去追求名利，也不要深陷政治的漩涡中，让自己的心通过修养而忘记现实政治中的险恶，如果国君能够采纳自己的主张就说出来；不能采纳就保持沉默，一切都顺其自然。但是，就是孔子自己提出的“心斋”之法也只不过是在乱世中保全自我性命的一种消极的方法罢了。不过，我们倒应该如此理解，那就是满怀救世之心如颜回的人也只能委曲求全，苟全性命，这世道该是多么黑暗啊！

2. 身为使者的困境

虽然游说国君充满了险恶，但是有的国君根据自己切身利益的需要，还是能够采纳一些建议的，那么提供这些建议的人就很可能被任命为使者，去完成一些重要的外交任务，如苏秦就身佩六国相印，往来于各国之间，去施行他所提出的合纵策略。作为使者，要善于察言观色、晓以利害，所以其中也充满了危险。

叶公子高，是楚庄王的玄孙，楚王派他出使齐国，临行之前他向孔子请教说，事情如果办不成功，那么必定会受到国君的惩罚；事情如果办成功了，那又一定会因精力损耗太大而害病。成与不成这两种结果，做臣子的我都不足以承担，先生您有什么好的方法可以告诉我吗？孔子说，为人臣子的，当然有不得已的事情，但如果根据实际情况去做而忘却自身，哪里有工夫产生贪生怕死的念头呢！大凡国与国相交，临近的国家必定以信用去亲顺，相隔遥远的国家则必定用忠诚的语言去交结。用语言交结，就必须靠使者去传达。说两国都喜欢的话，必然虚增许多好话；说两国都愤怒的话，则必然虚增许多坏话。凡是虚增的话都是失真的，失真就难以使人相信，那传话的人就要遭殃了。况且那些以技巧角力的人，开始的时候明来明去，但往往最后就要起阴谋了，发展到极点就诡计百出。所以，愤怒的发作没有别的原因，就是由于花言巧语偏激失当所致。凡是苛刻计较太甚，则必然招致别人的报复，而他自己还不知道是什么缘故。如果他自己还执迷不悟，谁知道他会有什么下场！

这里描述了作为使者的两重危险，出使的任务无论成功与否都必有祸患。最后孔子所提出的避免祸患的方法，也只是顺其自然，将为国君效命当作是不得已的事情，而把自身的安危置之度外，进而在出使的过程中，尽量平实地传达双方的意思，至于能否免除祸害，也只能听由天命了。

3. 伴君如伴虎

俗话常说“伴君如伴虎”，说的是与国君相处就如同与老虎相处一样，充满了危险和杀机。因为国君凭借自己的权势，对任何人都操有生杀大权，在国君身边，与国君相处，稍有违背意志之处，皆有可能招来杀身之祸。

有个叫颜阖的人，被卫灵公选中做太子的老师，颜阖知道卫灵公太子为人生性残暴、刚愎自用，如果不好好教育他，势必危害国家；如果对他进行严格的教导，那又会危害自身，所以心中充满了恐惧。卫国有一个贤大夫叫蘧伯玉，深知与君王相处之道，于是颜阖就跑过来向蘧伯玉请教。

蘧伯玉给颜阖提了几点建议：一是要警惕和谨慎，这是避免危险最基本的条件；二是要掌握好与太子之间的距离，既要亲近又不能过密，既要努力疏导又不能过于表露；三是不要自满，不能自矜其能，否则就会像以臂当车的螳螂一样；四是要像养虎的人顺着老虎的秉性一样，去顺从太子的秉性，这样就可以避免激发他凶残的本性。在这个基础上伺机加以疏导，才能既教化太子，又使自己免遭祸患。如果不注意策略，仅凭一腔的爱惜之情，就会像养马的人猛然拍打马身上叮咬的牛虻而使马受惊发怒一样，好心未必会有好报。从中我们可以看出，身为帝师也常处于极为凶险的境地。

三、“无用”的处世哲学

面对社会的黑暗和种种处世的艰难，庄子提出了“无用”的处世哲学，阐述了有用招害、无用免灾的道理，希望通过“无用”这样一种退让的态度，避免引人注目，从而使自己在乱世之中能够保全自己。这些处世方法，对于今天的人们仍有一定的启发意义。

1.“有用”惹来杀身祸

庄子在《外物》篇中讲述了一则“神龟托梦”的故事。故事的内容大概是：宋元君梦见有人披头散发在侧门窥视，说：“我从宰路深渊来，作为清江的使者到河伯那里去，到了这儿被一个名叫余且的渔夫给捕捉住了而无法脱身。”宋元君猛然醒来，立即命人对这个梦进行了占卜。占卜的结果是，梦中之人是一只大白龟，被渔夫余且捕获。于是，宋元君召见余且，让他献出白龟。

龟壳在古代是占卜算卦用的，龟的寿龄越长用来占卜就越灵验，所以乌龟在古代被视为圣物。等到白龟送到后，宋元君又想杀掉，又想放生，犹豫不决，就进行占卜，占卜结果是：杀龟占卜吉利。于是杀了白龟，用来占卜，占了七十二次，无不应验。孔子听说了这件事，感慨地说：“神龟能托梦给宋元君，却不能避开余且的渔网；智慧能多次占卜而无不应验，却不能避免被剖腹挖肠的祸患。由此看来，智慧有所局限，神灵也有所不及。虽然有最高的智慧，也要采用万众的谋略。鱼儿即使不畏惧渔网却也会害怕鹈鹕，这如同人只看到了小的祸患，却忘记了大的祸患。所以，只有摒弃了小聪明方才显示大智慧，除去矫饰的善行才能使自己真正回到自然的善性。”

我们平时常说，要做一个有用的人，这话本来不错，因为只有有用才能实现自己的价值。但是在特定的条件下，这种有用却能够给自我带来灭顶之灾。庄子对这种特定条件下的有用保持着高度的警惕，他的这种思考对于他所处时代的人们的处世具有很强的借鉴意义。“神龟托梦”的故事，揭示的就是有用不但没有实现自己的价值，反而惹来杀身祸的道理。即使自己的智慧再高超绝伦，终究也无法避免万人的谋算。所以，孔子说“去小知而大知明，去善而自善矣”，小知小善，就是世俗中认为的“有用”；大知大善，就是保全自己的生命。抛除那些小知小善，大知大善也就自然显现出来了，这就是无用背后隐藏的大用。

2. 猴子逞能遭射杀

表现自我，展现自我是大多数人的天性，人通过这种展现往往会获得一种心理上的优越感和成就感，有时候可能只是为了满足一下自己的虚荣心。但是庄子却注意到，过分的展现并不是好事，有时会给自己带来杀身之祸。

在《徐无鬼》篇中，庄子通过一只猴子逞能遭到射杀的故事，揭示了“有用”逞能的危害。这个故事说，有一次吴王与一些大臣渡过长江，登上猕猴山。群猴看到吴王他们来了，都惊慌地四散奔逃，躲进了荆棘丛中。有一只猕猴，却没有丝毫畏惧，在吴王面前跳来跳去，显示它的灵巧。吴王张弓搭箭射它，它敏捷地接过飞速射来的利箭。吴王恼羞成怒，命随从急射，结果猴子再也无法躲避，最终被乱箭射中抱树而死。吴王对他的朋友颜不疑说：“这只猴子，夸耀它的灵巧，仗恃它的敏捷而蔑视我，落了个丧命的下场！要引以为戒啊！唉，不要倚仗自己的才能而用骄横的态度待人啊！”

这则故事中，众猴看见吴王一行，都畏惧逃窜，显示出来的是一种“无能”，也可以说是一种无用，但是却因“无用”而保住了自己的性命；唯独那只猴子在吴王面前炫耀灵巧，显示的是一种“能”，也就是一种有用，结果却终究挡不住众箭的射击而丢了命。这里所揭示的正是一个有用招祸害和无用可自保的道理。

3. 树木不材得长寿

为了说明“有用”招祸害、“无用”即“有用”的道理，庄子在《人间世》篇中描述了一则“匠石之齐，至于曲辕，见栎社树”的故事。

曲辕有一棵被奉为土地神的栎树，可以为几千头牛遮阳，量一量树干有百围之粗，树梢高过山头，十仞以上才生树枝，可以造船的树枝就有十几枝。观树者人山人海，可匠石看也不看，只顾走自己的路。匠石的弟子被这棵栎树的高大所吸引，用心看了一番，追上匠石问道："自从我执斧跟随先生学艺以来，从不曾见过这样好的木材。可是先生不肯看一眼而直往前走，这究竟是为什么呢？"匠石说："算了吧，不要再说那棵树了！那是一棵没什么用的散木。用它做船会沉没，用它做棺椁很快会腐烂，用它做器具很快会毁坏，用它做门窗会流出油脂，用它做梁柱会被虫蛀，是一株无用的散木。正因为它没有一点用处，所以才能如此长寿。"

这个故事说明了一个道理：有用与无用本就是相对而言的，对他人无用对自己可能恰好是一种大用，那些山楂树、梨树、橘子树，等到果实成熟了，就会被采摘，树枝常常被折断。对人是一种有用，但也正是其"有用"而使自身被折断损毁。而那棵栎树，恰恰因为它对人没有一点用处，才得以避免被损害的命运而享受天年，这不就是"无用"所成就的"大用"吗？

4."无用"自有其"大用"

南伯子綦到宋国都城商丘去游玩，看见一棵长得出奇大的树，千乘车马都可以隐庇在它的树荫下。南伯子綦自言自语地说："这是一棵什么树啊？它必定有特异的材质！"于是抬头看它的树枝，弯弯曲曲不能做栋梁；低头看它的主干，木心旋散不能做棺材；舔一舔它的树叶，口舌就会溃烂受伤；如果用鼻子闻一闻它的气味，就会使人大醉三日不醒。在了解了这一切之后，南伯子綦说："这果真是一棵不材之木，所以才会长得这么高大。唉，神人也是这样以不材寄寓大材的。"

南伯子綦游商丘的故事，也出自《人间世》篇，也是用来说明"无用之用"的道理的。庄子还举例说，宋国有一处叫荆氏的地方，很适宜种植楸树、柏树、桑树，当这些树长到一两围粗的，养猴子的人就把这些树木砍去，作为系猴子的木桩；三四围粗的，想用作高大屋栋的人就把它砍去了；七八围粗的，那些达官贵人和富豪商贾想做单幅板棺材就把它砍去了。这些树之所以未能享尽天年而中途丧命于刀斧，就是因为有用而招来的祸患。古时祭祀，凡是白额的牛、高鼻的猪、生痔疮的人，都不能用来祭祀河神，这是巫祝都知道的常识。一般人认为的不吉祥，正是神人以为最吉祥的。无用之用的情况可以说是一种比较普遍的情况，像那些无用的大树得以保全自己的生命享尽天年一样，那些白额的牛、高鼻的猪和患有痔疮的人，因为无法用作祭祀河神的祭品而得以保全性命，这不正是“无用”之“大用”吗?

通过上面几个故事，庄子想说明的是，人处于险恶的社会中，完全可能像神龟、猴子和树木那样，如果表现出有用就会招致祸害，如果表现出无用就会躲开灾难。庄子生活的时代，天下无道，社会黑暗，人人都处在极为危险的生存状态之中。庄子认识到，如果过于表现出自己的才能，就会成为被人所关注的对象，进而就会被利用，从而招致杀身之祸。在这样一种无奈的现实下，庄子迫不得已而提出这样一种“无用之用”的处世自保之道，并且悲叹道：“山木自寇也，膏火自煎也。桂可食，故伐之；漆可用，故割之。人皆知有用之用，而莫知无用之用也！”（《人间世》）庄子所提出的“无用之用”的处世哲学，打破了常人的思维模式，闪耀着智慧的光芒，但毫无疑问，其中也充满着无限的悲凉和无奈。

四、万全的处世之道

庄子清醒地认识到，在杀机重重的现实之中，如何能够保护自己，是一个非常现实和迫切的问题。有时候只依靠“无用”的处世之道并不能解决所有的问题，所以在“无用”的处世之道基础上，庄子又进而提出了一些万全的处世之策。

1.“乘道德而浮游”

“无用之用”是一种消极的逃避世间祸害的方法，是以一种不被发现的消极的方式来换取自身生命的安全。但有时候人会遇到更为复杂的情形，不但有用会招致祸患，无用也会招致祸患，所以，庄子又提出了一个既超出有用又超出无用的避祸策略，那就是“乘道德而浮游”。庄子在《山木》篇中，讲述了一个“默雁先烹”的故事。故事中，大木“以不材得终其天年”，可谓“无用”之大用；而庄子故人家雁，因“不能鸣”而被杀，可谓“无用”而招害。可见不论有用还是无用，都难免招致祸患，这是一个左右两难的选题，所以弟子问庄子“先生将何处”，庄子给出的方法是“周将处乎材与不材之间”，也就是在有用和无用之间不断地变换来保全自身，这样既可以避免有用之患，也可以避免无用之患。但是，庄子又清醒地意识到，材、不材，或者材与不材之间，都无法真正免祸。在现实社会当中，有聚合就有分离，有成功就有毁坏，锐利就会遭到挫折，尊贵就会受到非议，有作为就会遭到损害，贤能就会被人谋算，不肖就会受人欺负，怎么可能尽如人愿呢？所以身处现实之中，根本无法找到一个免受外物之累的万全之策。

在这里，庄子以敏锐的目光，揭示了一个非常严肃的问题，就是处世多艰，无论你是表现为无用，还是表现为有用，都有可能无法保全自身，在无用和有用之间来回变换，也不是绝对的安全之策。因为现实社会本身就是杀机四伏变幻莫测的，在现实社会中，根本就无法找到一条绝对的安全之路。那么，人又将如何自处？庄子不得已采取了一种退避的方法，主张完全从现实社会中抽身出来，回归到自己的精神世界之中，在自己的精神世界之中自由地遨游。他说：“材与不材之间，似之而非也，故未免乎累。若夫乘道德而浮游则不然。无誉无訾，一龙一蛇，与时俱化，而无肯专为；一上一下，以和为量，浮游乎万物之祖，物物而不物于物，则胡可得而累邪！”（《山木》）由此我们也可以看出，“乘道德而浮游”只是一种精神的修养和境界的提升，通过这种方式来超脱忘怀世间的种种祸患，使这些祸患不影响自己的心灵，而保持一种自由的境界，其中也包含有许多不得已的无奈。可人在险恶难测的社会中，除了在思想上保持一点自由之外，还能怎么样呢？

2.“虚己以游世”

庄子在《山木》篇中，还讲述了一则“市南宜僚见鲁侯”故事。在这则故事当中，庄子又提出了一种处世的方法，那就是“虚己以游世”。虚己，就是心中不要有太多的私念欲望，心中如果充满私念欲望，心也就被填满了。

鲁侯之所以常常忧虑重重，就是因为他不能虚己，而贪图鲁国的权位和富贵，而权位和富贵自古就是人们争相夺取的东西，鲁侯拥有国君之位，就像狐狸和豹子拥有丰厚华美的毛皮一样，成为人人争夺的目标，从而必然给自身带来祸患，为此他必然会感到忧患重重，这就是他面带忧色的原因。

市南宜僚给他提出的解决方法，就是让他离开国都，到南方的建德之国去。所谓的建德之国并非真实存在，而只是一种象征，象征着远离现实社会争端的一方净土。这个国家的人民纯真朴素，无私无欲，象征的就是抛除欲念，也就是“虚己”。只要能够“虚己”，也就不会与人发生争夺和冲突，从而也就没有任何的祸端纷起，以这样的态度处世，就能完全除患避祸了。

3. 远虑可以避祸

身处险恶的社会之中，要避免各种各样的祸患，还必须对社会中所隐藏的危险有深刻的洞察和准确的判断，这样才能做到防患于未然。《让王》篇中有这么一个故事，说列子生活贫困，经常饿得面带饥色。有人对郑国的相国子阳说：“列御寇是当今的有道之士，住在您执政的国内而贫穷，您难道不重视士人吗？”郑子阳即派官吏送去了许多粮食。列子见到派来的使者，再三辞谢而不接受。使者走后，他的妻子伤心地说：“我听说做有道之人的妻子，都能悠闲快乐。现在饥寒交迫，相国关心你而派人送来粮食，而你却不接受，岂不是命中注定的吗？”列子笑着对妻子说：“相国并不是自己了解我。他是听了别人的话而送给我粮食，那他将来也会听别人的话而怪罪我，这就是我不接受的原因。”时隔不久，人民果然发难，杀死了子阳。

史载，子阳执法严峻残酷，结怨甚多。列子洞察到了子阳的为人必然会招致杀身之祸，他之所以不接受子阳派人送来的粮食，就是怕日后受到连累。列子的生活穷困，相国派人送来粮食，这在世俗之人看来，不仅能够改善生活，而且也算是无上的荣耀，但是列子看到了其中潜藏的危险，而以其深谋远虑避免了祸患的发生。这说明，身处险恶的社会环境中，不能被眼前的蝇头小利蒙蔽住了眼睛，而应该深思远虑，远虑可以避祸。

第五节　无为的政治

庄子的政治观直接来源于对所处时代的体验。他生活的战国中晚期，是一个战乱频繁、势力纷争的年代，政治上表现出前所未有的动荡与不安，"兵革不休，诈伪并起"，战争给人民的生活带来了痛苦，权术也将人们的精神推向了险恶境地。《庄子》中多次写到的战争、暴君、权臣等，都是这种社会状况的直接体现。庄子继承并极大地发展了老子的"无为而治"的政治主张，以自然的人性论为基础，立足于对人的自由的追求，批判了当时各种"有为"的做法，详细阐述了"无为而治"的政治思想，使之成为一种系统的无为政治论，同时描绘了在自然无为状态下的理想社会。庄子的理想社会既有对原始社会的憧憬，也有对现实社会的深思与批判，企图摆脱残酷的社会现实而构建一种人性返璞归真、天人合一的"和谐""平等""快乐"社会。

一、崇尚自然反对人为

在庄子的思想中，自然的原则占有重要的地位，是庄子思想中一个非常重要的原则，也是其无为政治观的理论基础。

1. 自然而然是最好的状态

在中国古代，特别重视"人"与"天"的一致性，也就是所谓的"天人合一"。老子说："人法地，地法天，天法道，道法自然。"在老子看来，大道自然运行，天地都效法大道的自然原则，人作为天地万物的一员，也应该遵循自然而然的原则。庄子继承了老子的这一思想，也将天地运行的规律作为人类社会应当遵循的规律。他在《天运》篇中说："天有六极五常，帝王顺之则治，逆之则凶。"认为人间的帝王只有顺应自然的规律才能把国家治理好，违背了它就会招来凶祸。正是立足于这样的认识，所以庄子认为自然而然的或符合本性的就是最好的，凡是违反自然本性的行为都是不好的和恶的。

在庄子的思想中，自然常常称为“天”，也就是天然的意思，与天相对的被称为“人”，也就是人为的意思。他说：“牛马四足，是谓天；落马首，穿牛鼻，是谓人。”（《秋水》）牛马生来就是四条腿，就是“天”，是牛马的自然本性，因而对牛马而言，就是最好的状态；而给马戴上辔头，给牛穿上鼻子就是人为，是对牛马自然本性的违反，对牛马而言就是坏的和恶的。庄子认为，万物都是自然而然地生长，而不知道为何这样生长；万物都这样得到了自己的本性，而不知道为什么得到了这样的本性。这就是自然而然，这就是最好的状态。

2. 浑沌的悲哀

因为庄子认为自然的状态是最好的，所以他反对任何人为对自然状态的破坏。《应帝王》篇中，有一个浑沌被凿七窍而死的寓言故事，这个寓言故事说，南海的帝王名叫倏，北海的帝王名叫忽，中央的帝王名叫浑沌。倏与忽常常到浑沌领地内相会，浑沌待他们很好。于是倏和忽筹谋报答浑沌的深情厚谊，他们说：“人都有七窍，以用来视、听、饮食和呼吸，唯独浑沌没有，我们试着给他凿开七窍。”于是一天凿一窍，到了七天七窍开而浑沌却死了。这是一个非常发人深省的寓言，浑沌，就是什么也不区分，就是自然的状态。倏忽二人忽视了浑沌的自然本性，而对他施加了人为的凿出七窍的行为，虽然是为了谋报浑沌之德，但结果却导致了浑沌的死亡。所以，人为的行为是恶的，尽管有时候是出于好心好意。基于此，庄子以其自然主义的立场对人类社会中所有伤害人自然本性的行为进行了猛烈的批判。

庄子一再强调保持自然本性的重要性，强烈反对对自然本性进行侵害的行为，《马蹄》篇中，庄子以沉痛的笔调写道：“及至圣人，蹩躠为仁，踶跂为义，而天下始疑矣；澶漫为乐，摘僻为礼，而天下始分矣。故纯朴不残，孰为牺尊！白玉不毁，孰为珪璋！道德不废，安取仁义！性情不离，安用礼乐！五色不乱，孰为文采！五声不乱，孰应六律！夫残朴以为器，工匠之罪也；毁道德以为仁义，圣人之过也。”最后，庄子告诫人们：“无以人灭天，无以故灭命，无以得殉名。谨守而勿失，是谓反其真。”（《秋水》）意思是说，不要用人为去毁灭天然，不要用有意的作为去毁灭自然的本性，不要为获得名声而不遗余力，谨慎地持守自然的本性而不丧失，这就叫返归本真。

3. 伯乐治马的罪过

伯乐相马，是一则成语典故，比喻善于识别人才，爱惜人才。伯乐也就成为善于发现、培养和使用人才之人的代名词。其实，伯乐不但善于相马，而且还善于驯马，有的马桀骜不驯，终被伯乐驯服得服服帖帖。但庄子却从保护马的自然本性出发，对伯乐驯马的行为提出了强烈的批评。他说：“马，蹄可以践霜雪，毛可以御风寒，龁草饮水，翘足而陆，此马之真性也。虽有义台路寝，无所用之。及至伯乐，曰：我善治马。……前有橛饰之患，而后有鞭筴之威，而马之死者已过半矣。”（《马蹄》）

本来“蹄可以践霜雪，毛可以御风寒，龁草饮水，翘足而陆”，都是马的天性，但经过伯乐“烧之、剔之、刻之、雒之、饥之、渴之、驰之，骤之”等一系列“治马”操作，结果使马死去过半，但人们还世世代代地称赞他善于驯马。在庄子看来，伯乐这是对马自然本性的损伤，所以他的行为是恶的。当然，庄子的本意并不在于批判伯乐，而是借此来说明对自然本性的损伤也是一种罪过，表现了他反对束缚和羁绊，提倡一切返归自然的政治主张。

二、对儒家的批判

在庄子生活的时代，儒家思想已经发展了二百多年，无论是学说的系统性还是影响力，在诸子百家中都是首屈一指的。但庄子认为，儒家主张用仁义道德规范治国理民,更典型地代表了一种人为,是伤害人的自然本性的代表。

1. 仁义扰乱了人的本性

仁义是儒家思想的核心主张，仁是孔子思想中最为重要的概念，以仁为中心形成了一套比较完整的思想体系，在人与人之间的关系上提倡仁爱，在政治上提倡仁政等。但在庄子看来，儒家的仁义恰恰是对人性的扰乱。

庄子在《天道》中，讲述了一则老子与孔子讨论仁义的故事。故事的大概内容是，孔子想通过老子把他的著作收藏在周王室，但老子却不答应，孔子于是演绎十二经以说服老子。还没等孔子讲完，老子便打断了孔子的话，对孔子说，你说得太烦琐了，请说出要点。孔子说，要点是仁义。老子说，请问：仁义是人的本性吗？什么是仁义？孔子说，是的。君子不仁则不能成名，不义则不能生存。仁义确实是人的真性。心地中正与外物相和悦，兼爱无私，这就是仁义之情。老子听了，很不以为然地说，噫！你的话真危险！提倡兼爱，真是迂曲！所谓无私，就是偏私。你想让天下人失去养育吗？实际上，天地固有其变化的规律，日月固有其光辉，禽兽固有其群居，树木原本是生长的。你也仿效天德而行，遵循天道而进，这已经是最好的了！又何必竭尽全力地标榜仁义，就像击鼓召唤众人去追捕那逃亡的人吗？

孔子认为仁义是人的本性，而老子认为提倡仁义就是对自然规律和人的本性的扰乱和破坏。老子的观点，正是庄子的观点。庄子之所以对儒家的仁义持反对和批判的态度，他主要是考虑到了实行仁义不可避免要带来负面的效应。实行仁义本来是为了使人与人之间的关系更加和谐，使社会更加稳定，但对仁义的提倡，却为一些人借用仁义之名而行不仁不义之实提供了可乘之机。于是就产生了一些虚假的仁义，虚假的仁义使原本淳朴的人心变得狡诈，使原本和谐的人际关系变得虚伪，使人与人之间也不再相互信任，也就是扰乱了人们原本淳朴的自然之性。以仁义治国同样也会产生一些借用仁义之名而行捞取名利之实的行为。所以为了避免仁义带来的弊端，庄子主张废除儒家的仁义而使人性复归于原本的自然状态。

2. 三皇五帝治理天下越治越乱

在儒家思想中，三皇五帝都是践行仁义的代表，三皇五帝时代也是儒家所认为的最为理想的时代。但庄子认为，三皇五帝治理天下是越治越乱。

庄子对三皇五帝的否定，仍然是立足于其自然主义的立场。他说：

古之人，在混芒之中，与一世而得淡漠焉。当是时也，阴阳和静，鬼神不扰，四时得节，万物不伤，群生不夭，人虽有知，无所用之，此之谓至一。当是时也，莫之为而常自然。逮德下衰，……及唐、虞始为天下，兴治化之流，浇淳散朴，离道以善，险德以行，然后去性而从于心。心与心识知而不足以定天下，然后附之以文，益之以博。文灭质，博溺心，然后民始惑乱，无以反其性情而复其初。（《缮性》）

在庄子看来，古时候的人，在混沌茫昧之中，相处一世都很淡漠。人们虽然有智慧，却无处可用，这就叫作完美纯一。在当时，人人无为而合乎自然。等到三皇五帝开始治理天下，道德就逐渐衰落，文饰浮华毁坏了质朴之风，广博的俗学淹没了纯真的心灵，然后人民才开始迷惑和纷乱，没有什么办法返璞归真而恢复本初。

庄子认为，经过三皇五帝的有为治理，天下越来越混乱，“世丧道矣，道丧世矣。世与道交相丧也，道之人何由兴乎世，世亦何由兴乎道哉！道无以兴乎世，世无以兴乎道，虽圣人不在山林中，其德隐矣”。（《缮性》）也就是说，世间丧失了自然之道，自然之道也离弃了有为的社会。社会与大道交相互失，有道之人怎么能立足于人世间，人世间又怎么能从自然之道得到振兴呢？看来是大道没有办法在人世间兴起，人世间没有办法让大道得以振兴了。于是，开始圣人退隐山林，即使圣人不生活在山林之中，他的德性也必将隐没而不为人所知了。

3. 仁义法度要应时而变

庄子认为，以仁义为核心的儒家思想，已经成为一种教条，根本无法适应变化的社会。他说：“仁义，先王之蘧庐也，止可以一宿而不可久处，觏而多责。”（《天运》）意思是说，仁义是先王的旅舍，只可小住而不可久住，如沉溺于此就会多招责难。所以，儒家所提倡的仁义法度都要应时而变，否则只有被抛弃。在《天运》中，庄子借用颜渊与师金的对话表达了这样的看法。

孔子西游到卫国推行仁义，颜渊为老师的前途担忧，就去找鲁国太师金咨询，师金说，可惜呀，你的老师一定会遭遇困厄啊。接着，师金给颜渊分析了其中的原因，指出，礼义法度这些东西，都要与时俱进，顺时而变。现在如果让猿猴穿上周公的礼服，它一定会咬破扯碎，全部丢失而后快。观察古今的不同，就像猿猴不同于周公一样，而孔子却不懂得仁义法度应时而变的道理，死抱着过时的老一套不放，所以也只有遭遇困厄了。

庄子借师金之口，阐明了他的下列观点：第一，所有的制度都是根据一定时代的需要而制定的，时代变了，旧的制度就要抛弃，正如祭祀用的草狗，祭祀完毕，就应抛弃，如果还将它奉为圣物，就会做噩梦。第二，古今的不同犹如水面与陆地的不同，孔子的主张仍然是周朝时候所实行的，而现在时代变了，鲁国的形势与周朝已经大不一样了，在现在的鲁国实行周朝的制度，就好比把本应行于水上的船放在陆地上推着行走一样，肯定是行不通的。第三，师金最后讲的“东施效颦”的故事，说明像三皇五帝所实行的制度，其可贵之处是因为都与其所处的时代紧密相关，如果抛开具体的时代而推行他们的制度，就像东施效颦一样，不仅没有美可言，反而会显得更加丑陋。

4. 绝圣弃智大盗乃止

庄子之所以认为儒家圣智之法就是祸乱天下的根源，是因为这些东西会被大盗所利用，成为大盗窃国的工具。庄子指出，只有抛弃圣智之法，才能杜绝大盗，从而使天下太平。庄子的这一思想在《胠箧》篇得到了比较集中的表达。在《胠箧》篇的开头，庄子提出了一种人们熟视无睹的现象，那就是人们为了防备盗贼偷窃东西，就把东西藏在箱子里，放进口袋中，锁进柜子里，并且用绳子将口袋紧紧地捆牢，给柜子箱子上锁锁紧，这就是人们平时对付盗贼的办法，也是人们所认为的智慧。但是这只能对付一些偷鸡摸狗的小偷，对于一些大盗就无能为力了。并且人们的这些行为恰恰适得其反，更有利于大盗的盗窃行为，因为大盗一来，他们背起柜子，扛起箱子，挑起口袋就跑，连柜子箱子口袋一起盗窃了，他们还唯恐口袋的绳子系得不紧，唯恐柜子箱子上的锁锁得不牢呢！这样看来，人们为了防止盗贼所用的智慧，不恰恰是给盗贼积聚了财富吗？

从这些种种矛盾的现象中，庄子发现了一种更为普遍的现象，那就是所谓的圣法、所谓的智慧，没有不为大盗积聚财富的，没有不为大盗守护财富的。庄子以田成子窃取齐国来申论，他说："昔者齐国，邻邑相望，鸡狗之音相闻，罔罟之所布，耒耨之所刺，方二千余里。阖四竟之内，所以立宗庙社稷，治邑屋州闾乡曲者，曷尝不法圣人哉！然而田成子一旦杀齐君而盗其国，所盗者岂独其国邪？并与其圣知之法而盗之。"（《胠箧》）田成子虽然有盗贼的名声，其地位却像尧舜一样安适，小国不敢非议他，大国不敢诛伐他，世世代代窃据齐国。所以庄子说："则是不乃窃齐国并与其圣智之法，以守其盗贼之身乎？"意思是说，田成子不仅窃取了齐国还连同那里的圣智之法一并窃取了，并且将这些圣智之法作为维护自己统治的工具。

对圣智礼法的反思可以说是庄子的独到发现，"绝圣弃智，大盗乃止"的主张可谓闪耀着智慧的光芒。因为庄子看到了社会的异化现象而痛心疾首，其哀悲之心痛，故其言切，其救世之心急，故其言过，恨不得将现实社会中的所有弊病沉疴连根拔除，既然找到了圣智乃弊病沉疴之根，故下了一剂"绝圣弃智"的猛药。其实庄子的这一主张，只是为避免异化而在方向上提供的一种引导，而不是在现实中真正可以彻底实行的政治方案。

5. 欺世盗名的儒者

在庄子所生活的时代，儒家学说已经发展了二百多年，但像当初孔子一样周游列国宣传自己的思想主张，怀有敦世之心，明知不可为而为之的真正儒者已经非常少了，儒家学说在很大程度上已经蜕变为儒者盗取功名利禄的工具，所以社会上出现了很多假儒，这种情况在儒学的发源地鲁国表现得尤其突出。为此，庄子在《田子方》篇中记述了一则"鲁少儒"的寓言故事。更有甚者，有些儒者还以儒家的思想学说作为自己干罪恶无耻勾当的工具。《外物》篇中，庄子讲了一个大儒和小儒合伙盗墓的故事。

故事说的是，有一个大儒和一个小儒合伙去盗墓，大儒在墓外放风，小儒入墓盗窃。过了好长一段时间，小儒还没有出来，“大儒胪传曰：‘东方作矣，事之何若？’小儒曰：‘未解裙襦，口中有珠。《诗》固有之曰：青青之麦，生于陵陂。生不布施，死何含珠为！’‘接其鬓，压其顪，而以金椎控其颐，徐别其颊，无伤口中珠！’”看了这则故事，你可能会忍不住发笑，“儒以《诗》《礼》发冢”，也许只有庄子才能编出这样的故事来讽刺儒家。

这个故事极具讽刺意义，儒家所倡导奉行的诗和礼竟然成为儒者发冢盗墓的理论依据，说明在当时，儒家学者表面上仍然在倡导诗、礼，但暗里却在干着见不得人的勾当。儒家学说已经完全沦为儒者干一些罪恶行为的工具了！

三、无为是最好的统治策略

庄子看到社会政治的混乱，尤其是深刻地看到了儒家的仁义主张和圣人之治给社会带来的负面效应，以及对人的自然本性所带来的莫大戕害，认为儒家的政治主张及现实社会中统治者所采取的统治手段，都是一种“有为”的方式，这种有为的统治方式，就如同“以水救水，以火救火”一样，越治越乱。在庄子之前，老子就提出了“治大国若烹小鲜”的政治主张。所谓“治大国若烹小鲜”，意思就是治理一个大的国家，就要像烹煎小鱼儿一样，不能来回翻腾，否则小鱼儿就烂掉了。也就是说，治理国家不要扰民，否则只能是越治越乱。庄子则在老子“无为”思想的基础上，更详尽地探讨了无为的政治统治模式，认为最好的政治统治方式是无为。

1. 治理天下莫如无为

无为是庄子政治思想的一个核心主张，他说：“闻在宥天下，不闻治天下。在之也者，恐天下淫其性也；宥之也者，恐天下之迁其德也。天下不淫其性，不迁其德，有治天下者哉！”“在宥”的意思就是自在宽容，也就是推行无为之治。也就是说，天下不扰乱其本性，不改变其德性，何须治理天下。

庄子认为，统治者之所以提出治理天下，是因为天下扰乱了人的本性，改变了人的德性，这些都是有为造成的。如果不扰乱人的本性，不改变人的德性，又何须治理天下。所以，“君子不得已而临莅天下，莫若无为。无为也而后安其性命之情”。(《在宥》)意思是说，君子如果不得已而君临天下，最好是无为而治。无为才能安定性命之情。正因为如此，君子如果能不放纵情欲，不炫耀聪明，寂然不动而活灵如龙，深沉静默而震动如雷，行动如神而合于自然，从容无为而万物如风吹尘烟一样自然运动，又何须来治理天下呢？由此可以看出，无为政治的关键之处，就在于使人们保持本有的自然性情，如果能够做到无为，天下也就会自然达到大治了。

2. 治理天下不要扰乱人心

《在宥》篇记载，一个叫崔瞿的人对无为而治不理解，他前去质问老子，不治理天下，怎能使人心向善？崔瞿的意思就是，统治者治理天下能使人心向善。

老子听了，就警告崔瞿说，在这个问题上你可要谨慎，而不要随意扰乱人心。强傲而无法约束的，就是人心！人心患得患失情绪不稳，总是受到压抑便消沉颓丧，而得志便趾高气扬，上下绞杀，唯有柔弱顺应能软化刚强。人们的心理屡受震荡，高兴时热如烈火，愤怒时冷若冰霜。心神活动之快顷刻之间就会驰骋于四海之外，安稳时深沉而寂静，跃动时思绪高入云天。从前黄帝用仁义扰乱人心，于是尧、舜奔波劳苦，致使大腿上没有肉，小腿上不长毛，为天下人的衣食而操劳；愁老身心以施行仁义，耗费心血以建立法度，即使这样还是不能改变人心。尧于是将欢兜流放到崇山，将三苗放逐到三峗，将共工流配到幽都，这都是不能治理好天下的事例。到了夏、商、周三代帝王，天下大乱，下有夏桀、盗跖，上有曾参、史鱼，儒墨之争并起。于是喜怒互相猜疑，愚智互相欺诈，善恶互相非议，荒诞与诚实互相讥讽，天下随之衰败；大德不能统一，性命则散乱；天下推崇智巧，百姓则贫困。于是用刑具来制裁，用法律来酷杀，用肉刑来摧残。天下纷纷大乱，其罪过就在于扰乱人心。所以贤者隐居于高山深谷，国君则忧虑于朝廷之上。只有断绝圣人的有为之治和智慧，才能够使天下得到治理。

老子对人心变动不居、喜怒无常的本性进行了形象揭露，并以极为悲沉的心情叙述了扰乱人心所导致的严重社会后果。在老子看来，一方面人心是世间最为动荡不安而又最为难以约束的东西，另一方面恰恰是有为的治理方式扰乱了人心，才导致了天下大乱。所以，只有采取无为的方式治理天下，不过多地干预，才能不扰乱人心，人人做到自我实现，从而实现天下的太平。

3. 黄帝向牧马小童问政

在庄子看来，治理天下不需要太过烦琐，只要按照人的自然本性去做就可以了，这是一个关键的原则，只要做到了这一点，天下就会达到大治，像儒家的仁义道德规范，法家的法律政令等都是多余的东西。在《徐无鬼》中，庄子借黄帝问政于牧马小童的寓言故事形象地表达了这一观点。

故事说的是，黄帝带领一帮随从要去具茨山拜见得道之人大隗，行至襄阳城的野外，他们都迷失了方向，幸好遇到一位牧马童子给他们指明了方向。黄帝说，小童真是奇异！于是向他请教如何治理天下。牧马小童也不含糊，对黄帝说，治理天下，简单得很，像我一样遨游于天地四方之外就行了，又何须多事呢？黄帝说，治理天下，的确不是你的事。尽管如此，还是请你谈谈如何治理天下。牧马小童只好打了一个比喻说，治理天下和牧马没有什么两样，除掉害群之马就行了！黄帝听了叩头拜谢，称他为天师而后告退。

这则寓言故事中，庄子所要表达的一个核心思想就是无为。成语“害群之马”就出自这则故事。所谓的“害群之马”，在庄子看来，就是指现实社会中儒家、墨家等所主张的仁义道德圣人之治等这些有为的东西，这些东西是对人的本性的戕害。治理天下也就如同牧马，去除害马的因素，也就是要求统治者顺应客观的规律和人的天然本性去做，不要过多地生事扰民，去除对人的本性有害的种种“有为”的方面，就自然而然地达到了治理天下的目的，这就是无为而治。无为政治从具体的现实操作层面而言，是一种政治制度，但这种政治制度的实行还需要统治者自身的一些必要的道德修养，也就是说，只有统治者具有了无为的道德境界，无为的政治制度才有可能实行。从这方面而言，无为的政治制度是无为心态的一种具体体现。

4. 自然无为下的理想社会——至德之世

庄子以其自然主义的立场和无为而治的政治主张为出发点，设想了一个荡漾着自然恬静和充满着纯真朴素气息的理想社会，庄子称之为“至德之世”，也就是道德最为完美的世界。在《马蹄》《肤箧》《天地》等篇中，庄子对这样的理想社会即“至德之世”进行了具体的描述。他说：

> 至德之世，其行填填，其视颠颠。当是时也，山无蹊隧，泽无舟梁；万物群生，连属其乡；禽兽成群，草木遂长。是故禽兽可系羁而游，鸟鹊之巢可攀援而窥。夫至德之世，同与禽兽居，族与万物并，恶乎知君子小人哉！同乎无知，其德不离；同乎无欲，是谓素朴。素朴而民性得矣。（《马蹄》）
>
> 子独不知至德之世乎？昔者容成氏、大庭氏……伏牺氏、神农氏，当是时也，民结绳而用之，甘其食，美其服，乐其俗，安其居，邻国相望，鸡狗之音相闻，民致老死而不相往来。（《胠箧》）
>
> 至德之世，不尚贤，不使能，上如标枝，民如野鹿。端正而不知以为义，相爱而不知以为仁，实而不知以为忠，当而不知以为信，蠢动而相使不以为赐。是故行而无迹，事而无传。（《天地》）

庄子所提出的至德之世，借鉴了老子的小国寡民的社会理想，但融入更为浓厚的自然情调和自然色彩。从庄子所描绘的“至德之世”的状况看，相当于我们所说的原始社会，于是有人据此认为老子和庄子的思想是极为消极的，希望人们回到没有丝毫文明的原始社会状态。其实这是一种对老子和庄子的误解。老子和庄子思想的核心概念就是“道”，而“道”的本性就是自然，在老庄的眼里，“道”向人类社会的衍化，本身就是一种堕落和退化。因此，医治这种堕落和退化的唯一方法就是回归到大道的自然状态。也正是在这一思想的指导之下，他们才提出了小国寡民和至德之世的社会理想。

这种理想社会中所充盈的原始状态，不过就是象征着自然和淳朴，象征着无为而治，而与原始的野蛮截然不同。庄子提出“至德之世”的本意，也仅在于对现实社会提出一种批判,同时也为人类社会的发展指出了一个方向，对于现实社会的改造起到一种指引的作用。所以，将庄子的这一社会理想完全定性为消极和颓废，是对老庄思想的一种误解。庄子眼中的理想社会有其鲜明的特点，一方面要求返回原始的素朴状态，使人与自然万物和谐共处；另一方面要求去除等级制度，废除仁义道德，消除欲望机心，使人与人、人与自然和谐共处。同时，在《天地》篇中，庄子描绘的“德人”形象，可谓是庄子上述观点的补充与说明，他说：“德人者，居无思，行无虑，不藏是非美恶；四海之内共利之之谓悦，共给之之谓安。……财用有余而不知其所自来，饮食取足而不知其所自从，此谓德人之容。”从中可以看出，“德人”所向往的理想社会，表现在精神上是自由的快乐，表现在经济上是“财用有余”和“饮食取足”。显然，庄子所提倡的理想社会并不是让人类倒退到无任何文明的原始社会。

第六节 逍遥的境界

庄子的逍遥思想，是庄子整个思想体系的核心，是他人生哲学的主要特色和人生理想的最高境界,表达了他对人格独立的追求和对精神自由的向往。自由是几千年来人类追求的永恒主题，也是古今中外哲学家、思想家孜孜以求的理想目标。庄子思想的最大特色,就是对人类自由主题进行了深入的探索。庄子是我国古代第一位探索人类自由问题的哲学家，他以充满诗意想象的妙笔抒写了对自由理想的美好憧憬与向往，为我们拓展出一片广阔博大的浩瀚时空，让我们的理想向上飞升，让我们的生命从有限转向无限。

一、鹏程万里未逍遥

“自由”这个词，其实在中国出现得比较晚，从19世纪末期才开始使用。在中国古代，人们表达自由的意思用的是“逍遥”。“逍遥”一词，在庄子以前的《诗经》中就曾出现过：“所谓伊人，于焉逍遥”，就是心闲意放、无拘无束的意思。而“逍遥游”一词，则为庄子首创，《庄子》首篇的名称就是“逍遥游”，意思就是顺应天性，心无挂碍，不受任何外物的牵累和任何条件的限制，自由自在地遨游。《逍遥游》讨论的就是究竟如何才算逍遥，如何才能获得逍遥的问题。庄子通过自己奇特的想象，将人生理想驰骋于辽阔的宇宙，用文字寄寓他对自由精神的无限向往。庄子将《逍遥游》篇作为《庄子》一书的开篇，足以表示他对逍遥问题的重视，他的全书也是紧紧围绕着逍遥的问题来展开的。

在《逍遥游》开头，庄子以超凡的想象力，夸张而奇幻的言辞，以描写神奇莫测的巨鲲、大鹏为开端，向人们展示了一副非常神奇、浩大无边的画卷，给人一种有限被无限突破的感受和深深的震撼：

> 北冥有鱼，其名为鲲。鲲之大，不知其几千里也。化而为鸟，其名为鹏。鹏之背，不知其几千里也。怒而飞，其翼若垂天之云。是鸟也，海运则将徙于南冥。……《谐》之言曰：“鹏之徙于南冥也，水击三千里，抟扶摇而上者九万里，去以六月息者也。”

这就是庄子塑造的奇变巨大、高飞万里的大鹏形象，成语典故“鹏程万里”就是从这里产生的，直到现在我们还经常用“鹏程万里”表示前程的远大。这种雄奇壮阔的景象，气势磅礴的意境，体现了庄子崇尚“大”，以“大”为美的哲学思想，也充分表现出庄子逍遥自适的理想和热烈追求。庄子对大鹏展翅的描写着实令人心潮澎湃，振翅一飞便是“水击三千里，扶摇九万里”，因而无阻无碍，无羁无绊，任意逍遥，一下子就将我们的思想引向了无限高远的空间。但是，如果我们以为庄子是将大鹏当作最为逍遥的象征，那就错了。庄子在《逍遥游》中指出，大鹏汪洋恣肆振翅高飞，但是它却需要“抟扶摇而上”，也就是大鹏需要乘借强大的旋风才能上飞，如果“风之积也不厚”，“则其负大翼也无力”，风是大鹏在空中自由翱翔的条件，如果没有了风，则大鹏根本就无法飞得起来。所以，大鹏的逍遥不是绝对的，只能算是有限的、相对的逍遥，或者说“鹏程万里未逍遥”。

庄子时代，新旧秩序新旧观念急剧更替，人们对功名利禄权势进行争夺，导致人世间无穷无尽的罪恶与痛苦，因此庄子极力追求人格的独立，追求个性自由的发挥，追求精神上的自由。为此他创造了“大鹏”的形象，通过探讨大鹏的逍遥问题，以“大”来激励人们打破局限狭隘，摆脱传统、世俗、自我等束缚，希望自己能像大鹏一样扶摇直上九万里，不局限于眼前，把目光投向远方与未来，追求更广阔的空间，追求个性自由发挥，彰显生命的活力，从而实现人生自由而逍遥的境界。

二、逍遥的两个层次

庄子把逍遥分为两个层次，一个是“有待”逍遥，“有待”，就是要凭借外在的条件，所以，“有待”逍遥也就是相对的逍遥；另一个是“无待”逍遥，就是不须凭借任何外在条件的逍遥，也就是绝对的逍遥。逍遥的层次不一样，所获得的自由的境界也不一样。

1. 相对逍遥

大鹏展翅九万里，在一般人看来，大鹏就是逍遥的象征，而在庄子看来，大鹏的高飞九万里称不上是真正的逍遥，因为它也是“有待”的，“有待”，就要受到外在条件的限制。不论是大鹏雄飞万里，还是小雀腾跃在蓬蒿之间，这只是大小的差别罢了，因为它们都要受到限制。逍遥就是无拘无束，不受任何条件的限制，而一旦“有待”，则事物的活动就无法超脱出因果的链条，而受到了其他事物的制约，如此就不是绝对的逍遥了。庄子认为，人可以获得比相对逍遥层次更高一层的逍遥，那就是“无所待”的绝对逍遥。“无所待”，就是不受任何外在条件的限制，就是超越任何外物的束缚和依凭，实现纯粹的心灵自由，只有自由的心灵才能释放身体的束缚。但是，庄子又认为，人要实现“无所待”的绝对逍遥是非常困难的，为此他在《逍遥游》篇中，列举了三类具有不同境界的人：

> 故夫知效一官，行比一乡，德合一君而征一国者，其自视也亦若此矣。而宋荣子犹然笑之。且举世誉之而不加劝，举世非之而不加沮，定乎内外之分，辩乎荣辱之境，斯已矣。彼其于世，未数数然也。虽然，犹有未树也。夫列子御风而行，泠然善也，旬有五日而后反。彼于致福者，未数数然也。此虽免乎行，犹有所待者也。

庄子列举的第一类人，“知效一官，行比一乡，德合一君”，在一般人看来，事业有成，人民拥护，上司赏识，也算是成功人士了。但庄子认为这一类人，他们的自鸣得意就像那些在树林中来回飞的小鸟一样，目光短浅，拘泥于利益的得失之中而不知醒悟，追逐于功名利禄之中而无法自拔，只知道为自己的一点小聪明、小成就而沾沾自喜，根本无法领略精神的旷达和自由。第二类人是像宋荣子一样的人。宋荣子，即宋钘，宋国人，是位杰出的反战思想家。在一般人看来，宋荣子能够做到世人都赞誉他，他并不会因此而更加勤勉；世人都非难他，他也不会因此而更加颓丧。没有什么能够束缚住他的心灵，没有什么能够影响他的心境，总可以算是更高层次的自由了吧？但在庄子看来，宋荣子依然还是差了一点点，毕竟他依然能够感觉到内外和荣辱，他只是挣脱了这些外界的束缚，却还没有彻底超越它们。第三类人是列子。列子，又名列御寇，战国时期宋国人，道家学派著名的代表人物。列子心胸豁达，贫富不移，荣辱不惊，相传其修得风仙之道，能够御风而行，这样的境界算是够逍遥的了。但在庄子看来，列子虽然可以乘风而行，但是他还是有所依凭的，那就是他的行走必须依凭于风才能实现，所以还是有所“待”的，还不是绝对的逍遥，只能称作依赖外在条件的相对逍遥。

2. 绝对逍遥

庄子认为，凡是有“待”之游，必然受到其所待条件的限制，因此不算是完全的自由，完全的自由应该是“无待”的。那么在自然界和人类社会中，有没有独立的、不受任何条件限制的绝对逍遥呢？庄子认为，这种绝对逍遥是存在的。那就是“若夫乘天之正，而御六气之辨，以游无穷者，彼且恶乎待哉”！（《逍遥游》）意思是说，如果能够顺应天地自然盈虚消长的规律，不以人为的造作去触犯天地自然的法则，随顺自然界阴阳风雨晦明六气的变化，与这些变化一起变化，遨游于无穷无尽的时空中，不受任何条件的约束。像这样的“游”就是与天地变化为一体，就是无所“待”之游，就是真正的“逍遥游”。

庄子说的这种逍遥游，不是一般人所能达到的。能达到真正逍遥游的人，只有那些道德修养高的“至人”，精神世界完全超脱物外的“神人”和思想修养臻于完美的“圣人”。因为“至人无己，神人无功，圣人无名”。无己，就是超越自己的形体，达到忘我的境界；无功，就是除去利禄之心，不被外在的利益所困；无名，就是除去功名之心，忘怀世俗的毁誉荣辱和得失。所以至人、神人、圣人们不需要凭借任何外力而受到限制，得以“乘天地之正，而御六气之辨，以游无穷”，这才叫“无待”。“无待”才是庄子理想中的最高境界，也就是绝对自由的境界——“逍遥游”。反观人类自身，人之所以时常感到不自由不逍遥，就是因为有“己”的观念，有了“己”的观念，就会有欲望的产生，在所有的欲望中，又以名、利、权为最。把名看得很重的人，就不会把名声让给别人，而只会积极地去追求；把利看得很重的人，就不会把财产让给别人，而甘愿做一个守财奴；把权看得很重的人，就不肯把手中的权力让给别人，而会想方设法去维护。当这些名利权到手以后，又会整天担心害怕失去，一旦失去了，就会感到无比的悲哀。庄子把不能忘怀名利权的这些人称为“天之戮民”，就是被上天所惩罚的人。这些人即使位高权重，富甲天下，永远也达不到逍遥游的境界。

3. 名利是逍遥的最大障碍

现实生活之中，人最难逃脱名利的束缚。人们只看到了名利对自己有利的一面，却没有意识到名利本身所潜在的对人精神自由的侵蚀，往往不知不觉地就陷入了对名利的追逐之中，从而将自己的心灵锁进樊笼里，许多事拿得起，却放不下，总是患得患失、愁肠百结，这样的人怎会逍遥？所以庄子认为，名利是获得逍遥的最大障碍，看破名利是获得逍遥最为基本的条件。

《盗跖》篇中，庄子借无足和知和之口讨论了名利的利弊，指出名利其实是获得逍遥的最大障碍。当然，“无足”与“知和”是庄子特意虚拟的两个人物，“无足”，就是不知满足的意思，所以他主张追求名利富贵；而“知和”，则是知道中和的意思，所以他对追求名利富贵持一种反对的态度。庄子在《盗跖》篇中，通过无足与知和的对话，向我们揭示了名利富贵对于我们保养身心、追求逍遥所潜在的危险和隐患，对于我们的现实人生不无启迪作用。

我们也常常遇到这样的情况：对于富贵名利，得之则喜，失之则悲；弃之则难以割舍，难除念念不忘之心；守之则又劳心费神，心存惊惧忧虑之患。如此心态、如此心境，又何有自由可说？又何有逍遥之谈？所以，只有让自己彻底融入“大道”的运行之中，放下心中的成功，放下心中的名利，清除心中的一切杂念，看破了生死，才能够像至人们那样“逍遥游”。

三、逍遥的心态

1. 庄惠之辩

任何事情都有好和坏两个方面，一个人如果总向好处着想，那么他的心情就是快乐的，如果总向坏处着想，那么他的心情就会很糟糕。《逍遥游》篇中，有两则庄子与惠施关于大瓠、大樗的辩论，论述了什么是真正的有用和无用，说明大用与“无用之用”的意义和“无功”的道理。反映了庄子不被外物所束缚，把无用当作有用，顺其自然，志在不受任何拘束，追求优游自得的生活旨趣。

可以看出，境界的高低决定了人们看待事物眼光的高低。消除了“己”的观念，换一种眼光看事物，所获得的将是清新轻松的感受，也是摆脱物我对立的负累，向逍遥自由的第一步迈进。所以说，逍遥是一种修养，是一种境界，也是一种心态，当获得了逍遥的境界，心态也就随之改变，也就打通了自身与外在事物之间的隔阂和界限，人们自身的逍遥也就映现在外在的事物上。

庄子和惠施这对很要好的朋友，在思想主张和生活态度上却大不相同，所以他们一碰头就争论，其中著名的论辩还有“濠梁之辩”。对于这场辩论的胜负，千百年来也是争论不休，各种说法都有。有人认为惠施是胜利者，因为庄子在故事的最后，玩弄了偷换概念的手法；有人认为庄子是胜利者，毕竟在这场辩论中，庄子以其巧妙的辩论手法回答了惠施的问题，并且故事到此就戛然而止了。还有人认为，这场辩论根本没有赢家，因为人与物之间究竟能不能相知，是个未知数，人不可能变为其他的事物去尝试，其他的事物也不可能变为人来尝试。所以庄子以为人与物可以相知，惠施以为人与物不可以相知，都不能得到证明，他们都是各执一词，无所谓胜负。

其实，这场充满机智问答的“濠梁之辨”所具有的意义和价值，远远不只是一个逻辑上的胜负问题，庄子和惠施的胜负也无关紧要。重要的是，从这场辩论中，我们可以看出庄子和惠施所具有的不同的境界和眼光。庄子所关注的是人的精神自由问题，他所追求的是“天地与我并生，而万物与我为一”的绝对逍遥境界，所以他自觉地排除了“己”的观念，而是以一种“无己”的态度来看待万事万物，消除物我的分别，超然物外，将主观的情意发挥到外物上，从而与外在的事物契合无间，产生移情同感的作用。因此，他所说的“鱼乐”并不是客观意义上的鱼儿的欢乐，而是自己怡然自得的逍遥心境在鱼儿身上的投射和变化。而惠施则完全不同，因为他是名家的代表人物，总是以一种认知的态度看待事物，所以在这场辩论中，惠施始终站在分析的立场，来分析事理意义的实在性，使得他与外在的鱼儿处于了相互对立的地位而无法感应相知。所以，他也就缺乏一种审美的眼光，也就无法理解庄子的“鱼乐”之叹，也就无法从鱼儿自由自在的畅游中感悟到生命的愉悦，也就丝毫谈不上有所谓的自由和逍遥的境界。

2. 庄周梦蝶

庄子就是这样的与众不同，他时刻保持着逍遥的心态，因而也就能达到逍遥的境界。他在《齐物论》的最后，讲述了自己的一个梦境：

> 昔者庄周梦为胡蝶，栩栩然胡蝶也，自喻适志与！不知周也。俄然觉，则蘧蘧然周也。不知周之梦为胡蝶与，胡蝶之梦为周与？周与胡蝶，则必有分矣。此之谓物化。

大意是，从前有一天，庄周梦见自己变成了一只蝴蝶，一只在花丛中翩翩飞舞的蝴蝶，自由自在地飞着，感到真是愉快和惬意啊！在梦境里，只知道自己就是一只蝴蝶，根本不知道自己原本是庄周。忽然醒过来，惊慌不定之间才醒悟到自己分明是庄周。仔细一想，真的搞不清楚刚才是庄周梦中变成了蝴蝶呢，还是蝴蝶做梦变成了庄周？庄周与蝴蝶必定是有分别的。这种转变就是物我的融合变化，称之为“物化”。

这就是流传千古的“庄周梦蝶”，其神秘美丽、扑朔迷离、轻灵缥缈，倾倒了无数读者。这个美丽的“蝴蝶梦”也引起了后世的种种猜度，后世常常将这个美丽的梦境解读为对人生如梦的感叹和对人生虚幻无常的无可奈何。其实,庄周描写这个如童话般美丽的梦境,所要揭示的仍是“至人无己”的至理,以及一种物我不分的逍遥心境。庄周梦中变为蝴蝶，就安于做一只快乐的蝴蝶，而完全忘记自己是庄周，这就是对于人生境遇的安然处之，以及对于物我融合为一意境的最高表达。因为“无己”，所以能够物我合一，所以在物我合一的境界中，能够安于任何的变化，呼我为马就为马，呼我为牛就为牛，完全排除了喜怒悲乐之情，完全不受任何变化的影响。美丽的“蝴蝶梦”所讲述的不仅仅是一个虚幻的梦境，它抒发的更是一种自由逍遥的心境。

3. 逍遥的现实意义

如今，人类社会经过漫长的发展，创造了灿烂的物质文明和精神文明，人们享受到了愈来愈丰富多彩的物质文化生活，但问题也是层出不穷。如人类对自然界过度的、没有计划的开发利用，已造成人类赖以生存的自然环境的严重损坏，人类和大自然正走向相互抵触的道路；由于人们无休止地追求物欲的满足和感官的享受，造成社会关系日益紧张和自我身心失衡，人们的心理疾患也越发严重，无时无刻不感到压力，人人都感到紧迫和匆忙，人人都有被淘汰的恐惧感。如何能摆脱这些无形的枷锁，如何能获得超脱尘世的彻底逍遥，关于这些问题，如果我们理解了、掌握了庄子的逍遥思想，也就能够迎刃而解了。

逍遥或自由是一个具体的问题，它与人们具体的生存状况息息相关。一个人生活在现实社会中，导致自己不逍遥、不自由的因素实在太多，庄子对这些因素也都一一进行了深刻的思考和分析，并且为人们挣脱羁绊获得逍遥自由提出了相应的方法。庄子主张实现独立的生命价值和不断的自我超越，给我们提出了一种理性的生活态度——要摆脱功名利禄的束缚，不要被物质利益所迷惑，使自己的精神和灵魂悠闲自在，减少外物带给我们的牵绊和痛苦；在现实生活中开拓一个纯真自由的精神空间，保持自己心灵的纯净，不断完善自己的人格，追求人生真实自我，实现独立的生命价值，同时不断超越自我。庄子的逍遥思想，对引导人们积极营造万物有序的境界，促进社会和谐的发展也具有深刻的现实意义。

第五章　庄周的文化遗踪

庄周“尝为蒙漆园吏”，“庄子钓于濮水”，“庄周家贫，故往贷粟于监河侯”，庄周隐居南华、著书授徒、仙逝葬身和子孙繁衍，等等，都发生在今山东省东明县及其周边地区。这些在《史记》《庄子》等古籍文献、地方史志中多有记载，境内遗迹、遗存颇多，遗风、遗俗犹在。

第一节　庄周遗踪集中地东明

东明县是个文明古县，地处鲁西南边陲，黄河之滨，南、西、北三面分别与河南省的兰考县、长垣县、濮阳县搭界，东与菏泽市的牡丹区、曹县接壤。秦时为三川郡阳武县户牖乡，秦始皇二十九年（前218），秦始皇东巡至此，“霾雾四塞，不能进，遂名其地为东昏”。汉建元元年（前140）置东昏县，县治在今河南省兰考县城北二十里处，辖今兰考县和旧仪封县之域。新莽时（9）改东昏为东明，东明县名始于此。东汉光武帝复为东昏县，三国魏文帝黄初四年（223）废县为镇，南境合于浚仪，北境并入济阳。唐时济阳并入冤句，冤句为秦置县，汉初冤句北析离狐县，唐天宝元年（742）改离狐县为南华县。宋乾德元年（963），复置东明县。为避河患，金兴定二年（1218），县治北徙冤句故地，治在今东明集，辖冤句、南华旧域。明洪武元年（1368），东明县城圮于河，西迁至云台集（今沙窝镇西堡城村），次年又圮于河，县遂废，域分治于长垣、开州（濮阳）。明弘治四年（1491），复县于南华故疆，治在大单集，即今东明县城，至今未更。

周时，冤句县、南华县均为曹国之域。曹伯阳十五年（前487）宋国灭曹国，冤句、南华之域于是属宋国。公元前286年，齐、楚、魏联合灭宋，三分其地，南华、冤句之域分别为齐、魏所有。古冤句、南华县皆在今东明县域，由此可见，庄周一生生活在东明县，为战国宋人无疑。

战国时期，东明的环境条件、地理归属与庄周的生活年代及其活动是吻合的。其一，多漆树。据《禹贡》记载，东明属兖、豫二州，地宜漆林，漆树多而集中成为漆园，具备庄周为吏、管理漆园的环境条件。其二，有濮水（后俗称普河）。古濮水流入东明境内分为两支，一支在今县城南，一支在县城北，东北流向，分别注入瓠子河和巨野泽。今鄄城县临濮镇的庄子庙村和东明县的鱼窝村均在古濮水岸边，文献记载庄子常在这两个地方垂钓是很正常的。其三，近黄河。战国之黄河流经帝丘西，距庄周隐居之地南华山（今庄寨村）约20余公里，故能看到“秋水时至，百川灌河。泾流之大，两涘渚崖之间，不辨牛马”的景象，且间日可达于河，贷粟于监河侯是可能的。其四，同习俗。《庄子》一书中记述了一些民间习俗内容。这些内容中，许多具有鲜明的东明地方特色，有些至今犹存，妇孺皆知，例如，瓠作腰舟、持竿承蜩、桔槔汲水、苇草织履等。只有在一个地方长期居住并细微观察生活的人，才能把当地习俗恰当地运用到自己的作品中。其五，庄寨村全为庄氏，村北有南华山，是新石器晚期至商周时期的古文化遗址。战国时，南华山西起今菜园集村北，东北至临濮镇，土丘隆起，连绵不断，长约15公里。山脚之阳，庄寨村之北，有面积3亩多，高出地面2米多的一块地方，上有庄周墓。据1963年文物工作者勘探，这块地方地表至2.7米深处属商周文化层，2.7米至3米处为龙山文化层，且有文物出土，分别被山东省、菏泽市、东明县政府定为省、市、县级文物重点保护单位。清光绪元年（1875）修黄河大堤时，官府与地方有“大堤压山（南华山）不压墓（庄周墓）”之约，大堤在庄寨村北往北绕了一个弯，避开了庄周墓、庄子观等文物，至今仍清晰可见。因此，庄周隐居南华山著书授徒、繁衍子孙、仙逝葬身于此是可信的。

庄周仙逝两千多年来，庄寨村为他守墓的子孙已繁衍至七十九代。每年的农历二月初九日、八月二十四日，庄寨村和三省七县的庄氏代表在这里举行祭祀庄子活动，累代不改，延续至今。当地老百姓称庄子为“南华老仙”，“南华老仙”的许多故事至今在民间广为流传。自唐贞观二年（628），地方政府重视庄子文化的保护与传承，多次重修庄子观，例应优免庄寨、刘寨二村的差徭，派员参与庄子的祭祀活动等，这些在《大名志府》《曹州府志》《东明县志》中均有记载。改革开放以来，先后组织召开三次全国庄子研讨会，探索挖掘出了一批庄子文化遗迹遗存，出版了一批研究、宣传庄子的书籍。2016年，中央电视台《美丽中华行》栏目，在东明摄制了两集《庄子之源——庄子之谜》，在中央电视台《发现之旅》频道上播出，引起巨大反响。

第二节　庄周的文化遗迹

一、冤句　离狐　南华

1. 冤句遗址

庄子在《秋水》篇“惠子相梁”一节中，将自己比作鹓雏，将惠子比作鸱（古书上指鹞鹰），把功名利禄比作腐鼠，讽刺惠子醉心于功名利禄且无端猜忌别人的丑态，表现了庄子清高自守，视爵禄如“腐鼠”的态度。鹓雏，在中国传说中是与鸾凤同类的鸟，常用以比喻志向高洁之士。

“鹓雏”古时与“宛句”形近而音同，为宛句得名之源头。宛句，亦作冤句、宛朐，古通用。宛句县初置于战国，魏于济阳东北五十里建冤句邑，秦置冤句县，属东郡。汉因之，初属梁国，景帝中元六年（前144）属济阴国，后元元年（前143）属济阴郡，郡治所在今定陶县西北六里左城。西晋、北魏以至隋，冤句皆属济阴郡，唐时冤句属曹州（治济阴，今定陶西北左城）。唐·张守节《史记正义》称宛句“在州西四十里”。唐·李泰《括地志辑校》载：“‘冤朐’，曹州县，在州西四十七里。漆园故城在曹州冤朐县北十七里，庄周为吏漆园，即此。’”唐·李吉甫《元和郡县志》载：“冤句，东至州四十七里。本汉旧县也，汉初属梁国，景帝时属济阴郡。隋开皇三年（583）罢郡，以县属曹州。”后晋·刘昫《旧唐书》记载：“武德四年（621），分县西界置济阳县，属杞州。贞观元年（627），废济阳，并入冤句。”宋元祐元年（1086）改为宛亭县，治当时黄河以南的冤句南境，今东明县马头镇南一带。金大定八年（1168）宛亭城圮于河，遂废，省入济阴县，从此不再设冤句县。

冤句为县历史悠久，且其得名又与《庄子》有关，文献史料对其记载颇多。

（1）宋·乐史《太平寰宇记》载：“冤句县，本汉旧县也，汉初为梁国，景帝时为济阴郡。后汉及晋同，宋无冤句县，后魏复置，属郡不改。隋开皇三年（583）罢郡，以县属曹州。”又在其“曹州”下云：“冤句县，州西四十七里，……漆园故城在县北五十里，庄周为之所，旧置监。今漆园城北有庄周钓台。”

（2）《宋史·地理志》载：京东西路，兴仁府（崇宁元年升曹州为兴仁府），济阴郡，彰信军，县四，内有宛亭（元祐元年改冤句县为宛亭县）。

（3）宋·潘自牧《记纂渊海》载：“漆园城，在济阴西北。庄周为漆园吏，即此。沙沟，在南华境内，上有庄周钓台。冤句城，在宛亭境内，庄周为吏之所。”

（4）《金史·地理志》：曹州条下载：“东明，初隶南京，后避河患，徙河北冤句故地。后以故县（东明县）为兰阳、仪封，有旧东明县。”

（5）清·杨日升纂《东明县志》记载：“冤句县，在县东北东台里李家屯，有庄子墓，墓前有观址，知县杨日升重建，有灵泉涌出，深丈许。东台，在县东北十五里，即古冤句县。文台，在县东北数里冤句故县。”

（6）民国二十二年《东明县新志》记载：“冤句县，址在县东北东台里李家屯。旁有庄子墓焉，墓前观址当乾隆间已颓圮矣。知县江右杨公日升，名进士也，自以为庄子后身，在官百废具举，而尤斤斤于是观，故重建之，迄今岿然在也。当时观前有灵泉涌出，深丈许，偶尔昙现。说者谓，叟之灵应所感云。”

2. 离狐、南华遗址

离狐县始建于西汉初年（约公元前200年左右），为冤句县北境所析。治原在漆园附近濮水南岸，因狐穴穿堤，城常受害，故移至濮水北建城，名离狐县，属东郡（郡治在今河南省濮阳），冤句县改属济阴郡。

离狐城遗址，在今东明县城东北十里许，菜园集镇西台集村。《太平寰宇记》和《元和郡县志》均载："旧传初置在濮水南，常为神狐所穿穴，遂移（城）濮水北，故曰离狐。"王莽改名瑞狐，东汉复名离狐，改属济阴郡。三国魏于离狐置郡。《元和郡县图志》又载："《魏志》'李典从太祖，迁离狐太守'，然则魏时离狐，郡也。"《续山东考古录》说，后汉末离狐曾置郡，"县当属之，旋省"。晋不变，仍以离狐县属济阴郡。南北朝时，北魏移离狐县治于今牡丹区李村镇李庄村，属西兖州济阴郡。东晋孝武帝太元年间于单父城（今菏泽市单县）又侨置离狐县，属北济阴郡，后废置。北魏至北周离狐县属东明县。隋改属滑州东郡（郡治在今河南省），唐复属曹州。唐天宝元年（742），曹州改为济阴郡，玄宗李隆基以名之不祥，又因庄周在此地（南华山）隐居著述，故诏改离狐县为南华县，诏改《庄子》为《南华真经》，并在南华沙沟之阳建南华庄子观。《唐会要》载："离狐县，天宝元年八月二十四日，改为南华县。"至此，离狐县断续存在约940余年。《菏泽地名》载："东晋侨置之离狐县，约置于东晋孝武帝太元年间（约384年），废于北齐天保年间（约554年），存在170年左右。汉离狐、唐南华，涉及我区今菏泽市、东明县和河南省濮阳市。东晋侨置之离狐涉及我区今单县、成武县。"

南华县治因屡经水患，几度迁徙，曾移治于今濮阳县之习城镇，遗址在今东明与濮阳交界处。唐乾元元年（758）年又改郡为州，曹州济阴郡下辖济阴、考城、宛句、南华、乘氏和成武六县。宋崇宁元年（1102）曹州升为兴仁府。宋末元初马端临《文献通考》"曹州"条下载："建炎二年（1128）没于金，隶河南路。而宛亭、南华、乘氏三县皆为黄河水湮，乃以东明县来属。"《金史·河渠志》载："明昌五年（1194）八月，河决阳武故堤，灌封丘而东，过冤句故城，将东明冲分为二，故金于兴定二年（1218）徙东明于冤句故地，而析黄河南原东明县六乡建兰阳县。"金明昌六年（1195）废南华县，省入济阴县，南华县存在约453年。

据考证，离狐、南华遗址有五处：一是古濮水南蒙漆园附近，在今东明开发区与陆圈镇交界处一带；此为汉冤句县析出离狐第一城。二是在东明县城东北十里东台里西台，今菜园集镇西台集村；此为汉离狐县至唐为南华县。三是古濮水北，今濮阳市南习城镇，与东明县交界处，为宋代南华县。四是在今菏泽市西北牡丹区李村集以南，即东明县与牡丹区交界处，为宋后南华县。清代李村、李堌堆，即所谓李二庄、李村集，为东明县域。中华人民共和国成立后，行政区划调整划归菏泽县（今牡丹区）。五是侨设单县的离狐遗址一处；此为东晋、南北朝时期所侨设。有关离狐、南华的文献史料主要如下。

（1）唐·李吉甫《元和郡县图志》"曹州"条下载："南华县东南至州（定陶）一百二十里。本汉离狐县也，属东郡（濮阳）。旧传初置濮水南，常为神狐所穿穴，遂移城濮水北，故曰离狐。后汉属济阴郡。《魏志》'李典从太祖，迁离狐太守'，然则魏时离狐，郡也。晋属济阴郡。隋开皇三年罢郡，县属曹州。天宝元年改曰南华，英公李勣、左仆射彭城郡公刘晏，皆此县人。濮水在县南五里。"

（2）元·马端临《文献通考》"曹州"条下载："唐、宋曹州南华县，本汉离狐县。天宝元年更名为南华县，五代、宋、金朝不改；大定八年六月，南华县与冤句县、曹州城、乘氏县同时圮于黄河水患，三县皆废。"

（3）明·万历《兖州府志·曹州》载："故离狐城在州西北四十里，汉为县，唐天宝乃改南华，属济阴，金省。今谓之李二庄。"

（4）清·康熙《曹州府志》载："离狐城在州西北四十里，汉为县，唐天宝乃改南华，属济阴，金省。今名李二庄。"

（5）清·李曾裕《东明县续志》载："离狐故城，在县东。旧传初置县在濮水南，尝为神狐穿穴，遂移城濮水北，故曰离狐。唐天宝中，改曰南华。”

（6）民国二十二年《东明县新志》载：“南华县，址在县东十里许西台村。县原名离狐，其故城在濮水之南，城垣为狐所搰，乃迁之濮水北，名曰离狐，此乃隋唐间事也。天宝元年（742），明皇以名之不详，而又庄叟之旧治也，易之曰南华。今考旧志载南华县，而《续志》复补载离狐故城，且均曰县东十里许，是一而误为二也，故并之而述，其颠末如此。”

二、蒙漆园、漆园城遗址

《史记·老子韩非列传》载：“庄子者，蒙人也，名周。周尝为蒙漆园吏。”春秋战国时代，黄河流域种有大量的漆树，兖、豫二州之地的漆产量大、质量好，是为贡品，是重要的战略物资。今东明之域的蒙漆园正处于兖、豫二州之间，是生产漆、漆制品的重要园区，战略位置、地理位置都很特殊，常成为诸侯国之间你争我夺的对象，因而蒙漆园的归属也常不定，时而归宋，时而归魏，其他诸侯国也时有染指。唐·李泰《括地志》“曹州冤句”条下载：“漆园故城在曹州冤句县北十七里，庄周为漆园吏即此。”宋·乐史《太平寰宇记》载：“漆园城在（冤句）县北五十里，庄周为吏之所，旧置监。今漆园城北有庄子钓台。”两种说法的冤句县距漆园里数不同，是因为所记载时代不同，冤句县治位置有别，但都说明了漆园就在冤句县境内。而冤句属蒙，这在文献史料中多有记载。唐《括地志》称“冤句属蒙”，宋·罗泌《路史·国名记丙》载“汉之冤句，亦蒙地也”。元·马端临《文献通考》说：“宛句，有漆园，庄周为吏之所。今县西南光武生于此，唐为县，元祐间改为宛亭县。”清·康熙《钦定古今图书集成》记载：“今兴仁宛亭有庄子漆园，古蒙地也。”清·刘藻《曹州府志》亦载：“今兴仁府宛亭有庄子漆园，古蒙地也。”后经勘定，蒙漆园遗址在今东明县陆圈镇裕州屯一带。

关于“蒙”“漆园”的文献史料记载颇多，除以上列举外，主要有：

（1）宋·欧阳忞《舆地广记》“兴仁府冤句县”下载：“有漆园，庄周为蒙漆园吏，则冤句亦蒙县地也。”

（2）明·天顺《大名府志》“城垒”下载：“漆园城在旧县（今东明集）东北二十里。今名漆园村，有庄周庙，以其曾吏于此也。”

（3）清·顾祖禹《读史方舆纪要》“北直东明县”下载：“邑志云：县东北二十里有故漆园城。昔时多漆树于此，因名。今其地亦曰漆园村。”

（4）清·刘藻《曹州府志》载：“漆园城，在故冤句县北十七里，庄周为蒙漆园吏，城北有钓台。”

（5）清·杨日升《东明县志》“沿革”下载：“东明在《禹贡》为兖、豫二州之域。周属卫，春秋时为仪邑封人请见处。又为漆园，庄周为吏处。冤句有漆园，东明后徙冤句故地，故云。战国属魏。出《舆地考》。”

（6）民国《东明县新志》“古迹”下载：“漆园城，址在县东十里裕州屯前，即庄叟为吏之故地也。原有逍遥园，明、清间已颓废无存。知县杨公日升亦拟葺之，未果也。乃查园之四至，立石记之，迄今犹存。”

庄周为吏的蒙漆园遗址，历代《东明县志》记载翔实，官方勘定准确无误，又与唐《括地志》、宋《太平寰宇记》、清《曹州府志》等记载相合，且东明有古碑出土文字说明，加之濮水、漆水等佐证，庄周为吏的漆园就在今东明县裕州屯一带，属古蒙地，故曰蒙漆园。

三、黄河 濮水 漆水

1. 关于“河”

《庄子·外物》篇说：“庄周家贫，故往贷粟于监河侯。”郭沫若《漆园吏游梁》说“监河侯”指“河堤监督”，是负责“河水”堤防务工作的官员。当时的“河”，专指黄河。据国家水利部黄河水利委员会编撰的《黄河水利史述要》：“《禹贡》记载，黄河在周定王五年（前602）进入濮阳境内。古本《竹书纪年》：梁惠成王十二年，‘楚师出河水以水长垣之东’；《史记·赵世家第十三》：赵肃侯十八年，‘齐、魏伐我，我决河水灌之，兵去’；《史记·赵世家第十三》：赵惠文王十八年，‘秦拔我石城，王再之卫东阳，决河水，伐魏氏’。”“长垣之东”和“卫东阳”这些地方，曾辖古东明的部分地区或为其邻边地区。所以，其中提及的“河”即黄河，就应该在东明附近。该书在记载汉初黄河概貌时说：“根据《史记·河渠书》《汉书·沟洫志》，参照《水经·河水注》，其主河道大概经今河南的荥阳北、延津西、滑县东、浚县南、濮阳西南、内黄东南，由德州市东复入河北，至沧州市折转向东，在黄骅县西南一带入海。”并说“这条河道是周秦时代遗留下来的旧道，是周定王五年宿胥口河徙后形成的”。“濮阳西南”属东明地界，“周秦时代遗留下来”的时间跨度也在庄子生活的年代之内，因此可以断定，庄子时代的黄河距今东明最近不过数十公里。“监河侯”中的“河”既然是指黄河，庄周向“监河侯”贷粟的故事就发生在古代的黄河沿岸，庄周生活在黄河岸边的东明县自然是不争的事实。

2. 濮水与漆水

《秋水》篇说：“庄子钓于濮水。”濮水在何处，是判定庄周生平活动区域的重要依据之一。《辞海》记载：“濮水，古水名，流经春秋卫地，即所谓‘桑间濮上’之濮，亦称濮渠水。上下游各有二支：上游一支首受济水于今河南封丘县西，东北流；一支首受河（黄河）于今原阳县北，东流经延津县南；二支合流于长垣县西，东流经县北至滑县东南，此下又分为二：一支经山东东明县北，东北至鄄城县南注入瓠子河；一支经东明县南，又东经菏泽注入巨野泽。历代上下游各支，或此流彼塞，或此塞彼通，故《汉书·地理考》、《左传》杜预注、《水经注》、《元和志》等书所载经流不尽相同。后因济水涸竭，黄河改道，而故道渐湮。明清之际，余流犹残存于长垣、东明一带，俗称普河。”明·嘉靖《开州志》载：“濮水，在州东南孟里，距城六十里。旧志以为庄子垂钓、楚使人往问之处。”从以上所载可以看出，古濮水流经东明县地无疑。《汉书·地理志》引《水经注》云“濮水又北经襄丘亭南……下入离狐”。唐·李吉甫《元和郡县图志》“曹州南华县”条下载："濮水在县（南华县）南五里。"综合这些史料，离狐县境内确有濮水，"庄子钓于濮水"的遗址应在其隐居地附近。距离庄周隐居地最近的濮水，在今东明县西台集南五里处，此处应为庄周垂钓的遗址。

河南省濮阳，距今东明县45公里。《读史方舆纪要》记载："旧城在今县城西南……以地在濮水之北也"，所以叫濮阳。今山东省鄄城县有临濮，"临濮"即濒临濮水也。濮阳、临濮两地均是东明县的地邻，历史上著名的"城濮之战"就发生在临濮集一带。据《中国历史地图集》的标注："春秋时期，濮水由河南封丘，经长垣，鄄城南，郓城南，折向北；而东汉时期，濮水于郓城南入巨野泽。"清·宣统元年《濮州志》载："濮水在州西南60里，发源于陈留，入于大野。"《史记·集解》郑玄曰"濮水之上，地有桑间，在濮阳南"。从这些文献看，"庄子钓于濮水"中的"濮水"也应当是东明附近之"濮水"。1997年7月，东明县陆圈镇袁旗营村（古称普家村）村民为窑厂取土，挖出一座古桥，桥上有一石碑，为明嘉靖三十八年（1559）"重修普河桥记事碑"，碑刻基本完成，其中有文曰："河以普地名，盖仿诸正统祀。大河北泛，开、长、曹、濮间支派端流之故渠也。"清康熙版《东明县志》记载："普河桥，在县东南八里袁旗营。"《辞源》"濮水"记载：濮水"又名濮河、濮渠、普河。为古黄河济水分流。《诗·卫风》所云'桑间濮上'，《左传》哀公二七年齐师救郑及濮，庄周垂钓于濮，均指此。"有濮河桥的存在，东明当然就有濮水流过。

东明县境内古有漆水，又名漆河，因流经漆园而得名。《四库全书·畿辅通志》卷二十四载："漆河，在东明县北，源自河南原武县黑阳山，流经县西漆堤北，又东抵县北关外，合于洪河。"清康熙《东明县志》载："漆河，在北门外玉带桥下，西自漆堤，东北入洪河，抵张秋入海。"民国《东明县新志》"漆河"下载："东明得名最古者即此水，庄叟为漆园吏是也。明清以来，县书院之名曰'漆阳'，盖亦本斯义，今则湮废矣。"清董说官《重修十善桥记》云："东明古漆园，庄子吏隐处也。邑北门有漆河，河有桥名玉带。"关于玉带桥，清乾隆版《东明县志》说："玉带桥，在县北门外，旧有漆水一道，当黑阳山下流，岁久冲淤，渐成巨浸，淹没禾稼，浸害城郭。明万历十六年（1588），知县朱诰置桥其上，若玉带然，故名。"由此可见，漆水因漆园而得名，更因庄周曾为漆园吏而广为人知，且"漆阳书院"又因漆水而得名，这当是东明所特有的文化现象。

著名史学家、北京师范大学教授何兹全先生实地考察东明后说："漆园的漆水为证，别的地方也没有。庄子钓鱼于濮水，大家说得很清楚了。河，是指黄河，向监河侯借粮，侯比庄子的官高多了，不然怎么要向他借粮呢？'河''濮水''漆水'都不会动的。别的地方可能有漆水，也可能有濮水，但把这三条河汇集到一个地区，只有东明这个地方，其他地方都不行。有这三个坐标，庄子是东明的庄子，问题是不大的。"

四、南华山

庄周自漆园隐退后，就一直居住在南华山，在此著书授徒直至终老，这里是他生平中重要的活动地点。东明县系黄河冲积平原，此地所谓的山指稍凸出地面的高地，如龙山、白云山等均是凸出地面数米的土丘，南华山也不会太高。据在牡丹区李庄集村北出土的《临清法师义玄修寺纪念碑》记载，由此往东南十余里即为南华山。"南华山，东西走向，长达15公里，存在于先秦至唐代，西起今东明县菜园集，东至今鄄城县临濮集。"（杜长印《庄周故里新探》）南华山遗址，在今东明县菜园集镇庄寨村庄子墓北。1875年4月，山东巡抚丁宝桢修筑黄河堤防时，负责修筑黄河大堤的工程人员，把堤标定在庄周墓上。庄周的七十代孙庄立固，通过与其协商，将堤标北移数十米，正巧定在南华山上。当时"压山不压墓"之说，一直流传至今。这样南华山就被削高就低压在黄河大堤之下，山虽不复存在，然传说犹存，遗址仍在。据文物探测此处有商周文化层，属晚期龙山文化，系市级文物保护单位，一些相关著作有专门记载。

南华山虽然不高，但由于是庄周隐居著述之处，名气却不小。唐天宝元年（742），唐玄宗以庄子曾隐居南华山为依据，将所在的“离狐县”诏改为“南华县”，诏封庄子为“南华真人”，将其著作《庄子》封为《南华真经》。而在庄学史上，对南华山关注的文人学者也大有人在。如明·凌濛初《二刻拍案惊奇》说：“话说春秋时曹国曹州有座南华山，是宋国商丘小蒙城庄子休流寓来此，隐居著书、得道成仙之处。后人称庄子为南华老仙，所著书就名为《南华经》，皆因此起。”清·宣颖《南华经解》说：“庄周隐曹州之南华山，因名其经曰南华。”正因为东明县有南华山的存在，也有唐玄宗对庄子其人、其书、其家乡的诏封、诏改等一系列举措，便成为今日确认东明县为庄子故里的一个极有说服力的重要依据。

1995 年，东明县举办第一次全国庄子研讨会时，河南大学历史系主任、河南大学出版社总编辑、教授朱绍侯先生说：“在过去讲古代史时，我对庄子一般都说是商丘人，大家也都习惯这个说法。这次到东明讨论庄子故里问题，就要深入讨论一下。因为也记载着庄子问题的不光是东明县，其他一些县也有庄子墓、庄子故里、漆园。但记载都很简单，两三行，不超过百十个字，也没有什么论述。鲍先生的论文（指学者鲍大雪的研讨会主题发言）还是比较公正的，写得很好，为这次会议奠定了一个讨论基础，要是没有这篇论文，好多问题是不好说的，看了这篇论文，我的观点有所转变，或者说是有了新的认识，最重要的是南华系列。南华系列这个词创得好，南华真人、南华经、南华县、南华山、南华观，这个很重要。讲庄子观、庄子故里、漆园，其他地方也有，南华系列却没有人争，如果不成系列，比如说单是南华山，别的地方也可能有，但南华系列不可能有。搞历史要重视史料，南华系列虽然出于唐，比司马迁要晚，但也有权威性。唐玄宗是有文化修养的，他不是昏头昏脑的皇帝，手下有一批很有才华的学者，我想他当时确定南华县、南华真人，是经过认真考察研究的，不是随意定下来的，必须经过认真考察论证才能定出南华系列。由此，我们可以说，南华系列，加上漆水、濮水、漆园一套，庄子一生的主要活动地区在东明是很有说服力的，可以确定下来。”

五、庄周墓　庄子观

1. 庄周墓

庄周墓在今东明县菜园集镇庄寨村北约200米处，坐落在一处龙山文化至商周文化遗址上，为山东省级文物保护单位。墓前为南华庄子观，墓后有黄河大堤。庄子墓前的“先贤庄周之墓”石碑，系1988年庄氏族人重建庄子观时所立。原“庄周之墓”的碑石，在“文革”期间遭到毁坏。庄周墓之所以在这里存在两千多年，庄周七十四代孙庄著法说：“庄氏族人世代相传，先祖名周，字子休，生前曾在漆园为吏，后在南华山隐居、授徒、著书，卒后葬于此。其嫡系后裔在此地繁衍生息，形成自然村落，称庄寨村，至今已历经七十八代。不管世事如何变换，总有一部分庄氏族人忠实地守护着庄周墓地，延续庄氏的香火。”一位庄学研究专家说，历代庄姓族人，断断不会出于某种目的而凭空杜撰出其始祖庄周的墓地来，也断断不会在杜撰出墓地之后再历代于庄周生卒日对其举行虔诚的祭祀活动。

据《大明一统志》记载:“东明在府(指大名府)南二百里，县(今东明集)东北十五里有漆园城，相传庄周作吏于此，有墓在漆园村。”《东明县志》对庄周墓在东明的存在也多有记载。清康熙十二年(1673)所修《东明县志》“古迹”卷中有“庄周墓，在县东北十里漆园城内，墓前有庙”“北庄子观在县东北二十五里，北有庄子墓”的记载。清宣统三年(1911)《东明县续志》云：“旧志古迹四十余处，经黄水淤没遗址多无存者，唯有庄周墓及单雄墓祠宇复经修葺。”东明在跨越近三百年的历次修志中，都将庄周墓所在的位置，记载得详尽而真切，而且在清乾隆年间《东明县志》中说:庄周墓大数亩，高数丈。在东明县任知县七年之久的杨日升和大名道道台张澧中等地方长官，都曾为重修庄子祠墓撰写了记事碑文，可见庄周墓在东明的存在，东明的民众及官方是多么的重视与关切。

根据文管部门对庄周墓的考证认定，上层 1.5 米为商周文化层，下层 1 米为龙山文化层。1984 年 6 月，东明县政府对位于菜园集乡庄寨村北 200 米的文化遗址和庄周墓公布为县级重点文物保护单位，并于 1993 年竖立了文物保护标志。根据文物保护的需要，划定遗址保护范围为 9310 平方米，建设控制地带 133000 平方米。2009 年，该遗址被菏泽市政府公布为第一批市级文物保护单位。2013 年，被山东省人民政府公布为山东省文物保护单位。

2. 庄子观

庄子观，历史上东明县曾有两处。一是陆圈镇裕州屯村前的庄子观，在古漆园遗址，号称南观；二是菜园集镇庄寨村北的庄子观，此处是庄子隐退、著述，终老、墓葬及后裔居住之地，因方位在裕州屯村的北面，故称北观。

关于南庄子观，据清乾隆二十一年《东明县志》记载："庄子观，在县东十二里裕州屯南。久废。知县杨日升查出有地三十六亩，归北观供祭。康熙五十年，生员岳克昌募众重建，春秋致祭。知县王积隆命原地仍归本观，以供香火，北观祭典官办。"杨日升任东明县知县时，南庄子观已久废，说明修建南庄子观的年代比较久远。康熙五十年（1711）知县王积隆重建南庄子观，又命原庄子观三十六亩地仍归本观，以供香火，南观祭祀庄子活动又趋正常。王积隆之后一百四十年，邹培经任东明县知事，在捐廉重修南庄子观的同时，还为王积隆修建了王公祠。清末至民国，由于兵连祸结，南庄子观逐渐颓废。改革开放以来，裕州屯及周边村民纷纷要求重建庄子观，于是由裕州屯村民闫东修、张保林、王怀庆等人出资，于 2008 年 8 月在南庄子观遗址上再次重建占地四亩余的新庄子观。

北庄子观，也称南华观，始建于唐贞观二年（628）。南华庄子观，北依黄河，南临濮水，前有漆园，后靠南华山，是有史以来的最早纪念庄子建筑物，此后曾有多次维修。从观中现存的一块残碑上，可以清楚地看出，明万历年间、清康熙十四年、乾隆十九年均有重修。康熙十四年重修庄子观系东明县知县杨日升所为，乾隆十九年的重修是东明县知县钟风翔所为。

清道光年间亦有重修，道光十四年（1834）时任大名道道台的张澧中为之作《重修庄子祠墓记》。中华人民共和国成立初期，北庄子观包括碑林占地十余亩，观内、观外立着历代文人名士赠刻的石碑，大厅内悬挂着历代文人名士题写的匾额，如明代穆文熙题写的“漆园旧泽”，明代石星题写的“犹龙化境”，清代杨日升题写的“至乐无为”，清代袁佑题写的“仙风道骨”，清代大名府正堂题写的“兴造务游”，清代张澧中题写的“绵貌清遐”等匾额。令人惋惜的是，南华庄子观在“文革”中被拆除，改建了学校。1988 年，东明县庄寨村庄子后裔与分住在山东、河南、黑龙江三省七县二十九村的庄氏族人共同集资，在原庄子观的遗址上又重建了简易庄子观。1999 年，为适应加固黄河堤防的需要，占压了庄周墓，拆除了新建的庄子观，暂时建了一间庄子观，以续祭祀庄子。加固堤防任务完成后，2010 年 8 月开始重建了南华庄子观，包括大门、正大殿、左右配殿以及碑林等。正大殿又名南华殿，殿内有庄子塑像和庄子事迹壁画等；东配殿是庄子文化陈列馆，西配殿是庄子文化交流中心。南华殿背后是庄子墓，庄子墓西侧是南华山遗址所在，东侧为不同年代的石碑林。重建后的南华庄子观，庄严肃穆，气势非凡，笔者多次到此游览凭吊，曾为之撰联云：观以山名，山以观盛，千年绝学由来远；人因道立，道因人传，一代宗师直到今。

第三节　庄周的文化遗存

一、碑刻

东明县自 1981 年 10 月到 2011 年 8 月，经多方努力，共发掘、发现有关庄子文化的古碑刻 15 通，其中明代三通，清代九通，民国时期三通。这 15 通古碑刻，诠释与揭示了庄周一生做官、退隐、授徒、终老、死葬以及子孙繁衍之地均在东明，为庄子故里在东明的确定提供了有力的证据。

1. 明代碑刻

①普河（濮水）桥重建记事碑

此碑于1997年7月由陆圈镇袁旗营村民在窑厂挖土时发现，被该村教师袁学孔收藏。2007年6月，东明县原县志办主任王守义先生在袁旗营村做调查时见到了这通明嘉靖三十八年（1559）《普河（濮水）桥重建记事碑》，经认真研究考证发现了该碑刻的重要学术价值。

东明县古有濮水，即《庄子·秋水》篇所谓"庄子钓于濮水"之水。但濮水早已湮废，其具体流经一直难以确定，而这块《普河桥重建记事碑》却揭开了谜底。《辞源》濮水词条载："濮水，又名濮河，濮渠，普河，为古黄河济水分流。"《辞海》濮水词条下亦载："明清之际，（濮水）余流犹残存于长垣、东明一带，俗称普河。"清乾隆版《东明县志》载："濮河在杜胜集西北，由袁长营经任营、袁旗营、赵官营东北流与洪河合，抵张秋等处入海。原系濮河，俗误为普，盖讹传云。"又载云"普河桥在县东南八里袁旗营"。所谓普河桥，即濮水桥。这次发现的普河桥重建记事碑，碑刻基本完好，碑文（节选）如下：

> **河以普地名，盖昉诸正统禩。大河北泛，开、长、曹、濮间支派疏流之故渠也，**襟带吾屯，有萦绕秩干义。在晋行人率游泳方浮浪，乃利涉因构木梁以济。第岁久颓坏，行复病之。……吾叔坦斋触目激中，慨然有振仆起替之心，率吾屯诸君属捐资动众，鸠工庀材，以营乃事。……始于嘉靖己未春二月初吉，迄三月念竣工乃告成。……嘉靖叁拾有捌年岁次己未四月拾贰日，郡庠廪膳生吴历撰。

根据《辞海》《词源》《东明县志》和《普河桥重建记事碑》等文献的记叙，有关专家论证，在袁旗营发现的普河就是濮水流经东明县南的那一支。这一发现不仅填补了濮水流经东明的遗存、遗迹的空白，也是迄今为止濮水所流经州县以至入海的首次发现。更值得一提的是，普河桥建造流向正是西南至东北流，自此向东北约 4 公里即是庄周为吏的古漆园，庄周为吏时在此地垂钓非常方便而有可能。曲阜师范大学教授崔茂新说："发掘出明嘉靖三十八年重修的普河桥与碑记，为庄子故里在东明增添了新的佐证。所有这些不仅有力证明了庄子故里在东明，更重要的是，对于学术圣地还原庄子生活、著述、社交的文化地理空间提供了珍贵的历史遗存和依据材料，为庄子研究的重大突破准备了基础性的条件。"

② 裴子岩创建阳明寺记事碑

创建阳明寺记事碑，2007 年 7 月 8 日发掘于东明县小井乡裴子岩村。该碑为明万历壬子年（1612）四月创建阳明寺时所立，康熙版《东明县志》记载："阳明寺在县南五十里裴子岩。"该碑碑文由进士第知东明县事、天汉人李遇知撰文，训导、滇人周遐祚书丹。

《裴子岩创建明阳寺记》明确记载，"夫明邑在周时为漆园，即庄周为吏处"。碑文（节选）如下：

> 万历辛亥岁夏，余奉（敕）来牧东明。**夫明邑在周时为漆园，即庄周为吏处**。汉初为阳武县户牖乡，陈平所封地也。且北拱神京，南镇大河，亦都邑之雄也哉。……

③ 毛营村重修小单观音龙门寺记事碑

小单观音龙门寺，在县东南十里毛营村。所谓"小单"，指隋唐英雄单雄信之子。清康熙、乾隆版《东明县志》均载："小单俗传为雄信之子，墓在县东南十里，上有古刹。""小单观音寺，在县东南十里。"小单墓上的古刹，即小单观音龙门寺。而东明县城内有单雄信墓，始建于唐代，为唐初名将李勣所立。据民国二十二年《东明县新志》记载："单雄信墓，墓在县城内县府东北隅，土质颇坚刚，高可两丈许，形为马鬣封，历代名人过此，感慨以诗者甚多。外尚有其子墓，在县东南十里，墓上崇以高刹，俗谓之曰小单墓。又有符单墓，在东南七里许，俗传为雄信之婿。”

小单墓及小单观音龙门寺始建于何时，《东明县志》没有记载，据考当稍晚于单雄信墓而始建于唐代。今毛营村小单观音龙门寺内，有一通立于明崇祯十一年（1638）春正月十八的重修龙门寺记事碑，碑记为“普滨府学生员韩耀祖撰”，由“普滨县学生员李翔禹书丹”，其中“普滨”即指普河之滨，也就是濮水之滨，文中指出龙门寺“盖漆园一普陀云”，这里作者用“漆园”指代东明，并把东明、漆园和普河（濮水）有机地结合在一起。

重修小单观音龙门寺记事碑保存完好，碑记文字清晰可辨，内容如下：

> 吾邑巽隅，相去十里余，有古寺曰观音龙门。先是隋时创建，历唐暨宋在冢南路东，至元迁于小单冢，遂以小单名。层峦耸秀，溪水环绕，**盖漆园一普陀云**。……乃于崇祯九年丙子岁命工揭瓦。……《传灯录》云即心是佛，不益信乎！

2. 清代碑刻

① 重修小单观音龙门寺记事碑

毛营村小单观音龙门寺内，还有一通立于清康熙九年（1670）的重修小单观音龙门寺记事碑。《东明县志》记载：“小单观音寺，在县东南十里。康熙九年（1670）知县杨日升重修。”东明县知县杨日升亲自为之撰写了《重修小单观音龙门寺记》。该碑刻原已碎成多块，是用水泥黏合起来的残碑，大多数字迹模糊不清，且有缺字。但碑文首句“东明古漆园，南华先生”字样却清晰可辨，正是这几个字显示了它的文化价值。碑文摘录如下：

> **东明古漆园，南华先生**□□□□。余于戊申之秋来守兹土，间以劳农所至，拜古刹而憩焉，则观音龙门寺也。寺居邑东南八里许，□读断碣，

□□□□千有余年，增修者屡矣。……康熙九年秋八月。

②重修庄子观记事碑

南华庄子观，始建于唐贞观二年（628），历代皆有重修。清康熙七年（1668），江西建昌府新城人、进士杨日升来任东明县令。杨日升“自以为庄子后身，在官百废具举，而尤斤斤于是观”（《东明县新志》），并亲查出南庄子观原有地三十六亩，划归北庄子观供祭。康熙十四年（1675），杨日升重修庄子观，并亲自撰写了《重修庄子观碑记》。该碑于20世纪50年代被打碎烧石灰，漏下碑刻右上角一块，上有“重、邑、时、果、月、起”六字可辨，被有心人偷偷地藏了起来。1986年，王守义先生得到这块碑刻残片，根据这六个字在《东明县志》中反复对照寻找，发现这正是杨日升所撰《重修庄子观碑记》中一部分。

《重修庄子观碑记》一文，收录于康熙版《东明县志》，内容如下：

邑之东台，古漆城地，周时庄先生吏于兹。政治之暇，为修身缮性之事，不揖州郡之交，故以傲闻。……兹为先生观坟之地，重建启土，约五尺许，出泉一窟，深可丈余，清洌异常，省役人远汲之劳。乡人有取以愈疾者，佥谓先生之灵，名曰“灵泉”云。**更有先生修真之所在裕州屯，即古“逍遥园”也，**有地三十六亩，以供祭典，悉清查归观，后之令兹土者，其饬勿侵没焉。

（《重修庄子观碑记》碑刻残片）

③ 黄军营重修玄帝行宫记事碑

重修玄帝行宫记事碑，1999 年发掘于东明县城关镇黄军营村。邑庠生杨士元撰文，大学士姜仲仁书丹。雍正七年（1729）己酉年春三月吉日立。该碑的庄子文化价值在于碑文的开篇第一句：东明古漆园也。碑文摘录如下：

> **东明古漆园也。**城西南隅离城三里许，地名黄军营，有玄帝行宫，重檐峻宇，由来旧矣，时人渐颓。信士会首、监生杨士英会众捐资重修宫殿，于雍正酉春告厥成功。……

④ 顾家村（顾庄）重修太（泰）山行宫记事碑

《顾家村重修太（泰）山行宫碑记》碑，2011 年 8 月出土于陆圈镇顾庄。该碑立于清乾隆三年（1738）十二月初五日，碑文最后一句**“漆园后学卢树昆书丹”**。书法家卢树昆以“漆园后学”自居，说明当时漆园已是东明的代名词，而读书人也引乡贤庄子为自豪。

⑤ 重修庄子观祠碑

南华庄子观中，还保存着一通重修庄子观记事残碑。残碑上的文字已模糊不清，细辨可见乾隆十九年重修庄子观等字样，碑记文作者不详。据庄寨村老人讲，原先还能辨认出有“钟凤翔撰”等字样。钟凤翔为时任东明县知县，从此可以看出，乾隆十九年（1754 ）官方曾对庄子观有过重修，钟凤翔为之撰写了碑记。《东明县志》中未载钟凤翔该碑记。

⑥ 裕州屯登云桥碑

“登云桥”碑发掘于漆园遗址，今东明县陆圈镇裕州屯村。传说，濮水从西南方向而来，穿过漆园东北而去。濮水之上有桥，庄子从此桥羽化升天。后来当地百姓为纪念庄子在此为吏，得道成仙，于清乾隆二十三年（1758）在原址建造了一座“登云桥”，并立碑为纪。

⑦ 奉祀先贤庄子例应免差徭碑

此碑发掘于1981年11月，是在庄寨村北沼泽地中出土的。此碑保存完整，字迹清晰。碑刻内容从右至左为："**大名府正堂王大老爷批示庄、刘二村奉祀先贤庄子例应免差徭碑。**乾隆五十五年（1790）仲秋谷旦。"原碑现存放在东明县文庙内。此碑是大名府正堂王大人批示免除庄寨、刘庄两个村庄的差徭的证明，照例把应缴纳的赋税等用于奉祀"先贤庄子"。

⑧ 漆园遗址南庄子观士民感恩戴德碑

士民感恩戴德碑，1995年1月4日出土于陆圈镇裕州屯漆园遗址。该碑是知东明县事邹培经捐廉重修庄子观（南观）暨王公祠并蠲免裕州屯等三村徭差记事碑。碑额为"万民感恩"，碑中央书写大字为"钦加五品衔知东明县事邹公士民感恩戴德碑"，左侧为碑记内容，右侧为"捐奉助工纹银一百两"和"大清咸丰元年（1851）岁次辛亥秋八月"。碑背面为"**批准照旧章，蠲免三地方差徭以庄子观而垂永久**"。碑记内容如下：

> 邹公培经，秋江其字也。山东福山县望族。道光乙巳以京秩来抚兹土，慕前任循良诸公。未二年去任，越三年己酉复还。**我使君捐廉重修庄子观暨王公祠，令王官屯、赵官营、裕州屯董其祀，蠲徭免役如王公德政。共立感戴碑于庄子观前，与王公碑并峙。铭曰：前有仙吏，后有王公，谁堪媲美，福山之风。**

⑨ 岳蒋庄重修关帝庙记事碑

此碑2008年12月被发掘，现立于陆圈镇岳蒋庄村东北角关帝庙前，系清庠生袁天贵游历漆园遗址时应其表兄杨书之请所写。碑刻立于清光绪三十二年（1906）四月二十日。碑文如下：

> **余游于漆园东十五里，澶渊南百十里，至蒋庄村，盖古名区也。**其

寨外震方既有土岗，现在石碑犹存，特乍见莫问，不知果伊何也。……澶渊郡军功杨书篆额，庠生袁天贵撰文，**漆园儒学生岳永祥书丹。**

另有“重修庄子祠墓记碑”，该碑立于清道光十四年（1834）。碑文为关中进士、大名道张澧中所撰，《东明县志》“艺文卷”记载了此文。文中有**“东明古冤句县，城东裕州屯即漆园也。庄子蒙人，曾为漆园吏，故其祠墓在今县东北东台里”**之句。惜此碑无存，至今没有发现，然《东明县志》记载真实可信，故于2011年复制“重修庄子祠墓记碑”一通，立于东明南华庄子观。

3. 民国时期

① 裕州屯重修东岳庙记事碑

裕州屯村东岳祠祠门北侧墙上，嵌有一块约40厘米见方的石刻，系民国六年（1917）《重修东岳祠记事碑》。石刻文字笔痕较浅，加之风化严重，大部分文字难以辨析。1997年秋，王守义先生发现了此碑，经认真辨析，发现了此碑的庄子文化价值。其中有“**裕州屯是一胜地，南三里有庄子观，为东周庄子漆园为吏处**。北二里有大路寺……中华民国丁巳六年”等字样。

② 东明小东湖记事碑

2007年5月17日，王守义先生在裕州屯庄子观遗址西南三里穆庄村发现了此碑。该碑保存者介绍，此碑原在东三里庄的一位刘姓手中，是刘于1958年在东明县城西南隅修建水磨时捡到的，后来被其姑母拉到穆庄充当捶布石。因长期被敲打，许多字迹已分辨不清，但仍有一些文字可见。经王守义先生在《东明县志》所载文章中反复对照，发现是民国二十二年天津人王守恂所撰的《东明县小东湖记》，文中有“东明县为庄周漆园故址”“古漆园”等文字。碑文如下：

余友任瑾存书来云：**东明为庄周漆园古址**。县廨后有洼池约地八九十亩，黄河入城冲刷而成。……复募捐建亭湖上，于湖之南辟园种花，额曰**古漆园**。……守恂读之，有深感焉。

③ 油寨油氏始祖墓志铭

该碑立于民国二十四年（1935），保存在陆圈镇油寨村，碑刻完整，字迹清晰，系十八世油玉珍撰文并书丹。《油氏始祖墓志》碑文节选如下：

我油氏五百年前祖居山西太原洪洞，至明永乐年间，我始祖讳滔及其兄盾等迁至□山天雄之南。我始祖营居傅刘镇御道迤西，与胡氏为邻。**东葵丘，西漆水，南龙山，北白云。左带曹河之清流，右倚东昏之旧境，古之漆园，今之东明也。**

2011年9月东明县第三次全国庄子研讨会期间，王守义先生请河南大学朱绍侯教授对油氏始祖墓志碑进行鉴定和评估。朱教授说："不要轻看这块墓志铭，它年代虽晚，但其价值很高。为什么呢？这是因为类似这样的碑刻记叙事情都比较真实可靠，它比书本上的东西更为确凿可信。"

二、楹联　牌匾

1. 楹联

南华庄子观始建于唐代，历史上曾有多次重修，直至中华人民共和国成立之初，其规模还相当可观，包括碑林占地面积十余亩。大门威严肃穆，楹联赫然醒目，其中有明朝大臣、东明乡贤石星为庄子观所撰联曰：精著南华传万世，漆园真人壮千秋。大殿内庄子像端坐俨然，像前香火不断，烟雾缭绕，供案上方横批：漆园旧泽；两侧对联是：生于蒙城地，逍遥漆园村。

2. 牌匾

南华庄子观大厅内，原来悬挂着许多历代文人名士题写的匾额，现在还保留着六块，但已不是原版而是后仿制的。分别是：

（1）漆园旧泽：明兵部侍郎穆文熙于嘉靖甲寅年（1554）为庄子观所题。穆文熙（1532—1617），字敬甫，大名府东明县（今山东省东明县）人。明代文学家。嘉靖四十一年（1562），举进士，官历任工部郎中、吏部考功司员外郎。官至广东按察使、户部侍郎、兵部侍郎等。穆文熙精通史略，文武兼备，且为官清正，崇尚名节。归里后，建一“逍遥园”研习老庄，专事著书。著有《四史洪裁》《七雄策》《逍遥园诗文集》《文浦玄珠》《百将提衡》等。

（2）犹龙化境：明兵部尚书封光禄大夫授太子太保石星于嘉靖辛酉年（1561）为庄子观所题。石星（1537—1599），字拱辰，号东泉。大名府东明县石家井村（今东明县解放街仁义胡同）人。明朝大臣。嘉靖三十八年（1559），中进士，授行人司行人，擢吏科给事中。历任尚宝司少卿、大理寺寺丞、兵部左侍郎、工部尚书、户部尚书、兵部尚书等。

（3）至乐无为：清东明县知县杨日升于康熙十四年（1675）为庄子观所题。杨日升（1625—1708），清朝顺治、康熙年间江西建昌府新城（今永修县）人。顺治十二年（1655）乙未科进士，康熙七年（1668）至康熙十四年（1675）任东明县知县。杨日升为官清正廉洁，体察民情。精通精史，文才出众。

（4）仙风道骨：清翰林院编修袁佑于康熙二十三年（1684）为庄子观所题。袁佑（1633—1699），字杜少，号霁轩。东明人。清初诗人、学者。康熙十八年（1679），宏博特科御试列一等，特授翰林院编修，参与修撰《明史》《一统志》，搜讨群书，详订细考，务求精核。康熙二十年（1681）拔贡，由中书官中允，充浙江乡试正考官。工诗翰，长于著述，有《诗议疑义》《老子别注》《左史后议》《五鹿诗选》《罄闻偶记》《圃说》等著作行世。

（5）与造务游：清乾隆五十五年（1790）大名府正堂王大人为庄子观所题。大名府正堂，即大名府的知府。王大人名讳事迹不详，但其对庄子观极为重视，曾批示庄寨、刘庄二村奉祀先贤庄子例应免差徭。

（6）绵貌清遐：清道光年间大名道道台张澧中为庄子观所题。张澧中

（？—1848），字兰沚，陕西潼关人。清朝大臣。嘉庆二十二年（1817）进士，官至直隶布政使、山东巡抚等。道光十二年（1832），出为直隶大顺广道。其间，南华庄子观重修，为之撰写了《重修庄子祠墓记》，并题写了此匾。

三、庄氏族谱

庄寨村庄周后裔本有族谱，原族谱于清嘉庆二十年失传，现存的《庄氏族谱》是由东明庄寨、曹县庄寨、菏泽庄庄三村的庄周嫡系后裔于1950年共同续修。族谱中以庄周为其始祖，最末一代为庄周七十八世孙庄衍波。

据庄周第七十五代孙庄照堂说："庄周嫡系子孙两千多年来，在东明县庄寨村繁衍到七十八世，分布在山东省曹县庄寨村、菏泽县佃户屯乡庄庄村，河南省兰考县、原阳县、太康县，黑龙江省汤原县等三省七县二十九村的庄氏，他们都是始祖庄周的嫡系后裔，他们都视东明县庄寨村是他们的祖籍。"正因为东明县庄寨村是庄周逝后的埋葬地，清乾隆五十五年（1790）大名府正堂王大人批示蠲免庄寨村差徭以奉祀"先贤庄子"，并铭石为纪。

中国社会科学院荣誉学部委员、博士生导师孔繁教授，在1995年11月8日在东明参加第一次庄子研讨会时说："经过昨天的开幕式和参观访古，给我一个深刻印象，我觉得东明县对庄子事迹和故里的考证都是较充分的。……听了庄子后裔的报告，他们讲得非常清楚，对庄子后裔历史演变，这都是有力的证明。一个地方如果是庄子故里，找不到庄子的后裔，找不到姓庄的，就不能充分说明问题。一个地方说是庄子的故里，有庄子的故居，而且有他的后裔，并且是他的嫡系后裔，就是一个充分的证明。"

东明县《庄氏族谱》序文节选如下：

窃维吾族之始出自春秋宋国，《左传》所谓戴武庄之族者是也。其后，战国时吾始祖讳周，字子休，生于古蒙名区。天资异常，灵敏超众，又好学不倦，年未及冠，将老子之学深得乎奥妙，而著作之才能已肇于此矣。楚王闻其贤，聘为国相，子休公辞而不就，北游漆园，漆园任为吏，而漆民至今颂其德。后退隐南华山，著书十余万言，大要以老子之学说为宗旨，即《南华经》也，唐天宝元年诏号为《南华真经》。李白赞其诗曰："万古高风一子休，南华妙道几时修，谁能造入公墙里，如上江边望月楼。"

余等三复斯诗不觉而神佑感焉，其维吾族之失老谱乎，当往古失迷之秋，固为吾族所同悲，今临修谱之际，言念及此，而伤悲之心亦因之而生焉。其故何哉？盖老谱所在，即吾族历世先祖之名号所在，孰尊孰卑观谱则一目了然矣。嗟乎！老谱失迷，吾族历世先祖之名号何在？诚可悲也。试论其失迷之故，前于清嘉庆十二年丁卯举人，吾族高祖讳济，字毅亭，同榜有一同姓者，系关外民籍，后二君晤面，谈及老谱，同姓欲借抄录之，约会试期带京，届期毅公将老谱交给同姓，未及奉赵，毅公领凭赴正定府新乐县充任学官，时未满载，毅公逝世于新乐县学署之内，岂不哀哉！惜毅公临终未有追讨老谱之遗嘱，何也？或将借谱之事忘掉乎？或病势暴猛不暇乎？不然老谱焉能失迷无统系同姓之手哉。然而当时未讨，今则更无完善之方策，不过听其谱之间断，将已知者修为新谱而已，且考老谱记载之世额，上自始祖子休公，下至五十八世族讳全，字备君，系长门后裔，住东明县城东北十八里北庄寨。五十四世族祖讳百万，字广财，系二门后裔，住东明县城东南七十里南庄寨。五十六世族讳武，字允文，系三门后裔，住菏泽县城东南十六里庄庄。此三门中而子孙最蕃衍者，其惟二门，不观二门之子孙又分迁十余村之多乎，多则难以备载，仅将分迁户口之繁者言之，若李家滩、回龙寺、茨蓬、高辛庄、纸坊等村，乃若是众多之族无谱记载之，则辈次之尊卑难免紊乱之讥，况相距较远而素不识面者乎。

呜呼！老谱既失迷于前，更恐新谱再失修于后，故吾族修谱之事不容缓也。无奈事关重要问题繁多，其势功成不易，前于己丑岁元月吉日，吾族开始提议修谱，迄今快及二载尚未完成。噫！迟延若是，谁之咎也，修谱者怠惰其职与？抑财政困难使然与？幸日前将印刷等费筹妥，不久便有成功之可望，并将本族排行字五言六句，自七十世起：“立兴传合著，昭庆道衍长。培开德文基，自致福善祥。怀喜心建正，继守世克良”，印刷其上，为吾族辈次之凭证，而辈次之尊卑自分明者矣。惟谱尚缺序词，嘱余拟稿，惜余学识浅陋，素无作才，乃再三推辞，无负其责者，竟不揣冒昧而忘笔斯言，则语气中难免错误之弊，望吾乡才美不吝之亲友加以指正之，则较为美观云尔。

公元一九五零年庚寅岁重阳节之辰，曹县师范讲习所毕业，历任教员，七十三世孙鸿恩合钦沐手撰于本斋。

第四节　庄周的文化遗风遗俗

一、祭祀活动

1. 官方祭祀

官方祭祀庄子活动历史悠久，可追溯到唐代。据《曹州府志》《东明县志》记载，唐贞观二年（628），在南华沙沟之阳始建庄子观，称南华庄子观。天宝元年（742），玄宗诏封庄子为南华真人。自此，庄子享受官方祭祀。相传庄子生于二月初九，卒于八月二十四，故有“二月祭生，八月祭死”之说。祭祀活动在庄子观或庄子墓前举行，一般由东明县知县（有时上级官府也派员参加）率地方官吏及乡绅学子，面向庄子塑像焚香叩拜。

宋徽宗时封庄子为“微妙元通真君”，官祭庄子成为常规化，仪式隆重，沿袭至明清时期。为使官祭庄子活动有经费保证，官府常采取免除当地乡民徭役赋税的方法，并划出官地归庄子观经营。清康熙七年至十四年，杨日升任东明县知县期间，重修了庄子观和庄子墓，查出原南庄子观官地三十六亩，划归北庄子观供祭使用，并年年主持八月二十四庄子忌日的祭祀活动。

乾隆五十五年（1790），大名府正堂王大人批示免除庄寨、刘庄两个村庄的差徭，照例把应缴纳的赋税等用于奉祀“先贤庄子”。咸丰元年（1851），知东明县事邹培经捐廉银一百两，重修了南庄子观，令王官屯、赵官营、裕州屯董其祀，并“批准照旧章，蠲免三地方差徭以庄子观而垂永久”。

2. 民间祭祀

民间对庄子的祭祀，形式多种多样，纯属自发，时间随机，目的各异。参与者多为当地妇女，她们视庄子为神仙，故祭祀非常虔诚，往往对着庄子像焚香跪拜，心中默默祈祷，小声许愿，带有一定的迷信或宗教色彩。

民间较大型的祭祀活动，多在庄子生日时举行。每逢丰收年景或大灾之年，有关人员组织百姓集资在庄子观前唱大戏，或庆贺太平盛世、国泰民安，或祈求庄子保佑百姓免除灾难。这种活动并非常态化，偶尔有之。

南庄子观的祭祀活动，属于民间祭祀。由庄子为吏处裕州屯及附近的王官屯、赵官营三村组成庄子观祭祀会，每到庄子的出生日和去世日，都要举行祭祀活动。所需经费除蠲免三村差徭以供祭祀外，还另划出三十六亩田地提供祭祀费用。杨日升任东明知县时，南庄子观已废，查出庄子观原有地三十六亩，划归北观供祭。“康熙五十年，生员岳克昌募众重建，春秋致祭。知县王积隆命原地仍归本观，以供香火，北观祭典官办。”（乾隆版《东明县志》）王积隆对南庄子观的修建、祭祀极为重视，在他任东明知县的十一年（康熙四十八年至五十九年）间，南庄子观的祭祀活动一直非常隆重。清咸丰元年（1851）东明县知事邹培经，在捐廉重修庄子观的同时还为王积隆修建了王公祠。清末至民国，由于兵连祸结，南庄子观再无人重修，逐渐颓废，祭祀活动也逐渐废止。改革开放以来，裕洲屯及周边村民，纷纷要求重建庄子观，2008 年 8 月裕洲屯村民闫东修、张保林、王怀庆等人出资，在南庄子观遗址上重建了占地四亩余的新庄子观，庄子的祭祀活动又逐渐开展起来。

3. 庄氏家族祭祀

庄氏族人的祭祀最为经常，主要有家族长主持一年两次的“二、八大祭”，即二月初九的庄子生日和八月二十四日的庄子忌日。每到这两个时间他们都要举行盛大的祭祀活动，族人们身穿节日盛装，面向庄子的画像顶礼膜拜。庄氏族人对庄子的祭祀非常虔诚，即使是战乱和灾年，也忘不了在二月初九、八月二十四这两天，三五成群地向老爷（庄子）磕个头，烧上一张纸，点上一炷香，举行简单的纪念。就是在“文革”期间，庄子观被拆，每逢二、八祭祀之日，庄氏族人中也有不少人，冒着被批斗的危险，悄悄地在庄子观遗址上垒起一个简易的小庙，堆起一堆土，插草为香，表示纪念。

1988 年 2 月，分布在全国各地的庄周嫡系后裔共同出资，在东明县庄寨村北庄子观旧址上重修庄子观，庄寨村民与各地代表举行了盛大的祭祀活动，共认庄寨村为庄周的安息之地，也就是共同确认庄寨村是庄周故里。在重修庄子观后为始祖庄周过第一个生日时，请来了县大平调剧团，从二月初八唱到二月初十。二月初九这天，能续上族谱的山东省东明、菏泽、曹县，河南省兰考、杞县、原阳和黑龙江汤原县等七县二十九村庄氏族人的代表以及庄寨村的男女老幼，一个个穿着节日盛装，男女分列，一队队向老祖宗庄周顶礼膜拜，从早晨到晚上香火不断，鞭炮声响彻不停，充分表达了庄子后裔对祖根的怀念和对始祖的追思。

4. 重修南华庄子观落成大典

2011 年 9 月 21 日（农历八月二十四，庄子逝世纪念日）来自全国各地的庄氏族人代表和庄学研究专家学者与地方领导及各界人士齐聚一堂，举行了南华庄子观重修落成大典，将庄子的祭祀活动推向了高峰。

一些专家学者参加了南华庄子观落成大典，了解了“二、八大祭”这些活动以后，纷纷发表评论。中国社科院宗教研究所研究员、博士生导师余敦康教授说：“我很感谢有这么个机会到东明来，在这里收获很大。比如说具体庄子生卒日，这里有一个很准确的说法，二月初九生，八月二十四死。”华中科技大学哲学博士、教授李耀南先生在研讨会上说：“关于庄子的生卒月日，我们知道，《史记》对此没有任何记载，而庄姓族人历代皆以为庄子生于农历二月初九，卒于八月二十四，每于是日举行致祭活动。这显然属于一种民俗，但民俗往往可补正史之不足，因为它是以代代相传的活体方式，常常将古老的历史信息保存下来，虽不载文献，但却真实可信。我想历代庄姓族人断断不会出于某种目的而凭空杜撰了其始祖的生卒月日，理当有其来历。”

二、《庄子》记载的有关风俗

《庄子》一书中，涉及了一些具有鲜明地方特色的生产生活习俗。这些习俗虽历经几千年,但今天在东明依然存在。这说明庄子对当地习俗十分熟悉。从这一角度，也可以看出他曾长期生活在这个地方。只有在一个地方长期居住并细微观察生活的人，才能把当地习俗恰当地运用在自己的作品中。

1. 瓠作腰舟

【出处】今子有五石之瓠，何不虑以为大樽而浮乎江湖，而忧其瓠落无所容？（《庄子·逍遥游》）

【译文】现在你有五石容量的大葫芦，为什么不考虑将它系于腰上以浮游江湖，而只是发愁太大无所用之呢？

【释义】大瓠，大葫芦。樽，形如酒器的腰舟。古人把大葫芦系于腰间，用以渡水，因名其为腰舟，其作用相当于现在的救生圈。东明当地古时临濮水，近黄河，用大葫芦作为渡河、救生工具是很普遍的事。现在当地仍普遍种植这种大葫芦，并且仍有人把它作为游泳工具。在20世纪60–70年代，黄河中的船只仍在船帮上挂几个大葫芦，以备危难时逃生之用。

2. 樗树不材

【出处】吾有大树，人谓之樗。其大本拥肿而不中绳墨，其小枝卷曲而不中规矩。立之涂，匠者不顾。（《庄子·逍遥游》）

【译文】我有一棵大树，人们称之为“樗”。它的主干粗而不正，不合绳墨；它的小枝弯弯曲曲，不合规矩。这棵大树生长在路边，过往的木匠看都不看一眼。

【释义】樗，即当地至今仍普遍存在的臭椿树。这种树为落叶乔木，枝干倒也并不是全部臃肿、卷曲的。但此树有臭味，木质粗劣松脆，当地人只用它做床帮、门板之类，绝不用来制作精细家具。

3. 桔槔汲水

【出处】凿木为机，后重前轻，挈水若抽，数如泆汤，其名为槔。（《庄子·天地》）且子独不见桔槔乎？引之则俯，舍之则仰。（《庄子·天运》）

【译文】用木头加工成机械，后面重而前面轻，提水就像从井中抽水似的，快速犹如沸腾的水向外溢出一样，它的名字就叫做桔槔。你难道没有见过桔槔吗？人一拉它就垂下，松开手它就升起。

【释义】桔槔是春秋战国时期应用的原始汲水工具。用一横木支架在木柱上，前端用绳悬挂水桶，末端系上石块之类的重物，两端上下运动，一起一落，从井中汲水可省力。东明历来用水主要靠水井，所以桔槔的使用一直很普遍，直到20世纪末，仍有人用它汲水，本地人称之为“挑杆”或“吊杆”。

4. 持杆承蜩

【出处】仲尼适楚，出于林中，见佝偻者承蜩，犹掇之者。(《庄子·达生》)

【译文】孔子去楚国，经过一个树林，看见一个驼背的老人在捕蝉，像在地上拾取一样轻而易举。

【释义】佝偻，即驼背。蜩，即蝉。承蜩，即是举着长竿粘蝉。这里说的是一个驼背老人用长竿粘蝉的故事。蝉在东明当地俗名“马知了”，有药用价值，又是美味食品。“油炸金蝉”是当地名菜。在出蝉季节，儿童和老人往往在傍晚摸“知了猴（幼蝉）”，有时用口嚼小麦得黏性面筋，按在长竿顶端，去粘取“马知了”。持杆粘蝉现在仍是当地一些农村儿童喜爱的游戏。他们凝神屏气，稳中求快，猛然粘住蝉翼，从中获得成功的乐趣。

粘蝉

5. 嗜好斗鸡

【出处】纪渻子为王养斗鸡。十日而问："鸡已乎？"曰："未也。方虚憍而恃气。"十日又问，曰："未也，犹应向景。"十日又问，曰："未也，犹疾视而盛气。"十日又问，曰："几矣。鸡虽有鸣者，已无变矣，望之似木鸡矣，其德全矣。异鸡无敢应，见者反走矣。"（《庄子·达生》）

【译文】纪渻子给周宣王驯养斗鸡。过了十天周宣王问："鸡可以斗了吗？"纪渻子回答说："不行，性情骄横，自恃意气。"十天后周宣王又问，回答说："不行，还是听见响声就叫，看见影子就跳。"十天后周宣王又问，回答说："不行，还是那么顾看迅疾，意气强盛。"又过了十天周宣王又问，回答说："差不多了。别的鸡即使打鸣，它也不会有什么反应，看上去像木头鸡一样，它的精神安定专一，德性已经完备了。它站在斗鸡台上，神闲气定，别的鸡没有敢于应战的，看见它就掉头逃跑了。"

【释义】斗鸡之风，在春秋战国时期比较流行。延续至今，这种娱乐活动的确有其悠久的历史。现在东明当地颇多养斗鸡者，并组织斗鸡协会。每逢集会，都会有斗鸡爱好者自发带鸡聚会，参与斗鸡比赛，围观者如堵。

6. 泽雉盈野

【出处】泽雉十步一啄，百步一饮，不蕲畜乎樊中。神虽王，不善也。（《庄子·养生主》）

【译文】生活在草泽中的野鸡走十步才能啄到一口食，走百步才能喝到一口水，但它并不希望被圈养在笼子里。生活在樊笼里，尽管不愁饮食，精神旺盛，但却失去了自由，那也是很不快意的。

【释义】泽雉，沼泽中野鸡。蕲，希望。樊，笼子。东明因临河之故，湿地颇多，给野鸡的生存创造了优越的条件。自古这里就是野鸡聚集之地，现在仍有因野鸡聚集较多而闻名的野鸡营村。而今东明境内的黄河滩、沼泽地、麦田中，都经常可见到野鸡，听到野鸡的叫声。但野鸡性烈，“不蕲畜乎樊中”，当地人捉住想笼养时，它往往不食不饮，撞得头破血流，直至撞死笼中。

7. 困窘织屦

【出处】宋人有曹商者，为宋王使秦。其往也，得车数乘；王说之，益车百乘。反于宋，见庄子曰：“夫处穷闾厄巷，困窘织屦，槁项黄馘者，商之所短也。一悟万乘之主而从车百乘者，商之所长也。”（《庄子·列御寇》）

【译文】宋国有个名叫曹商的人，替宋王出使秦国。他前往秦国的时候，得到宋王赠予的数辆车子；一番游说让秦王十分高兴，又加赐车辆一百辆。他返回宋国，见到庄子说："住在穷里陋巷，靠打草鞋苦苦度日，煎熬得面黄肌瘦，这是我干不了的；一下子就能说动万乘之君，获得车辆百乘，这是我所擅长的。"

【释义】屦，一种草鞋。因东明当地湿地很多，芦苇丛生。一些穷困之家为维持生计，多采芦苇之穗（俗名苇毛缨）编制草鞋来卖。这种草鞋内装上碾轧过的麦秸，穿着温暖舒适，在冬季几乎为男女老少必用之物。因是苇缨与麻绳拧成的帮，桐木板做的底，所以走起来"呱嗒""呱嗒"地响。人又名其为"草呱嗒"。这种草鞋在本地流行了几千年，至今仍有老人喜欢穿它。东明一带传说，"草呱嗒"就是庄子发明的，编制草鞋是他的谋生手段之一。

8. 纬萧而食

【出处】河上有家贫恃纬萧而食者，其子没于渊，得千金之珠。其父谓其子曰："取石来锻之！夫千金之珠，必在九重之渊而骊龙颔下，子能得珠者，必遭其睡也。使骊龙而寤，子尚奚微之有哉！"（《庄子·列御寇》）

【译文】黄河边有一靠编织芦席为生的人家，一天，儿子潜入深渊，得到一颗价值千金的宝珠。父亲对儿子说："拿过石块来捶坏这颗宝珠！价值千金的宝珠，必定出自深深的潭底黑龙下巴下面，你能轻易地获得这样的宝珠，一定是正遇上黑龙睡着了。倘若黑龙醒过来，你还想活着回来吗？"

【释义】纬，编织。萧，芦苇草。古时东明当地百姓穷困艰难，多有依靠编织芦苇制品而生活者。芦苇制品有苇席、苇箔、苇笆等。苇席用于铺床、圈床，苇箔用于铺床、晒东西，苇笆用于苫房顶、做篱笆等。现在这些苇制品仍在当地制作和使用，在集市上很容易买到。

第六章　历代庄学研究

战国时代，惠施、荀子等人对庄子就有所批评。《吕氏春秋》对庄子思想和《庄子》内容多有引用，西汉前期的淮南王刘安、司马迁都对《庄子》有所研究。魏晋时期，玄学兴起，以阮籍、嵇康为代表的“竹林七贤”对庄子大加倡导，以庄子的思想为标榜。唐代，道学地位陡然提高，唐玄宗诏号《庄子》为《南华真经》，加封庄子为“南华真人”。宋明时期儒、道、佛三家并立，庄学研究表现出明显的儒学化。清代庄学研究结合义理阐释与文章学研究，在训诂与考据等方面取得了很大成绩；民国时期吸收了西方哲学与科学的成果，为庄学研究注入了新的活力。

第一节　战国秦汉时期庄学研究

一、战国诸子对庄子的评论与阐释

惠施（约前370—前310），是名家学派的开山鼻祖和主要代表人物。他既是庄子最好的朋友，也是庄子最大的辩论对手，对庄子的言论多有批评。《逍遥游》篇记载：惠施谓庄子曰：“今子之言，大而无用，众所同去也。”《外物》篇亦载：惠施谓庄子曰：“子言无用。”惠施是一位十分注重实际功利的人，所以他说庄子的言论“大而无用”，都是一些没有实用价值的大话，大家都会舍弃它的。惠施是庄子的诤友，对庄子的评价可谓尖刻而毫不留情面，且不论惠施的话有无道理，却开了我国历史上阐释庄子学说的先河。

《庄子·天下》篇，第一次较为系统地总结了庄子思想风貌和其文创作特色。作者站在第三方的立场上，对庄子的学说渊源、言说特征、文章的艺术风格等进行了较为客观的描述。作者总结庄子的语言特征时说："以谬悠之说，荒唐之言，无端崖之辞，时恣纵而不傥，不以觭见之也"；总结庄子的言说方式时说："以天下为沈浊，不可与庄语，以卮言为曼衍，以重言为真，以寓言为广"；总结庄子的精神境界时说："独与天地精神往来，而不敖倪于万物，不谴是非，以与世俗处"；总结庄子的文章风格时说："其书虽瑰玮而连犿无伤也，其辞虽参差而諔诡可观。"作者用诗意的语言来展现庄子思想，为后人研究庄子思想提供了弥足珍贵的文献资料，也为后世研究庄子起到了良好的示范作用。在《庄子·天下》篇中，作者把老子与关尹归为一派，而与庄子分属两个不同学派。在先秦的学术体系中，庄子是一个独立学派，与老子并无交集，《荀子》列举了战国时代有影响的七个学派，庄子是其中之一，与老子并列。

在庄子身后，荀子是对庄子最早有评价的人。荀子（约前 313—前 238），姓荀名卿，战国末期赵国人，著名思想家、文学家、政治家，儒家代表人物之一。荀子生活的时代略晚于庄子，庄子去世时荀子二十七岁，已是名满天下的学者，他虽是儒家的代表人物，但曾认真研读过《庄子》，对庄子有较深的了解，《荀子·正论》篇云："语曰：浅不足与测深，愚不足与谋知，坎井之蛙不可语东海之乐。""坎井之蛙"之语，即为荀子引用自《庄子·秋水》篇。《史记·孟子荀卿列传》载："荀卿嫉浊世之政，亡国乱君相属，不遂大道而营于巫祝，信禨祥，鄙儒小拘，如庄周等又滑稽乱俗。"荀子首次提出庄周"滑稽乱俗"的观点。《荀子》中有《解蔽》篇，其中"宾孟之蔽"包括墨子、宋子、慎子、申子、惠子、庄子等六人。他说："墨子蔽于用而不知文，宋子蔽于欲而不知得，慎子蔽于法而不知贤，申子蔽于势而不知智，惠子蔽于辞而不知实，庄子蔽于天而不知人。"荀子批评庄子是"蔽于天而不知人"，是说庄子由于对"道（天）"的了解太深入了，因此思想上受到了蒙蔽，致使对"人性"的认识产生了偏差。荀子认为，"由天谓之道，尽因矣。此数具者，皆道之一隅也。夫道者，体常而尽变，一隅不足以举之”。尽管荀子对庄子的评价不高，但他对庄子的传述仍然是有贡献的。

《吕氏春秋》是先秦时期一部重要的文化典籍，融合兼采了多家思想，对《庄子》更表现出前所未有的重视和接受态度，也是先秦时期第一次较多地援引《庄子》的典籍。一是直接点明出处的明引；二是引用《庄子》中寓言；三是吸纳庄子思想以为己用。据王叔珉《〈吕氏春秋〉引用〈庄子〉举正》一文统计，仅属明引《庄子》的文字就多达五十余条，《吕氏春秋》是第一次以“庄子曰”或以庄子为人物名称引用《庄子》的文化典籍。在先秦，以“某子曰”的引言方式一般只用于孔、老、墨等在当时名望博大的人物，以“庄子曰”的形式引用说明了庄子在《吕氏春秋》中的地位。《吕氏春秋》对庄子寓言本义或予以继承、发展、改造，或直接吸收其思想观点，在阐释道家的政治主张“无为而治”时还赋予了积极精神，阐明了君主无智、无能、无为能使众知、众能、众为的观点，在一定程度上调和了庄子思想固有的偏激苛责，更符合《吕氏春秋》所持的抚民以静的政治追求。在传述庄子重视生命的主张时，《吕氏春秋·贵生》篇强调贵生轻物，体现了庄子《养生主》《让王》篇的中心论点，这些做法都很好地促进了庄子思想的播扬。

二、秦汉时期庄学研究概说

秦统治中国的时间较短，且实行“焚书坑儒”政策，而庄子又奉行不与“有国者”合作的态度，其书自然也应在禁锢之列。但在秦代，神仙之说甚盛。燕人卢生游说秦始皇说：“真人者，入水不濡，入火不热，陵云气，与天地久长。”“真人”一词最早出于《大宗师》，卢生所说的真人与《大宗师》篇中所描绘的真人形象几乎完全相同。由此可见，庄子在秦代还是有一定社会影响的。

西汉代秦后，统治阶级清醒地意识到，要巩固自己的政权，就必须提倡让民休养生息，开创一个人人安居乐业的新局面，而黄老思想正契合了这种政治上的需要。汉初的黄老思想，是由战国时期的齐国稷下黄老道德之术发展而来，多言老而不言庄，与庄周学派几乎没有交集，可以说，两汉四百年，庄子几乎寂寞无响。但黄老学的兴盛，又正好给庄学的发展带来了一个极为有利的机会，当时人们所谓的黄老思想中，实际上包含了较多的庄子思想成分。汉初思想家、政治家陆贾，针对汉初特定的时代和政治需要，以儒家为本、融汇黄老道家及法家思想，著《新语》一书，提出"至德之世"的理想，显然是对庄子"至德之世"思想的进一步发展。

文、景帝期间，淮南王刘安主持编撰《淮南子》，大量援引《庄子》的思想资料，并对庄子学说进行了较为全面的阐释，在《淮南子·要略》篇中，第一次提出了"考验乎老、庄之术而以合得失之势者也"的说法，认为《庄子》与《老子》在思想上有继承关系，庄子与老子的思想可归为一派，合称为"老庄之术"，从而开了我国文化史上"老庄"并称的先河。刘安对《庄子》有较深入的研究，曾撰写过《庄子略要》和《庄子后解》。从李善注所引的佚文来看，《庄子略要》是一篇直接研究《庄子》的专论，而《庄子后解》是一篇直接训解《庄子》文句和典故的文章。从现存的文献资料来看，刘安无疑是我国历史上最早撰有庄学专著的人。之前的学者对庄子所进行的阐释活动，主要表现为根据自己的需要而对《庄子》中的思想资料加以援引和改造。而刘安的《庄子略要》《庄子后解》却从这种局限中解脱出来，把《庄子》完全当作一个直接的研究对象，从而揭开了我国历史上独立研究《庄子》的新篇章。

三、司马迁、班固、扬雄、张衡对庄学发展的贡献

两汉四百年，对庄学发展贡献最大的莫过于司马迁。司马迁（约前145—约前86），字子长，西汉史学家、文学家、思想家。所著的《史记》将老子、庄子、申不害、韩非同列《老子韩非列传》，认为他们四人同属道家一派。其中《庄子列传》是庄子身后第一篇比较系统的庄子传，反映了司马迁的《庄子》研究成果，一是对庄子思想作了一个扼要判断，一是指出了庄子的学术渊源，这是对庄子的思想渊源、庄老关系的第一次明确判断。《庄

子列传》对后世《庄子》研究和传承有着重大而深远的影响。

司马迁之后对《庄子》有较深刻研究的是班嗣和班固。班嗣是两汉之交时期的著名学者，“虽修儒学，然贵老、严（庄）之术”。（班固《汉书·叙传》）班嗣在给桓谭的一封信中说：“若夫严（庄）子者，绝圣弃智，修生保真，清虚澹泊，归之自然，独师友造化，而不为世俗所役者也。……昔者学步于邯郸者，曾未得其仿佛，又复失其故步，遂匍匐而归耳！”班嗣对庄子思想与精神的把握，正是其长期研究《庄子》的成果。班固受其伯父班嗣的影响，对《庄子》亦有较深刻地研究，他在《汉书·艺文志》中把庄子列于“道家”，明确表示“《庄子》五十二篇”，并注曰“（庄子）名周，宋人”，这是迄今为止发现的有关《庄子》篇目和庄子国属的最早记载。班固还把自己研究《庄子》的成果，著成了《庄子》章句之类的专著。据陆德明《经典释义·庄子音义》所保存的有关资料可知，班固在这部专著中，无论是对《庄子》篇章的划分，还是对其中字句的考订，都表现出了自己的独特见解，从而把《庄子》研究向前推进了一步。

两汉期间，对庄学发展贡献较大的还有扬雄和张衡。扬雄（前53年—18），汉朝时期辞赋家、思想家。著有《法言》《太玄》等，将源于老子之道的“玄”作为最高范畴，是汉代道家思想的继承和发展者。扬雄曾师从道家学者、名士严遵，《汉书》称严遵“依老子、严（庄）周之旨，著书十余万言”，“专精大易，耽于老庄”，“著《老子指归》，为道书之宗”（《华阳国志》）。由于严遵等道家人物的影响和推动，从西汉末年《庄子》便逐渐走进了汉代学者的视野。扬雄在《法言》中多次批评了《庄子》，说“庄、杨荡而不法”，认为庄子和杨朱同属于放荡而不遵礼法的代表，同时对庄子“少欲”的观点进行了肯定。受扬雄辞赋和思想的影响，东汉中叶以后出现了一些以《庄子》中某则寓言为具体对象的辞赋作品，如杰出天文学家、“汉赋四大家”之一张衡，通过演绎《庄子·至乐》篇“庄子见空髑髅”寓言创作了《髑髅赋》，以发挥其“死为休息，生为役劳”之妙论，体现了他对人生的一种理性认识。张衡的《髑髅赋》是汉赋中第一次仿庄子寓言而作的抒情赋，此后《庄子》“髑髅”作为论及生死的文学意象因此在魏晋得以传播，张衡的首开之功是值得肯定的。

第二节　魏晋南北朝时期庄学研究

一、魏晋南北朝庄学兴盛的历史背景

东汉末年，由于统治者腐朽专横，外戚宦官争权夺利，土地兼并日益激烈，再加上水旱灾害频繁发生，导致人民流离失所，终于爆发了规模浩大的黄巾农民起义。动荡不安的社会现实，一方面给士人们带来了精神上的巨大困惑和痛苦，一方面也为他们追求思想解放提供了较为自由的环境。曹魏政权建立后，随着士人群体意识的自觉以及曹氏父子政治方略的转变，思想自由开放，一股新的思潮勃然而起。“学者以老、庄为宗而出六经，谈者以虚薄为辩而贱名检”（干宝《晋纪总论》），清谈玄虚之风，大肆盛行。与此相应，老、庄之学特别是庄子学说，也开始在文化领域乃至士人名士生活中扮演重要角色。士人名士喜清谈，尚玄虚，注重“三玄”（《庄子》《老子》《周易》合称），出现一种崇尚老庄思潮，玄学之风逐渐成为魏晋时代思想主流。

曹魏正始年间（240—249），玄风渐兴，士大夫唯老庄是宗，竞尚清谈，以谈《老》《庄》为尚，并进而形成了“户咏恬旷之辞，家画老庄之像”（《晋书·嵇含传》）、“为学穷于柱下，博物止乎七篇”（《宋书·谢灵运传论》）的社会风气，世称“正始之风”。魏晋时期的庄学研究可谓成果卓著，“初注《庄子》者数十家，莫能究其旨要”，所以大都没有流传下来。据陆德明《经典释文·序录》及《庄子音义》可知有：崔撰《庄子注》十卷，凡二十七篇；李颐《庄子集解》三十卷，凡三十篇；司马彪、孟氏《庄子注》五十二篇，接近《庄子》古本原貌；向秀《庄子注》二十卷，凡二十七篇。

西晋元康时期（291—299），由于社会相对稳定，政治比较宽松，名士

们也改变了以往与统治者不合作的态度，纷纷从“山林”中走出来，服务于司马氏政权。如玄谈家郭象，从不愿做官到后来参与西晋王朝的政事，成为司马氏政权中的一位显赫人物。郭象对《庄子》很有研究，他将司马彪的五十二篇本《庄子》删节为三十三篇，为千百年来治《庄子》者所推崇。东晋时期，庄学表现出了较强的佛学化倾向，其中以支遁对庄子逍遥义的解释最具代表性。他反对郭象的“适性逍遥”之说，提出了“逍遥至足”的观点，更接近了庄子的本真思想，但同时也明显受到佛教即色空义的影响。

南北朝时期，社会危机四伏，王朝更替频繁，士族统治集团深深感到在玄学之外还更需要有佛学这一能够“柔化人心”的精神武器。宋文帝刘义隆（407—453）说：“佛法汪汪，尤为名理，并足开奖人意。若使率土之滨，皆纯此化，则吾坐致太平，夫复何事？”（《弘明集》卷十一）梁武帝萧衍（464—549）更进一步宣称：“道有九十六种，唯佛一道，是于正道。其余九十五种，名为邪道，朕舍邪外，以事正内诸佛如来。”（《弘明集》卷四）宣布佛教为国教，并亲自登坛讲演佛理和《老》《庄》。正是在这种政治气氛下，庄学便与佛学紧密地结合起来，而玄学对庄学的影响却已不像原来那么明显了。

二、何晏、王弼、阮籍、嵇康对庄学发展的贡献

魏晋玄学的主要代表人物有何晏、王弼、阮籍、嵇康等。他们对庄子学说在这一时期得到长足的发展做出了突出贡献。

何晏（？—249），字平叔，南阳郡宛县（今河南南阳市）人。曹魏大臣、玄学家。喜好老、庄之学，尤其重视庄子所强调的精神自由，与夏侯玄、王弼等倡导玄学，竞事清谈，遂开一时风气，为魏晋玄学创始者之一。何晏祖述老、庄，是正始时期清谈的领袖人物，立论以为“天地万物皆以无为本”，“贵无”而“贱有”，是贵无论的首倡者，突破了两汉以来宇宙本原论的框架。

王弼（226—249），字辅嗣，山阳郡高平县（今山东微山县）人。经学家、哲学家，魏晋玄学的开创者和理论的奠基人。《晋书·王弼传》载：“魏正始中，

何晏、王弼等祖述老庄立论，以为：‘天地万物皆以无为本。无也者，开物成务，无往不存者也。阴阳恃以化生，万物恃以成形，贤者恃以成德，不肖恃以免身。故无之为用，无爵而贵矣。’”“无”是王弼哲学体系的基石，“以无为本”是王弼哲学的灵魂，所著《老子注》《老子指略》《周易注》《周易略例》等，对道家的传述和发展做出了卓越的贡献，是中国哲学史上一个划时代的人物。

阮籍（210—263），字嗣宗，陈留尉氏（今河南开封市）人，曹魏诗人、“竹林七贤”之一。崇奉老庄之学，政治上则采取谨慎避祸的态度。《晋书·阮籍传》载：“（阮）籍容貌瑰杰，志气宏放。博览群籍，尤好《庄》《老》。著《达庄论》，叙无为之贵。”阮籍在社会政治上，主张“自然”排斥名教，希望建立道家所说的“无为”“无君”的社会；在哲学观上，赞同老庄的“达”的观点，认为“达”的根本途径或基本方法即为“齐物”。

嵇康（224—263），字叔夜，谯国铚县（今安徽省濉溪县）人，三国时期曹魏思想家、音乐家、文学家。嵇康自幼聪颖，博览群书，广习诸艺，尤为喜爱老庄学说。《晋书·嵇康传》载：“康字叔夜，博览无不该通，长好《庄》《老》，著《养生论》。”嵇康与阮籍等人共倡玄学新风，主张“越名教而任自然”“审贵贱而通物情”，成为“竹林七贤”的精神领袖。嵇康崇尚老庄，注重养生，所著《养生论》是中国养生学史上第一篇较全面、较系统的养生专论，提出“形神兼养，重在养神”的观点。他在《与山巨源绝交书》中宣称“庄周，我之师也”，拒绝出仕，这无疑是对庄子思想的一种积极的亲力传承。

三、崔撰、向秀、司马彪的《庄子注》

崔撰，西晋学者，清河（今临清市）人，是今可见注《庄》最早的学者。所注《庄子》十卷已散失，残存者见陆德明《经典释义·庄子音义》。据《经典释义·序录》记载，崔撰本“内篇七，外篇二十”，共二十七篇。崔撰编订的《庄子》二十七篇本，比班固五十二篇本少了二十五篇，这在历史上是第一次向《庄子》五十二篇传统本的挑战。删削《庄子》篇目，详注内篇、简注外篇的做法，是崔撰开了先例，也无疑给了后者诸如郭象删削《庄子》、著《庄子注》以很大的影响。

向秀（约 227—272），魏晋时期文学家，“竹林七贤”之一。向秀“雅好老庄之学”（《晋书·向秀传》），对《庄子》有很深的研究，曾对《庄子》加以注释，开创了玄学注《庄》的新思路，被誉为“妙析奇致，大畅玄风”（《世说新语·文学》），惜注未成便过世，郭象承其《庄子注》余绪，完成了对《庄子》的注释。名士吕安见了向秀所注《庄子》，惊叹曰“庄周不死矣”。

司马彪（？—306），西晋宗室、史学家。著有《庄子注》二十一卷。司马彪所注《庄子》为五十二篇，陆德明《经典释义·序录》云：“《汉书·艺文志》‘《庄子》五十二篇’，即司马彪、孟氏所注是也。”司马彪的《庄子注》别具一格，侧重于对字句和名物进行扎扎实实的训释，并对《庄子》本文中的某些疑点予以驳正。同时，司马彪还对于《庄子》中许多历史典故，甚至某些寓言中的人物、地名等，也每每予以认真考释，务求一一坐实。因此，在魏晋诸多注《庄》之作中，司马彪的训诂是最值得推崇的。

四、郭象的《庄子注》

郭象（253—312），字子玄，西晋玄学家，著有《庄子注》一书。郭象之前，为《庄子》作注者多达数十家，但这些注庄者往往根据自身对庄子的理解和个人喜好，对《庄子》一书的篇目做了一定的删改，从而形成了多种多样的《庄子》版本。郭象吸收和借鉴了当时各家旧注，尤其是向秀《庄子注》成果，并在此基础上“述而广之”，进行了自己颇富改造性的独特诠释，形成了现在人们所看到的郭象的三十三篇《庄子》版本。经过郭象删订的《庄子》三十三篇本，无论从篇章还是字句方面都更为精纯，把《庄子》义理阐说得更加系统而完整，故为历代所推崇，逐渐成为定本而流传至今。在理论上，郭象力倡“独化论”，通过注释《庄子》，把向秀的“以儒道为壹”的观点进一步发展为他的“名教即自然”论。至此，“名教”和“自然”的矛盾在郭象的《庄子注》中得到完全统一，从而把魏晋玄学理论推向了最高峰。

郭象对《庄子》的注侧重于义理，对庄子本意作了改造性的诠释。郭象对庄子思想精义的概括，已经不是对庄子原意的忠实复述，而是对庄子学说的一种改造与修正，以此来论证自已“名教即自然”的命题，为名教寻找合法性的根据，从而为西晋统治者提供一套具有实际应用价值的理论，所以他在注《庄子》时，文中很多明显批判儒家的内容被其歪曲。在郭象看来，儒教便是名教，名教即是自然，自然便是儒教。但他综合了前人研究《庄子》的思想成果，仍不失为魏晋时期玄学思想主流的集大成者，无疑把玄学理论推向最高峰，从而充分满足了当时社会的理论需要和门阀士族的精神需求。

郭象解《庄》有明确的诠释进路，他说：“庄子推平于天下，故每寄言以出意。”（《山木注》）从郭象《庄子注》在庄学史上的地位来看，几乎为千百年来庄学研究者所共同推崇，成为《庄子》的标准注解，实际上这已不是《庄子》这部书的简单注解，这是一部郭象原创的哲学著作，人们对《庄子》的各种研究，基本上都是在这个本子和郭象注的基础上进行的。

五、南北朝时期庄学研究概说

南北朝时期，魏晋玄学、庄学得以长足发展的主要体现在南朝。不仅大批士人、名士好“老庄之业”，连帝王及其重臣也大多嗜好《老》《庄》。《陈书·张讥传》记载，梁简文帝在东宫时，每有讲集，必遣使召张讥讲《老》《庄》，即使是“及侯景寇逆于围城之中，犹侍哀太子于武德后殿讲《老》《庄》”。正由于《庄子》日益成为上层社会的必修课，所以南北朝时期为《庄子》作义疏、注音者更众，出现了比魏晋时期更多的庄学著作。

这一时期的主要庄学著作：宋有王穆夜《庄子义疏》三卷，李叔之《庄子义疏》三卷；齐有祖冲之《庄子义释》，沈驎士《庄子内篇训注》，伏曼容《庄子义》；梁有庾曼倩《庄子义疏》，简文帝《庄子义》二十卷、《庄子讲疏》十卷；陈有周弘正《庄子内篇讲疏》八卷、《庄子文句义》一卷，徐陵《庄子义》，张讥《庄子内篇义》十二卷、《庄子外篇义》二十卷、《庄子杂篇义》十卷、《庄子讲疏》二卷；北周有张羡《庄子义》，梁旷《南华论》二十五卷、《南华仙人庄子论》三十卷等。这些庄学著作的出现，也都在不同程度上推动了南北朝时期庄学的向前发展。但大概是因为这一时期的庄学著作普遍缺乏思想深度的缘故，所以大都没能够流传到今天。

第三节　隋唐时期庄学研究

一、隋唐时期庄学研究概说

隋朝建立以后，为消除南北朝长期分裂所带来的思想文化方面的各种混乱现象，以适应大一统的政治局面，隋文帝杨坚在中国历史上首开科举考试制度，考试经义，从中选取一些儒士充任官员，这是他积极主张以儒学作为立国之本的一项重要举措。在思想文化方面，也积极吸收佛、道思想，希望建立起一个儒、道、释“三教”并行的思想文化体系，而魏晋南北朝时期所形成的社会习尚和独特的思想文化仍较多地延续了下来。这表现在庄学上，一是有一些人仍以玄学思想来阐释《庄子》，如梁澡著有《玄言新记明庄部》二卷；二是有不少人仍承南北朝时盛行的《庄子》义疏之学，依据一定的思想原则对《庄子》的义理加以阐释、发挥和会通，如戴诜《庄子义疏》八卷和何妥《庄子义疏》四卷等。但由于隋朝仅享国三十七年，史料记载的治庄人物不多，有关治《庄》著作更少。除以上所说的梁澡、戴铣、何妥外，可圈可点的人物还有颜子推。颜子推（531—约 597），中国古代文学家、教育家，著有《颜氏家训》等。《颜氏家训》是中国汉民族历史上第一部体系宏大且内容丰富的家训，开“家训”之先河。其中《勉学篇》载有其研习《庄子》的篇章，篇中有言曰：“夫庄、老之书，盖全真养性，不肯以物累己也。故藏名柱石，终蹈流沙；匿迹漆园，卒辞楚相，此任纵之徒耳。”

唐高祖李渊建立唐朝之后，由于他出生于关陇集团的武人世家，门第不高，于是便为了提高自己的身价而与老子李耳攀宗，也就自然地把“老教”放在“三教”之首。武德八年（625）下诏：“可令老先，次孔，末后释宗。”也正由于老子崇拜热的不断升温，又使人们对作为老子后继者的庄子予以了更多的关注，阐释、研究庄子学说也就随之渐成风气，诸如魏徵的《庄子治要》、孙思邈的《庄子注》、成玄英的《庄子疏》等庄学著作应运而生。

继唐太宗进一步尊道之后，唐高宗李治、唐玄宗李隆基先后追尊老子为“太上玄元皇帝”“大圣祖玄元皇帝”“圣祖大道玄元皇帝”“大圣高上大道金阙玄元天皇大帝”；并令“王公百僚皆习《老子》，每岁明经，一准《孝经》《论语》例试于有司”（《旧唐书·高宗本纪》）。唐玄宗开元初年，诏中书令张说举能治《庄子》者。开元二十年（732），柳纵上《庄子注》。是年，置崇玄学，令生徒习《庄子》，准明经例举送。天宝元年（742）二月，诏封庄子为南华真人，诏改《庄子》为《南华真经》，诏举明《庄子》之学者。总之，到了唐玄宗时期，作为道教经典的《庄子》再次兴盛，而且成为科举考试的必习之典，成了王公大臣和一般士人都必须研治的一门学问。纵观唐代二百多年，注释《庄子》的著述多达数十种，但流传下来的主要有两种：陆德明《经典释义·庄子音义》和成玄英《庄子注疏》。陆德明《庄子音义》集魏晋南北朝人的《庄子》注音之大成，成玄英《庄子注疏》是在郭象《庄子注》基础上对此书做出的进一步疏解，偏重于字词，在义理上融入了个人体会，代表了唐代庄学研究的最高水平。

二、陆德明的《庄子音义》

陆德明（约550—630），名元朗，字德明，苏州吴县人。历任陈、隋、唐三朝。经学家、训诂学家。著有《经典释文》三十卷，是一部集汉魏古注、六朝音义之大成，并精于经籍版本校勘的重要著作，其中包括《庄子音义》三卷。

《庄子音义》训释《庄子》经文，多以音注为主，而对于前人的音义资料，采取了兼收并蓄的态度，并做了一些审订工作，为保存早期的《庄子》音注资料做出了重要贡献。陆德明在广收旧音旧义的同时，除了将“会理合时”的旧音“标之于首”之外，还给大量尚未标音的经文自作音注，并置于所有旧音之前。同时，在广列旧义众说外，或时加考辨和订正予以补充，并对许多未经前人训释的经文作了诠解和考释，为后人诵读和理解《庄子》提供了很大的方便。《庄子音义》集汉魏南北朝诸家为《庄子》所作音义之大成，兼载《庄子》众多版本之异文，复又精于考释、校勘，为历史上大多数治《庄》者所重视，在庄学史上产生了广泛而深远的影响。

三、成玄英的《庄子疏》

成玄英（608—669），唐朝时期杰出的道家学者、道家理论家。精通道家经典，深研文字训诂之学。著述有《道德真经义疏》《老子注》《庄子疏》等。

成玄英在长期研治《庄子》的过程中，致力于文理的注疏，对郭象的《庄子注》最为信服，于是对郭象注本《庄子》作疏解。经过三十年的“研精覃思”，加以引申发挥而成《庄子疏》，“虽复词情疏拙，亦颇有心迹指归”（《庄子疏序》）。概括起来，主要表现在以下几个方面：一是对郭象“独化相因”说的引申发挥。认为，《庄子》是一部“明独化之窅冥”的书。二是对郭象“足性逍遥”说引申发挥。三是对郭象“寄之人事、当乎天命”说的引申发挥。四是对郭象“游外冥内”说的引申发挥。总之，成玄英对于郭象的理论观点，既有明显的继承，又有大胆的引申发挥，从而进一步推动了庄学的发展。

成玄英除了依郭注作疏而外，还作了大量的无注之疏，并探究了一些未经郭象探究过的问题。成玄英在郭象注外作疏解，主要表现在以下几个方面：一是对内、外、杂篇的独特诠释。成玄英在疏解《庄子》时，十分重视对内、外、杂篇特征及其相互关系的揭示。他在《庄子疏序》指出，“《内篇》明于理本，《外篇》语其事迹，《杂篇》杂明于理事”。二是对字义、句意的训释与探究。成玄英疏解《庄子》，多从训释字义入手，作了较多的无注之疏，使《庄子》

中许多字词、名物得到了训释。三是对人名、地名的考释与实证。《庄子》中出现的许多人名、地名，非实非虚，或实或虚，成玄英都作了大量无注之疏，几乎都进行了详细的考释。四是对寓言譬喻的揭示。庄子说理，善用寓言，好用譬喻，成玄英对这种现象每每以“此举譬也”“此起喻也”之类的疏语予以揭示，从而使人们得以比较容易地寻找到了庄子所寄寓的真正含义。

成玄英疏解《庄子》，较多地引进了佛教中观派的理论和方法，从而开了道教学者以佛解庄的先河。《庄子疏》问世之后，流传千年而不衰，可以说，从成玄英之后，庄子才真正在道教中获得了仅次于老子的崇高地位，《庄子》一书才真正被道教学者奉为必读的经典著作。

第四节　宋元时期庄学研究

一、宋元时期庄学研究概说

宋王朝的建立，结束了晚唐五代以来的纷乱历史，使整个社会很快出现了政治相对稳定、经济相对繁荣的局面。为了适应这种新局面，宋太祖赵匡胤推行以儒学立国的基本政策，同时也不排斥道教（家）和佛教学说，从而使宋代的整个思想文化呈现为儒、道、佛三教长期共存的格局。

宋太宗对道家思想比较欣赏，诏示“夫万务自有为以至无为，无为之道，朕当力行之”。淳化三年（992），以《庄子》中“卮言日出”一语为赋题试进士。宋真宗的崇道思想更为显明，景德二年（1005）二月，诏孙奭、邢炳、杜镐校定《庄子释文》；于大中祥符四年（1011）十一月，命李宗谔、杨总等雠校《庄子序》模板。曾先后出任宰相的王旦和王曙，对《庄子》都有较深的研究，分别撰有《庄子发题》和《庄子旨归》等庄学专著，颇为人们所重视。正是在这样的政治文化背景下，宋太宗、真宗时期的庄学得到了较快发展。到了北宋中期，儒学蜂拥而起，儒学开始全面复兴，庄学也开始朝着“儒学化”方向发展，并呈现出了重在阐发《庄子》义理的特征，而王安石和苏轼则无疑是这一新局面的实际开创者。王安石曾著《庄周论》和《庄子解》四卷，一度作为科举考试的依据。苏轼撰写《庄子祠堂记》一文，阐释了自己的庄学思想，目的也是为了把儒、道两家思想统一起来。南宋文学家楼钥说："惟王荊公之论，苏文忠之记，超乎先儒之表，得庄子本心。"（《跋张正字庄子讲义》）由于王安石、苏轼等对庄学的大力提倡，有力地推动了北宋中期庄学的蓬勃发展，还大大促进了庄学与儒学的结合。北宋后期，宋徽宗对庄子表现出极度的推崇，加封庄子为"微妙元通真君"。

南宋时期，君主对道家的推崇大大降温，但不少臣子曾研治过《庄子》，并撰有庄学专著。如洪兴祖的《庄子本旨》、萧之美的《庄子寓言类要》、赵汝谈的《庄子注》、洪迈的《庄子法语》、何坦的《南华要旨》、马廷鸾的《读庄笔记》，等等，对当时的庄学研究产生了一定的影响。以辛弃疾为代表的爱国志士，由于收复失地的美好愿望一再破灭，便渐渐爱上了主张逍遥无为的庄子，并以诗文阐释庄子的思想。即使像郑思孝、方凤等崇奉儒学的士子，也参与了对《庄子》的阐释活动，尤其是理学集大成者朱熹对庄子及其思想发表了大量评论，从而有力地推动了庄学的发展。林希逸著《庄子口义》，把庄子思想与儒学、佛理极力融合起来，为庄学的发展做出了很大贡献。

有金一朝，上层人物对《庄子》也有所喜好，杨云翼、赵秉文、李纯甫等大臣皆有著作阐释《庄子》思想，尤其是全真教，大力倡导儒、道、佛三教合一说，对扩大庄子思想的影响、推动庄学的发展都起到了很大的促进作用。元朝建立之后，蒙古贵族十分重视利用佛教和道教为其统治服务，尤其对全真教的利用、扶持特别用心和给力；而统治者所推行的民族压迫和重武轻文等政策，则使知识分子普遍形成了悲苦、绝望的心理，于是他们就与庄子思想产生了共鸣，每每以散曲、杂剧来表达对庄子的思想感情，这都对当时庄学研究起到了推动作用。

二、北宋中后期的庄学研究

1. 王安石的《庄周论》

王安石（1021—1086），字介甫，号半山，江西省临川人。北宋时期政治家、文学家、思想家、改革家。庄学著作有《庄子解》四卷，惜已亡佚，仅有《庄周论》上、下两篇传世。在《庄周论》中，王安石首先指出世人论庄周有两种互相对立的观点。学儒者要“要焚其书、废其徒”，而好庄子之道者则崇尚庄子。对于这两种观点，王安石都提出了批评，认为“夫儒者之言善也，然未尝求庄子之意也”，而“好庄子之言者固知读庄子之书也，然亦未尝求庄子之意也”。王安石第一次把孟子“知人论世”的方法运用到了庄子研究上，从而使他比前人更为有效地揭示出了庄子所处的特殊时代环境，以及处在这一特殊时代环境中的庄子“思其说以矫天下之弊”的用意。他还运用孟子的说诗方法来解读《庄子》，倡言读《庄子》必须“善其为书之心，非其为书之说”，“不以文害辞，不以辞害意”，希冀以此来化解儒、道之间的矛盾，为人们提供了解读《庄子》的新方法。王安石对庄周所说的“五变而形命可举，九变而赏罚可言”（《天道》）非常赞赏，视为自己政治革新主张的理论根据之一；对庄周所说的“上必无为而用天下，下必有为而为天下用”（《天道》）的观点非常认同，通过自己独特的诠释，使之几乎成了庄周措意于“君臣父子之间”的证据，庄周也就有了儒者的用“心”，因而《庄子》也是一部有益于治道的著作，是不能废弃的。

2. 苏轼的《庄子祠堂记》

苏轼（1037—1101），字子瞻，号东坡居士，北宋文学家。苏轼自踏上仕途后，总是逆境多于顺境，在经历了坎坷、艰难的人生旅程之后，自己的精神与庄子的“逍遥”“齐物”思想发生共鸣。苏轼的庄学思想主要体现在其《庄子祠堂记》一文，主要表现为：一是对蒙城县为庄周故里之说的默许。后来蒙城县便据此而大做文章，为“庄周故里在蒙城”说造势。二是倡导“庄子助孔子”之说。苏轼以为庄子不是“诋孔”者而是“助孔”者，他批评司马迁是“知庄子之粗者”，认为庄子“盖助孔子者”，即使有“诋訾孔子”之处，也完全都是出于善意，即所谓“阳挤而阴助之”。苏轼的“助孔”之说对后世产生了相当广泛而深远的影响。三是指出《庄子》中有伪作。苏轼从所谓“庄子助孔子”的见解出发，认为“若真诋孔子者”的《盗跖》《渔父》二篇不可能是庄周本人所作，而《让王》《说剑》二篇又皆“浅陋不入于道”，也根本不可能是庄周本人的手笔。苏轼的说法，开启了后世众多学者重视探讨、研究《庄子》作者问题的新风气，其影响是相当深远而广泛的。

3. 王雱的《南华真经新传》

王雱（1044—1076），王安石之子。庄学著作有《南华真经新传》一书。王雱认为，《庄子》作为一部“本于道”“反性命之正”的书，其所蕴藏着的义理，是不可用传统的章句传注方法来探求的，而必须超越于它的语言文字之外，于是略仿郭象《庄子注》体例而撰写《南华真经新传》。该书对《庄子》的诠释只要求领会其精神实质，而不屑去做逐字逐句的训释，所以此书便成了继郭象《庄子注》之后的又一部“意义渊深，言辞典约”的重要庄学著作。

王雱对王安石庄学思想观点不仅仅是一种继承，更是一种超越与发展，认为庄子在“矫世俗之弊”的时候虽然说得有点过分，但仍不失为“高言尽道”，他仍是一位“明达而先知”的哲人。王雱之前还没有一个人对《庄子》各篇的作意做过探究，王雱则发凡起例，对《庄子》三十三篇的作意几乎都做了认真探究，并撰成简明扼要的说明文字，置于各篇题目之下，这对于人们理解《庄子》各篇的主旨很有启发性，具有开创性的意义。同时王雱还对《庄子》内、外、杂各篇的内在逻辑结构多有揭示，指出《庄子》内七篇是一个完整的不可分割的逻辑结构体系，而外篇某些篇目之间也存在着一定的逻辑关系。王雱还以认真的态度为《庄子》杂篇各篇作诠释，并探究各篇的作意，大胆地肯定了整个杂篇的思想价值，对人们随便怀疑其中某些篇章结构的完整性问题提出了质疑，所有这些都对当时及后世的庄学研究产生了积极影响。

4. 陈景元的庄学研究成果

陈景元（1025—1094），北宋著名道士。著有《庄子注》《南华真经章句音义》《南华真经章句余事》《南华真经余事杂录》《庄子阙误》等。

陈景元《庄子注》是一部重在阐发《庄子》义理的著作。陈景元作为一名著名道士，在《庄子注》中较多地表现出道教人物的一些思想观点。如他说“首称‘夫子曰’者，庄子受长桑公微言也”（《天地注》）。这里把南朝以来道教所谓庄周师从长桑公子的说法具体运用到阐释《庄子》的过程中，所以说陈景元《庄子注》又是一部具有一定道教思想倾向的庄学著作。

《南华真经章句音义》凡七卷。陈景元经过对《庄子》各篇研究发现，《庄子》内篇七篇皆以三字为题，是庄子的命题作文，从整体上来看，此七篇是一个非常完整的逻辑结构体系；而外、杂篇二十六篇，各篇仅摘取篇首二字或三字为题，而其文章又皆“别无指义”，则不过是“衍畅七篇之妙”而已。于是他按照自己的理解，把《庄子》内、外、杂篇重新进行了编次，除内篇七篇是一个不可分割的完整体系外，把外、杂二十六篇的《骈拇》《马蹄》《胠箧》《刻意》《缮性》《说剑》《渔父》七篇取出，认为它们具有“两字标目而一段成篇”的特征而组合成外篇；而把其余的十九篇组合成杂篇。

《南华真经章句余事》一书，分内篇七、外篇七、杂篇十九，并分为二百五十五个章目，可谓别出心裁，有创新之义。《南华真经章句余事杂录》二卷，收录了公孙龙《白马论》《指物论》、唐《天宝手诏》、郭象《南华真经序》、成玄英《南华真经疏序》、杨嗣复《九证心戒并序》。《庄子阙误》，陈景元所依《庄子》版本共六万五千九百二十三字，共校得原文异字三百四十九字，为后人校勘《庄子》文本提供了一份十分宝贵的资料。

三、南宋时期的庄学研究

南宋时期的庄学研究，是借着北宋中后期庄学的余波而在新的历史条件下得以生存和发展的，先后问世了诸如李士表《庄子九论》、程大昌《庄子后记》、范元应《庄子讲语》等庄学专论，充分显示出了其时代特色。尤其是朱熹对庄子及其思想发表了大量评论，从而有力地推动了庄学的发展。南宋末年，出现了林希逸《庄子口义》、褚伯秀《南华真经义海纂微》等一批优秀庄学著作，为两宋时期长达三百余年的庄学研究作了一个很好的收结。

1. 李士表的《庄子九论》

李士表，字元卓，著有《庄子九论》一书，依次分《梦蝶》《解牛》《藏舟》《坐忘》《壶子》《玄珠》《濠梁》《坠车》《道术》等九个篇目。李士表《庄子九论》的九个篇目，实际上就是他阐释《庄子》的九篇专论。既打破了前人阐释《庄子》所惯用的注疏形式，也扬弃了汉唐文士以辞赋来阐发《庄子》中某些寓言故事的做法。而其对《庄子》中一些寓言故事或重要思想观念采取了专题论述的崭新形式，给解说《庄子》者提供了自由联想、纵横发挥的广阔空间，从而推动了《庄子》阐释向专题化、理论化、纵深化的方向发展。

2. 朱熹对庄子的论述

朱熹（1130—1200），南宋时期思想家、哲学家、教育家、诗人，是宋代理学的集大成者。朱熹对庄子的论述散见于《朱子语类》中：一是论庄子、孟子未曾互相“道及”的原因。庄子与孟子大致同时，二人又分别为道家、儒家学派的重要代表人物，但在可见的史籍中没有发现二人交集的地方，在各自的著作中也都没有提到过对方，这给历代治《庄》治《孟》者带来很大的疑惑。朱熹是我国历史上第一个尝试解答这一问题的学者。二是论庄子与老子学说的差异。朱熹在承认庄子学说与老子学说有渊源关系的前提下，又指出了它们在本质上存在着很大的差异。在朱熹看来，老子哲学是讲求实用的哲学，而庄子哲学则是追求精神解脱的哲学。主要表现为：“老子之学，大抵以虚静无为、冲退自守为事。……若曰‘旁月日，挟宇宙，挥斥八极，神气不变者’者，是乃庄生之荒唐，……非老子之意矣。”（《朱子语类》卷一百二十五）。三是对《庄子》之思想内容和艺术特征的论述。一方面，朱熹对庄子的道论予以肯定，赞同庄子把“道”看成是产生宇宙万物的总根源的观点，他说："盖自孟子之后，荀卿诸公皆不能及。如说：'语道而非其序，非道也。'此等议论甚好。度亦须承接得孔门之徒，源流有自。"（《朱子语类》卷十六）另一方面，朱熹对于庄子那种诋訾仁义礼乐的做法是持否定态度的。此外，朱熹对《庄子》的艺术特征也有所论述，认为"庄子文章只信口流出，煞高"，"周庄是个大秀才"，"见较高，气较豪"，他"将许多道理推翻说，不拘绳墨"，所以才有如此高妙、峻奇的文章。

3. 林希逸的《庄子口义》

林希逸（1193—1271），南宋理学家，著有《庄子口义》十卷。主要表现在以下几个方面：一在解说逍遥义方面。林希逸围绕着"有所待""无所待"这一对重要哲学概念来阐释庄子的逍遥游思想，有力地纠正了宋代绝大多数治庄者在阐释《逍遥游》篇主题思想上所存在着的偏颇。二在解说人名、地名、故事等方面，林希逸采取了比较审慎稳妥的态度。三在解说内、外、杂篇方面，提出了自己的一些独特见解。他说："外篇、杂篇则即其篇首而名之，内篇则立为名字，各有意义，其文比之外篇、杂篇为尤精，而立言之意则无彼此之异"，为人们考察《庄子》中的有关问题提供了一个新视角。

关于《庄子》文章的言说特征，林希逸以"五难"来概括。他说："此书所言仁义、性命之类，字义皆与吾书（指儒家著作）不同，一难也；其意欲与吾夫子（即孔子）争衡，故其言多过当，二难也；鄙略中下之人，如佛书所谓为最上乘者说，故其言每每过高，三难也；又其笔端鼓舞变化，皆不可以寻常文字蹊径求之，四难也；况语脉机锋，多如禅家顿宗所谓剑刃上事，吾儒书中未尝有此，五难也。"（《庄子口义发题》）林希逸的"五难"说是他把各家对《庄子》艺术特征的简单评论进一步发展成了多角度、全方位的评析，从而为明清两代学者的《庄子》研究打下了良好基础。

宋代学者的庄学研究多已表现出儒学化倾向，而林希逸通过对庄子学说与儒学、佛理的大力整合，更是把宋代的庄学儒学化推到了可谓最"圆满"的地步。主要表现为庄学与理学的整合，还大量引用佛理来阐释庄子思想，对《庄子》散文的文字、脉络、笔法、意境皆有深刻的揭示，使《庄子口义》实际上成为一部以儒、以释解《庄》的庄学著作，对当时及明清时代的庄学研究都产生了重大影响。

4. 褚伯秀的《南华真经义海纂微》

褚伯秀，号雪巘，浙江杭州人，宋末道士。著有《南华真经义海纂微》。全书以郭象、吕惠卿、林疑独、陈祥道、陈景元、王雱、刘概、吴俦、赵以夫、林希逸、李士表、王旦、范元应十三家之说为纂辑的主要对象，其中多数大家的解庄之说，依赖此书的收录而得以保存至今。褚伯秀《南华真经义海纂微》一书的价值，主要在于其保存了两宋时期各家研治《庄子》的重要资料。褚伯秀在纂集郭象、吕惠卿等人说法之后，常常“断以已意”，谓之“管见”；常常采取以庄解《庄》的思想方法来解释《庄子》，同时也以老解《庄》，通过把庄子学说解释成是对老子学说的直接继承与发挥，从而否定了自韩愈以来所谓的庄子之学源于儒术的说法，使得他的阐释比较接近了《庄子》的本然思想，在一定程度上纠正了前人庄学研究中存在的某些偏颇。

5. 王应麟的《庄子逸篇》

王应麟（1223—1296），著有《困学纪闻》二十卷，其卷十“诸子”中有《庄子逸篇》。王应麟在《庄子逸篇》中指出，庄子思想对狭隘偏执的人来说，吸取其大略是有益处的，而对于笃行君子来说，若拘泥于其字义则没有什么价值。他非常重视对《庄子》文本的校勘，重视对《庄子》佚文的纂集。《庄子逸篇》共辑得《庄子》佚文三十九条，开了庄学史上纂辑佚文的先河。王应麟的《庄子逸篇》作为庄学史上第一部辑佚专著，虽然其所搜索的范围欠广，所辑录的条目不算太多，但其所具有的启迪性和学术意义重大。后世的《庄子》辑佚工作，即几乎都是在王应麟的这一基础上进行的。

四、金元两朝的庄学研究

金朝建立之后，在文化方面快速汉化，以儒家作为基本思想，而道家、佛教亦较广泛流传和应用，尤其是全真教，大力倡导儒、道、佛三教合一，对扩大庄子思想的影响、推动庄学的发展，都起到了很大的促进作用。在学术思想方面，将佛教、道教与理学思想融合一体，赵秉文、杨云翼、李纯甫等皆有著作阐释《庄子》思想。赵秉文著有《南华略释》，赵云翼著有《庄子赋》，李纯甫著有《庄子解》，惜俱已佚。有金一朝，今可见的庄学资料极少，主要有马定国的《读庄子》、邬元章的《题南华观》等几首咏庄诗词。

元朝建立之后，蒙古贵族在思想上实行“兼收并用”“三教九流，莫不尊奉”的政策，十分重视利用佛教和道教为其统治服务。元朝史学研究十分兴盛，理学也得到较快发展，理学家刘因、吴澄都有庄学著作传世。刘因（1249—1293），所著《庄周蝴蝶图序》一文，保存在其《静修文集》中。吴澄（1249—1333），著作有《吴文正集》一百卷，其中收有《庄子叙录》一文，对《庄子》内、外、杂篇有独特见解。一是提出《庄子》书中“初无所谓杂篇”的看法。二是提出《骈拇》《胠箧》《马蹄》《缮性》《刻意》五篇“自为一体”的看法。三是“议其篇章”“定其篇次”，即校定《庄子》主要包括内、外篇，仅二十三篇而已。自此以后直至元末，庄学研究进一步走向低谷，对《庄子》的阐释几乎只有靠佛教、道教学者和元曲作者来支撑了。

宋元时期，佛教禅宗中的某些宗派，因与庄子关系较为密切而有所发展。由唐末高僧义玄禅师开创的临济宗影响最大，法脉延续最久，也最具中国禅的特色。义玄（？—867），俗姓邢，曹州南华（今东明县）人。北宋禅宗临济宗僧人楚原继承了义玄的禅法思想，对道家的思想观点有所援引和阐发。他曾说：“天地与我同根，万法与我一体。”这句话无疑是源自《庄子·齐物论》“天地与我并生，而万物与我为一”。全真教是金元时期北方所有道派中最有影响的一个道派，其创始人王重阳大力倡导儒、释、道三教合一说，对老庄思想也每每有所援引。他曾作《爇心香》一词，其中所运用的“斤运成风”“鹏化抟风”“列御乘风”等典故，都源出自《庄子》。王重阳死后，弟子马钰、刘处玄、丘处机等继承其教业，与庄子思想的关系显得更为密切。

如马钰有“逍遥物外固精神，绝虑忘机合至真”诗句，刘处玄则自谓“临水依山，闲看《庄》《老》”等，都足以说明全真派的道士们是很钟情《庄子》的。丘处机曾作《满庭芳·述怀》词，几乎句句援引化用《庄子》典故资料，以表达自己对庄子的尊崇和向往。

五、诗文词曲作家的庄学成就

1.北宋散文诗词作家对《庄子》的援引

北宋初年，杨亿、刘筠、钱惟演等“西昆体”诗人，在诗歌中较多地援引了《庄子》思想资料，如杨亿在《直夜》中说：“欹枕便成鱼鸟梦，岂知名路有机心。”其中“机心”一词即出自《庄子·天地》篇。杨亿借此抒发了对朝臣们各怀倾轧之心的感叹之情。而刘筠的“杨子不甘嘲尚白，漆园终许自全真”（《寄灵仙观舒职方学士》）诗句，则颇有追慕庄子以全真的意味。

北宋诗文革新运动领袖欧阳修，在作文赋诗时对庄子学说往往有自己的独特看法。继欧阳修之后，王安石更花费不少精力来阐释《庄子》，除著有庄学专著《庄周论》外，他还以诗歌的形式表达了对庄子的总体看法，如“墨翟真自苦，庄周吾所爱”（《无营》），“鸡虫得失何须算，鹏鴳逍遥各自知”（《绝句》之五）等。苏轼喜读《庄子》，曾说“今见《庄子》，得吾心矣”（苏辙《亡兄子瞻端明墓志铭》），一生受庄子思想影响很大，故在诗词创作上，多有引用庄子典故和意象，其诗“出于《庄》者十之八九”（刘熙载《诗概》）。受王安石、苏轼的大力提倡的影响，王氏的门下、苏门的弟子形成了研究《庄子》的浓厚氛围，极大推动了整个宋代庄学的发展。苏门学士黄庭坚曾撰写《庄子内篇论》专论一篇，文中说：“庄周内书七篇，法度甚严。彼鲲鹏之大，鸠鷃之细，均为有累于物而不能逍遥。唯体道者，乃能逍遥耳，故作《逍遥游》。”黄庭坚以一位文章家的眼光审视《庄子》，认为《庄子》内篇七篇“法度甚严”，是一个完整的体系。其对《逍遥游》篇旨意的探究，非常接近了庄子的本意，大大超越了自郭象以来不少庄学家。晁补之曾撰有一篇长达一千多字的《齐物论》，以步步推进的方式对《庄子·齐物论》全文主旨作了深入阐发，颇得庄子的创作本意。这也是历史上第一篇专门阐释《庄子·齐物论》篇的论文。

北宋末年，叶梦得除了在诗歌创作中大量援引《庄子》典故，还在其《避暑录话》篇中以大量文字论述了《庄子》与《列子》、佛教的关系，把《老子》《列子》《庄子》与佛教理论加以比较，认为三者所反映出的思想观点“皆与释氏暗合”；并从《庄子》《列子》二书篇目的命名、安排等方面入手，指出了《庄子》《列子》二者“言非相谋而相同”的特征。

2. 辛弃疾对《庄子》的援引

辛弃疾（1140—1207），字幼安，号稼轩，今济南市历城区人。南宋豪放派词人，有“词中之龙”之称。辛弃疾生于金国，少年抗金归宋，一生以恢复中原为己任，却命运多舛、备受排挤、壮志难酬，只得怀着一腔忠愤，长期闲退山林，每以写词来抒发其郁懑之情。他在苦闷、消沉时，思想上、精神上与庄子产生了强烈的共鸣，在其创作的诗词中每每表现出对庄子的倾慕之情。辛弃疾是历史上援引《庄子》思想资料最多的词人，如其《卜算子·用庄语》中的词句几乎全是从《庄子》中化出的：“一以我为牛，一以我为马。人与之名受不辞，善学庄周者。江海任虚舟，风雨从飘瓦。醉者乘车坠不伤，全得于天地。”辛弃疾正是通过这样化用《庄子》词汇和寓言故事，从而表达了其在政治上屡遭摒斥后故作旷达随顺以全身的思想。借用《庄子》思想资料来抒发自己的思想感情，是辛弃疾诗词创作的一个重要主题。特别是他对大鹏形象的阐释，赋予了大鹏形象以爱国情怀，超越了以往历代描写大鹏的作家。如在《满江红·建康史帅致道席上赋》中，辛弃疾一开头就以“翼垂空，笑人世、苍然无物”的大鹏形象来比喻爱国志士、建康留守史正志，并期望他“袖里珍奇光五色，他年要补天西北”，担负起收复中原的重任。这样，便使大鹏的积极向上、奋发有为精神得到了再度升华。

3. 元代散曲杂剧作家对《庄子》的援引

元代是一个民族压迫深重，倚重武力而轻视文化的时代，读书人普遍形成了悲哀痛苦、孤独寂寞的特有心情，便与主张逍遥无为、顺其自然的庄子在思想上、精神上产生了强烈共鸣。于是他们背离了传统士人的理想追求和价值观念，大量援引《庄子》思想资料以散曲的形式来抒发自己的思想情感，在一定程度上促进了庄学的发展。元代散曲作家们在欣赏庄周其人的同时，也十分喜欢诵读他的著作，希望能从中找到他们所需要的精神食粮。

元代散曲作品，似乎对《庄子》中"庄周梦蝶"这则寓言故事情有独钟，如有"弹破庄周梦，两翅驾东风，三百座名园一采个空"（王和卿［仙吕·醉中天］《咏大蝴蝶》）、"道人眠石床，唤起南华梦蝶"（张可久［越调·霜角］《花屏春晓》）、"花开花谢，灯明灯灭，百年梦觉庄周蝶"（陈草庵［中吕·山坡羊］）、"尽秋霜鬓染，老去红尘厌，名利为心无半点。庄周梦蝶甜，疏散威严"（曾瑞［双调·行香子］《叹世》）、"傲人间万户侯，重酣后，梦景皆虚谬。庄周化蝶，蝶化庄周"（卢挚［双调·殿前欢］）等。之所以会出现这种现象，反映了作家们身处那种没有理性的社会中，已深深感到人生有如噩梦一般，丝毫看不到自己和社会的任何希望，于是就唱出了大彻大悟之后坚决鄙弃名利、富贵的共同心声。

总的说来，宋元时期的诗文词曲作家，在进行文学创作中积极援引《庄子》思想资料，为庄子学说的传述和发展做出了不少贡献，为后世留下了不少宝贵的精神财富，这是我们应该予以特别关注的。

第五节 明代庄学研究

一、明代庄学发展的历史背景

明王朝的建立，曾得益于道教人士的多方支持，所以朱元璋在立国之后，比较崇奉道教和道家。但他为了达到其所谓教化、善俗、致治的政治目的，仍“一以孔子所定经书为教”，尊奉程朱理学，并规定了以八股文取士的科举制度，考试专以“四书”“五经”命题。而程朱理学在本质上是排斥庄学的，所以庄学研究在此时期几乎处于窒息的状态，只是在一些抒发个人情怀的诗作中，有人偶尔流露出对庄子的向往之情。如明初重臣杨士奇的《东里集》中就有不少吟咏庄子的诗句，如“世外不知尧舜理，超然放意似庄周”（《题凌士昌所藏张子厚山水》）、“漆园傲世者，放言出糟粕。大观天地间，玩化以嘲谑”（《题髑髅图》）、“案有庄生论，门临孺子坊。游心邈千载，尘虑已都忘”（《次韵答胡若思宾客》其一）等，表明时代前期的庄学仍潜滋暗长地发展着。

明代中叶之后，商品生产和贸易转趋活跃，近代化的人文启蒙思潮开始出现，庄学在沉寂了约一个半世纪之后，逐渐被激活了起来，正德、嘉靖之际出现了第一批庄学专著。如方鹏著有《庄子摘抄》、赵恒著有《庄子涉笔》等。明代心学集大成者王守仁，公然声称“儒、佛、老、庄皆吾之用，是谓大道”（《王文成全书·年谱》引），于是庄学渐渐有了起色。王守仁的门人和后学，诸如朱得之、唐顺之、焦竑、李贽等人，积极参与了《庄子》学术研究，撰写庄学专著，多成为历史上著名的治庄学者。朱得之著成的《庄子通义》，是明代第一部完整、系统的庄学著作，对当时和后世都有一定影响。在这一时期，明朝佛教各教门也明显地显现出了与儒、道合流的趋势，如陆西星采取了引佛典证《庄子》的方法，撰写了《南华真经副墨》一书，成为明代最重要的一部庄学专著。

嘉靖末，直至万历、天启、崇祯时期，明代庄学研究呈现出了全面繁荣景象，先后问世的庄学著作有百余部。如唐顺之著有《庄子释略》、王世贞著有《南华经评点》、李贽著有《庄子解》等。东明籍文学家穆文熙，作为庄子故里的一员，其追慕庄子更是身体力行，除著有《庄子俊语》，创作大量咏庄诗歌外，还于家乡东明县城东建筑“逍遥园”一处，并作《逍遥赋》一篇，文中写道：“吾故遵南华之遗训，于以逍遥乎此乡。”公安派代表人物袁宏道、袁中道、陶望龄，分别著有《广庄》《导庄》《解庄》等庄学专著；竟陵派代表人物钟惺著有《庄子文归》等。从这些著作的思想倾向来看，或重在以儒解庄，或重在以佛解庄，或重在以庄解庄，而以儒、释、道三教合一为其总特征，大致上沿袭和发展了唐宋庄学的基本思想格局，而所不同的是其已融入了近代化的人文启蒙思想,甚至还引进了一些西方的科技思想。明亡后，方以智、王夫之、傅山等明遗民，重新审视自己的价值观和认识论，努力排除晚明时期学术界所盛行的浮躁风气的影响，普遍地借阐释庄子来寄托他们的爱国思想，从而使明代庄学研究有了一个很好的收结，同时也为清代庄学的发展开了一个好头。

二、明代初、中期的庄学研究

1. 明初时期的庄学研究

宋濂的《庄子辨》是明代庄学研究的开端。宋濂（1310—1381），元末明初著名政治家、文学家、史学家、思想家。著有《诸子辨》等，其中《庄子辨》集中反映了他的庄学思想。宋濂在《庄子辨》中，点赞了庄子的文章，认为“其文辞汪洋凌厉，若乘日月，骑风云，下上星辰，而莫测其所之，诚有未易及之者”。但对庄子的思想则采取批判否定的态度，在历史上第一次把庄子说成是一个“狂者”，同时为庄子无缘一见孟轲而闻孔子之大道感到惋惜。作为明代“开国文臣之首”，宋濂的庄学思想在当时具有较大的影响力。

明永乐年间，明成祖朱棣授命解缙、姚广孝等编纂的《永乐大典》，其中有一百三十多处引有《庄子》文字，几乎涉及了《庄子》全书的所有篇目，为我们研究明初的庄学提供了不少依据。但摘录者有意舍弃了《庄子》中一些激烈批评圣人的言辞，这又从一个侧面反映了在理学盛行、儒学独尊、文化政策极端专制背景下，所产生出的明初庄学不免是扭曲的。《永乐大典》大胆打破传统的做法，整篇或大段地收录庄学资料，从而使我们得以窥见元、明之际某些已佚庄学著作的概貌，同时也看到了大典编撰者的庄子观和思想倾向。

2. 杨慎的庄学研究成就

杨慎（1488—1559），字用修，号升庵，四川新都人。明武宗正德六年（1511）殿试状元。著有《庄子解》《庄子阙误》《庄子难字》三种庄学著作。

杨慎《庄子解》为札记体，凡七十三条。其内容有三个特点：一是节录诸家注解或评语；二是在旧注旧说后申述己意；三是不依不傍，自创全新之说，给人们提供一种新的诠释思路。杨慎《庄子阙误》一卷，是在陈景元《庄子阙误》的基础上加以改排、补充而成的，有较高的学术价值。杨慎《庄子难字》，是一部内容较为丰富、颇成体系的庄学著作，虽多沿袭陆德明《庄子音义》旧音义，但也倾注了他的大量心力。其中多数篇末皆附有难字，是一部有一定创见性和系统性的庄学著作。杨慎在旧音义外常多有发挥，往往能够超越训释、考证而上升为理论层面上来，还对庄子的基本立场、观点等重要问题都作了论说。指出，庄子的“愤世嫉邪之论”所诋毁的只是假借尧舜、汤武之道者和儒学末流，而“未尝非尧舜也”，“人皆谓其非尧舜、罪汤武、毁孔子”，实际上是“不知庄子”。杨慎还由此出发，对宋明理学、心学末流的虚伪空疏之弊进行了批判，这就使他的论说更富有了现实针对性，对晚明思想界掀起反假道学浪潮起到了导夫先路的作用。杨慎还常对《庄子》的言辞特征予以论说，如他说：“《庄子》内篇之文，繁而美者《齐物论》，简而美者《养生主》。”指出了庄子文章具有繁美和简美的不同特征。

3. 唐宋派的庄学研究成就

唐宋派是明嘉靖年间的一个散文流派，其代表人物唐顺之的庄学研究成果最为突出，著有《南华经释略》一书，惜已佚，编有《文编》《武编》《儒编》《稗编》等书。《文编》内有《大宗师》《人间世》《秋水》《天下》等十三篇释文；《稗编》内有《汉阴丈人为圃》《轮扁斫轮》《梓庆削鐻》篇，我们能从中大致了解到唐顺之的庄学思想。如其《文编》之《齐物论》篇题下总批云“通篇论本来无是非，是非皆人所作”，《天道》篇题下总批云“记治道最为统纪”，皆深得庄子之本意；而谓《齐物论》篇以“似鼻、似口、似耳、似枅”来暗示“是非淆乱”的百家争辩，则更显示出了他的独特见解。唐顺之主要通过解释关键字句来阐释、疏解《庄子》，并具有明显的佛理化思想倾向。

归有光是唐宋派中创作成就最高的作家，也是此派中研治《庄子》最精勤的学者，著有《南华真经评注》十卷，以郭象注本为底本，双行夹注，并加圈点，底栏有简注及音义，眉栏及篇末收有七十多家批语，上自战国末年韩非，中有唐宋陆德明、王安石、苏轼，下及明代唐顺之等。其中眉批共有五百七十多条，篇末总批共有八十七条，远为明代其余所有《庄子》评点本所不及，在客观上保存了不少真实可信的批语，不失为一个颇有价值的刊本。《南华真经评注》以归有光的批点为基础，比较注重于对《庄子》文理的归纳、揭示，有些批语重在引申发挥，表达自己的独特感想，颇为有效地引导读者去揣摩、探究隐藏在《庄子》文本中精义，及其对社会、人生所具有的启迪意义。除眉批外，归有光还在《骈拇》《胠箧》《秋水》《天下》等二十一篇末各写了一条总批文字，比较注重归纳篇中各段大意，揭示全文宗旨。

茅坤也是唐宋派的重要代表作家之一。他的仕途坎坷，屡遭贬谪，郁郁不平之气填满胸中，于是与庄子结下了不解之缘。他自称“左手持《南华》，右手持棋局”（《复丹徒邑谕唐白野先生书》），“解橐无他贮，《南华》一卷随”（《晚过省城邸舍》之二），“还嘲形与影，疑是漆园身”（《早趣》）。茅坤晚年编纂《唐宋八大家文钞》，评论诸家文字，每与《庄子》相联系，如他评韩愈《送高闲上人序》云“其用意本《庄子》，而其行文造语叙实处大类《庄子》”；评柳宗元《天说》云“类庄生之旨”；评欧阳修《伐树记》云“借庄周之言，而参之以客对，发其感慨”；评王安石《答陈柅书》云“言老庄处亦已见其大端”；评苏轼《六一居士传后》云“本庄生齐物我见解，而篇末类滑稽可爱”等。

4. 王世贞的《读庄子》《南华经评点》

王世贞（1526—1590），明代文学家、史学家，与李攀龙同为“后七子”

领袖。王世贞学识渊博，兴趣广泛，尤其喜爱庄子，把《庄子》视为宇宙间一大奇书，有大量诗文涉及庄子和《庄子》，如“手携《南华》一卷，不妨坐待黄昏”（《郧中杂言八首》之八），“还将吾乐同鱼乐，三复庄生濠上篇”（《玉泉寺观鱼》），“相逢莫道延津事，且诵庄生第几篇”（《戚将军赠宝剑歌》）云云。王世贞认为，“漆园洸洋自恣”“其达见，峡决而河溃也，窈冥变幻而莫知其端倪也”（《艺苑卮言》卷三）。王世贞的庄学专著有《南华经评点》。他以郭象注本为底本，在评点《庄子》全书的同时，也评点了郭注。王世贞对《庄子》全书的评点相当精心而全面，每在《庄子》原文即郭注旁画圈、点点以示惊异，并作了大量旁批和一些眉批，甚有学术及文学眼光。他所使用的批语主要有“篇法”“章法”“句法”“字法”“繁高”“精奇”“妙语”“正意”等，比较明显地受到了当时八股风气的熏染，喜欢辨识行文细微处的特征，尤其重视对文章“法度”的归纳和揭示。王世贞评点中最有价值的，是他比以往任何人都重视揭示庄子行文的用韵、节奏特征，为《庄子》文学欣赏提供了新的思路，为《庄子》学术研究开辟了新的途径。

王世贞涉及庄子思想资料的作品，还有《庄子赞》《邵弁庄子标解序》《周之冕书庄子要语后》《读庄子让王篇》等，其中最重要的是他的《读庄子》一组三篇论文。王世贞在《读庄子》中，首先对庄子其人其书进行了考辨。他对《史记·老子韩非列传》“庄子蒙人也”的说法表示认可，但对安徽定远漆园为庄子所庐处的说法表示怀疑。在其《过定远问漆园不得》一诗中说：“兹地有漆园，是否庄生庐？遗迹杳莫存，遗言亦成诬。”认为定远漆园为“庄生庐”的说法，当属于“遗言成诬”，即误传而已。王世贞对于苏轼认为《说剑》《盗跖》《渔父》三篇系伪作的看法表示赞同，而又认为“独《让王》犹近之，而太疑于正”，仍当是庄子本人的手笔。他反对苏轼以“若真诋孔子”为理由来判定《盗跖》《渔父》是伪作，认为“夫内、外、杂篇，何尝不排斥孔子？”只是“其排婉而深，不若《盗跖》《渔父》之直而浅也”。其次是对于庄子与老子的论述。在王世贞看来，庄子之言归于老子之旨，甚至对《老子》无所不援引，“或曲而畅之，或旁而通之，且咏言之，嗟叹之，必使老子之道高出尧舜之上”（《读庄子一》），其尊老子臻于至极。然而，他又明确地指出《庄子》一书，已从根本上扬弃了老子的权术思想，这无疑比前人的有关见解更有见地。对于庄子与儒家学说的关系，王世贞提出庄子“盖尝受业于孔子之门”（《读庄子三》）的说法，认为庄子当是游于孔子圣门而中途叛离的人，故而在他的言论中往往留有儒学的印记。

5. 李贽的《庄子解》

李贽（1527—1602），字宏甫，号卓吾，福建泉州人。明代著名文学家、思想家，泰州学派宗师。著有《庄子解》等。李贽《庄子解》，仅注解《庄子》内篇七篇，于每章之后，评释其大旨。在《逍遥游》《应帝王》诸篇题目下，还撰有总论，以评论各篇之大意。他在《续焚书·读南华》中，提出“断外、杂篇为秦汉见道口吻”的说法，是一种颇为新颖的观点，使罗勉道、朱得之的有关说法得到了进一步发展。他在注解《庄子》时征引最多的是郭象的注解，但并没有一味地承因前人的说法，而是时时闪耀出了自己的独特思想光芒，如他在评释《逍遥游》篇时指出，如拘于耳目即为有所待，即为不逍遥，只要做到不为耳目所拘，便可以谈论逍遥游了，这确实是对庄子逍遥义的一种全新诠释，这也正是他坚决主张打破当时的思想禁锢，要求独立思考世间一切问题的真实反映。李贽的一生，充满着对传统和历史的重新考虑，对庄子学说颇为倾心，对庄子“法天贵真”的思想尤为看重，对它作了进一步的阐发而成为其“童心说”。他在《童心说》中，把“真”看成是“童心”的最本质属性，认为“童心”就是“纯真”的真心，即未受任何外来污染的“最初一念之本心”。认为，保持“童心”就是保持本真自我，“童心”一旦遭受蒙蔽，本真自我就会丧失，则人就会变得虚假起来。

6. 陆西星的《南华真经副墨》

陆西星（1520—1606），字长庚，号潜虚子，又号方壶外史，江苏扬州兴化人。明朝时期道教内丹派东派创始人，著有《南华真经副墨》等。

他在阐释《庄子》时，因从苏轼之说，认为《让王》《盗跖》《渔父》《说剑》四篇是后人窜入，应排除在《庄子》之外。认为“虚静、恬淡、寂寞、无为”八字，乃《庄子》全书内容的核心，故将剩余的二十九篇依次分为虚集、静集、恬集、淡集、寂集、寞集、无集、为集八卷，并命其书名曰《南华真经副墨》。《南华真经副墨》诠释《庄子》有其独特之处，主要表现为：一是以《庄子》为《老子》之注疏。陆西星在著述中举出大量例子以“证实”庄子的学说确系出于老子，别开生面地提出了《庄子》为《老子》之注疏的看法。指出，《庄子》一书重在阐发《老子》“道德”旨意，是历史上最好的一部笺疏《老子》的著作。还指出，阐扬老子绝圣弃智、宾退仁义礼乐的思想，是庄子注疏《老子》所奉行的一大宗旨。二是以丹书佛经印证《庄子》。陆西星作为道教内丹东派之祖，在诠释老庄思想过程中引进了一些丹法理论，每每以佛理来印证庄子思想。他的这种以道教、佛理思想一同印证《庄子》的阐释指向，为后人开创了一条诠释《庄子》的新途径。三是对《庄子》文脉的潜心探究。陆西星认为，《庄子》中内、外、杂篇是一个完整的逻辑结构体系，篇与篇之间，段与段之间，文脉起伏勾连，义理前后贯串，浑然融为一体。内篇反映了庄子思想观点的核心，而外、杂篇是对内篇一些思想观点的具体发挥，从而为人们理解《庄子》内篇与外、杂篇的关系提供了一种新的思维方法。陆西星于每篇皆先作题解，然后分段疏义，探究文章的脉络特征；最终复作“乱辞”，写“文评”，以四字或五言文字来隐括全文的大义，揭示全篇的结构特征。这在庄子阐释史上具有其创新意义，标志着人们对庄子文章的研究已进入一个更自觉的阶段，对后世的庄学研究产生了很大的影响。

三、晚明学者及明遗民的庄学研究

1. 焦竑的《庄子翼》

焦竑（1540—1620），字弱侯，号澹园。晚明杰出思想家、藏书家、古音学家、文献考据学家。著作有《焦氏笔乘》《老子翼》《庄子翼》等。

《庄子翼》凡八卷，共采摭了四十九种书目，主要是郭象、吕惠卿、褚伯秀、罗勉道、陆西星等家说法，是整个明清时期采摭书目最多的一部庄学著作，为治《庄》者提供了相当丰富的资料。焦竑在选辑诸家说法后往往要断以己意，发表自己的见解，谓之“笔乘”，为我们较全面地了解焦竑的庄子思想提供了宝贵资料。焦竑的思想具有以儒为主、融会佛道的特征，所以他对《庄子》思想的阐释每每以儒学、佛理来会通。在焦竑看来，孔孟儒学与老庄之道的理论宗旨是可以会通的，至于庄子批判儒家所倡导的仁义礼乐也是有“雅意”的。焦竑在《庄子翼》中常常援引佛理思想来阐释《庄子》，并对历代治《庄》者多有评说。他虽认可司马迁所倡导的关于庄子“其要本归于老子之言”“以明老子之术”的看法，却否定了司马迁所谓的庄子“诋訾孔子”的说法，从而提出了“庄子尊孔”说。焦竑对于道教托老庄的做法基本上持否定态度。他在《澹园集·道家》中指出，道教虽然悉宗老子，却无不远离先秦道家清静无为的宗旨，所看重的只是炼养、服食、符箓、科教等东西而已。从表面上看，道士们尤其喜欢追慕庄子所描绘的“乘云御风”“挥斥八极”一类得道者，其实也不过是弃本逐末、诞欺迂怪罢了，早已背离了庄子的本意。《庄子》中的确已有一些长生成仙的思想苗头出现，但基本上还是限制在哲学思想层面上，而后世道教便由此出发，进一步把它发展成为一种神仙方术，显然违背了庄子哲学思想的根本宗旨。所以说，焦竑谓道教唯是谬托老庄而不能发扬其精神的说法，是非常有见地的。

2. 方以智的《药地炮庄》

方以智（1611—1671），安徽桐城人，人称药地和尚。著名思想家、哲学家、科学家，主张中西合璧，儒、释、道三教归一。庄学著作有《东西均》《药地炮庄》等。方以智《药地炮庄》凡九卷，征引极为繁富，摘录了诸如严遵、王弼、向秀等治庄学者数百家论说，合古今之论以炮制庄子，为后人保存了许多庄子资料，尤其是晚明时期许孚远、孙慎行、吴应宾、方弘炤等人的庄学著作，都赖《药地炮庄》而得以流传于世。方以智不仅汇集了汉、魏、唐、宋、元、明众家论说，还每以“药地曰”“药案曰”“炮药者曰”等来说出自己的看法，做出自己的论断，即“以庄子之说为药，而己解为药之炮”。方以智从“尊孔”的立场出发，称“庄子为孔门别之孤”（《象环寤记》），认为庄子是尊崇孔子的，并且传承了孔子、颜回、孟轲等儒家学说，是为儒学正宗。他说：“孟子言扩充，言充实之美。庄子曰‘充实不可以已’，此集虚充实一贯之符合也。”方以智把庄子所宗承的对象集中定向为孔颜思孟之学，实为韩愈、王安石、苏轼、林希逸等引庄入儒之著作所未言，标志着方以智《药地炮庄》以儒解庄的鲜明特征。方以智受易学的影响，在撰写《药地炮庄》时还表现出了明显的易学化倾向，提出了“《庄》是《易》之变”的说法，认为《庄子》一书即为《易经》风教之遗响。方以智以易学象数学理论贯穿《药地炮庄》全书，从而把以易解《庄》推到了前所未有的高度。

3. 王夫之的《庄子解》

王夫之（1619—1692），字而农，号姜斋，湖南衡阳人。学者称船山先生，是明遗民的重要代表之一。著述颇丰，庄学著作有《庄子通》《庄子解》等。

王夫之研究《庄子》，以文理为主，训释为辅，较多地融入了社会变迁的沧桑之感，具有鲜明的遗民思想特征。《庄子通》凡一卷，是他阅读《庄子》的读书札记，篇幅较小，直抒己见，是他对庄子思想的理解和发挥。《庄子解》凡三十三卷，是他依附《庄子》原文而注解的注疏体，内容和观点较《庄子通》更为严谨，各篇之首冠以题解，综括全篇大意，各段之后有解语和评语，篇中夹有注语。王夫之着重阐发庄子思想的体系和独特性，“志在去除前人以儒、佛两家之说对庄子的附会，清理出一副庄子的本来面目，同时在解文的字里行间还往往隐为指出其缺点所在”。王夫之注释《庄子》的宗旨，在于还原庄子本来面目，但他作为一名正统的儒家学者，始终坚持的仍是儒家立场，不可避免地掺入了自己的主观色彩，寄寓了个人的理想和情感。王夫之阐释《庄子》，看重的是庄子思想总体脉络，认为庄子的思想是一个前后贯通的体系，《庄子》各篇尽管对悟道的表述角度不同，但“未始出吾宗”，宗旨归一，而《逍遥游》篇是全书的思想基础，《大宗师》是全书立言的宗旨，其目的就是以天人之大宗为师，由忘大小之辨开始，逐步实现远害全生，进而达到逍遥游的最高境界。王夫之基于对全书脉络的把握，通过《庄子》内、外、杂篇特征的比较，认为，内篇七篇论述角度尽管不尽相同，但其思维方式、所追求的最高境界异曲同工，是出自庄子本人的手笔；而外篇和杂篇则并非出自庄子之手，而是庄子后学者的博引发挥。但他也并不否认外篇、杂篇中确有一些较好的篇章，“言虽不纯，而微至之语，较能发内篇未发之旨，盖内篇解悟之余，畅发其博大轻微之致”，往往可以对内篇某些篇章的意旨起到印证、补充的作用。在学术史上，人们多认为庄子的学说出于老子，而王夫之则提出庄子“自立一宗”说，“而与老子有异”。王夫之把《寓言》篇看作是庄子对自己语言表达方式所作的解释，即《庄子》全书的序例，而采用寓言、重言、卮言则是庄子立言明道的独特手段。

王夫之在把握全书总体脉络的前提下，十分重视对庄子思想内涵的深入发挥，即其所谓的“探化理于玄微”（《外篇总解》）。具体表现为以下四个方面：一是引庄解庄；二是以形象解庄；三是以史解庄；四是以天文解庄。王夫之解庄把自己的生活体验和人生观念，不自觉地融入了他的注解中，对庄子思想进行了较多发挥和大胆改造。如对“自然”“真宰”观念的发挥。“自然”一词，在《庄子》中指一种自然而然的状态，具有不可规定性，又与“大道”相通，王夫之则在此基础上直接把“自然”提升为道。“真宰”一词，出自《庄子·齐物论》：“若有真宰，而特不得其眹。可行可信，而不见其形，有情而无形。”庄子坚信，人们虽然看不到“真宰”的形体，但它是真实存在的，并时刻主宰着宇宙万物。而王夫之则认为，所谓的“真宰”是不存在的，万物的产生变化都是自生自化、自然而然的，人也不能主宰一切，这便是王夫之的天道自然的精神，同时也流露出他对当时社会的严厉批评。

4. 明遗民的庄学研究

明亡后，许多怀有深厚民族情感的文人士大夫纷纷做了遗民。但他们内心却一时一刻也没有忘怀故君故国，例如觉浪道盛禅师，通过撰写《庄子提正》，别出心裁地提出了“庄为尧、孔真孤”之说，“借庄子为孤以传孔子之真”，极力主张会通孟子、庄子、屈原三人之宗旨，从而委婉地表达了他的爱国思想。陈子龙对庄子及其学说也极为关注，并喜欢讲庄子与屈原合而论之，撰有《庄屈合诂》《庄周论》等，从“怨”的角度来充分发掘庄子、屈原的思想共性，使庄子、屈原思想中潜藏着的具有共性的东西得到了充分揭示，这是陈子龙的独创。傅山非常喜欢庄子，自谓“吾师庄先生”“老夫学老庄者也”。他的庄学成就包括诸多方面，其中对郭象的质疑，往往能显示出他的独特见解；他反对宋儒援儒入道的做法，每每引佛理来解释《庄子》。傅山所著《庄子批点》等，常以“老庄之徒”自居，在其作品中反复强调、自陈“我本徒蒙庄”“吾漆园家学”“吾师庄先生”等，自觉继承道家学派的思想文化，对老、庄的“道法自然”“无为而治”“泰初有无”等命题，都作了认真的研究与阐发。傅山认为“庄生原不是荒唐，只为天才莫敢当”，常常以独特的思维来解读一些评论庄子的文献资料，而对于《庄子》文本的解读，则更是不乏新义。例如，傅山从自己的思想认识出发，对庄子的逍遥游思想作了大胆的发挥，他说：“读过《逍遥游》的人，自然是以大鹏自勉，断断不屑作蜩与鸴鸠，为榆枋间快活矣。”（《读南华经》）傅山认定自己应该“以大鹏自勉”，藐视世间一切荣华富贵，说明他实际上已从大鹏形象中感悟到了人格力量，决心要像大鹏那样鄙弃“奴俗龌龊意见”，永远做一个矢志不渝的气节之士。

四、明代小说领域的庄学成就

明朝初期，统治阶级对文学艺术采取了极为严酷的高压政策，这就使得戏曲、小说创作和批评顿时处于停滞状态。从正德年开始，各种文艺创作和学术活动逐渐复苏起来，其中较早的有徐渭曾“注《庄子》内篇”，读徐渭诗文亦每可见“有得于”庄子，并对《庄子》中某些思想观点有着独特的见解。如他说：“南华有言‘虚室生白’矣，而必先之以‘瞻彼阙’者……老子、庄生一家也，庄贵生白，老贵守黑，家人矛盾也。”而其所创作的著名杂剧《四声猿》等，则更是他“真我”艺术的体现，显示出了其深受庄子“贵真”思想影响的痕迹。戏曲家汤显祖，远追老庄，近师李贽，在美学上提出了以真与情为核心的戏曲理论。他认为，戏曲家应该以发自灵窍的真情、真意，去冲破那羁络人性的儒学教条和既定的艺术格套，去为自然人性的复归奔走呼号。

明代小说，是在宋元时期的说话艺术的基础上发展起来的。而明代小说领域的庄学成就，则主要表现在晚明时期的通俗小说家身上。如冯梦龙《警世通言》中《庄子休鼓盆成大道》一文，标志着古代小说家利用《庄子》思想资料来创作小说作品已发展到一个新阶段。《庄子休鼓盆成大道》，开篇后即引出主人公庄子休，并集中笔墨介绍了其身世：

> 话说周末时，有一高贤，姓庄名周，字子休，宋国蒙邑人也。曾仕周为漆园吏。……楚威王闻庄生之贤，遣使持黄金百镒，文锦千端，安车驷马，聘为上相。庄生叹道：“牺牛身被文绣，口食刍菽，见耕牛力作辛苦，自夸其荣；及其迎入太庙，刀俎在前，欲为耕牛而不可得也。”遂却之不受。挈妻归宋，隐于曹州之南华山。

这里既有史书记载、寓言故事、道教传说等作依据，又有编撰者的大胆想象增饰，从而显示出了其对庄子与《庄子》的独特阐释指向。但冯梦龙对《庄子·至乐》篇的“鼓盆而歌”故事进行的大胆改造发挥，敷演成了庄妻在丈夫假死后欲嫁楚王孙的故事，其基本情节已与《至乐》篇中的寓言故事相去甚远，然而其借此揭露仁义、礼教的虚伪性，则是秉承了《庄子》的基本精神。

凌濛初（1580—1644），通俗小说家、戏曲家和戏曲评论家。他曾效仿《齐物论》中“三籁”之说，而创《南音三籁》，把“古质自然”的戏曲作品看成最上等的“天籁”，反映出了其审美趣味与庄子思想有着承因关系。在他的小说集《二刻拍案惊奇》中，一篇题为《田舍翁时时经理　牧童儿夜夜尊荣》的作品说：“话说春秋时鲁国曹州有座南华山，是宋国商丘小蒙城庄子休流寓来此，隐居著书，得道成仙之处。后人称庄子为南华老仙，所著书就名为《南华经》，皆因此起。”这里所介绍的庄子，已具有浓厚的道教神仙气味，小说中此后情节的发展，即是建立在南华老仙点化基础上，从而把《庄子》中的庄子完全阐释成了道教所谓的仙人。

第六节　清代庄学研究

一、清代庄学发展的历史背景

清入主中原之后，统治者大都非常重视中华传统文化，如康熙先后下诏编辑多种大型图书，其中《古今图书集成·经籍典》中列有《庄子部》，汇辑了大量庄子文献资料，具有很高的文献价值。乾隆对庄子似乎情有独钟，在他的《御制诗集》中，仅吟及庄子意象的诗作就达数百首之多；而他下诏编纂的《四库全书》，则更收录了郭象《庄子注》、王雱《南华真经新传》、林希逸《庄子口义》、褚伯秀《南华真经义海纂微》、焦竑《庄子翼》，并在道家类存目和四库未收书目中，为成玄英《南华真经疏》、朱得之《庄子通义》、陆西星《南华真经副墨》、方以智《药地炮庄》等数十本庄学专著分别撰写了提要。所有这些都对当时庄学的发展起到了引导和推动作用。

清代的庄学研究，主要以明遗民的庄学肇其端，如觉浪道盛《庄子提正》、俍亭净挺《漆园指通》、方以智《药地炮庄》、傅山《庄子解》、王夫之《庄子解》等；陈子龙、屈大均等也纷纷撰写有关庄子的文章，大多为借阐释《庄子》以抒发其遗民情怀，从而在清初掀起了一个明遗民的庄学研究热潮。但由于清统治者通过屡兴文字狱等手段来摧残汉族知识分子，使之噤若寒蝉，因此他们无奈而埋头考据。正是在这样的政治文化背景下，清代庄学便随着乾嘉考据学的兴起而开出了考据一途，诸如王懋竑的《庄子存校》、卢文弨的《庄子音义考证》等，开启了《庄子》考据之学的先声。其后经过黄宗羲、顾炎武、钱大昕、段玉裁等人的努力，使《庄子》考据之学成为整个清代庄学的一个重要组成部分，先后有一批阐释义理、评析文章为主的庄学著作问世，如林云铭的《庄子因》、吴世尚的《庄子解》、宣颖的《南华经解》、陆树芝的《庄子雪》等，至今为治庄学者所看重。其中林云铭的《庄子因》，重视揭示《庄子》散文的艺术性，成为清代《庄子》散文研究的实际开创者。桐城学派的庄学研究，对清代庄学的发展也起到了很大的推动作用，如钱澄之著成《庄子诂》，方正瑗著成《方斋补庄》，"桐城三祖"中的刘大櫆、姚鼐都曾用心评点《庄子》，桐城庄学研究因之大盛，庄学著作接踵问世，至清末民初尤成为整个庄学的大宗之一。

晚清时期，传统的儒家经学开始式微，包括庄学在内的子学研究愈趋兴盛。乾嘉学派的《庄子》考据之学，在此时期即取得了很大的成就，如王念孙著《庄子杂志》、俞樾著《庄子平议》、江有诰著《庄子韵读》等，从而使庄学显示出了一种强劲的发展势头。刘凤苞所著《南华雪心编》八卷，全书依宣颖《南华经解》之"义例"，兼采魏晋以来各家治庄之精髓，对《庄子》散文艺术作了极为详尽的剖析，取得了前无古人、后无来者的巨大成就。王先谦著有《庄子集解》八卷，取众家之所长，并能以简明扼要的文字来把握《庄子》的本义，为广大治《庄》者所倚重。郭庆藩著有《庄子集释》十卷，于正文下依次收录了郭象注、成玄英疏、陆德明音义的全部文字，又摘引了王念孙、俞樾、郭嵩焘等人的研究成果，然后断以己意，成为近百年来最为通行的庄学著作之一。在考据学方面，如孙诒让《庄子札移》、章炳麟《庄子解故》、刘师培《庄子斠补》等，既继承了乾嘉先辈优良的考据传统，又吸收了近代考据学的新方法，因而使清代《庄子》考据有了一个光辉的结局。而严复、梁启超、章炳麟等人对《庄子》的评点或阐释，既能继承乾嘉遗绪，又自觉地引入了西方的思想和学理，从而成了民国新庄学的先声，更是开启了民国庄学研究的新风气。

二、前清时期的庄学研究

1. 金圣叹对庄子的论说

明遗民庄学研究以强劲的势头延伸到了清代，使清代庄学一开始就出现了兴旺的景象。但这些学者是一个特殊的庄学研究群体，应另当别论，从某些方面来说，清代庄学研究实金圣叹发其端。金圣叹（1608—1661），著名的文学家、文学批评家。金圣叹的思想相当复杂，对孔孟、老庄、佛教等学说都有所吸纳，而由于他为人“倜傥高奇，俯视一切”，便使他与老庄结下了不解之缘。金圣叹评书，别具慧眼，他称庄子为“第一才子”，称《庄子》为“第一才子书”。金圣叹曾著《语录纂》一书，其中较多地保留了他论述《庄子》的文字。其卷二有段对整个《庄子》内篇的论述：“《逍遥游》一篇是总叙，故首提名字亦不同。内篇三七二十一字题，一字自为一义。《逍遥游》从不好处说到好处。……《齐物论》至《应帝王》，与首篇异，皆从极好处，说到不好处。……然下五篇，亦一篇好似一篇，至《应帝王》而极。”金圣叹认为，《逍遥游》篇为内篇总叙，首篇题目“逍遥游”三字，一字比一字好，整篇文章也“从不好处说到极好处”，而此下六篇则接着《逍遥游》结尾处的逍遥无碍境界，皆“从极好处说到不好处”，并且逐步推进，而终止于《应帝王》的至极之境。金圣叹的这一说法，很富有创新意义。金圣叹对庄子的论说，往往能言前人所未曾言，发前人所未曾发，给人们以耳目一新的感觉。

2. 林云铭的《庄子因》

林云铭（1628—1697），字西仲，号损斋，福建闽县人。著有《庄子因》等。《庄子因》凡六卷，书前有《增注庄子因序》《凡例》《庄子总论》《庄子杂说（计二十六则）》等。《庄子总论》概括了《庄子》全书大意：“三十三篇之中，反覆十余万言，大旨不外明道德，一死生，齐是非，虚静恬澹，寂寞无为而已矣。”

《庄子因》主要阐述了以下四个方面的问题：第一，阐述了“庄子与老子同而异，与孔子异而同”的观点。他以《天下》篇为例，指出庄子“历叙道术，不与关、老并称，而自为一家”，明确提出了“庄子另是一种学问，与老子同而异，与孔子异而同”（《庄子杂说》）的观点。林云铭认为，庄子的宗旨为“上与造物者游，而下与外死生、无终始者为友”，所追求的是一种超然尘世之外的极高远的自由精神境界，已把人间的“机心”荡涤得纤毫无存。而老子采取的是一种“人皆取先，己独取后”“人皆取实，己独取虚”的处世态度，里面包含了丰富的人生经验、生活智慧，充盈着以权术谋求生存、发展的思想，二者的境界存在本质上的差异。第二，对《逍遥游》篇的阐释，以“大”字为一篇之纲。林云铭解说《逍遥游》篇以“大”字为纲，他说：“逍遥，徜徉自适之貌；游，即所谓心有天游是也。此三字，是庄叟一生大本领，故以为内篇之冠。……是惟大者方能游也，通篇以‘大’字作眼，借鹏为喻。”林云铭认为，庄子在《逍遥游》开篇即言“北冥有鱼，其名为鲲，鲲之大，不知其几千里也”，接着又描写了鹏“背之大”“翼之大”，通篇都是围绕“大”字来展开的。鹏因其一大而无不大，故必击水三千，风抟九万，动经六月，自然无碍，便任意而逍遥，真是一个海阔天空、不为人所拘、不为世所累的逍遥游形象。第三，以时文之法评诂庄子之文。林云铭解读、评诂《庄子》首先是“求其本旨”，为读者揭明全篇的中心思想。如他在解读《齐物论》篇时说“天地与我并生，而万物与我为一”等句是全篇“本义”，在解读《大宗师》篇时说“不以心捐道，不以人助天”二句是“通篇扼要处”，在解读《缮性》篇时说“以恬养知，生而无以知为”等句是“通篇之纲”，凡此多可看出林云铭确实独具慧眼，往往能为读者从“镜花水月”般的庄子文章中揭示出简括明了的中心思想。林云铭在解读《庄子》时，十分重视揭示文章的开合、承转、抑扬、起伏等特征。如他在《逍遥游》篇末总评中说：“篇中忽而叙事，忽而引证，忽而譬喻，忽而议论，以为断而非断，以为续而非续，以为复而非复，只见云气空濛，往返纸上，顷刻之间，顿成异观。”第四，对《庄子》外、杂篇真伪的探究。林云铭认为，《庄子》“内七篇是有题目之文，为庄子所手定者。外篇、杂篇各取篇首两字名篇，是无题目之文，乃后人取庄子杂著而编次之者”，其思想内容分别与内篇中的某些篇章相关联。但又认为，《庄子》外、杂篇中确实也掺有伪作，像《让王》《盗跖》《说剑》《渔父》四篇即为赝品。他在《列御寇》篇末总评中说，篇末载“庄子将死”一段，“以明漆园之绝笔于此，犹《春秋》之获麟，此外不容添设一字。”他还认为《天下》篇亦“为订庄者之所作”，其理由是：“‘庄周’一段，不与关、老同一道术，则庄子另是一种学问可知。段中备极赞扬，真可谓上无古人，下无来者，庄叟断无毁人自誉至此，是订庄者所作无疑。”总之，林云铭的《庄子因》在继承前人成果的基础上，对庄子与老子、孔子思想的异同作了较新颖的阐释，对《逍遥游》篇主旨有了很大的开拓，对《庄子》艺术评点有了极大推进，对外、杂篇的真伪问题也提出了不少新看法，成了清初一部具有开拓性的重要庄学著作，对整个清代乃至民国时期的庄学研究，尤其是在《庄子》散文研究方面产生了很大影响。

3. 胡文英的《庄子独见》

胡文英（1723—1790），著有《庄子独见》。在胡文英看来，《庄子》一书，具有“一雷电风云之通于天地日月而无可端倪”的风格特征，而后人只在语言文字上推求，并不曾真能窥探、欣赏隐藏于其特殊语言形式下的本真思想，于是自己通过认真研究，“约以该之，微以显之，解其所可解，而置其所不必解”，终于“冥冥之中独见晓焉”，为此而作《庄子独见》。

胡文英认为，“读《庄子》，须把心收得细如游丝，虚而与之委蛇”，“读《庄子》，须把眼界放活，则抑扬进退，虚实反正，俱无定极。惟跟着神气之轻重伸缩，寻觅将去，才能大叩大鸣，小叩小鸣”，“要浅者深之，深者浅之，只如极平淡语句中，有无限含蓄；极奇幻语句，却是游戏神通。从此入去，迎刃而解。”（《读庄针度》）在胡文英看来，解读者如能跟着庄子文气而抑扬伸缩，则其意也就不难窥见了。胡文英还很重视“善用照法”，即“正照之，斜照之，远照之，反照之。照得不真者，仍旧打扫心地，自然见真际”（《读庄针度》）。从而照出了“庄子人品、德性、学问、见识另有一种出人头地处，另有一种折衷至当处”（《庄子论略》）。胡文英解读《庄子》时往往表现出一定的儒学化思想倾向，拿庄子与屈原相比较，说：“庄子最是深情，人第知三闾之哀怨，而不知漆园之哀怨有甚于三闾也。盖三闾之哀怨在一国，而漆园之哀怨在天下；三闾之哀怨在一时，而漆园之哀怨在万世。”这正是胡文英对明遗民每以庄子、屈原合论等理论观念的承因和发展。

对于《庄子》篇目问题，胡文英也有自己独特看法。认为“《让王》《盗跖》《说剑》《渔父》四篇，笔力庸弱，词句浅率，其为赝手所托无疑”（《让王》篇末总评）。他还认为《庄子》外、杂篇中，诸如《天道》《天运》《刻意》《秋水》等篇有不少章节也不可能是庄子本人的手笔。更为重要的是，林云铭把文学意义上的“小说”概念引入了对《庄子》的辨伪和评点中，认为《盗跖》《渔父》等篇具有小说性质，这种观点对后世小说创作起到了导夫先路的作用。

4. 宣颖的《南华经解》

宣颖，字茂公，句曲（今江苏句容县）人。著有《南华经解》。其内容具有以下四个方面的特征：第一，以儒解庄的思想倾向。宣颖认为，“庄子学于子夏，所称夫子多系孔子”（《齐物论》解）。在宣颖看来，庄子最是倾服孔子，一部《庄子》，大半都是寄寓了庄子对孔子的推尊之意。宣颖把《逍遥游》篇的主旨概括为“至人无己”，认为“《逍遥游》一篇文字只是‘至人无己’一句文字，‘至人无己’一句是有道人第一境界”，而“‘神人无功’‘圣人无名’都是陪客”（《逍遥游》解），却是很有见地的，得到了不少后来研治庄者的高度重视。第二，对《庄子》行文脉络的细心疏解。宣颖十分推崇《庄子》文章，叹其为“真千古一人”“真自恣”“真仙才”“真一派天机”，而历史上“注《庄》者，无虑数十家，全未得其结构之意”（《庄解小言》），因此而作《南华经解》，对《庄子》行义脉络进行细心疏解。宣颖不仅揭示了各段落内的层次结构，还进一步揭示了各层次之间的相互关系。认为“内篇各立一题，各成结构；外篇虽不立题，亦各成结构；惟杂篇不立题，不结构，乃可各段零碎读之，然《天下》一篇，为全部总跋，洋洋大观。”（《庄解小言》)宣颖在梳理庄子文章脉理方面所取得的成就是前人所无法比拟的。第三，对《庄子》艺术手法的精心分析。宣颖在林希逸、刘辰翁、陆西星等人的基础上，对《庄子》的艺术手法作了精心分析，并一一指明其特征。他说："庄子之文，长于譬喻。其玄映空明，解脱变化，有水月镜花之妙。且喻后出喻，喻中设喻，不啻峡云层起，海市幻生，从来无人及得。"宣颖还认为，庄子善用陪衬艺术手法，是使其文章具有汪洋自恣特征的重要原因。第四，对文章意境的用心揭示。宣颖在吸收前人成果的基础上，对庄子散文的意境尤其是汪洋自恣的意境作了极其用心的揭示，认为《庄子》"侔色揣称，写景摛情，真有化工之巧"。宣颖对庄子文章意境的诠释全面而深入，从而把对庄子散文的研究推到一个更新更高的阶段。

5. 陆树芝的《庄子雪》

陆树芝，字次山，别署"三在斋"，广东信宜人。著有《庄子雪》三卷，前有陈大文、尹廷铎序，陆树芝自序、《史记·庄子列传》、《苏东波〈庄子祠堂记〉》、陆树芝《读庄子杂说》。其中《史记·庄子列传》《苏轼〈庄子祠堂记〉》，里面夹有陆树芝所作的大量批注文字。陆树芝一生竭心于新旧儒学，又矻矻于先秦百家之言，尤其是《庄子》一书，并以所谓庄子之言"固吾儒之所必采而观"的态度为《庄子》作注解，故其所著《庄子雪》具有明显的尊孔倾向。认为，庄子每借孔子之口来点出儒家的优点，这正是《庄子》所要反复表述的主题，所以庄子绝不会去真要诋訾孔子。他还据此而提出庄子为"先圣之外臣犹子"之说，说庄子虽不是孔子学派的嫡嗣，但却有护持孔子之道的真实之心和实际行动，并为此而采取了特殊的方式方法。陆树芝把司马迁所撰的庄周本传，特别摘出而置于《庄子雪》之首，并为之逐句逐层作批语，名《史记·庄子列传》，用来表明自己对司马迁庄子观的看法。陆树芝认为，庄子表面上似"宗老而訾孔"，实际上是要"驾老子以助孔"。《庄子》中所指斥的儒、墨，实际上是指"百家方技之属窃附于儒者"，尤其是指杨朱、墨翟、惠施、公孙龙之辈，而司马迁笼统地说庄子“剽削儒墨”，显然是不正确的。陆树芝对苏轼说法的批驳，主要是针对苏轼《庄子祠堂记》而言。他首先肯定了苏轼对司马迁“诋訾”说所提出的批评，但认为苏轼以楚公子之仆人骂公子实为爱公子，来比喻庄子之诋毁孔子实为阴助孔子，这实际上是很不恰当的。陆树芝对苏轼的篇目真伪观既有所肯定又有所否定，说“《让王》《说剑》较粗耳，然都非实事也”“但《盗跖》《渔父》已见于《史记》，则由来久矣，并存而分别观之可也”，为人们研究《庄子》辨伪问题提供了一种新的思维方法。

三、桐城派的庄学研究

1. 桐城派庄学研究概说

方苞、刘大櫆、姚鼐为“桐城三祖”，他们主要是作为古文作家兼诗人参与研治《庄子》的。方苞诗文中对《庄子》思想资料时有援引，如《封氏园观古松记》有言：“庄周云：‘物之生也，若骤若驰，无动而不变，无时而不移。’以一日之游而天时人事不可期必如此，况人之生遭遇万变，能各得其意之所祈向邪？”方苞在这里借庄子表达了他对人生无奈和世事无常的情绪。刘大櫆对《庄子》的评点主要集中在内七篇，对《庄子》全书的宗旨有独特的理解。如他在评点《应帝王》篇时说：“‘虚’是一篇宗旨，亦一部《庄子》之宗旨。所谓无心、无为、无用都是此旨，是本老子之学。”刘大櫆十分重视《庄子》文章的艺术特征，他在评点《逍遥游》篇时说，“尧让天下于许由”“藐姑射之山神人”“惠子谓庄子曰”三大段文字的意思有着层层递进的关系，即“至人无己”才是不可为世人所企及的最高逍遥游境界，而“圣人无名”“神人无功”则仅为这一境界的陪衬。姚鼐著有《庄子章义》五卷，具有明显的儒学化思想倾向。他在《天地》篇题解中说：“此篇与《山木》皆称孔子为‘夫子’，然则庄子之学殆真出于子夏也。”认为庄子即使不一定是田子方的门下弟子，也必定从儒学中出来，从而把韩愈所谓“盖子夏之学，其后有田子方，子方之后流而为庄周”的说法又推进了一步。

郭庆藩（1844—1896），字孟纯，号子瀞，湖南湘阴人。一生致力于《庄子》研究，颇有心得，著有《庄子集释》《庄子注释》《读庄子札记内外篇》等。其中《庄子集释》十卷，依次收录了郭象《庄子注》、成玄英《庄子疏》、陆德明《庄子音义》全文，摘引了卢文弨《庄子音义考证》、王念孙《庄子杂志》、俞樾《庄子平议》之文及李桢、郭嵩焘等人的研究成果，选精集粹，将西晋以来治庄精华汇为一集，还往往断以已意，在名物、字义训释、音韵训诂等方面下了很大的功夫，所以其所取得的成就也较大，成了近百年来流行最广的庄学著作之一，几为治庄者所必备。王先谦著《庄子集解》八卷，以简明扼要的文字来把握《庄子》本意，深得庄学爱好者喜爱，亦成为近百年来流行广泛的庄学著作之一。在桐城派末代作家中，严复撰有《老子评语》《庄子评语》，将西方资本主义理论全面引入老庄思想的解释，从而赋予了传统的道家思想以现代意义，成为用西学解释老庄的倡导者。林纾著有《庄子浅说》，重视承因、申叙郭象的庄学思想，并较多地注入了自己的人生感想，兼以文笔较美，又能深入浅出，因而颇得读者喜欢。

总的说来，桐城派的庄学研究持续时间较长，参与人数众多，所取得的成就辉煌，不仅全面推动了清代庄学研究与发展，而且直接开启了近现代庄学研究的新历程，意义非凡，所以在中国庄学史上占有相当重要的地位。

2. 王先谦的《庄子集解》

王先谦（1842—1917），著有《南华集解》。《庄子集解》凡八卷，前有王先谦自序，表明其意在借处于乱世的庄子所具有的“不得已”之情来抒发自己的爱国思想和末世情怀。王先谦在具体解释《庄子》文本过程中，并不主张掺杂进去个人的情感，以尽可能保持学术本身的纯洁性。在征引他人的注解时，也力求除去参以私意的文字。王先谦所集前人之解，包括司马彪、崔譔、向秀、郭象、李颐、支遁、陆德明、成玄英、宣颖、王念孙等数十家，但大都作了压删，即使是“间下己意”，文字也是要言不烦。因而整部《庄子集解》，既集众家之长，又间有己意，而且篇章甚为紧凑而精悍，但对《庄子》

思想的整体把握却比较准确，诠释比较契合庄子本义，所以近百年来一直深受广大读者的喜爱，成为最为通行的庄学著作之一，为广大爱好庄子者所必备。

3. 林纾的《庄子浅说》

林纾（1852—1924），字琴南，号畏庐，福建闽县人。著有《庄子浅说》凡四卷，仅解《庄子》内篇七篇，采取了分段解说的方式，而解说之语多为自撰，基本上没有征引前人的旧注旧说。单对于郭象却是例外，不但每篇以他的题解为题解，而且还每引他的注为注，并不时称其“微妙”“妙绝”“极通”，表示了对郭象《庄子注》注的高度重视和肯定。林纾在作解说时，或先作己说而以郭注断之，或先引郭注而以己意申述之，两者相辅相成，多能揭示出庄子本意，兼以文笔较美，又能深入浅出，因而颇得读者喜欢。归纳起来，这主要表现在两个方面：一是承因和发挥了郭象的“独化”说；二是在解说《逍遥游》篇时，承因并发挥了郭象的“适性逍遥”说。此外，林纾在七篇之后都附有“附见”或“附识”，多是用来揭示艺术特征的，基本上都是他个人的心得，看不出有什么因袭前人的痕迹，这是值得我们应该重视的。

四、乾嘉学派的庄学研究

1. 乾嘉学派的庄学研究

乾嘉学派主要创始人是明末清初大儒顾炎武，而开了乾嘉学派《庄子》考据之学先河的则是扬州分派的先驱人物王懋竑。王懋竑著有《庄子存校》，主要通过运用陆德明《庄子音义》的丰富资料，并以郭象《庄子注》、林希逸《庄子鬳斋口义》本为参照，对《庄子》重要字句、音义及后人的解释作了精心校订而成。其后，卢文弨著《庄子音义考证》，对陆德明的《庄子音义》作了许多补正，主要涉及了对《庄子》文本的校订，以及对前人为《庄子》所作之音义的考订。王念孙所著《庄子杂志》，是最能代表乾隆嘉学派《庄子》考据形式和风格的著作。王引之通过对《庄子》进行精心的训释考校，著成《经传释词》一书，其中对《庄子》虚词的训释，具有很高的学术价值。

江有诰著有《庄子韵读》，节录《庄子》一书和王应麟所辑《庄子逸篇》中的用韵文句。陈寿昌著有《〈庄子〉古韵考》，所列《庄子》中有韵之文约为江有诰《庄子韵读》的三倍，足资研读《庄子》者之参考。还有一些学者致力于《庄子》辑佚，如阎若璩、全祖望等人在王应麟《庄子逸篇》基础上又辑得若干条《庄子》佚文，为庄学的发展做出了一定的贡献。孙冯翼辑《司马彪庄子注》《庄子注考逸》，则开了历史上辑录司马彪注之先河。俞樾著《庄子平议》三卷，在王念孙《庄子杂志》基础上又有较大拓展，其所撰《庄子人名考》一卷，是历史上唯一的《庄子》人名研究的专著。章炳麟著有《庄子解故》一卷，对俞樾的《庄子平议》既有继承又有发展，发正《庄子》疑义凡二百四十八条，可谓为有清一代《庄子》考据之学作了一个完美了结，同时也成为民国时期《庄子》考据之学的很好开端。

2. 王念孙的《庄子杂志》

王念孙（1744—1832），著有《广雅疏证》《读书杂志》等。《读书杂志》是王念孙晚年时的读书札记汇编，后附《余编》二卷，其中上卷有《庄子杂志》，共三十五个条目，是王念孙对《庄子》有关文字的训释校勘。王念孙既善于运用以音求义、参考成训的方法来阐释《庄子》，又善于通过文献互证、通假引申、随文训释等方法，来考定《庄子》某些字句的确切意义。此外，王念孙还在《庄子》文本校勘和句读等方面取得了不少成果。《庄子杂志》作为第一部《庄子》校释的札记体专著，其所具有的独创性对后世有着十分重要的典范意义，而其所达到的学术水平更为后人所难以企及。

3. 俞樾的《庄子平议》与《庄子人名考》

俞樾（1821—1907），著有《诸子平议》《庄子人名考》等。《诸子平议》中有《庄子平议》三卷，是其受王念孙《庄子杂志》的启发而撰写的。主要是借鉴、总结并改进了王念孙、王引之研究诸子的方法，重视正句读、审字义、通古文假借，并分析其特殊语文现象，对《庄子》中大量文句、文义作了精心考订，取得了很大的艺术成就。《庄子人名考》一书，是俞樾在利用前人成果的基础上，对《庄子》中众多人名几乎都作了精心考释，取得了前人所无法比拟的新成就。俞樾在重视实证的同时，还注意探究《庄子》人名的寓意，尽可能揭示出庄子制名亦实亦虚的特征，从而把《庄子》人名研究推进了一个崭新的阶段。《庄子人名考》是历史上唯一的《庄子》人名研究的专著，至今未有同类著作问世，因此他在这方面一直有着崇高的学术地位。

五、刘凤苞的《南华雪心编》

刘凤苞（1821—1905），字毓秀，号采九，湖南武陵县（今常德鼎城区）人。庄学著作有《南华雪心编》等。《南华雪心编》作为研究《庄子》散文的集大成著作，学术成就斐然，影响巨大，主要表现在以下几个方面。

1. 对庄子散文章法结构的剖析

刘凤苞说："雪心者，谓《南华》为一卷冰雪之文，必索解于人世炎热之外，而心境始为之雪亮也。"（《南华雪心编自序》）刘凤苞从《庄子》为冰雪之文这一感情基点出发，在参合诸家注解的基础上，抓住了《庄子》"章法之贯穿玲珑，笔力之汪洋恣肆"的特点对《庄子》散文特色进行解析，使庄子的文与意完美地结合在了一起，注文感情澎湃、激情荡漾，极富美感和意味。《南华雪心编》在体例上也较之前人有了很大的突破。首先，极为重视引用古人的研究成果，所引资料几乎囊括了魏晋到清代的所有重要《庄子》注本，可帮助读者从义理、艺术两个方面来理解《庄子》。其次，以总评、段评、夹注、眉批、段后评的形式，从字、词、句、段、篇等方面对《庄子》内、外、杂篇从整体到局部都进行了较为详细的解析，尽可能地将《庄子》的艺术特色揭示出来，是有史以来篇幅最长，内容最丰富、最完整的《庄子》评注本。

2. 对庄子散文艺术特色的分析

刘凤苞在《南华雪心编自序》中，对《庄子》散文艺术特色给予了高度评价：一是创语甚奇，奇文妙文。庄子想象奇特，善用比喻，善于创造性地运用一些常人无法想象的字词、语句使文章表现出奇特的艺术特色。二是揣摩语气，善用虚词。刘凤苞对《庄子》的赏析是在揣摩语气的基础上进行感悟与体会，特别是对《庄子》中虚词的体会，往往能发前人所未发，反映了一位散文研究大家独特的艺术眼光。三是颊上添毫，绘声绘色。庄子善于用“颊上添毫”的手法塑造人物，使人物形象传神、栩栩如生，达到了“绘声绘色”的程度。四是笔法灵活，叙法多变。《庄子》笔法多样，用笔灵活多变，从而使文章抑扬顿挫、变幻莫测。五是跌宕生姿，参差错落，使文章达到一唱一叹、一波三折的妙处。刘凤苞认为，《庄子》散文的各个特点并不完全是截然分开的，有时你中有我、我中有你，表现出了多种多样的特征。

3. 对庄子散文文境意境的揭示

刘凤苞认为，“一部《南华》，如秋水澄鲜，云影天光，无非化境”（《寓言》评），主要表现为：一是空灵缥缈。刘凤苞认为，庄子由于在字句、笔法、修辞、结构等方面的高超技艺，行文如天马行空、虚无缥缈。二是汪洋恣肆。刘凤苞认为，庄子行文节节相生，层层变换，如万顷怒涛，忽起忽落，极汪洋恣肆之奇。三是以文为戏。刘凤苞认为，庄子“以戏为文”的基本特点是虚构与想象，还表现出“嬉笑怒骂”、痛快淋漓的风格。

总之，刘凤苞在全面吸收前人《庄子》研究成果的基础上，又以自己特有的文采与诗人气质，将《庄子》思想阐释得波澜壮阔，而又富有诗情画意，代表了《庄子》散文研究的最高成就。

六、严复、章炳麟、梁启超的庄学研究

1. 严复的庄学研究

严复（1853—1921），字几道，福建候官县人。中国近代资产阶级启蒙思想家，著名的翻译家、教育家，是中国向西方寻求真理的代表人物。他自觉运用了“格义”的手法，将西方资本主义新思潮中的观点与庄子思想相联系，进行互相阐发，撰写了《庄子评语》一书。严复将自由、民主、个人主义的近代西方资产阶级政治思想和“物竞天择”“适者生存”的进化论思想融入

庄子，为传统的道家思想赋予了现代意义，成了用西学解释庄子的倡导者，为后世庄学研究开了先河。《庄子评点》是严复一生所作诸多《庄子》批语的汇集，字数虽不过一万三千，却极度包容，从哲学思想、政治观点等多个角度勾勒出严复基本的庄子观。严复认为，放眼浩如烟海的中国传统思想学术库藏，独有庄子卓尔不群、出类拔萃，其学问是包罗奥义的富矿，能够为析理明事提供门径。严复在阐释《庄子》时有意识地求援于西学，并将传统的老庄哲学进行唯物化阐释。首先，以西方自由主义思想与庄子自由哲学观互为阐释。其次，以西方科学思想与庄子思想互为阐释。他说“古所谓气，今所谓力也”，颠覆了长期以来中国哲学流派对“气”的宽泛概念的抽象化。最后，用天演论的思想进行阐释，即以西方进化论与庄子“进化观”互为阐释、印证，指出两千多年前的庄子已经能够自觉地观察生物功能变化，实在是大智慧。

2. 章炳麟的庄学研究

章炳麟（1869—1936），字枚叔，号太炎，浙江余杭人。清末民初民主革命家、思想家、著名学者、朴学大师。庄学专著有《齐物论释》《庄子解故》等，另有多篇文章涉及庄子。《齐物论释》是被章炳麟称为“一字千金”的著作，胡适称其“为空前的著作”。《齐物论释》的价值首先表现为以佛释庄的阐释指向。其次是阐释出独特的“平等”“自由”思想。自由和平等不仅是章炳麟对《齐物论》的理解，也是贯穿他一生的重要思想。认为，“天地与我并生，而万物与我为一”体现了《齐物论》的平等观；而《逍遥游》所谓的自由，则归根结底到“无待”两字。章炳麟以佛理阐释《齐物论》，又将《庄子》哲学中齐物平等与近代的自由、平等思想相联系，这是以全新的西方思想自觉地运用于庄子研究的一种新尝试，无疑具有一定的启发意义。《庄子解故》是章炳麟以传统考证方法解释《庄子》的重要著作，其主要内容和特征为：首先，重视训释字词义，疏通句义。其次，重视《庄子》版本的考释。最后，是订正前人的阐释。章炳麟在《庄子解故》中大量引用了前人的训释成果，并且每每带有自己独特的眼光来评判，具有较高的学术价值。

3. 梁启超的庄学研究

梁启超（1873—1929），字卓如，号任公，又号饮冰室主人、饮冰子等，广东新会人。中国近代思想家、政治家、教育家、史学家、文学家，中国近代维新派、新法家代表人物。一生著述等身，其中涉及庄子研究的论著主要有《庄子天下篇释义》《老孔墨以后学派概观》之《庄子》和《先秦政治思想史》之《道家思想》。其主要思想内容包括以下几个方面：（1）对庄子人生哲学的诠释。梁启超认为："庄子之对于社会，非徒消极的顺应而已，彼实具一副救世热肠。"（《庄子学派概观》）庄子"一面与天地精神相往来，一面又不傲倪于万物"（《庄子天下篇释义》），既尊重自己内心的要求，也不曾遗弃他所处的世界，这就是庄子的人生哲学。梁启超解《庄子》常常借《庄子》的文句，阐发自己的思想观点，也从阐释的方法论上做出了以佛家义理解读《庄子》的尝试。（2）《庄子学派概观》对《庄子》内七篇的解读。《逍遥游》篇首先说明身处俗世，应该树立"真我"观念。而要迈进真我世界的门槛，首先要物我平等，超然是非，这是《齐物论》篇的核心，而《德充符》篇则告诉了人们求真我的具体方法，《养生主》篇的主眼则是"安时处顺，则哀乐不能入也"，《大宗师》篇中更深入地阐述了"契合真我之境界"的具体方法。《人间世》篇告诉人们"形莫若就，心莫若和""虚而待物"，真正理解庄子"人皆知有用之用而莫知无用之用"的含义。《应帝王》篇讲的就是道家的"内圣外王"之道。他说："内圣者，化己也；外王者，无为而治也。"（3）《庄子〈天下〉篇释义》的主要内容。第一，以《天下》篇为"研究先秦诸子学之向导"，提出了三个颇有独特见解的新观点：其一，"批评先秦诸家学派之书，以此篇为最古"。认为《天下》篇是中国学术论著的开山之作，它试行学派分类，为后世开了先河。其二，"保存佚说最多，如宋钘、慎到，惠施、公孙龙等，或著作已佚，或所传者非真书，皆借此篇以得窥其学说之梗概"。其三，认为此篇"批评最精当且最公平，对于各家皆能撷其要点，而于其长短不相掩处，论断俱极平允"。第二，以《天下》

篇为“《庄子》书中最可信之篇”。认为《天下》篇是庄子所作无疑。第三，以“内圣外王之道”归于“内足以资修养而外足以经世”。第四，谓惠施“实能见极名理”。认为，《天下》篇批评诸子各家“最精到且最公平”，但又认为庄子对惠施的评价过低，不够公道。概括起来说，梁启超对庄子的研究主要围绕庄子的“救世”精神展开。他将自己浓厚的救世情怀投射在庄子身上，反映了他将学术与政治杂糅、以学者与战士并重的个人风格。

第七章 当代研讨活动

庄周的当代研讨活动，兴盛于改革开放以后。1989 年 10 月，在安徽省蒙城县召开了全国首届国际庄子学术研讨会，具有计划时代的意义。华东师范大学分别于 2008 年 11 月和 2017 年 4 月举办了两届国际庄子学术研讨会。举办全国性庄子学术研讨会次数较多、规模较大的是山东省东明县，分别于 1995 年 11 月、2007 年 7 月和 2011 年 9 月举办了三届，来自全国各地的庄学研究专家学者围绕庄子的生平、里籍、思想、当代价值等问题展开交流与研讨，就庄子故里等学术问题形成了共识，在国内外影响较大。

第一节 东明县三届庄子学术研讨会

一、1995 年“全国庄子研讨会”

1995 年 11 月 8 日至 10 日，由山东省菏泽地区社科联和东明县委、县政府联合组织的“全国庄子研讨会”在东明县漆园宾舍举行。研讨会首先有东明县一中副校长鲍大雪作题为《庄子故里新探》的主题演讲，其后有何兹全、孔繁、牟钟鉴、董治安、钱林书、朱绍侯、高敏、李衍柱、孟祥才、李定生、余敦康、田昌五等二十五名专家学者作了卓有见地的发言，最后由曲阜师范大学教授、《齐鲁学刊》主编刘守安作《山东省东明县“全国庄子研讨会”综述》报告，形成了《全国庄子研讨会纪要（1995）》。与会专家学者们一致认为，东明是庄子一生主要活动之地，其为吏、退隐、著书、授徒、终老、墓葬及子孙繁衍均在东明，认为东明县即庄子故里。

1. 关于“全国庄子研讨会”的主题发言

1995 年 11 月 8 日上午，东明县著名文史学者、县一中副校长鲍大雪先生代表本次研讨会主办方作了题为《庄子故里新探》的主题发言。发言根据鲍大雪本人及东明县其他庄子文化研究工作者多年的研究成果，从四个方面就庄子故里问题进行了探索。

第一认为，厘清了蒙、漆园、冤句和今东明的关系，庄子故里在哪里自然会明朗化。司马迁在《史记·老子韩非列传》中说，“庄子，蒙人也”，曾为“蒙漆园吏”，但并没有说明“蒙”属于那个国家。后来有人说“蒙”属楚国，有人说“蒙”属宋国，有人说“蒙”属鲁国，还有人说“蒙”属于齐国。当时宋国有一个称做“蒙泽”的地方，即《左传·庄公十二年》提到的“宋南宫长万弑闵公”之处。西汉初年将宋国的蒙泽改为蒙县，并划归梁国，于是《汉书·地理志》中将梁国所属八县中的蒙县简称为“蒙”。但这个时期的“蒙”，是否就是战国时期的“蒙”呢？如果庄子的故里真的在“宋蒙”的话，那里多少应有庄子后裔的存在。但据东明县志办的同志到商丘去考察，故“蒙泽”那里不仅没有姓庄的，而且连为避汉明帝刘庄之讳改庄为“严”的严姓也没有。那么，《史记》中“庄子蒙人也”的蒙，究竟在哪里呢？鲍大雪认为，就是今东明县境内。他的根据有三：一是从《中国历史地图集（一）》来看，那时的今东明县这块地方正处于楚、宋、魏、齐这四国的边缘地带，恰是你争我夺的四战之地，古代行政区划多有不大确定和犬牙交错的情况，因而蒙地归属不定。估计正因国籍不好判定，一向严谨的司马迁便未写蒙的“国籍”。二是漆园既然隶属于蒙，就不会距蒙太远。漆园当在今东明县城东十余里处的裕州屯，那么蒙最远也不会超越今东明县境。三是从上述两条看，蒙只有在今东明境内，才能给“庄子蒙人也”和“周尝为漆园吏”作出合理的解释。而漆园又在哪里呢？《史记正义》引《括地志》云：“漆园故城在曹州冤句县北十七里。”《正义》还明确强调：“此云‘周为漆园吏’即此。”北宋乐史编撰的《太平寰宇记·冤句下》称：“漆园城在县北五十里，庄周为吏之所，旧置监。今漆园城北有庄周钓台。”清刘藻编撰的《曹州府志·舆地志》也提到漆园故城在故冤句县北七十里，庄周为蒙“漆园吏，城北有钓鱼台”。这三种说法大同小异，因此，说漆园在古冤句县北五十里至七十里是可信的。据《东明县新志》载：“漆园在东明城东十里裕州屯南。”裕州屯南恰当古冤句县北约六十里的地方。明弘治年间复置东明县后，即将古漆园遗迹确定为东明十二景之一，并名之为“漆园吏隐”，曾有不少文人骚客游憩吟咏，明万历间的石星、穆文熙等名臣都有诗篇留存。1933年东明县县长任传藻在他的《东明杂诗·序》中还有“城址隐约可寻焉”的实地观察记录。古人在确定漆园方位时，总是以冤句为“原点”，那么冤句又在哪里呢？目前能查到的说法有两种：一为“曹县西北”说，如《中国历史地名辞典》“冤句”条说：“西汉置，治所在今山东曹县西北。”再一种是“菏泽西南”说，如《辞源》“冤句”条说：“冤句，古县名，又作宛朐，故城在今菏泽市西南。”这两种说法其实是一致的，曹县西北、菏泽西南两条线的延伸交点正落在今东明县马头乡北部李留屯至东新农场一带。也正说明古冤句县治所就在今东明县境。《金史》第二十五《地理志》中就有“东明，初隶南京，后避河患，徙河北冤句故地”的记载。由此可见，今东明和古冤句在范围上有着重叠甚至替代的关系，可以说古冤句就在今东明。所以，鲍大雪认为，从以上列举的材料和依据这些材料进行的推论来看，蒙、漆园、冤句和今天的东明有着不可分割的重叠、替代或者隶属、包孕的关系。可以这样说：蒙、冤句所在地就是今天的东明；漆园古时曾隶属于蒙或冤句，今天也一定在东明境内；庄子是蒙人，为蒙漆园吏，说他是今东明人，曾在今裕州屯一带当过小官儿，也是符合实际的。

第二认为，唐玄宗推出的“南华”系列，揭示了庄子故里所在地的确定性。据《旧唐书·玄宗本纪》记载，唐天宝年间唐玄宗推出了一个“南华”系列，即于天宝元年（742），将庄子诏号为“南华真人”，将庄子著作诏封为“南华真经”，并于同年将离狐县改为“南华县”。关于“南华”一词的来历，有这样一些说法：一是《曹州府志·人物志》提道：庄周“隐于曹之南华，著书数万言，后人称为《南华经》。唐贞观二年，建祠州北，名南华观。”同书《秩祀志》也提道：“庄子庙，城西北四十里南华沙沟之阳，唐贞观二年建，号南华观。”《庄氏族谱》、庄子墓碑文都记载了庄子“后退隐南华，著书十万余言”这件事。看来，“南华”指的就是庄子退隐后在那著书立说的南华山。唐玄宗也可能正是根据这个掌故为庄子及其著作、故里所在县命名的。“南华”一词决不是唐玄宗的杜撰和发明，因为至少在唐贞观二年就已经有了“南华观”这个名称了。庄子著书的南华山在哪里呢？就在今东明县菜园集乡庄寨村庄子墓之北、黄河大堤之下。据庄寨村民世代相传，1850年修筑黄河大堤时，经庄氏族人与监工官员多次交涉，确定了修堤时“躲墓不躲山”的原则，结果将南华山覆盖，仅留下一座庄子墓。南华山本是一座数十米高的土丘高阜，由于风蚀雨刷、水冲土淤下而湮没。至于庄子墓为什么至今犹存，大概有两个原因：一是它本来就建在夏商文化遗址的高阜上；二是庄子的历代后裔及本县有识的官员不断致祭扫墓、添土封坟的结果。

《旧唐书·志十八·地理一》称：“汉离狐，累代不改，天宝元年改为南华。”唐玄宗为什么把离狐县改为南华县？鲍大雪认为，因为离狐县有着庄子著书的南华山，有着庄子真正的故里以外，怕没有更好的解释了。将离狐改为南华这件事本身，就是以廓清其他关于庄子故里的说法了。而南华和今天的东明又是什么关系呢？《辞海》“东明”条载：“县名。在山东省的西南部、黄河南岸。汉置离狐县，唐改南华县，金移置东明县。”《中国古今地名大辞典》“东明”条载：“汉离狐县，唐南华县，金时东明为河患所圮，移治于此。”参照前文关于冤句和东明关系的考证可知，今天的东明南部应是原冤句故地，而北部即为南华故地。由此可见，唐时的南华县也在东明境内。如唐李勣（离狐人）、刘晏（南华人），在《辞海》上都注为今东明人，故里坐落在唐南华县的庄周，当然也应该毫不例外地是今东明人了。澄清了蒙和今东明的关系，蒙就在今东明境内。今天的庄寨村距庄子为吏的漆园城故址裕州屯约二十里，因而也应在蒙的管辖范围之内。

第三认为，《庄子》一书记载，庄子曾在濮水钓鱼，向监河侯贷过米，这更是庄子故里在今东明的明证。《庄子·秋水》中提到了“庄子钓鱼濮水”这一活动。那么，濮水在哪里呢?《中国历史地名辞典》“濮水”条这样写道：“濮水，一称濮渠水。上游分为二支：一支于今河南省封丘县西分古济水东北流；一支于今原阳县北分古黄河北流。二支合流于长垣县西，东至今滑县东南复分为二：一支经今东明县北，东北至鄄城县南入古瓠子河；一支经今东明县南，又经菏泽县南北入古巨野泽。久湮。”《辞海》《辞源》上的“濮水”条也都是这样解释的。特别是《濮阳县志》《长垣县志》对濮水的考证更为精确。庄子故里庄寨村就坐落在今东明县北部，古濮水的南岸，古濮水就从距今庄寨村约四五里的地方流过。庄子闲暇无事到濮水岸上钓鱼，不仅可能，而且方便得很,何况据史书和志书记载这里还曾经有过庄子钓台呢!《庄子·外物》中说“庄子家贫，故往贷粟于监河侯”。“河”字，在古代“河”专指黄河。监河侯是一个长期驻守在黄河附近监督河防、观察水情的官员，魏王可能分给他一定地盘，让他收取租税以解决生活所需，因而要比庄子富裕得多，是距庄子最近的有钱的朋友。从谭其骧主编的《中国历史地图集（一）》中的战国地图来看，当时的黄河约在今修武一带折而东北，经今新乡、滑县、濮阳、德州、沧州等地，至今天津南入于渤海。它距今东明北部的最近处却只有六七十里，因而庄子只有住在这里，才有可能到监河侯那里去贷粟的。钓鱼和贷粟在庄子一生中可以说是两件微不足道的活动，但它却是探索庄子故里有力佐证。因为，在战国时期那种交通不便的情况下，同时具备上述两种活动条件的地方只有今东明北部的庄寨村，只有庄寨村的古地理位置才能对这两项活动做出最合理的解释。

第四认为，庄子故里依然居住着庄子后裔，在这里他们已经繁衍生息了七十八代，这一条特别能说明问题。庄子仙逝后，他的后裔还一直住在故里今庄寨这块地方，世代相传，繁衍生息，目前已经到七十八代。东明《庄氏族谱》，一直尊崇庄子为始祖。《庄氏祖谱·1950 年谱序》称：庄子长门后裔仍住东明庄寨，其余旁支历代都有迁出的。目前能续上家谱的有东明、菏泽、曹县、兰考、杞县、原阳及黑龙江的汤原县等七县八地的庄姓共 4200 余人。他如湖南南县、四川彭州市等地的庄姓，也频频来信联宗，承认庄周是始祖，东明庄寨是祖籍。1988 年 2 月重修庄子观时，东明、菏泽、曹县、兰考、杞县、原阳等六县七处的庄姓都承摊了资金份额，落成之后又都推举代表参加庆典，充分表达了他们对祖根的怀念和对始祖的追思。

鲍大雪说，籍贯、出生地和故里是三个不同的概念。庄子本人曾在今东明这片地方长期安家落户，养家糊口，种田钓鱼，修身养性，著书立说，就两千多年以后的今天来认识，说东明就是庄子故里，是顺理成章的。退一步说，即使将来有哪一个有识之士以更充足的理由、更雄辩的论据，考证出庄子故里在任何其他地方，东明有庄子为吏的漆园，有庄子安葬的墓地，有庄子后裔聚居的庄寨，是仍然不会失去其纪念意义的。

2.“全国庄子研讨会”纪要

“全国庄子研讨会”（1995）纪要

（1995 年 11 月 10 日·东明）

庄子是中国古代文化名人。修建庄子观、庄子庙的情况，不仅见于东明，也有文字资料记载，东明庄寨的庄子观始建于唐贞观二年，历代一再重修，历代文人、地方官吏也多有诗文咏及。东明保存和新发掘出的碑刻，清楚地记载了明代和清代重修庄子观的史实，分布于曹县、菏泽、兰考、杞县、原阳等县市的庄氏宗亲，于 1988 年又为东明庄寨重修庄子观集资。庄子死后葬于东明庄寨村北，庄子墓坐落在商周文化遗址上，文物部门曾对该遗址发掘出的陶器残片等进行过考察鉴定。庄子观（南华观）和庄子墓成为远近庄氏族人祭祖之处，历代相沿，且史有所载。这说明各地庄氏族人依照历代族规，认定东明庄寨之庄姓族人为庄子嫡系后裔，同时也说明庄姓族人认定东明庄寨为庄子故里。

与会专家、学者一致认为，唐代唐玄宗李隆基在诏封庄子为“南华真人”、《庄子》这部书为“南华真经”的同时，诏改当时的离狐县为“南华县”（即现在的东明县），这一史实无可辩驳地说明，在一千多年前的唐代，就确认了“南华真人”庄子为“南华县人”，现东明庄寨村附近的南华山遗址的存在也是一个证明。很难设想，皇帝在诏封庄子为“南华真人”的时候，把不是庄子故乡的一个县诏改为南华县。唐玄宗对庄子其人、其书、其家乡的诏封、诏改，是确认南华县（东明县）为庄子故里的一个极有说服力的重要根据。

关于庄子出生地问题，多数专家认为，东明当时就属于蒙地，有的专家认为，东明当时属于蒙地证据还不够有力，还有待于考证。司马迁《史记》中说庄子为“蒙”人，为“蒙漆园吏”，刘向说庄子为“宋蒙”人，这牵涉到战国时代蒙地的归属以及宋国辖区的问题。有的专家就《史记》的记载作了校订和新释，也有不少专家认为，既然庄子一生主要活动之地、死后墓葬之地、庄子嫡系后裔居住之地均在东明，完全可以肯定庄子故里就在东明；也有的专家认为庄子未必出生于东明，但认为这个问的阙疑，也并不影响对东明为庄子故里的确认。

与会专家、教授认为，关于庄子里籍问题，由于早期文献语焉不详，《庄子》其书中能说明庄子里籍问题的文字较少，又由于庄子生活的东明地区自春秋战国以来，一直处于诸侯国或省辖区的边缘地带，更变频繁，归属难定，因此，学界关于庄子里籍问题说法不一。关于庄子里籍的确认，这是庄子研究、道家研究乃至中国传统文化研究的一个重要课题。东明县在各方的大力支持下，认真挖掘搜集、整理的有关庄子生平里籍的资料，不仅丰富，而且可信度高，多种早期文献资料，有正史、舆地、方志、族谱、碑刻等，有古代的也有近代的，有文字的也有实物的。掌握和提供可靠的史料是确认庄子里籍的必要条件，东明县的有关方面为此做了扎实的工作，做出了重要贡献。

与会专家一致认为，确认东明县为庄子故里之后，尚有许多艰苦细致的具体工作需要做，东明县有关方面应主动求得各方面的支持和帮助，发挥地域优势，进一步挖掘、搜集、整理有关资料，做好庄子故里有关文物古迹的保护、修复工作。与会专家要求并希望东明县成为全国庄子研究的中心。大家一致认为,为了更好地推动庄子的研究,应该成立庄子研究组织和工作机构，经过与会专家的认真磋商，庄子研究会（筹）和庄子研究中心宣告成立。

3.“全国庄子研讨会”主要成果及相关报道

1.《专家考证：庄子故里在东明——“全国庄子研讨会（1995）”综述》南华生（刘守安）发表于《齐鲁学刊》1995 年第 6 期。

2.《庄子故里考证取得新成果》原载 1995 年 12 月 5 日《北京晚报》。

3.《庄周梦蝶启发后人　子孙祭祖香火鼎盛》刘守安、杨学锋原载 1996 年 1 月 5 日香港《明报》。

4.《庄子故里有新说》刘守安、杨学锋发表于 1996 年 1 月 17 日《文汇报》。

5.《全国庄子研讨会述要》孙世民原载 1996 年 5 月 14 日《光明日报》。

6.《庄子故里考》鲍大雪、王守义、李济仁《山东社会科学》1996 年第 1 期。

7.《全国庄子研讨会资料汇编》李智才主编菏新出准字（1996）1-249-28,《东明文史资料》第 10 期。

8.《庄子故里在东明证说》王怀让发表于《菏泽师专学报》1996 年第 3 期。

9.《关于庄子故里的考察与论证》王守义、李济仁、朱峰、赵存昌发表于《齐鲁学刊》1996 年第 5 期。

10.《庄子故里在东明》王守义编著，湖北人民出版社 1999 年版。

11.《东明县庄子观》姚衍春、刘恒振《山东寺庙塔窟》齐鲁书社 2002 年版。

12.《南华光彩　源于东明　照耀天下——谈庄子及庄子故里》牟钟鉴发表于《求索》2005 年第 2 期。

二、2007 年“全国庄子故里及生平思想座谈会”

2007 年 7 月 11 日至 13 日，菏泽市社科联与东明县委、县政府第二次联合召开了“全国庄子故里及生平思想座谈会”，又称“第二次庄子研讨会”。

与会专家学者听取了由中共菏泽市委党校教授萧若然代表东明所作的主题汇报，大家在实地考察的基础上，对庄子的里籍和思想进行了研讨，许多专家学者作了认真诚恳、富有见地的发言，会后形成了综合文献。

（一）东明县关于庄子故里研究情况的汇报

关于庄子故里有关的问题（节选）

中共菏泽市委党校教授　萧若然

考证庄子故里的依据，主要是《史记》和《庄子》中的记载，如《史记》说“庄子者，蒙人也，名周。周尝为蒙漆园吏”，要考察“蒙”和“漆园”在哪里；《庄子》说“庄周家贫，故往贷粟于监河侯”“庄子钓于濮水”，要考察“河”和“濮水”在哪里；《庄子》又称《南华真经》，“南华”在哪里，为什么称南华？其他还有无佐证等。

1.关于庄子“贷粟于监河侯”中的“河”

《庄子·外物》说：“庄周家贫，故往贷粟于监河侯”中的“河”，指黄河。

“监河侯”中的“河”既然是黄河，黄河既然流经古代的东明，庄子向‘监河侯’贷粟的故事又发生在古黄河岸边，这就使庄子生活在黄河岸边的东明县不仅成为可能，而且成为不争的事实。

2.关于庄子“尝为蒙漆园吏”中的“漆园”

《史记·老子韩非列传》说：“周尝为蒙漆园吏。”与会专家认为漆园就在东明。首先，东明有已经发掘出的八方历代碑刻为证：一是存于东明县菜园集乡庄寨村北的庄子观中的一块残碑，此碑系清康熙十二年重修庄子观碑记的残片，碑的原文记载“邑之东台，古漆城地”。二是在东明县裕州屯村出土的清乾隆二十三年“登云桥”碑。三是1997年出土、现砌在裕州屯村东岳祠墙上的一小方石碑，显示“古漆园”及“裕州屯是一胜地，南三里有庄子观，为东周庄子漆园为吏处”等字样。四是2003年在城关镇黄军营村发现的立于雍正己酉年的“重修玄帝行宫记事碑”，碑文开篇一句就是“东明古漆园地”，此碑现立于黄军营村。五是 2007 年 5 月 17 日在城关镇穆庄村发现的残碑，上有东明“曰古漆园”句。六是 2007 年 7 月 4 日在东明县小井乡裴子岩村的一个水坑里发现的明代万历年（1612）大型完整石碑，上有“创建明阳寺碑记”碑文，文说“东明在周时为漆园，即庄周为吏处”。七是立于陆圈镇岳蒋庄村东北角的清光绪三十二年万善同归记事碑，碑文两处记有“漆园”字样。八是 2009 年 7 月在东明县城关镇毛营村发现的小单观音寺碑，由知县杨日升撰文，文中有“东明古漆园”“南华先生”等字，为清康熙九年八月所立。

其次，还有古代文献证明。《史记·老子韩非列传》正义括地志云：“‘漆园故城在曹州冤句县北十七里。’此云庄周为漆园令，即此。按：其城古属蒙县。”《四库全书·明一统志》卷四：“漆园城，在东明废县东北二十里，今名漆园村内有庄子庙，盖庄子为吏所。”《四库全书·畿辅通志》卷五十四：“漆园城，在东明县，《东明志》：‘城在东明废县东北二十里今名漆园村。’”唐杜佑《通典》卷一百七十七《州郡》：“冤句，有漆园，庄周为吏之所。”北宋乐史《太平寰宇记》说：“冤句县本汉旧县也……漆园城在县北五十里，庄周为吏之所，旧置监，今漆园城北有庄周钓台。”冤句，唐李泰《括地志辑校》说是“曹州县，在州西四十七里”。秦置，治所在今山东省曹县西北。这些史料标注的交叉点，基本上与乾隆二十一年《东明县志》记载的“漆园故城，址在县东十里裕州屯南，即庄叟为吏之故地也”相符。明嘉靖年间邓钹的《濮州志》载有明代罗志儒的《重修庄子庙碑记》：“或曰漆园故城属梁国，或曰属蒙县，在曹濮之间。”“曹濮之间”也应属东明地。康熙十一年《东明县志》在沿革篇中说：“东明在禹贡为兖豫二州之域，周属卫，春秋时为仪邑封人请见处，又为漆园庄周为吏处，战国属魏。”其《重修东明县志》序中，还记载了明万历四十年东明县知事李遇知撰写的序，序中说东明：“漆园畿辅户牖，冠裳玉帛，甲于宇内……”战国时期东明古城属魏国户牖邑，“漆园畿辅户牖”又好像说“漆园”的管辖范围大于“户牖”。

这些碑刻、史料可以作为“东明有漆园”的有力证据。

3. 关于庄子“钓于濮水”中的“濮水”

《庄子·秋水篇》说：“庄子钓于濮水。”濮水在何处历来是判定庄子生平活动区域的重要依据之一。据考，濮水流经东明。《元和郡县图志》记载：“濮水，在县（南华县）南五里。”《明一统志》卷四：“濮水在开州（治所在今濮阳）东南六十里，即庄子垂钓处。”最近，东明县又在其开发区东袁旗营村发现一块明代重修普河桥的古碑和一座古拱桥，上有明嘉靖三十八年（1559）重修普河桥的碑记。《辞源》“濮水”条：“又名濮河、濮渠、普河。为古黄河济水分流。《诗·卫风》所云‘桑间濮上’，《左传》哀二七年齐师救郑及濮，庄周垂钓于濮，均指此。”《四库全书·畿辅通志》卷二十四对此桥也有记载：“濮河俗讹为普河，自县（东明）南三十五里袁长营，东北流经袁旗营，有桥跨其上，又东北流经赵官营，又东北合于洪河。”东明既有濮河桥，当然就有濮水。

著名史学家、北京师范大学教授何兹全先生实地考察东明后说：“河”“濮水”“漆水”都不会动的。别的地方可能有漆水，也可能有濮水，但把这三条河汇集到一个地区，只有东明这个地方，其他地方都不行。有此三个坐标，确认庄子故里在东明，是不成问题的。

4. 关于《庄子》又称《南华真经》的“南华”

《旧唐书·地理志》：曹州有“南华，汉离狐县，累代不改，天宝元年改为南华”；《新唐书·地理志》：“南华，本离狐，天宝元年更名。”宋欧阳忞《舆地广记》卷七：“南华县……有濮水，庄子钓于濮水是也。”《元和郡县图志》“南华县”条：“东南至州（曹州）一百二十里。本汉离狐县也，属东郡。旧传初置县在濮水南，常为神狐所穿穴，遂移城濮水北，故曰离狐。……天宝元年改曰南华，英公李勣、左仆射彭城郡公刘晏，皆此县人。”

《历代郡县地名考》“东明”条：“今县，汉离狐县，唐南华县……”清宣颖在《南华经解》中认为是由于庄周曾隐于曹州的南华山，唐玄宗才把“离狐县”改为“南华县”、《庄子》改为《南华真经》的。

《中国古今地名大辞典》：“东明，汉离狐县，唐南华县，金时东明为河患所圮，移治于此。”民国《东明县新志》：“南华县址在县东十里许西台村，县原名离狐，其城在濮水之南，城垣为狐所猾乃迁之濮水北，名曰离狐。此乃隋唐间事也，天宝元年明皇以名之不祥，又庄叟之旧治也，易之曰南华。”南华县是由离狐县改的。离狐县何在？根据《中国古今地名大辞典》的考证，在今东明县与今濮阳县之间的稍偏东、菏泽的西北方向。康熙十一年《东明县志》载：“南华县，在县东十里许西台。”“西台，在东北十里即古南华县。”

5. 关于“庄子者，蒙人也”的“蒙”

《史记》“庄子者，蒙人也”中的“蒙”，一直是个颇受争议的问题。清康熙《考城县志·古迹志》：按（南宋罗泌）“《路史》：‘蒙即考城，为庄子生处。’《方舆胜览》：‘庄子故里，必有所据。’又云：‘蒙在县东北。’”考城县旧址在今兰考县固阳镇，“东北”即指向今东明县东明集一带。我们是否可以这样推论，即庄子生于古东明之地、今东明的南边某地，成长、工作、著述在古、今东明县城的偏东北一带。这与《庄氏族谱序》中“楚王闻其贤，聘为国相，子休公辞而不就，北游漆园，漆园任为吏”中的“北游漆园”也是相符的。

古代的东明、兰考两县本为一县。唐《括地志》《元和郡县图志》《考城县志》等志书无不记载：庄周故里在考城。按《路史》：“蒙即考城。为庄周生处。”那么“蒙”不也是东明吗？“庄子生于蒙，亦考城人”，今天是否可以说成“庄子生于东明，亦东明人”呢？

6. 关于庄子为“宋之蒙人”的“宋”

《史记·老子韩非列传》说：“庄子者，蒙人也，名周。周尝为蒙漆园吏，与梁惠王、齐宣王同时。”但并未说明“蒙”和“漆园”是何国籍。汉代倾向于庄子为“宋之蒙人”。刘向《别录》：庄子“宋之蒙人也”。班固《汉书·艺文志》：“庄子，名周，宋人。”张衡《髑髅赋》：“吾宋人也，姓庄名周。”《淮南子·修务训》高诱注说：“庄子名周，宋蒙县人。”而唐代有学者称庄子为梁国人。如魏徵等的《隋书·经籍志》“《庄子》二十卷”下自注：“梁漆园吏庄周撰。”陆德明在《经典释文·庄子序录》中说：“庄子者，姓庄，名周，梁国蒙县人。”司马贞《史记索隐》引班固《汉书·地理志》谓“蒙县在梁国”。其观点不外乎庄子是“梁蒙县人”或“宋蒙县人”。

战国时的宋国到西汉封属梁国，魏和梁也是异名而一国。原梁国的疆域，《史记正义》载：“从宋州以北至郓州以西，曹、濮、汴、滑并与彭越。”按今境：南至今商丘南，东至今兖州，东北至今平阴，北至今鄄城，西南至今开封，西至今滑县。菏泽市九县区绝大部分在梁国境内，东明当然也在其中。

7. 庄子故里在东明的实证

庄周墓。《一统志》说庄子墓在今东明县东北之漆园城。康熙十一年《东明县志》：“庄周墓在县东北十里漆园城内，墓前有庙。”

庄周墓的具体位置在今东明县菜园集乡庄寨村北，坐落在经菏泽市文管部门实地考察过的新石器时代晚期至商周古文化遗址上。2004 年，由于黄河大堤淤背向南扩一百米，原墓址和观址均被大堤覆盖，现在庄氏族人已经设计绘制了新的图纸，筹集了资金，准备在旧址近处重建。

庄子观（南华观）。东明县在历史上曾有两处庄子观：一是南庄子观。清乾隆二十一年版《东明县志》：“庄子观在县东十二里裕州屯南，久废。知县杨日升查出有地三十六亩，归北观供祭。康熙五十年生员岳克昌募资重建，春秋致祭。知县王积隆命原地仍归本观，以供香火，北观祭典官办。”此观康熙五十年做过重建。1995 年 11 月 5 日，在裕州屯村出土的清咸丰元年庄子观万民感恩碑。碑眉为“万民感恩”，中央书“钦加五品衔知东明县事邹公士民感恩戴德碑”，背面“批准照旧章，蠲免三地方差徭以修庄子观而垂永久”。二是北庄子观。即县东北庄寨村后的庄子观，方位又在裕州屯北，故称北观，亦称南华观。

庄周为吏处。即南庄子观所在地。因裕州屯为漆园旧址，故建庄子观以纪念。1995 年“全国庄子研讨会”前夕，在裕州屯出土了清咸丰元年刻石的“万民感恩钦加五品衔知东明县事邹公士民戴德碑”，碑背面有“批准照旧章蠲免三地方差徭以修庄子观而垂永久”等文字。康熙十一年《东明县志》载：“漆园城在县东十里裕州屯前，即庄周为吏处。原有逍遥园，久废。经知县杨日升查出四至，立石为记。”民国《东明县新志》也有“漆园在东明城东裕州屯南”的记载。

南华山遗址。南华山旧址在今东明县庄寨村北黄河大堤下，是在清光绪年间修筑黄河大堤时埋压在下面的，时有“压山不压墓”之说。所谓“南华山”，可能那时只是一个大土岗。杜长印先生在《中国历史文物》杂志上著文考证说：先秦至唐代，西起今东明县菜园集、东至今鄄城县临濮集，有一座东西走向、长达十五公里的高大土山。这就是南华山。并说“南华山及其周围生长着茂密的漆树，此处有漆园城，庄周在漆园城为漆园城吏，并在此著述《庄子》一书”。

8. 庄子的嫡系后裔世代在东明繁衍生息

庄子嫡系后裔在东明县庄寨村已经生息繁衍了七十八代。乾隆五十五年（1790）大名府正堂批示：“庄、刘二村奉祀先贤庄子，例应优免差徭。”庄姓族人以此刻石立于庄子观前，上书“大名府正堂王大老爷批示庄刘二村奉祀先贤庄子例应优免差徭碑，乾隆五十五年仲秋谷旦”。这是清朝政府为庄寨庄氏族人奉祀庄子开具的官方证明。截至目前，有直接联系的庄子嫡系后裔，分散在三省七县二十九个村，人口已逾五千人。这个庄子嫡系后裔的联络图以建有庄子墓的东明县菜园集庄寨村为出发点，逐渐向外辐射，说明庄子后裔承认它的正当性和唯一性。庄子后裔世代相传，对庄子祭生祭死。庄子生于公元前 369 年农历二月初九，卒于公元前 286 年农历八月二十四。故庄氏族人中有“二月祭生、八月祭逝”之说。

9. 结论：庄子故里在东明

对庄子故里的确认，与蒙城、民权等说相比，用优选法分析，东明具有的条件最为充分。一是司马迁说庄子曾任漆园吏，东明有漆园；二是《庄子》中说庄子曾“贷粟于监河侯”，这个“河”就在东明附近；《庄子》中说“庄子钓于濮水”，濮水就从东明近处流过。三是东明有他的嫡系后裔；四是唐玄宗把庄子诏奉为“南华真人”，《庄子》诏奉为《南华真经》，诏改庄子居住的“离狐县”为“南华县”，史载明确无误。

（二）“全国庄子故里及生平思想座谈会（2007）”综述

作为中国最伟大的历史文化名人之一的庄子，其故里问题是中国文化界、学术界的一个重要悬疑问题，根据史料弄清这一问题是极有意义的。2007年7月“全国庄子故里及生平思想座谈会”后，北京首都师范大学教授、博士生导师刘守安根据与会专家学者们的发言与讨论，结合自己的最新研究成果，在《齐鲁学刊》2007年第5期上发表了题为《南华妙道何处修》的本次座谈会综述报告。

1995年和2007年，山东东明县两次召开了关于庄子故里问题的论证会、座谈会。数十位专家先后来到东明，听取了东明县文史研究者关于庄子故里问题的情况汇报，目睹了有关庄子、漆园等的墓碑、石刻、族谱等。第一次论证会的专家还到东明县莱园集乡庄寨村考察了庄子观、庄子墓、南华山旧址，听取了庄子后裔集中居住的庄寨村民的代表关于庄氏族人居住、外迁、祭祀及民俗情况的汇报，就庄子故里问题进行了认真的论证和研讨。两次讨论会之前，大多数专家、学者对提出东明县是庄子故里表示怀疑，甚至表示惊讶，怀着“看一看”的态度到东明考察，但到东明之后，在对一些“内证”与“外证”、直接证据与间接证据作认真思考比较后，大家的认识逐渐明确并趋一致：庄子故里在东明。

关于“内证”，是指《庄子》文本中的证据。刘守安认为，《庄子》篇中有三条材料值得重视：一是《庄子·外物》记载了庄周向监河侯贷粟之事。“河”，当为大河，否则不用设专门监河之官。二是《庄子·秋水》中还说，庄子见到的“河”，“泾流之大，两涘渚岸不辨牛马”，可见河流很宽，此也应指黄河。早期文献所说之“河”均指现在所说的黄河。由此知庄子所居当距黄河不远。三是《庄子·秋水》篇言“庄子钓于濮水”，由此可见，庄子当生活于濮水之滨。关于“外证”，即除《庄子》一书外显示庄子活动地域的文字材料和实证、口碑材料等。如古籍中关于黄河、濮水位置、流向的材料，关于现东明县域历史沿革、名称更替变化的材料，关于“漆水”“漆园”位置的材料，关于庄子、漆园的碑刻，庄氏族人居住、外迁、庄氏族谱记载等材料，关于唐玄宗诏改离狐县为“南华县”的材料。要弄清庄子的故里问题，需要把“内证”与“外证”、直接材料与间接材料、文献材料与实物材料及庄氏后裔居住情况及相关口碑材料等综合思考与梳理，找出东明县域与庄子的关系。刘守安教授认为，以下几方面是确定庄子故里的关键点。

一是东明与黄河、濮水的关系。《庄子》一书中不仅显示庄子向监河侯“贷粟”，而且多次写到黄河，写到庄子看到的“河”的景象，而今东明县域正是在古黄河之南并紧靠黄河的区域。山东大学教授董治安先生说：《庄子》中提到“监河侯”的那个“河”的问题，是很有价值的。庄子只能居住于黄河附近。《诗经·魏风》里有许多写黄河的诗，当时的黄河从濮阳往北去了，在现在的沧州一带入海。《秋水》篇反复提到“河”，显然是流经东明附近的古黄河。中国社科院教授余敦康先生也认为《庄子》中关于“河”的材料十分重要，由此能证明庄子不可能生活于安徽。北京师范大学教授何兹全先生、郑州大学教授高敏先生、河南大学教授朱绍侯先生等都强调，古代的东明离黄河很近，这使庄子向监河侯贷粟具有可能性，这是确定庄子故里的非常重要的证据。山东师范大学教授王钧林说，黄河是寻找庄子故里的一个非常重要的“地理坐标”。

专家们普遍认为古代“濮水”的位置与流向是寻找庄子故里的又一重要坐标。中国社科院教授余敦康先生说：关于庄子垂钓于濮水，濮水曾流经濮阳、东明，这是确凿、很好的证据。郑州大学教授高敏先生说：濮水就在东明流过，这是史实。山东大学教授田昌五先生说：濮水古时候比较大，发源于郑州以北原阳、延津一带，往下流，大概到下游分岔成两股水，一股流入济水，一股经东明北流入鄄城，现在没有了。庄子钓于濮水，就是东明这条。庄子是不是可以到商丘北边钓鱼呢？不行，包括曹县、定陶、商丘，都在济水南边，跟濮水没有关系。濮水是在济水北边。这样就可确定庄子活动的地方不可能在商丘。何兹全先生说：河、濮水、漆水都不会动的，别的地方可能有漆水，也可能有濮水，但把三条汇集到一个地区，只有东明这个地方，其他地方不具备。王钧林教授说：在庄子的时代，濮水与济水是两条并行的河，今山东东明恰在两水之间而略近濮水。弄清濮水的地理走势十分重要，这实际上是我们寻找庄子故里的又一个坐标：庄子居住地必在濮水附近，舍濮水而求庄子故里必误。在 1995 年的论证会上，何兹全教授根据他对古代地理的考察，明确提出东明这个地方古有濮水；高敏教授说，有三点可以确认：漆园在东明，黄河离得很近，濮水就在东明流过。其他学者也都肯定濮水流经东明地域，但这只是一种判断，在当时尚未见到具体的佐证材料。而在 2007 年 7 月第二次庄子故里问题座谈会之后，东明城东袁旗营村从地下挖掘出一座古拱桥，并有《袁旗营重修河桥碑记》石碑一方。此石碑是明嘉靖三十八年（1559）为重修河桥而立。古拱桥为砖结构，深埋四米，现尚未完全挖掘。《袁旗营重修河桥碑》文字残缺，但有“濮流之故渠也”“河以普地名”字赫然在目。据乾隆二十一年版《东明县志》载：“普河桥离东明县城东南八里。”“普”“濮”同音，古籍中濮水又称濮河、普河。《辞源》释“濮水”：“濮水又名濮河、濮渠、普河。为古黄河分流。《诗经·卫风》所云‘桑间濮上’，《左传》哀二七年齐师救郑及濮，庄周垂钓于濮，均指此。”普河即濮水之异名，“普桥”建在普河上。普河之桥所在之袁旗营距古漆园遗址（今东明县陆圈镇裕州屯村）仅四华里，漆园吏庄周到普河（濮水）钓鱼当是顺理成章、自然而然的事。

二是东明与“漆园”的关系。与庄子生平故里有密切联系的黄河、濮水属“自然地理”，标示出庄子生活的“地理坐标”，而古“漆园”则是庄子为吏和生活的“人文社区”。司马迁说庄子曾为漆园吏。漆园今址何在，成为研究庄子故里的核心问题。东明县的文史工作者首先是由见到东明出土的碑石多有关于“漆园”的文字记载引起，然后查考古籍、方志，从而以众多的证据证明：古漆园在今之东明。历史文献记载关于漆园的材料有以下几则。

（1）唐张守节《史记·正义》引《括地志》：“漆园故城在曹州冤句县北十七里”，“庄周为漆园吏即此”。（2）唐杜佑《通典·州郡》：“冤句：有漆园，庄周为吏之所。”（3）宋乐史《太平寰宇记》十三卷：“冤句县，本汉旧县也，……漆园城在县北五十里，庄周为吏之所，旧置监，今漆园城北有庄周钓台。”（4）《读史方舆纪要》卷三十三亦引述《括地志》关于漆园的材料。关于地方史志的材料更多：①《山东通志》卷九“古迹”载：“（曹州）有漆园城，在故冤句北七十里，庄周为蒙漆园吏。”②乾隆二十一年本《曹州府志》：“漆园城在故冤句北七十里。庄周为蒙漆园吏，城北有钓台。”③明嘉靖本《濮州志》载罗志儒《重修庄子庙碑记》，说漆园“在曹濮之间”（正属今东明地域）。④康熙本、乾隆本、民国本《东明县志》中关于漆园、漆河等记载甚详：“东明古冤句县，城东裕州屯即漆园也。庄子，蒙人，尝为漆园吏。”“漆园吏隐，迹在县东十里裕州屯，乃庄子为吏处也。今之东明之别名为漆园。”等。历代《东明县志》所辑咏庄子、漆园、钓台、庄子观诗文甚多。

现存碑石之记“漆园”者：①2007年在东明县小井乡裴子岩村发现明万历四十年（1612）《创建明阳寺记》碑一方，其中记：“明邑（东明）在周时为漆园，即庄周为吏处。”②东明县莱园集乡庄寨村存康熙十二年（1673）《重修庄子观碑记》残片，其中记载“邑之东台，古漆城也，周时庄先生吏于兹”，“先生修真之所在裕州屯，即古逍遥园也”。③1999年出土于东明县城关镇黄军营村的清雍正七年（1729）所立《重修玄帝行宫记事碑》，碑文开首便记：“东明，古漆园也。”④东明城东裕州屯村有乾隆二十三年（1758）所立《登云桥碑》一方。传说庄周于此为吏，后由此桥登云而去，羽化成仙。⑤东明庄氏族人集中居住的庄寨村有乾隆五十五年所立《优免差徭碑》，其中记：“大名府正堂王大老爷批示：庄、刘二村奉祀先贤庄子，例应优免差徭。”⑥清道光年末，五品东明知县邹培经主事重修庄子观及王公祠，由王官屯、赵官营、裕州屯三村村民奉祀，由此减免三村差徭，于咸丰元年村民立《感恩戴德碑》一方，铭曰："前有仙吏，后有王公。谁堪媲美，福山之风。"此碑出土于东明裕州屯。⑦裕州屯村庄子观遗址残碑有"古漆园，湖光柳色，俨似南昌东湖"句。⑧《东岳祠重修记事碑》云："裕州屯是一胜地，南三里有庄子观，为东周庄子为吏处。"此二碑已残，不见立碑年月，大致亦应为明清时所立。两次庄子故里问题研讨会的专家分析了以上文献材料和刻石文字，一致认为漆园故址就在东明。

北京首都师范大学教授、博士生导师刘守安认为，庄子一生活动在东明、在漆园、在南华山，这大家都很清楚了。他在这工作一辈子，说东明是庄子故里是能够站得住脚的、是顺理成章的。

三是东明与"南华"的关系。东明地域在唐天宝年之前属"离狐县"。天宝元年，唐玄宗诏改离狐县为南华县，诏改庄子其人为"南华真人"，《庄子》一书为《南华真经》。对此，历代史籍记载颇详。《旧唐书·志十八》："汉离狐县，累代不改。天宝元年，改为南华。"《新唐书·地理志》："南华本离狐，天宝元年更名。"《曹州府志·人物志》："庄周隐于曹之南华，著书数万言，后人称《南华经》。唐贞观二年建祠州北，名南华观。"乾隆二十一年的《曹州府志·坛庙》："庄子庙，城西北四十里，南华沙沟之阳，唐贞观二年建，号'南华观'。""南华"就在"离狐县"，即今天的东明县。

中国社科院余敦康教授说：这个"南华系列"证据相当好，全国独此一家，享有专利权。郑州大学高敏教授说：如果这里不是有庄子墓，在这里修庄子观是不可能的，唐玄宗改这里为南华县，如果没有根据，作为一个皇帝是不会这样做的。把庄子封为"南华真人"，才把他的故里改为南华县，这个事情是很大的，是有根据的。河南大学朱绍侯教授说：讲庄子观、庄子故里、漆园，其他地方也可能有，"南华系列"却没有人争。如果不成"系列"，比如说单是南华山，别的地方也可能有，但"南华系列"不可能有。搞历史要重视史料。“南华系列”虽然出于唐，比司马迁要晚，但也有权威性。唐玄宗是有文化修养的，他不是昏头昏脑的皇帝，手下有一批很有才华的学者。我想他当时确定南华县、南华真人，是经过认真考察研究的，不是随意定下来的。“南华系列”是非常有说服力的。在唐代盛世时期，学术是非常发达的，唐玄宗作出这一系列的决定，那是有根据的，都是和庄子活动有关系的。中央民族大学牟钟鉴教授说：唐玄宗封庄子为“南华真人”，改离狐县为南华县，这是十分有力的佐证，这一“南华系列”很有说服力。中国社科院孔繁教授说：从历史考证来说，唐代是一个崇奉道教的朝代，唐代更名离狐县为南华县，当时它一定有认真的考据。唐代改这个地方为南华县，经是《南华经》，南华山在这个地方。也只有这个地方，提出了南华山这一存在的有力证据。山东师范大学王钧林教授说：在关于庄子故里的几种说法中，只有东明一地作为庄子故里曾经得到中央政府的认可。北京师范大学何兹全教授，复旦大学钱林书教授、李定生教授，山东大学田昌五教授、董治安教授、孟祥才教授，山东社科院于首奎研究员，曲阜师范大学黄广华教授等，在发言中对“南华系列”史料都给予重视和肯定，认为这是认定东明是庄子故里的确凿的证据：“南华真人”、《南华经》、南华山、南华县、南华观，将这些有关“南华”的史实联系起来，使人们看清了东明与南华、东明与庄子的密切联系。李隆基的诏改离狐县为南华县，说明了唐代的最高统治者已明确将东明（离狐）作为庄子故里了。

四是东明县有庄子的后裔更有说服力。在两次庄子故里问题讨论会上，庄子后裔集中居住的东明县菜园集乡庄寨村的庄氏后人代表，向专家们汇报了庄氏后裔居住、外迁、祭祀、庄子墓、庄子观修建及修撰家谱等方面的情况。庄寨村庄氏族人都认定世祖庄周生于公元前369年农历二月初九，卒于公元前286年农历八月二十四日，故有“二月祭生，八月祭死”之习俗。一些专家、学者对庄子后裔的繁衍居住情况非常重视，认为这也是判断一个历史人物故里问题的一个重要证据。倘若一个历史人物的故里没有其后裔生存，倘若孔、孟的故里没有孔、孟后裔的繁衍，我们今天则需要有确凿的材料做出具体说明，否则就缺乏可信度。关于庄子的生卒时间，《史记》没有任何记载，而东明的庄姓族人历代都以为庄子生于农历二月初九、卒于八月二十四，每于是日举行祭祀活动。庄姓族人断断不会出于某种目的而凭空杜撰其始祖的生卒月日。这显然是一种民俗，但民俗往往可补正史。因为它以代代相传的活体方式，常将古老的历史信息保存下来，虽不载于文献，但却真实可信。

东明两次庄子故里问题讨论会上，专家们认为，东明的有关证据是大量的、真实的、可信的。多个证据可以联系起来，构成互证，从而获得明确的认识。北京师范大学何兹全教授说：如黄河、濮水、漆河，这三条河在一个地区，只有东明这个地方有，其他地方没有。河南大学朱绍侯先生说："南华系列"，加上漆水、濮水、漆园等，这是很有说服力的。郑州大学高敏教授说：判断庄子故里，值得注意的有四条：一是蒙；二是漆园的漆；三是濮水；四是黄河。我认为东明的论证，有三点可以确认：漆园在东明；黄河离得很近；濮水就在东明流过。四个要素东明占三条，只有一条"蒙"不好考证，但也可以做一些其他解释，"蒙"到底多大范围？起码东明离"蒙"很近，他的活动地区也不可能局限于"蒙"。山东社科院于首奎教授说：东明的论证，有文证、物证、人证、直接证、间接证、古证、今证，而且是大量的。复旦大学钱林书教授说：我们讲庄子在这里活动，材料不是一条两条而是很多，这就可信。不仅有文献资料，还有实物，还有庄子后裔在这里，就更能说明问题。近年来，有的地方也在讲"庄子故里"，或者讲当地古时为"蒙"，或说当地也有庄子墓、庄子观，也有"漆园"，或也有一条河可称之为"濮水"等。有的专家也到那些地方开过会、考察过，或看过有关材料。专家们认为，除东明之外的其他地方，总的来说证据不足，不能形成证据链，且缺乏关键性证据；有的证据非常牵强。比较起来，东明地处黄河、漆水、濮水沿岸，有漆园故址、有庄子墓，有南、北庄子观、有庄子嫡系后裔世代居住，有南华山、南华观、南华县、南华真人、《南华真经》构成的"南华系列"，有文献、地方志和许多碑石为证，确认庄子故里为东明县是可信的，有史实根据的。

（三）座谈会主要成果及相关报道

1.《南华妙道何处修——“全国庄子故里及生平思想座谈会(2007)”综述》刘守安发表于《齐鲁学刊》2007年第5期。

2.《庄子漫说三题》董治安发表于《齐鲁学刊》2007年第5期。

3.《庄子故里辨》王钧林发表于《齐鲁学刊》2007年第5期。

4.《关于庄子故里东明说》刘凤山发表于《求实论丛》2007年第4期。

5.《蒙漆园故城考》王伯涛发表于《菏泽学院学报》2007年第6期。

6.《“庄子故里及生平思想座谈会”在山东举行》钱建强原载2007年7月17日《光明日报》。

7.《专家学者齐聚菏泽细论庄子文化——“全国庄子故里及生平思想座谈会”在菏泽召开》冯帆原载《菏泽学院学报》2007年第6期。

8.《“庄子故里在东明”疏证》萧若然《菏泽学院学报》2007年第6期。

9.《庄子故里在东明考》（上、下）萧若然《菏泽日报》2007年10月24日（上）、10月31日（下）。

10.《庄子、〈庄子〉和庄子故里析证》萧若然发表于《菏泽社会科学》2009年第2期。

11.《庄子故里研究刍语》萧若然《山东教育学院学报》2009年第6期。

12.《庄子蒙人考析》李福禄发表于《求索》2009年第2期。

13.《“南华真人在南华”——“庄子故里在东明”故实与研讨》萧若然黄河出版社2009年版。

14.《庄子故里释疑》萧若然原载2010年1月31日《菏泽日报》。

15.《南华逸事》李福禄、袁长海，中国文联出版社2010年版。

16.《跟随庄子采真游》袁长海、李福禄，中国文联出版社2010年版。

17.《漆园古诗选注》李福禄、李勍中国文联出版社2010年版。

18.《王守义的庄子情结》田丰原载2010年9月3日《菏泽日报》。

三、2011 年“全国弘扬庄子文化座谈会”

2011 年 9 月 20—21 日，第三届“全国弘扬庄子文化座谈会”在山东省东明县隆重召开，来自北京、上海、山东、河南等地的大专院校和科研机构的专家、学者与各地庄氏宗亲代表齐聚一堂，共同参加了南华庄子观重修落成庆典和祭祀庄子活动，考察了庄子文化遗迹遗存；与会专家学者围绕《庄子》的现代价值这一学术主题，畅所欲言，进行讨论，形成了第三次全国弘扬庄子文化座谈会会议文献。

首都师范大学教授、博士生导师刘守安起草的会议总结报告指出，这次座谈会的议题是庄子的当代价值。在今天的思想文化界，对道家的思想是重视不够的，在中国传统文化的发展当中，儒家思想是条主线，道家思想，还有佛家思想被认为是思想史中的三条线。在今天的社会，弘扬庄子的思想，认识庄子的价值很有理论意义和学术价值，这是学术界、思想文化界所应该重视的。不论我们讨论的成果如何，我们提出这个命题，提醒学术界、文化界以及庄严宗亲、地方经济学界等各个方面思考，应该是很有价值的。

文化建设一个是物质文化，也包括非物质文化，如关于庄子的传说等。这里发的几本新出的书，尽管有的还比较粗糙，但是有胜于无。东明在这方面做得比较好，尊重历史、尊重文化、尊重专家的意见，不做一些假文物，不搞一些好像很古其实很新的假文物。但是，东明又从弘扬历史文化、地域文化出发，重修了南华观庄子殿，又搞了一些建筑，没有说这是古迹，没有伪装古迹。在唐朝，庄子思想也是涉及国家意识形态的一个重要方面。把东明县改为南华县这个史实，与“南华真人”“南华真经”联系起来看，这让著名学者任继愈先生都感到吃惊，他认为这个问题要讨论，要认真对待，1996 年，任先生主张下一次中国的哲学史讨论会应在东明召开。唐玄宗把东明县定为“南华县”说明在唐朝的时候，官方对庄子在东明的问题是认可的，或者说至少把东明县、南华县和庄子的联系是比较紧密的。自唐以来的这类证据，以及民间的、口头的证据都比较多，虽然这次的论题是庄子的当代价值，但是组织者让大家看了我们新建的庄子观和一些出土的碑，这些碑也是一些证据，这里展示给大家，这些东西还是有一定说服力的。这里还是庄氏宗亲集中的居住地。虽然不是说庄氏在哪儿住，哪儿就是庄子故里，不是说哪儿有个庙有个坟就是庄子故里，但是综合比较起来，这里的根据更多。第一届庄子研讨会上几十位专家论证的成果，如果说有些偏颇，我们还可以在不断的发掘资料当中去思考去辨析。

这次开会与前两次不同的是，一个是议题变了，一个是庄氏宗亲的到来。这使这次会议有一个新的进展。我们不再专门讨论庄子故里的问题。这次会议讨论庄子的当代价值，这是弘扬中国当代文化的一个重大课题，是道家文化研究的一个课题，也是我们当代文化建设的一个问题，所以我们定这个议题，学者研讨发言的天空就广阔了。作为庄子后人来说，对这个地方干部群众来说，都是宝贵的有形的无形的文化遗产，应该珍惜、发掘、研究，这也是东明应尽的责任。当然庄子讨论会这儿也可以开，那儿也可以开；曲阜可以开庄子讨论会，东明也可以开孔子讨论会。庄子是东明的，也是庄姓的；是山东的，也是河南的；是全国的，也是世界的。我们既从理论方面讨论庄子的当代价值，同时也在不断地深入挖掘更有说服力的资料。如果别的地方能够有更多关于庄子生平里籍等方面也应值得重视，因为庄子是我们中国的，无论他出生是安徽、河南还是山东，都是我们的文化遗产，都是我们博大精深的思想资源宝库。我们的态度和思路应该是这样。持各种观点的专家学者东明都是欢迎的。我们要继续探讨庄子文化的意义和价值，同时还要积极探讨庄子故里问题。这个应该是学术界和有志于学术研究的人的重要工作，高校的、研究机构的著名学者有这个责任，应该能够通过有说服力的证据把它说得更清楚。如果说得不清楚，我们就宁愿存疑，在存疑的情况下，我们可以对庄子的当代意义、当代价值深入讨论。今后我们还应该有更多的题目来讨论，并且在这个过程当中，我们把庄子文化方面的建设做得更好更扎实更有“文化”，因为庄子本来就是“文化”。如果我们不实事求是，庄子文化的研究就不可能搞好。我们要尊重专家、尊重历史，把这个事情做得更好。

关于庄子的当代意义各位都谈得很好。社会在发展，时代在进步，新的问题也在出现。如果说十五年前，在改革开放中有些问题还不太突出，我们社会生活中发生的问题还不够突出，那么现在就突出了。我们现在讨论这个当代价值，例如，关于关注民生，重视人的价值、人的尊严，关于人和自然、社会的和谐问题，我觉得比过去更需要考虑。因为现在所发生的各种自然灾害，有的其实是我们人类自己造成的。一方面我们要持续发展、要进步、要走向现代化、走向更现代化；另一方面我们对人和自然的关系、人和人的关系更紧张、更冲突，甚至发生激烈冲突的状态。重温庄子的思想，对我们今天建设和谐社会确实意义重大。现在我们千方百计扩大产值、开发资源，把产值搞上去，但要认识到自然资源在减少，这个自然资源是用一天少一天、用一点少一点，很多不可能再产生。这不仅是中国问题，也是国际问题。现在我们重温庄子的思想，强调人与自然和谐非常重要。过去一般都说是儒家思想或者《易经》中有“和谐”的思想，实际上，版权可能还有庄子的份儿。庄子自己是沉浸在人与自然和谐的境界，愿意生活在自然的怀抱，不愿意当官，让自己的个性、天性获得释放、展现。

人渴望得到幸福，实际上幸福就是自由，就是人性的复归。我们从这个意义上来讲，庄子的哲学思想在今天社会更有意义。在现代社会中，人们又渴望回到自然，和自然亲近，回归一种质朴的生活。我们愿意喝点家乡的手擀面，吃点家乡的饭菜，喜欢手工制作的东西，这都是人渴望回到自然的天性。在人和自然的关系中，一是人和自然界之间；二是人自身的自然天性。人固然可以追求财富、追求权力、追求成功，但人又有保持人的天性、人的本真状态的愿望。

现在西方社会有一个组织，他们提倡一种“慢生活”，这与现代社会提倡拼搏、进取的理念相反。他们提倡那种慢节奏的，大家非常自由轻松的生活状态，不追求更大利润、更多财富、更高官位，消除人的紧张感、压迫感，这是不是人类的一种回归趋向？这和现代社会的理念相冲突，但是我们从庄子的人生和思想中看到这种思想倾向。现代哲学家们在思考人类的终极命运是什么，活着的意义是什么，庄子的思想给人们有益的启示。

四、东明县庄学研究主要成果

（一）庄学研究主要论文

1.《从地方志收录咏庄诗歌多寡看庄周故里之所在》萧若然发表于《中共济南市委党校学报》2012 年第 4 期。

2.《庄子故里证伪》萧若然发表于《菏泽学院学报》2012 年第 6 期。

3.《“南华”小考》萧若然原载 2012 年 6 月 1 日《菏泽日报》。

4.《庄子留下的精神文明遗产》李福禄发表于《求实论丛》2012 年第 2 期。

5.《庄子宗支浅说》李福禄发表于《菏泽学院学报》2012 年第 6 期。

6.《文哲大师庄周》袁长海发表于 2012 年 10 月《菏泽文化》创刊号。

7.《庄周为吏之“漆园”考》萧若然原载 2013 年 3 月 7 日《菏泽学院报》。

8.《品读南华经》庄昭乾线装书局 2013 年版。

9.《庄子故事选编》程宪芳、寻玉兰、袁长海线装书局 2013 年版。

10.《南华圣迹集锦》寻玉兰、程宪芳线装书局 2013 年版。

11.《庄子传说》郭剑、李红岳线装书局 2013 年版。

12.《还原一个真实的庄子——〈南华真人传〉序》萧若然原载 2013 年 10 月 22 日《菏泽日报》。

13.《当我远我皆逍遥》袁长海、萧若然线装书局 2016 年版。

14.《白话南华经》庄昭乾、鲁遂成译注线装书局 2016 年版。

15.《庄子成语诗百首》袁长海发表于《菏泽社会科学》2019 年第 1 期。

（二）东明县庄学研究主要著作

1.《南华真人传》，袁长海著。2013 年 8 月由线装书局出版发行，全书约 30 万字。本书以庄周的原著《庄子》为基础，参考《史记》《庄子集释》

《庄子全译》《庄子今注今译》等著作，客观深刻地反映了庄子从青年学道，到终老南华一生的主要活动，反映了庄子思想的形成过程，重点反映了庄子长期生活在漆园、濮水、古蒙一带的历史真相。具体通过庄子娶妻、拒楚聘相、漆园为吏、隐居濮水、斥骂曹商、濠梁之辩、南华授徒等鲜活、生动的故事，把庄子还原成一个有情有义，放任逍遥，追求自由的普通人，从而了解庄子的道法自然、无为而治的思想渊源和大智慧。内容丰富，历史性强，描写生动，具有很强的可读性。

2.《庄子吟——断章取义解庄子》，袁长海著。2016 年 7 月由线装书局出版发行，全书约 20 万字。《庄子》一书汪洋恣肆，酣畅淋漓，而其思想又独特透彻，义理精深。历史上解庄的书籍甚多，而《庄子吟》独辟蹊径，以《庄子》中核心智慧文字为引导，进行集句、注解、释义、评析，以全新的视角解读庄子，在庄子思想和现代社会之间架起一座桥梁，带领读者进一步走近庄子，认识庄子，走进《庄子》的思想，可以说是一种以庄解庄的新尝试。

3.《庄子故里研究》，萧若然、田玉堂编著。2016 年 7 月由线装书局出版发行，全书约 25 万字。本书共分四部分：《庄子其人》，是田玉堂在菏泽市电视台《走近庄子》系列讲座的讲稿；《庄子故里》，是萧若然在报纸、杂志上发表过的关于庄子故里研究的成果；《庄子研讨》，是第三次全国庄子文化座谈会与会专家学者的发言及重修南华庄子观落成典礼上各方代表的讲话；《〈庄子〉成语》，是萧若然以清代宣颖《南华经解》（广东人民出版社 2008 年 5 月版）为蓝本所辑，并对其进行了注音和释义。

4.《庄子故里研究书文类聚》，萧若然辑校。2016 年 7 月由线装书局出版发行，全书约 43 万字。本书辑录相关古代文献 90 部，辞典 7 部，相关著作观点简介 45 部，相关报纸、杂志论文摘要 108 期，相关附录 4 篇，目的是希望能为庄子故里研究者提供一些帮助，免除庄学研究者一些资料搜索查询之苦，或者是提供一些相关文献线索。

5.《读庄子》，王中奇著。2016 年 11 月由线装书局出版发行，全书约

18 万字。《庄子》堪称中华民族文化的瑰丽珍宝。本书以读书札记的形式，对《庄子》三十三篇文章的思想内容、艺术特点进行简明的解析，提示可供借鉴之处，以期有助于初读《庄子》的朋友们。

6.《南华真人在南华探寻之路》，王守义编著。2018 年 1 月由光明日报出版社出版发行。全书共分“发现探索”“研讨论证”“四方回声”“文献资料”4 部分，100 个章节，约 32 万字。本书以作者亲身经历，按照时间顺序讲述了发掘 15 通有关庄子文化古碑刻的艰辛历程；记述了在东明召开三次全国庄子研讨会的盛况，收录了央视《美丽中华行》栏目在东明的采访实况等。

7.《庄子志》，李福禄著。2020 年 10 月纳入《山东省志》诸子名家系列丛书，由天津出版传媒集团天津古籍出版社出版发行。全书共分 6 编、21 章、72 节，41 万字，包括庄子的生平与家世、著述、庄子的思想与哲学、庄子学说的国内传承与国外传播、遗迹遗存、祀典与纪念物、历代赞颂等方面的内容。全书体例清晰、内容丰富、资料翔实，客观真实地反映了庄子的幻彩人生和生命智慧，全面系统地记述了庄子的文化思想成就与卓越的历史贡献。

8.《庄子故里考》，王守义编著。2021 年 1 月由山东齐鲁音像出版有限公司出版发行。本书分《庄子故里考》《会议》《媒体报道》《附录》4 章，27 节，约 16 万字。介绍了作者 40 载潜心研究，考察发掘，发现了庄子在东明的大量实物佐证，通过在东明召开的三次全国庄子故里研讨会，专家们经过实物考察，认真论证，一致认为庄子故里在东明。

第二节　安徽、上海庄子学术研讨会

一、1989 年蒙城首届国际庄子研讨会

1989 年 10 月 21 日至 24 日，全国首届庄子学术研讨会在安徽省蒙城县县委礼堂召开。此次研讨会由蒙城县政府与中国社科院哲学研究所联合主办，北京大学客座教授陈鼓应等专家学者 120 余人应邀出席。

蒙城首届庄子学术研讨会，主要是提出了庄子故里蒙城说。蒙城县政协副主席卢干列举了九条证据：一是汉司马迁的《史记》称“庄子者蒙人也”；二是北宋苏轼为蒙城县令王兢始建庄子祠堂所做的《庄子祠堂记》；三是蒙城有茨水俗称濮水，为庄子钓鱼之水；四是北宋王安石曾为蒙城“清燕堂”所写诗中，有“民有庄周后世风”之句；五是唐玄宗诏命庄子为南华真人，诏改山桑县为蒙城县；六是蒙城出土了《庄子祠堂记》和带“蒙”字的兵器；七是蒙县有北冢山、北冢城；八是蒙城居宋楚之间，战国属楚，属楚文化；九是楚威王聘庄子于楚地蒙城。对此，学术界兴起了不同的反响。

二、1997 年蒙城第二届国际庄子学术研讨会

1997 年 5 月 18 日至 20 日，由蒙城县政府与中国社科院哲学研究所联合主办的第二届国际庄子学术研讨会在蒙城召开。来自中国社会科学院、复旦大学、安徽大学等大专院校、科研机构和俄罗斯、韩国等国家与台湾等地区的专家学者共 66 人参加了研讨会。18 日上午，由蒙城县政府县长李政新主持了开幕式，中国社科院哲学研究所教授王树人、安徽省社科院教授欧远方分别致辞，之后举行了庄子像揭牌仪式。下午，与会人员参观了庄子庙、庄子钓台等庄子文化遗址。19 日、20 日进行学术交流。

本次研讨会主要对庄子思想、文学及文化现象进行研讨，并对庄子里籍问题进行了学术交流。先后有 21 位专家学者作了学术报告，会议交流庄子研究论文 70 余篇，对庄子生平事迹、哲学思想、文学特征及庄子学说的当代价值等方面进行了广泛地研讨，并涉及海外对庄子的研究，使庄子研究的深度与广度都有了明显的推进。

三、2008 年华东师大首届庄子国际学术研讨会

2008 年 11 月 7 日至 10 日，上海华东师范大学举办首届庄子国际学术研讨会。本次“庄子国际学术研讨会”由华东师大先秦诸子研究中心、思勉人

文高等研究院、明道道教文化研究所、中国语言文学系共同主办，是历届庄子学术研讨会中规模最大的一次。来自北京、天津、上海、山东、江苏、安徽、浙江、福建、湖南、湖北、四川、广东、云南、陕西、山西、辽宁等十七个省市和港、澳、台以及韩国、日本、新加坡、瑞士等研究庄子的近百名庄学专家齐集盛会。专家们交流信息，发表宏论，探讨《庄子》文学特征和哲学思想价值，如何用西方思想理论恰当阐释《庄子》，以及庄子学术研究如何面向大众等问题。陈鼓应（台湾）、毕来德（瑞士）、池田知久（日本）、曹玟焕（韩国）、金炫秀（韩国）、何志华（香港）、邓国光（澳门）、劳悦强（新加坡）、崔大华、陆永品、谢祥皓、熊铁基、王葆玹、杨国荣等著名庄学专家参加了本次研讨会。

华东师范大学党委书记张济顺、上海市道教协会副会长刘巧林等出席了研讨会开幕式。张济顺在开幕式讲话中指出，庄子及其著作是中华民族宝贵的文化遗产，也是奉献于世界的精神财富，批判地继承与研究《庄子》中博大精深的文化内涵具有重要意义。她说，通过交流、讨论，进一步推动国内外庄子研究的专家、学者开展更加深入全面的交流与合作，并就庄子研究中的诸多学术问题达成更加广泛的共识，这不仅有利于提升庄子研究的水平、拓展庄子研究的学术空间、深化对庄子的理解和认识，而且有助于中国优秀传统文化的弘扬和传播。

本次“庄子国际学术研讨会”旨在为庄子研究的国内外学者提供一个交流、对话的平台，从而推动庄子研究的进一步发展。著名庄子研究专家陈鼓应、陆永品、崔大华、王葆玹、池田知久、毕来德、金炫秀，分别在会上作了题为《对于当前庄子研究的几点看法》《庄子思想的历史定位》《庄子与三教合一》《日本的庄子研究》《西方庄子学的历史、现状与前途》《现代韩国的庄子研究动向》的主题发言。会议期间，与会专家围绕庄子的哲学及美学思想、庄学发展史、庄子研究方法论等议题展开深入研讨，分享庄子研究的最新学术成果。本次研讨会汇集了近70篇高质量的庄子研究论文，分别从哲学、史学、文学、政治学、文化学、文献考证等方面对庄学所包含的众多问题进行了深入研究，立题新颖，具有较高的学术价值，体现了当今庄子研究的新成果。

东明县庄学研究学者王守义，受研讨会承办人华东师范大学教授方勇先生的邀请参加了本次“庄子国际学术研讨会”。王守义先生在第二分会场会议上作了题为《庄子故里在东明》的演讲。

四、2017 年华东师大第二届庄子国际学术研讨会

2017 年 4 月 22 日，由华东师范大学先秦诸子研究中心主办的第二届庄子国际学术研讨会暨《子藏》第三批成果新闻发布会在上海召开。来自中国大陆、港澳台地区以及新加坡、韩国等的 120 多位专家学者，就庄子研究的当代发展进行热烈讨论，并对《子藏》工程的最新成果给予积极评价。

华东师范大学副校长周傲英在大会开幕式上致辞，并指出此次会议是 2008 年第一届庄子国际学术研讨会的继续，是庄子研究界的盛会，也是华东师大人文研究的大事，会议对于深化古典研究、扩大学术交流、增强中国文化的软实力等具有重大意义。方勇教授对与会专家学者表示欢迎。他指出，庄子研究一直是中国古典研究的重要组成部分，20 世纪以来名家辈出、硕果累累。当代的庄子研究呈现出蓬勃发展的态势，中国学者和海外学者相互促进，新观念和新方法层出不穷，学术史研究和研究方法反省日益深入，理论研究和社会普及相互促进，这说明庄子思想历久弥新，庄子研究的前景非常宽广。他还指出，庄子思想中开放多元的精神契合现代思潮，深入发掘其理论内涵，打通庄子与中国不同学术传统之间的隔阂，探索庄子与西方当代思想的会通，这对于深入发掘传统文化资源，重构当代文化格局，具有特殊的意义。他说，参加本次会议的专家学者来自海内外，都是庄子研究的名家大家，更有庄子研究的新秀，这些学者对于庄子研究做出了巨大贡献。此次会议是庄子学界的盛会，为庄子研究同人提供了交流平台，希望与会的各位学者深思广论，继往开来，共同推动庄子研究的新发展。

台湾中国文化大学中文系主任王俊彦教授在发言中指出，庄子是人类历史上难得的思想巨人，其影响不仅在中国，也在世界。海外学者对于庄子研究的成果，证明了思想不分古今，智慧无碍中西，庄子是现代社会不可或缺的思想资源。他说，为了促进两岸学术交流，中国文化大学中文系将与华东师大先秦诸子研究中心通力合作，在传统思想和诸子学研究领域相互协作，共同发展。两岸学界合作，共同深入探索传统文化资源的当代价值，这在当前具有积极的现实意义。

第三节　河南省商丘、民权的庄子研究活动

河南省商丘、民权两地在改革开放以来，先后举办多次庄子研讨活动，提出了庄子故里商丘说和庄子故里民权说。

一、庄子故里商丘说

商丘说的主要依据：《春秋释地》云："宋、商、商丘三名一地，梁国睢阳县是也。"《汉书·地理志》记："周封微子于宋，今之睢阳是也，本陶唐氏火正阏伯之墟也。"清康熙四十四年《商丘县志》记载："（周）封微子启于阏伯之墟，今商丘，故宋都也。"汉代班固《汉书·艺文志》、张衡《髑髅赋》、刘向《别录》、高诱《吕氏春秋·必己》和《淮南子·修务训》均说：庄子"宋之蒙人"或"庄子，名周，宋蒙县人"。唐代成玄英《庄子序》说庄子"生宋国睢阳蒙县"，商丘曾是宋国都城，故城位于商丘市睢阳区归德府城西南隅。故认为庄周故里在商丘东北。

二、庄子故里民权说

民权县之所以自称为庄子故里，源自民权县东北 35 公里处有一村名青莲寺，内有一胡同称庄子胡同，有一口古井称庄子井。青莲寺村往南 5 公里是

老颜集乡唐庄村，村东有庄子墓，墓前有乾隆五十四年（1789）官民捐资而立的墓碑。北京大学教授陈鼓应、陈少峰等依据这些资料编写了《庄子》一文。1995 年 5 月，中央电视台《中华文明之光》摄制组，根据陈鼓应、陈少峰等编写的《庄子》资料，来到民权县青莲寺一带录制了外景，央视一、二套节目播放后引起了强烈反响，德国、泰国电视台与河南、辽宁省电视台先后来民权录制“庄子故里”访谈节目。

1996 年 9 月 9 日新华社报道：“河南商丘是中国中原文化发祥地，庄子故里。”其后，《河南日报》《中原侨声》《世界公关报》等报刊先后登载了“庄周故里在民权”的文章，1997 年《人民中国》杂志第 4 期日文版也以“庄周故里——民权”为题刊登了图文。于是，1997 年 11 月侨居泰国的庄姓侨胞派出代表 41 名，组成“泰国庄氏宗亲谒祖团”，前来民权拜谒庄子并捐款捐物；1998 年 2 月，泰国曼谷举行“世界第二次庄氏宗亲大会”，十多个国家和地区的庄氏族人代表参加，并特邀了民权代表；2000 年 9 月 10 日，新加坡、马来西亚庄氏公会寻亲观光团一行 11 人前来民权寻根谒祖。

2000 年，国家邮政局发行了一套“古代思想家庄子”的纪念邮票；同年 11 月 11 日，民权县举行了邮票首发式暨民权县首届庄子文化节。从此，“庄子故里在民权”一说逐渐传播开来。

第四节　庄子故里鄄城说与曹县说

目前，庄子故里除山东东明说、安徽蒙城说、河南商丘说、河南民权说以外，还有山东鄄城说和山东曹县说。

一、庄子故里鄄城说

鄄城说的主要依据：《太平寰宇记》载：“濮州，今治鄄城县。古昆吾旧壤，颛顼遗墟。”清刘藻《曹州府志》载：“庄子台在县（菏泽）西北四十里，亦曰钓台。”其址在今鄄城县临濮乡庄子庙村北里许。后人在此地建庙以祀庄子。杜长印撰文《庄周故里新探》（原载《中国历史文物》2006年第2期）认为，“濮渠之侧”“曹濮之间”的李村镇李庄集村一带，是庄周为蒙漆园吏、著书立说的主要活动地区。唐太宗贞观二年（628）在庄周垂钓濮水之处建庄子钓台，庄子钓台所在庄子庙村一带，即庄周故里。

二、庄子故里曹县说

曹县说的主要依据：北魏郦道元《水经注》载：“汴水又东迳蒙县故城北，俗谓之小蒙故城也。《西征记》：城在汴水南十五六里，即庄周之本邑也。”唐代李吉甫所编《元和郡县图志》说：“宋州小蒙故城，县北二十二里，即庄周之故里。”宋代乐史《太平寰宇记》云：“六国时楚有蒙县，俗为小蒙城，即庄周之本邑。”清《山东通志》曹州府曹县条下云：“蒙泽县故城在县西十里古贯国。隋开皇六年置黄县于此，十八年改为蒙泽。”据考，小蒙城在今山东省曹县西北，古贯国故址亦在曹县境内。清代徐继孺《徐悔斋集》云：“庄子为蒙漆园吏，则古蒙地，南至商丘，北至菏泽，南北几二百里，而曹县适当其中矣。”

第八章 历代咏庄诗文选辑

本章收录的作品出自《先秦汉魏晋南北朝诗》《全唐诗》《全宋诗》《全宋词》《清代诗文集汇编》和金元明诗词（曲）选及有关地方史志等典籍文献。其中，选辑山东省菏泽、东明、曹县、鄄城，河南省商丘、民权，安徽省蒙城等地方史志中所载咏庄诗歌近200首，涉及作者120多位；选辑记载在其他典籍文献中的咏庄诗词253首，涉及作者176名。这些作者既有著名的诗人、文学家，也有历朝历代的达官显宦、名流学者，也有普通的读书士子。他们各自以独特的方式阐释庄子的思想，抒发自己的情感，大大促进了庄子思想的承继与传播。

第一节 地方史志中咏庄诗词选辑

一、《曹州府志》等州府志

1.《曹州府志》（清·刘藻纂）

（1）唐

王维《漆园》：古人非傲吏，自阙经世务。偶寄一微官，婆娑数株树。

裴迪《漆园》：好闲早成性，果此谐宿诺。今日漆园游，还同庄叟乐。

胡曾《钓台》：青春行役去悠悠，一曲汀蒲濮水流。正见涂中龟曳尾，令人特地感庄周。

高适《宋中十首》其七：逍遥漆园吏，冥没不知年。世事浮云外，闻居大道边。古来同一马，今我亦忘筌。

（2）宋

孙渐《过南华留题》：挟策自弱龄，周览南华书。茫然访道志，欲驾将焉如。竭来南华游，始识其故墟。尘迹寄委蜕，往事同蘧庐。想其为吏时，傲世乐有余。天地等毫末，轩冕同锱铢。三公礼荜户，万乘尊褐夫。去古邈已远，浇风日沦胥。得丧吓腐鼠，怒悦纷众狙。材否笑木雁，断续伤鹤凫。钓台已湮没，漆城称荒芜。恨不见斯人，逍遥与之俱。还淳以反朴，抚俗归黄虞。神交付恍惚，日暮犹踌躇。

（3）明

刘忠《庄子台》：束帛戋戋谢楚王，逍遥偏自爱沧浪。江山依旧钓台在，烟雨微茫草树荒。蝴蝶岂应通梦寐，白鸥元不管兴亡。书生吊亡寻遗迹，一卷《南华》一瓣香。

李先芳《庄子台》：漆园为吏早知归，濮上垂纶愿不违。浦树千秋依断岸，汀蒲一曲带斜晖。掉头往事随流水，龟曳何人问钓矶。独倚南华台上望，逍遥天外大鹏飞。

桑溥《庄子台》：我爱庄生达，来寻旧钓台。荒祠余瓦砾，断碣长莓苔。梦蝶穿花去，涂龟曳尾来。斯人不可见，汀水自潆洄。

杨彦华《庄子台》：豪气纵横放不拘，要将天地视穹庐。游鱼梦蝶谁为我，蝼蚁饥鸢总付渠。数尺台基几风雨，万年陵谷一邱墟。直教误世清谈弊，四海狂澜尚有余。

王自省《庄子钓台》：庄子曾钓济阴水，今日空余庄子台。蝴蝶已随梦魂去，南华之思空悠哉。岩花巧刺山衣破，云锦虚函水镜开。日暮登临劳望眼，丝纶不见几徘徊。

（4）清

张锷《病中读南华》：冥鲲修几千，鹏背广几里？南图何日旋，抟上何时止？斥鷃与莺鸠，焉能窥其涘！榆枋蓬蒿间，笑而不自耻。二虫既无知，怜兹小知士。行苟比一乡，自视亦若此。未闻彼神人，磅礴万物始。陶铸出垢尘，尧舜犹糠秕。我有五石瓠，病落方未已。开帙豁蓬心，逐悟用大理。愿言蹑藐姑，绰约仍处子。泠然御风行，岂为弊弊使。鹪鹩巢林枝，偃鼠饮河水。名实非所论，非誉远吾耳。广漠可傍徨，大樗免匠视。幸不夭斧斤，逍遥无穷里。

王世祯《曹南渡河望南华山》：函关已吊玄元宅，郑圃还过御寇家。问渡漆园风雨里，却临秋水诵《南华》。

胡惟一《庄子台》：濠濮几陵谷，荒台犹未沦。逍遥聊玩世，鱼我竟谁真。秋月悬钩影，游丝驻钓缗。坐观徒有羡，何处觅天民。

李犹龙《咏蝴蝶》：飘扬夜幻庄周梦，泠御时行列子风。队队翻飞来上苑，深深戏舞入花丛。

2.《兖州府志》（明万历二十四年于慎行编）

王世贞《庄周赞》：庄生漆园，洸洋自恣。抑彭等殇，诋訾孔氏。笑谓楚相，牺牛以譬。上下千载，莫得而淆。请谥曰敖，厥敖逍遥。

3.《大名府志》（明正德元年唐锦纂）

（1）唐

胡曾《濮水》：青春行役去悠悠，一曲汀蒲漆水流。正见涂中龟曳尾，令人特地感庄周。

（2）明

贡钦《金堤回澜》：洪流百折此东倾，十里长堤一带横。如在峡中愁雪涨，却于水上看风行。黄金洋月俄成幻，白壁成沙欲弄精。只恐世人无道眼，直寻孟子与庄生。

二、《东明县志》《东明县新志》

选自清康熙十一年杨日升纂、乾隆二十一年储远升纂《东明县志》，宣统三年李曾裕纂《东明县续志》和民国二十二年任传藻纂《东明县新志》。

1. 唐

裴迪《游庄子观》：好闲早成性，果此谐宿诺。今日漆园游，还同庄叟乐。

胡曾《游庄子观》：青春行役去悠悠，一曲汀蒲漆水流。正见涂中龟曳尾，令人特地感庄周。

王维《漆园》：古人非傲吏，自阙经世务。偶寄一微官，婆娑数株树。

2. 明

袁葵《福兴寺和穆先辈韵》：万千歧路日为分，钟声夜沉晓更闻。谁向空中寻罔象，我来石上见遗文。庄生蝴蝶同蒙国，孺子老人总白云。一为低回一惆怅，萧萧古寺夕阳曛。

区大相《漆园吏隐题咏》：傲吏战国士，著书漆园里。遭时厌有为，乘运观无始。礼乐嘲鲁儒，垂钓谢楚使。托迹方外民，希心柱下史。

李腾骥《漆园吏隐题咏》：曾寄逍遥物外情，蘧然化蝶有余清。风尘不到庄生梦，浪得人间傲吏名。

张尚友（1）《漆园吏隐题咏》：观宇萧条半已颓，人传傲吏庄周台。台前蝴蝶翩翩舞，疑向当年梦里来。（2）《高阁凌空题咏》：飞阁崚嶒冲斗牛，五云缥缈赛瀛洲。漆园自是家弦诵，不数昭明文选楼。

陈其猷《漆园吏隐题咏》：南华逍遥叟，寄傲漆园居。不知簿书苦，一梦总蘧蘧。

杨素蕴《重游漆园二首》其一：重过漆园岁月残，逢人马上问平安。莫嫌囊底无长物，赢得儿童夹道看。其二：七载艰辛记此城，曾将版筑费经营。旧栽杨柳三千树，解把枝条向我迎。

3. 清

魏宪《喜庄子观新成寄杨明府》：偶步青郊外，骅骝已肃蹄。行行为陇陌，隐隐见山谿。茅屋人烟外，桃花古路西。共传庄子观，无复道人棲。崒嵂丹丘古，离披碧草迷。漆园欣后起，东邑勇先提。大木千章拥，新椽万瓦齐。饰金辉日月，剪彩耀云霓。密坞鸣春鸟，垂杨响早鹂。逍遥如昔在，拇指得今稽。道喜犹龙接，衰宁彼凤题。应知造化理，不使性情暌。沧海惭为客，廊庙喜自跻。聊为休夏计，欹枕素书携。

常时泰《挽景节妇刘氏歌行》：漆园称大椿，不及贞松姿。椿期应有尽，松寿无穷时。景母植中庭，迄今雨露滋。亭亭峙高节，苍苍传令仪。……

袁佑（1）《鱼窝垂纶题咏》：无心自投竿，岂有后车约？鱼能忘我机，我亦知鱼乐。（2）《漆园吏隐题咏》：不识庄周宅，空飞雁鹜群。草深碑盖井，塔短树干云。官路盛秋水，神堂阁夕曛。行人经过处，犹诵马蹄文。

卢毓粹《漆园吏隐题咏》：梦蝶观鱼物外身，微官偶寄漆河滨。无为莫谓非儒化，汉代盖公治自醇。

戴元《漆园吏隐》：庄子吏漆园，无为称不扰。至今千百年，清风尚表表。

梁秀《漆园吏隐》：民社虽勉应，栩蝶本自然。飘飘仙子意，但看南华篇。

范通《漆园吏隐》：吏隐风流致可嘉，漆园傲啸足烟霞。只今遗迹空千古，始信当年蝶梦赊。

刘炤《庄子垂钓处》：垂纶人去几千秋，此地空余碧水流。两岸清风还似线，一溪明月曲如钩。鱼吹细浪摇堤柳，鹭蹴萍翻漾渡舟。待觅天池知近远，烟波疑是逍遥游。

李浣（1）《漆园怀古》：漆园吏隐此仙游，忽化尻轮作转周。浮世功名天海阔，淡情富贵水云流。鹏搏龟曳随吾分，佛苦儒酸讵等俦。自在文章新境界，南华一卷妙全收。（2）《和庄荫斋离狐城北小猎五古》：读诗欲起舞，心喜如见猎。倚马万言成，才高兼足捷。漆园来庄叟，领队贯踥蹀。我住古葵丘，荒村傍原隰。……归来贾余勇，豪气难遽戢。笔阵犹纵横，字字锋芒立。

逯蓉《漆园吏隐》：爱读南华数十篇，漆园遗迹想依然。委形天地身将隐，寄傲林泉吏是仙。幻化通灵醒蝶梦，逍遥得意忘鱼筌。马蹄秋水寻何处？古观荒凉夕照边。

李曾裕《漆园吏隐》：烦犹苦民生，漆园怀傲吏。何当起九原，与论无为治。

4. 民国

任传藻（1）《东明杂诗·漆河》：漆河旧迹早茫茫，那有桥虹卧水长？欲溯庄周吏隐处，故城树色正苍苍。（原注："漆河原在北关外，有玉带桥。河废于清初。庄子漆园故址在今裕州屯，城址犹隐约可寻焉"）（2）《喜得明邑贤穆少春员外〈逍遥园集〉有作即题其后》：斯邦文献苦征求，一载精神未肯休。孤本如珍今喜得，焚香夜读望丰楼。……郊游每访逍遥园，遗址茫茫渺未存。……商量剞劂重刊计，鸿著期传百世来。

郭则沄《任瑾存赠〈逍遥园诗〉石拓本却寄》：逍遥园废埋寒沙，后来谁识司农家？任侯好古矜创获，片石落后蟠秋蛇。……明贤风概堂堂在，匪独斯文人所爱。诗详倭寇犯吴年，太息重氛今九塞。

三、**《濮州志》**（明·李先芳纂）、**《濮州志校补》**（清·宣统元年）

1. 唐

胡曾《钓台诗》：青春行役去悠悠，一曲汀蒲濮水流。正见涂中龟曳尾，令人特地感庄周。

2. 宋

孙渐《过南华留题》：挟策自弱龄，周览南华书。茫然访道志，欲驾将焉如。竭来南华游，始识其故墟。尘迹寄委蜕，往事同蘧庐。想其为吏时，傲世乐有余。天地等毫末，轩冕同锱铢。三公礼荜户，万乘尊褐夫。去古邈已远，浇风日沦胥。得丧吓腐鼠，怒悦纷众狙。材否笑木雁，断续伤鹤凫。钓台已湮没，漆城称荒芜。恨不见斯人，逍遥与之俱。还淳以及朴，抚俗归黄虞。神交付恍惚，日暮犹踌躇。

3. 明

张安甫《过南华次前韵》：驱车入卫疆，拂苔读残书。达哉南华心，旷古孰与如。万像真土苴，入垠一丘墟。作端者谁氏，胡为别樊庐。顿令天地量，包容有遗余。不知道在初，何物能钧铢。自开功利源，营营纷鄙夫。毫末竟何得，廉耻忘溺胥。鼎吕伏馋虎，朝暮勤诈狙。燔牺乐文绣，幽闲岂鸱凫。至人去已远，邃理今成芜。唯有钓台石，清风时与俱。安得起斯世，偕坐谈羲虞。作诗吊千古，抚景增踌躇。

刘忠《古迹五首·钓台》：内容同《曹州府志》所载刘忠《庄子台》。

王崇庆《怀大司马舜泽隐居》：北地风雷传号令，东山花鸟佐壶觞。雄才不独追韩范，达世还推过老庄。愧藉夔龙分八座，喜连魏博本同乡。谢家兄弟人争羡，玉树连枝自一堂。

张寰《次都御史刘公古迹韵〈钓台〉》：高蹈平生耻事王，何年来钓此沧浪。遗编尚袭南华号，尘世空惊蝶梦荒。胜国断碑犹可读，宋人佳句故难亡。停骖为复词前刻，再拜心悬一瓣香。

桑溥《钓台》：内容同《曹州府志》所载桑溥《庄子台》。

吴国伦《寄答符卿濮上隐居》：为忆当年尚玺郎，承恩清切殿中央。朝回并倚燕山醉，赋就偏怜楚客狂。一日风波天万里，半生书札泪千行。由来濮上垂纶处，云水依然傲吏乡。

苏澹《吊陈思王赋》：庄生纶竿其奚适兮，宁宗庙之牺牛。……

梅守德《寄怀符卿隐居》：当年借寇曳文裾，魑魅窥人迹恨疏。北去苍烟迷极目，南来鸿雁转愁予。梦回梁月山城冷，兴寄江云草阁虚。抗俗自堪成敖吏，肯绿时世叹居诸。

蹇达《赠答濮阳李符卿》：词人元李白，傲吏复庄周。独得酒中趣，还期濠上游。荆山双着屐，淝水并乘舟。多暇殊行役，何当此滞留。

杨千庭《濮上歌·钓台》：读罢南华意渺茫，钓台台下即沧浪。春来浦溆依然在，人去渔矶半已荒。泼泼不知鱼自乐，蘧蘧真与蝶相忘。前身亦是逍遥吏，曳尾何时谢楚王。

陈忠翰《古迹五首·钓台》：周道方解纽，先生称达生。有道而陆沉，垂钓濮水汀。翩翩一梦蝶，踪迹任浮萍。此人难再得，钓台犹可凭。烟雨微茫日，忘筌今古并。

李先芳《郡中古迹五首·庄子钓台》：同《曹州府志》所载李先芳《庄子台》。

柴揆《濮阳古迹·登庄子钓台》：台与藤萝古，名因濠濮提。闲云拂水浅，新月认钩迷。鱼我堪忘辨，逍遥得妙题。毕生隐见半，大旨死生齐。执卷形真委，临流意复携。尧陵春草暗，舜庙夕阳低。造化空劳铸，精神孰久稽。世缘问罔两，吾道信醯鸡。坐看松花堕，闻听鸠妇啼。慨然论踵迹，顿觉绝攀跻。龟曳犹龙欤，鹏飞即凤兮。咏归聊破寂，吹万和天倪。

邵世纪《濮阳古迹诗·钓台》：天机漠漠起澄潭，一派逍遥道可参。秋水濠梁鲲欲化，风云指处又图南。

四、《新修菏泽县志》（清·光绪六年宋明在纂）

1. 周

庄周《引声歌》：天地之道，近在胸臆。呼噏精神，以养九德。渴不求饮，饥不索食。处世守道，志洁如玉。卿相之位，难可直当。岩岩之石，幽而且凉。枕器寝处，乐在其央。寒凉回固，可以久长。

2. 唐

王维《漆园》：古人非傲吏，自阙经世务。偶寄一微官，婆娑数株树。

裴迪《漆园》：好闲早成性，果此谐宿诺。今日漆园游，还同庄叟乐。

胡曾《庄子庙》：青春行役去悠悠，一曲汀蒲濮水流。正见涂中龟曳尾，令人特地感庄周。

3. 宋

孙渐《过南华》：内容同《曹州府志》《濮州志》所载，标题有别。

4. 明

杨彦华《庄子台》：内容同《曹州府志》所载。

王自省《庄子钓台》：内容同《曹州府志》所载。

张锷（1）《病中读南华》之一：与《曹州府志》所载内容同。（2）《病中读南华》之二：适来夫子时，适去夫子顺。指穷薪火传，未尝见其尽。顺处而时安，悬解匪天遁。泽雉畜樊中，岂若啄与饮。卓哉彼良庖，恢恢然游刃。千牛十九年，新硎豁然迅。满志善刀藏，好道技亦进。余病思全生，斯言良古训。缘督以为经，不随无涯震。免殆可保身，天人那复问。

5. 清

苏毓眉《华驿归骑》：不见南华驿，萧条古戍楼。风尘艰襆被，雨雪暗征裘。返照云将暮，衔山日欲收。劳劳亭畔客，蝶梦几时休？

胡惟一《庄子钓台》：内容同《曹州府志》所载，标题有别。

李佶《庄子钓台》：台与人俱去，名同地并留。不知今旷野，此处果垂钩。陵谷宁堪问，乾坤卒未休。逍遥天际客，不愧往来游。

段云襄《南山》：南山不可见，陵谷几迁移。郏宋空陈迹，蒙庄旧寓词。会盟风雨歇，高隐薛萝夷。荟蔚今犹昔，由来季女饥。

吴敬先《庄子钓台怀古》：青山迢递濮水绿，高台遥峙离尘躅。由来古鄄有庄叟，曾此垂纶清波曲。眼空腐鼠莫相吓，洒然解脱名利束。死为逸兮生累疣，齐物谁作南华续。台畔风景几千秋，汀草汀花不胜愁。俯仰犹是人间世，浮生浪说逍遥游。鱼矶日久侵苔痕，天光云影空悠悠。野径寂寞行人少，惟有新月悬钩钩。

萧季卜（1）《庄子钓台》：濮水潆洄灉水急，中有大鱼长千尺。闻说当年有傲吏，不与楚王共社稷。不与孔门共坛席，自把一竿度朝夕。逍遥秋水游天地，抉裂乾端与坤倪。至今试看濮灉水，长长流，长长碧。（2）《庄子钓台》：古有垂钓者，逃名寄此乡。南溟风力迥，北海水波长。道已垂千祀，台犹剩一方。只今鱼不饵，对此恨茫茫。（3）《庄子墓》：我从南华来，经过庄生墓。庄生至今存，累然者何故。欲语问蝴蝶，翩翩不知处。

张溥《漆园怀古》：千古旷怀有庄生，遗迹偶寄漆园城。为吏一去不复反，如今只余草青青。忆昔南华擅风流，著书立说傲王侯。养生自是有仙骨，周兮化蝶蝶化周。假居为轮神为马，心高何妨小天下。不以微禄足荣身，宦情岂能系大雅。得鱼得兔忘蹄筌，濠梁之乐境悠然。鹏抟一举千万里，屑与燕雀争后先。

五、《曹县志》《曹南文献录》

（一）《曹县志》（清・光绪十年陈嗣良撰）

1. 唐

王维《漆园》：古人非傲吏，自阙经世务。偶寄一微官，婆娑数株树。

裴迪《漆园》：好闲早成性，果此谐宿诺。今日漆园游，还同庄叟乐。

胡曾《庄子庙》：晚春行役思悠悠，一曲汀蒲濮水流。正见涂中龟曳尾，令人特地感庄周。（与《曹州府志》等所载不同的是：首句“晚春”与“青春”，“思悠悠”与“去悠悠”之别）。

2. 清

杨彦华《庄子台》：内容同《曹州府志》《菏泽县志》所载。

韩慕闵《问花》：名花如名流，一出群芳避。胡为最后来，蹉跎缘底事。……我爱老漆园，退步有余地。古今论达人，晚成多大气。所贵酝酿深，无嫌少蹇踬。但看露华秾，朝荣而夕悴。郑重门前途，如将不尽意。

萧九湘《南华台怀古》：平生未解南华趣，今日来游南华台。南华钓叟常已矣，南华钓台曰悠哉。观鱼濠上寄兴豪，外内二篇多牢骚。汪洋恣肆才无羁，词成珠玉任挥毫。我登此台时惆怅，漆园高风空想像。周化蝶兮蝶化周，人物变幻难穷象。同游郑生亦疏狂，每遇胜地必徜徉。姚杨二公称忠义，祠堂瞻拜仰英光。时当叔季谁堪侣，惟羡庄周翩翩举。不为牺牛不为禄，啸傲云霞无滞阻。齐物养生看仔细，应知穷达有定数。

王公奖《题扇画池鱼水草》：槛水澄清草自芳，此间乐意等壕梁。知君不是池中物，曾学鲲溟梦一场。

（二）《曹南文献录》（清・徐继孺撰）

1. 明诗钞

刘忠《庄子钓台》：与《曹州府志》所载刘忠《庄子台》内容同。

桑溥《庄子钓台》：与《曹州府志》所载桑溥《庄子台》内容同。

周显宗《幽居》：住近古城隈，幽篁手自栽。奉亲陈绿醑，延客破苍苔。南望庄周宅，东瞻子建台。吾生亦落莫，高躅使人哀。

李先芳（1）《新秋钓鱼台宴集兼赠倪若谷秘书得中字》：古寺凉蝉嘒晚风，钓鱼台近濯龙宫。波摇树色浮天上，山写秋容入镜中。莲社旧游花落尽，濠梁乐事鸟啼空。临流不醉新丰酒，笑杀沧浪把钓翁。（2）《庄子台》：内容同《曹州府志》《濮州志》所载。

谢注《杂诗》：庄生性本旨，老氏报一情。达哉俱微论，纷纷谁与明？爽性冲真丧，乖一烦伪生。伊予滥为吏，寸心百虑婴。兼之日趋走，伤矣负生平。驾言返吾庐，容与事春耕。叹息鹰鹯辈，贪饕方自矜。

侯正鹄《夜读庄子》：寂而息群动，孤斋淡自依。朔风城角断，寒雨夜灯微。坐入空蒙理，相忘杜德机。形骸元是化，蝴蝶莫劳飞。

武图功《短歌行》：来日苦短去日长，百年三万六千场。苍穹茫茫不可问，人事悠悠只知伤。麻姑霜两鬓，素娥空断肠。君不见马上白面子，原是乡里负薪郎。又不见闾左黄发叟，出入露体无完裳。嫫姆拥珠翠，西子少辉光。驽骀反历块，骏足蹶康庄。世间种种皆颠倒，不如闭户歌呼自举觞。入山欲深深处行，漆园傲吏是同情。我欲全吾性，安得完吾名！

王士龙《游左山次钱令公韵》：绛宫遥占碧峰头，最好登临续胜游。历落天花清夜坠，微茫云树翠烟流。前朝名守推修懿，此日神君是子休。漫道南华千古秘，阳春今已遍曹丘。

张锷《病中读南华二首》：（1）内容同《曹州府志》《新修菏泽县志》所载。（2）内容同《新修菏泽县志》所载。

2. 清诗钞

王夺标《素园三十韵》（录一首）：十年憔悴老姬姜，红粉无颜忆旧妆。杕杜殷勤来道左，蒹葭零乱阻遐方。篱边雨种千头菊，匣里星窥一剑铓。读罢《南华》经半部，鸟鸣律吕奏笙簧。

卢锡晋《曹南万俊图新居》：筑舍水中央，居之尘埃阻。城市一径通，地僻得容与。近接泮藻香，倏鱼相喁处。幽客时往还，倾兹瓶内醑。日落云影暮，丹霞漾石础。钟声忽已发，梵音出别浦。缅怀天地阔，委形偶尔汝。所悟在南华，河海奚微巨！

李贺《曹南道中》：鸡鸣露气动微凉，柳意随人路更长。日色才临塔影动，仿山山下问濠梁。

李嘉理《曹伯祠》：南华城外草离离，遗构千春尚有祠。何日公孙曾献雁？当年文子漫吟尺鸟。旧邦带砺黄河岸，全郡风烟济水湄。椒桂依稀烦野老，还从落照想旌旗。

李簧《蒙庄故里》：肯将一吏毕吾生？聊向泥中曳尾行。莫赴漆园寻旧梦，小蒙城外大蒙城。

萧季卜《庄子墓》：内容同《新修菏泽县志》所载。

朱跃龙《偶成》：池沼陶朱地，蓬蒿仲蔚居。灌园犹抱瓮，望泽负畦蔬。

3. 诗钞外编

（1）唐

胡曾《钓台》：与《曹州府志》所载内容同。

（2）宋

孙渐《过南华留题》：内容同《曹州府志》《濮州志》《菏泽县志》所载。

（3）明

张安甫《过南华次韵》：内容同《濮州志》所载。

吴国伦《寄答李符卿濮上隐居》：内容同《濮州志》所载。

蹇达《赠答濮阳李符卿二首》（选一）：内容同《濮州志》所载“副使蹇达《赠答濮阳李符卿》”。

张佳胤《寄濮上李符卿兼呈苏尚书》：一时诗客罢朝天，四海诗名尔谪仙。濮上自来容傲吏，杯中堪与度流年。闭门似厌乘轩使，负郭先开种秫田。莫道尚书期不顾，东山秋色好谁怜？

（4）清

王士祯《曹南渡河望南华山》：内容同《曹州府志》所载。

陈廷敬《漆园城》：隐吏何人解息机？漆园漠漠草菲菲。只今梦隔三千载，惟见春来蝴蝶飞。

刘大绅《客单父石完璞孙嵩峰张致祥冉敬轩兄弟见过》：西望南华是旧游，当年傲吏说庄周。升沉于我如蕉鹿，得失从人应马牛。岂有丰碑仍在口？但看矮屋已低头。诸君一种相思处，风雨泥途倦未休。

牟房《蝴蝶歌》：海上化精卫，林间变鸣蝉。灵气何能尔？意贯金石坚。倦游渴司马，相遇浙水边。樽酒话旧事，示我《蝴蝶篇》。蝴蝶李氏女，幻化飞翩翩。非关秦宫话，不作庄周眠。……

六、河南省商丘、民权等地方史志

（一）《商丘县志》（康熙四十四年刘德昌、叶沄编）

1. 唐

高适《宋中》：内容同《曹州府志》所载《宋中十首》其七。

2. 明

吴国伦《至归德时以给谏左迁》其四：所经席未暖，朝野自孤踪。多病微名误，无能帝德容。梦中谁是蝶，尘外客犹龙。此事如堪作，我将曳履从。

3. 清

刘德昌《漆园》：我怀漆园名，漆园今安在？旁人指其处，望之惟草莱。我怀漆园吏，高名终不晦。吏非蒙庄意，肯同名利辈。况当分争时，岂其不知退。吾为推其微，借以当秉耒。著书深且高，如渊亦始岱。洒洒十万言，似与经史背。阐之有余思，卓然超百代。吏者如积薪，谁能与之配。漆园赖以名，名亦标千载。悠悠系我怀，高风良足佩。

郑廉《漆园吏》：噫嘻漆园吏，身世视蜉蝣。微笑谢楚人，不肯为牺牛。以兹全其真，得与造物游。譬彼鸿冥冥，矰缴焉所求。庄生乎庄生，荦荦大人流。

我今读其书，犹可医穷愁。

（二）《民权县志》《考城县志》

1. 南朝

江总《庄周颂》：玉洁蒙县，兰薰漆园。丹素可久，雅道斯存。梦中化蝶，水外翔鲲。出俗灵府，师心妙门。垂竿自若，垂聘忘言。悠哉天地，共是笼樊。

2. 清

张良珂（1）《庄周井怀古》：一抹林园带夕阳，名贤故里井泉香。居民莫作沧桑感，此水于今尚姓庄。（2）《庄周墓怀古》：读罢南华锦绣文，焚香肃拜庄周坟。贤愚自古皆归土，谁似先生百世闻。

张雄图《庄周故里》：旧读南华篇，天人同一籁。言访蒙城居，古树谢雕绘。何处蝶飞来，栩栩花影外。

郭藻《别考城》：迹似征鸿去也忙，当筵惜别黯神伤。万家饥溺萦怀抱，四载光阴付渺茫。化俗那能追渤海，著书未易拟蒙庄。门前种得新桃李，可作他年召伯棠。

七、安徽省蒙城、凤阳等地方史志

（一）《颍州府志》（清乾隆十七年王敛福修纂）

1. 宋

王安石《清燕堂》：清燕新碑得自蒙，行吟如到此堂中。吏无田甲当时气，民有庄周后世风。庭下早知闲木索，坐间遥想御丝桐。飘然一往何时得，俛仰尘沙欲作翁。

2. 明

陈嶷《庄子台》：沧浪歌罢濯尘缨，把钓归来载月明。一枕清风眠正稳，任他飞去野鹤惊。

余大中（1）《庄台蝶梦》：栩栩梦中景，蘧蘧物外身。孤踪无处着，断碣已成尘。（2）《漆园春雨》：故址传河北，新祠建郭东。雨添新涨绿，花放旧枝红。

沈鏐《庄台怀古》：台榭荒茫枕碧梳，先生曾此事优游。高风缅渺浮终古，问客悲凉探故丘。蝴蝶舞余春寂寂，大鹏飞尽水悠悠。古人已去无由见，绿树残阳起暮愁。

3. 清

汪作霖《庄台问蝶》：蝴蝶招来问子虚，荒台秋渺日愁予。三村黄叶都成梦，一部南华可废书。俗未免时聊尔尔，见能空处总如如。马牛今古谁堪语，唤起庄生醉草庐。

吴道伟（1）《庄台蝶梦》：夫子幽楼处，蘧然蝶自来。高踪成往事，烟雨只荒台。秋水长空阔，枫林夕照开。千年寻梦觉，无复逍遥才。（2）《漆园春雨》：逍遥何处问仙踪，闻道山城雨意浓。双蝶白云常栩栩，千秋春霭漫重重。澍沾芳草天同碧，雾暗桃花径自封。几度杖藜寻胜迹，徘徊独听夕阳钟。

（二）《凤阳府志》（清·光绪十四年魏家骅等纂）

1. 宋

苏轼（1）《濠州七绝之四·逍遥台》：常怪刘伶死便埋，岂伊忘死未忘骸。乌鸢夺得与蝼蚁，谁信先生无此怀。（2）《濠州七绝之五·观鱼台》：欲将同异较锱铢，肝胆犹能楚越如。若信万殊归一理，子今知我我知鱼。

2. 明

潘溱宴《筑南华楼》：跃马初鸣剑，停车又上楼。南华千古胜，东道暂时留。一水□王气，群山□帝州。独怜民力尽，□采未曾休。

吴定《南华楼寄题》：濠上南华尚有楼，逍遥人去几千秋。鲲冥鱼沼皆知乐，斥鷃飞鹏总一游。有意凭栏看秋水，忘机倚槛若虚舟。坐深忽觉乾坤小，恍遇蒙庄问十州。

孙□秋《登庄子台避雨》：乱鸦集古寺，云暮独□台。梦蝶秋犹掠，野花闻自开。烟山城上□，风雨望中来。淮水依然在，庄生去不回。

胡文璧《登庄子台次前韵》：曾观秋水赋，今上古濠台。□梦春全破，间情过□开。游鱼谙客意，野鸟傍人来。便欲沽清□，豪歌带月回。

贾应龙《登逍遥台有感》：台上风光好，披襟豁眺吟。逍遥千古意，落寞一生心。我欲追先哲，难为寄遣音。……□寒村逍遥，台古寺□□。

周献玉《濠梁纪事诗》：淮南淮北雨初晴，几度青山似洛城。对酒已拚今日醉，看花不作少年情。水冲玉峡奔流急，霞映金沙夹岸明。间倚驿楼清眺处，郁葱佳气是神京。

俞成《雪后过濠梁》：□色初开雪未消，马蹄□踏辟琼瑶。凭高尚识庄周墓，怀古谁求惠子窑。

3. 清

秦钺《登南华楼》：蜗舍时时拥鼻吟，高楼犹许独登临。□人鸟□□飞去，入座苍苔岁月深。秋水渡时劳望眼，白云飘处动□心。等闲莫展南华读，天外□□不可寻。

章钦文《观鱼台》：人生天地间，忧乐恒相伴。惟有至人心，随遇皆衎衎。庄子游濠梁，相与寄□□。非我亦非鱼，应作如是观。犹彼梦蝴蝶，栩栩得伴奂。我来观鱼台，感此发长叹。忧乐由中心，大道本一贯。……安得忘江湖，如鲋投浩瀚。吊古重□回，参取知鱼乐。

冯龙观《观鱼台》：四望平如掌，高台即涧悬。石梁从草合，金井任藤牵。风定鸟窥水，云开鱼在天。欲寻庄叟乐，濠水只涓涓。

许□心《登庄子台》：上上□台乐且颠，凌空老树绕寒烟。世风欲唤先生起，□把南华说□□。

（三）《重修蒙城县志》（民国四年于振江、黄与绶纂）

1. 宋

王安石《清燕堂》：内容同《颍州府志》所载。

吕南公《过庄子祠》：客过蒙城日欲曛，更寻祠馆拜遗真。文章昔已悲哀世，香火今谁望俗人。诸子异端争土苴，千秋余乱见缘因。秖应叔夜轻狂辈，未是先生入室宾。

2. 金

王寂《题庄子祠堂》：蒙庄千古骨成尘，德业犹争日月新。说剑似乎非圣作，鼓盆聊尔见天真。螳螂恼恼人间世，蝴蝶悠悠梦里身。才与不才俱是累，先生木雁请书绅。

3. 明

张登云《游庄台》：高台耸翠岁华侵，目断濠梁思不尽。已向庄周释了悟，还因蛱蝶动微吟。堂虚风月偏来客，径转松篁半是阴。最爱涡湄多秀色，晴轩芳草梦中深。

沈鏐《庄台怀古》：内容同《颍州府志》所载。

刘教《过漆园怀古》：尝怀漆园吏，今日过蒙城。蝶化非真境，鱼游有至情。岁月风烟老，郊原草树平。前贤已尘迹，况是逐浮名。

顾龙裳（1）《谒庄子》：横笔命天地，雄谭浑吾害。掀翻羲皇窟，解下周孔带。……柱下老鼻祖，五千言作蒂。子与真阿兄，能夺南华蜕。……肃然吏漆园，不服牺牲绘。俯仰人世间，茫茫谁来会。（2）《公堂清燕》：缅想鸣琴治邑时，雍容雅化坐无为。淮阳卧理常分牒，京兆余间亦画眉。茗对南华如点易，樽涵秋水乍成诗。古贤风旨今犹在，请看堂中屹立碑。

余大中（1）《庄台蝶梦》、（2）《漆园春雨》：同《颍州府志》所载。

柳瑛《庄台怀古》：每爱南华老氏流，平生心迹与天游。当年台榭遗荒壤，此日衣冠识古丘。梦蝶台存时世异，观鱼人去岁华悠。追游且尽金樽酒，一洗胸中万斛愁。

陈嶷《庄子台》：内容同《颍州府志》所载。

郭公周《过蒙城吊庄子》：夫子梦蝴蝶，蝶去已千年。只今荒台上，栩栩想蹁跹。云何梦觉关，不引尘俗缘。乾坤几反复，醉梦苦酣煎。吾行问所之，侥首愧腾骞。

李惟一（1）《漆园春雨》：南华参妙谛，觉世振清风。蛱蝶纷飞处，鲲鱼幻化中。故园春霭霭，漆树雨濛濛。千载分余泽，文澜妙不穷。（2）《庄楼梦蝶》：可证南华雨，时登庄子台。凝身游梦去，见蝶向人来。幻与真相辩，物非我漫猜。好将一切妄，解识御虚媒。

田本沛（1）《漆园春雨》：雨飞□□水，春满漆园花。人在□□路，何须问酒家。（2）《庄楼梦蝶》：梦回蝶已去，庄去梦难回。大梦无今古，我将问此台。

李廷辅《合吟八景》：涡水晚舟横，长虹落间声。晓钟慈氏寺，春雨漆园城。雪压狼峰白，泉流圣水清。西桥明月夜，蝴蝶梦庄生。

4. 清

陆圻（1）《漆园春雨》：漆园傲吏居，庄叟曾休沐。芳树经春发，寻幽骋远瞩。潇潇空林雨，遥指樵与牧。策杖拨渚云，烟雾覆蓬屋。梅花香露湿，孤芳馨幽谷。青帘招我饮，一醉倦开目。谁复水洒面，素涛槭绿竹。（2）《庄楼梦蝶》：虚阁枕东城，独寐更谁与。形变随时化，栩栩蝶堪侣。展翼花园出，飘然何所举。形精与天一，达生自可许。更比雕陵鹊，人生知善处。庄梦亦庐梦，化蝶犹炊黍。我欲构蝶庵，梦里来相语。

王廷珍（1）《漆园春雨》：漆园春雨意栩栩，秋水南华润桑土。大鹏飞出化北溟，逍遥台上蝴蝶舞。（2）《庄楼梦蝶》：庄周楼，逍遥游，梦时蝴蝶醒时周。究竟非周亦非蝶，何况呼马与呼牛。

吴道伟（1）《庄台蝶梦》（2）《漆园春雨》与《颍州府志》所载内容同。

何名隽（1）《漆园春雨》：寂寞荒城涡水隅，千秋灵气霭平芜。氤氲变幻弥今古，霏雨空蒙入画图。花想春开蝶意早，柳疑烟绽化工无。逍遥到处仙风在，应逐云深傍野夫。（2）《庄楼梦蝶》：天地飘茫一寄身，形骸参破梦还真。三千大界谁先觉，十万馀言我自亲。栩栩梦来躯亦赘，蘧蘧觉后物皆春。勋华事业垂今古，未许漆园作外臣。

汪作霖（1）《漆园春雨》：漆园仿佛旧林丛，傲吏风流在眼中。乐忆游鱼新水绿，梦寻舞蝶落花红。争传姓字征遗趾，不尽文章见化工。试看余芬多润泽，年年春树雨蒙蒙。（2）《庄台问蝶》：内容同《颍州府志》所载。

李东生（1）《漆园春雨》：旧迹荒园野树丛，淡烟薄雾有无中。乘风舞蝶抟飞絮，戏水游鱼趁落红。坛社几年成鸟迹，烟云镇日费天工。逍遥此意无人会，一任春来细雨蒙。（2）《庄楼梦蝶》：悟亦梦解梦，痴还影问影。蝶没几千年，庄台终古静。（3）《前题》：逍遥物外两无心，栩栩蘧蘧梦里寻。训得非真非幻意，楼头明月照空林。（4）《庄台问蝶》：蜕尽骸存道集虚，其间谁认汝和予。逍遥大化无殊致，糟粕前人已朽书。蝴蝶是周宁幻否，庄周为蝶亦真如。荒台只今伊堪问，栩栩徘徊绕旧庐。

李国章（1）《庄楼梦蝶》：蝶周祗费名，梦觉亦聚讼。台上吏为仙，物我逍遥共。（2）《漆园春雨》：漆园经几年，春到雨如许。优源复沾足，驾□问□□。

郑士英《漆园春雨》：耕犁初动已春融，溪水含烟细雨蒙。最是园林深处好，渐匀新绿野花红。

高淑曾《公堂清燕》：清燕堂前有古碑，始知仙吏尚无为。子休去后民风朴，俯仰行吟介甫诗。

张襄《题记梦图》：幻泡电影此身浮，弹指三生任去留。梦亦是真真亦梦，孰为蝴蝶孰庄周。

任联元《庄台怀古》：意行东郭访庄台，台畔荒凉曙色开。梦蝶寻楼无旧迹，观鱼何地只新苔。遥逍堂上鹤双立，笑傲祠前酒一杯。松柏年年颜不改，应知同与大椿栽。

苗培时《庄周故里》：极目田畴翻麦浪，晨曦初上到蒙疆。好似庄周能化蝶，斗来今日百花香。

徐步《庄台怀古》：夙昔怀庄子，临流知鱼乐。为迁登山屐，濠上聊纵酌。下看石梁横，绿波浅可勺。鲦鱼结队来，惊顾时一掠。去去意未已，欲前还复却。我怀亦忘机，把盏不能落。长吟秋水篇，字字耐咀嚼。冀其咸出听，无使从者谑。南望钟离峰，青林至广莫。皎皎双白鹿，翩翩一青雀。意彼钟仙灵，与子休如何。相对情何极，剧谈震寥廓。无令千载后，徒抱南华脚。

郑永康《庄子祠怀古》：甚矣吾衰不梦周，漆园一梦蝶同游。天渊到处容鱼鸟，身世何妨任马牛。十万寓言尘外得，五千要道句中求。眉山作记高千古，尊圣原非禽墨俦。

郑永懋《前题前韵》：荒唐立说晚鸣周，物我齐观汗漫游。隐几嗒焉同槁木，遗荣久矣笑牺牛。汉阴把瓮机心少，赤水亡珠象罔求。适志何知庄与蝶，鼠肝鹏翼尽吾俦。

张渔亭《旅馆夜怀漆园》：十里长亭复短亭，离愁怎奈锁云屏。花疑庄蝶虚含碧，路认陈□事踏青。野馆空怀鸡足诵，江村谁识马蹄轻。渐来风送灯窗暗，惟觉山头草木腥。

李迎甲《庄台寄慨·黄莺儿》：散步过庄台，景荒凉，空溯洄。文章秋水今安在，琴堂雾埋，书楼栋摧，夕阳斜照，野花碎镇。堪哀翩翩蛱蝶，无复梦中来。

（四）《涡阳县志》（民国十四年王佩箴纂）

黄佩兰《过庄子逍遥里有感》：茫茫大千界，渺渺一迷津。万物为刍狗，天地何不仁。谁作此极苦，拘斯无辜民。儒博而寡要，墨俭而难遵。法家多严刻，名家善失真。何如漆园叟，专一其精神。隐于蒙之野，悠悠涡水滨。不为万物囿，不为大气轮。动合于无形，人我两相泯。括儒墨之精，撮名法之珍。乾坤任颠倒，两大是逡巡。俗人不解事，相聚目以瞋。夏虫难语冰，秋蛩不知春。无怪芸芸者，与世相沉沦。吾生有大患，为吾有此身。此身何足患，万劫烦恼根。此身何须有，刹那一灰尘。不如梦化蝶，（蝶去）永作（世外）逍遥人。

马朴仙《庄子逍遥里》：故里苍凉雉水滨，残碑片瓦草如茵。扶摇溟海飞鹏志，栩化蘧庐梦蝶身。蜗角尚争今日恨，马蹄犹踏旧时春。行人漫说荒唐语，且读南华见道真。

第二节 魏晋以后诸代文献中咏庄诗词选辑

一、魏晋南北朝

1. 曹魏

阮籍《咏怀诗》之四十六：学鸠飞桑榆，海鸟运天池。岂不识宏大，羽翼不相宜。招摇安可翔，不若栖树枝。下集蓬艾间，上游园圃篱。但尔亦自足，用子为追随。

嵇康《赠秀才入军》其十四：息徒兰圃，秣马华山。流磻平皋，垂纶长川。目送归鸿，手挥五弦。俯仰自得，游心太玄。嘉彼钓叟，得鱼忘筌。郢人逝矣，谁与尽言？

2. 两晋

孙楚《庄周赞》：庄周旷荡，高才英俊。本道根贞，归于大顺。妻亡不哭，亦何所欢。慢吊鼓缶，放此诞言。始矫其情，近失自然。

夏侯湛《庄周赞》：迈迈庄周，腾世独游。遁时放言，齐物绝尤。垂钓一壑，取戒牺牛。望风寄心，托志清流。

阮修《大鹏赞》：苍苍大鹏，诞自北溟。假精灵鳞，神化以生。如云之翼，如山之形。海运水击，扶摇上征。翕然层举，背负太清。志存天地，不屑唐庭。鸴鸠仰笑，尺鷃所轻。超然高逝，莫知其情。

郭璞《游仙诗》其一：京华游侠窟，山林隐遁栖。朱门何足荣？未若托蓬莱。临源挹清波，陵冈掇丹荑。灵溪可潜盘，安事登云梯？漆园有傲吏，莱氏有逸妻。进则保龙见，退为触藩羝。高蹈风尘外，长揖谢夷齐。

孙放《咏庄子》：巨细同一马，物化无常归。修鲲解长鳞，鹏起片云飞。抚翼搏积风，仰凌垂天翚。

陶潜《拟古诗》：少时壮且厉，抚剑独行游。谁言行游近，张掖至幽州。饥食首阳薇，渴饮易水流。不见相知人，惟见古时丘。路边两高坟，伯牙与庄周。

此士难再得，吾行欲何求？

3. 南北朝

庾信《拟咏怀》之十八：寻思万户侯，中夜忽然愁。琴声遍屋里，书卷满床头。虽言梦蝴蝶，定自非庄周。残月如初月，新秋似旧秋。露泣连珠下，萤飘碎火流。乐天乃知命，何时能不忧！

阮卓《赋得莲下游鱼诗》：春色映澄陂，涵泳且相随。未上龙门路，聊戏芙蓉池。触浪莲香动，乘流叶影披。相忘自有乐，庄惠岂能知。

萧纲《十空诗六首其四·如梦》：秘驾良难辨，司梦并成虚。未验周为蝶，安知人作鱼。空闻延寿赋，徒劳岐伯书。潜令六识扰，安能二惑除。当须耳应满，然后会真如。

二、唐代

李白（1）《七绝·咏庄子》：万古高风一子休，南华妙道几时修。谁能造入公墙里，如上江边望月楼。（2）《上李邕》：大鹏一日同风起，扶摇直上九万里。假令风歇时下来，犹能簸却沧溟水。时人见我恒殊调，见余大言皆冷笑。宣父犹能畏后生，丈夫未可轻年少。（3）《古风五十九首》其九：庄周梦胡蝶，胡蝶为庄周。一体更变易，万事良悠悠。乃知蓬莱水，复作清浅流。青门种瓜人，旧日东陵侯。富贵故如此，营营何所求。其三十三：北冥有巨鱼，身长数千里。仰喷三山雪，横吞百川水。凭陵随海去，煊赫因风起。吾观摩天飞，九万方未已。其三十五：丑女来效颦，还家惊四邻；寿陵失本步，笑杀邯郸人。一曲斐然子，雕虫丧天真。棘刺造沐猴，三年费精神。功成无所用，楚楚且华身。大雅思文王，颂声久崩沦。安得郢中质，一挥成风斤！

杜甫《逍遥咏》：亦莫恋此身，亦莫厌此身。此身何足恋？万劫烦恼根。此身何足厌？一聚虚空尘。无恋亦无厌，始是逍遥人。

白居易（1）《读庄子二首》之一：庄子齐物同归一，我道同中有不同。遂性逍遥虽一致，鸾凰终校胜蛇虫。之二：去国辞家谪异方，中心自怪少忧伤。

为寻庄子知归处，认得无何是本乡。（2）《逸老》：庄子云：劳我以生，逸我以老，息我以死也。白日下骎骎，青天高浩浩。人生在其中，适时即为好。劳我以少壮，息我以衰老。顺之多吉寿，违之或凶夭。……眷属偶相依，一夕同栖鸟。去何有顾恋，住亦无忧恼。生死尚复然，其余安足道。是故临老心，冥然合元造。（3）《池上寓兴二绝》之一：濠梁庄惠谩相争，未必人情知物情。獭捕鱼来鱼跃出，此非鱼乐是鱼惊。之二：水浅鱼稀白鹭饥，劳心瞪目待鱼时。外容闲暇中心苦，似是而非谁得知。（4）《疑梦二首》之一：莫惊宠辱虚忧喜，莫计恩仇浪苦辛。黄帝孔丘无处问，安知不是梦中身。之二：鹿疑郑相终难辨，蝶化庄生讵可知。假使如今不是梦，能长于梦几多时。（5）《赠苏炼师》：两鬓苍然心浩然，松窗深处药炉前。携将道士通宵语，忘却花时尽日眠。明镜懒开长在匣，素琴欲弄半无弦。犹嫌庄子多词句，只读逍遥六七篇。（6）《咏意》：常闻南华经，巧劳智忧愁，不如无能者，饱食但遨游。平生爱慕道，今日近此流，自来寻阳郡，四序忽已周。不分物黑白，但与时沉浮。朝餐夕安寝，用显为身谋。此外即闲放，时寻山水幽。春游慧远寺，秋上庾公楼。或吟诗一章，或饮茶一瓯。身心一无系，浩浩如虚舟。富贵亦有苦，苦在心危忧。贫贱亦有乐，乐在身自由。

孟浩然《与王昌龄宴王道士房》：归来卧青山，常梦游清都。漆园有傲吏，惠好在招呼。书幌神仙箓，画屏山海图。酌霞复对此，宛似入蓬壶。

赵彦昭《奉和圣制幸韦嗣立山庄应制》：廊庙心存岩壑中，銮舆瞩在灞城东。逍遥自在蒙庄子，汉主徒言河上公。

钱起（1）《衡门春夜》：不厌晴林下，微风度葛巾。宁唯北窗月，自谓上皇人。丛筱轻新暑，孤花占晚春。寄言庄叟蝶，与尔得天真。（2）《县中池竹言怀》：官小志已足，时清免负薪。卑栖且得地，荣耀不关身。自爱赏心处，丛篁流水滨。荷香度高枕，山色满南邻。道在即为乐，机忘宁厌贫。却愁丹凤诏，来访漆园人。

吴筠《高士咏·南华真人》：南华原道宗，玄远故不测。动与造化游，静合太和息。放旷生死外，逍遥神明域。况乃资九丹，轻举归太极。

独孤及《得柳员外书封寄近诗书中兼报新主行营兵马因代书戏答》：郎官作掾心非好，儒服临戎政已闻。说剑尝宗漆园吏，戒严应笑棘门军。遥知抵掌论皇道，时复吟诗向白云。百越待君言即叙，相思不敢怆离群。

韩愈《赠崔立之》：昔年十日雨，子桑苦寒饥。哀歌坐空室，不怨但自悲。其友名子舆，忽然忧且思。褰裳触泥水，裹饭往食之。入门相对语，天命良不疑。好事漆园吏，书之存雄词。千年事已远，二字情可推。我读此篇日，正当寒雪时。吾身固已困，吾友复何为。薄粥不足裹，深泥谅难驰。曾无子舆事，空赋子桑诗。

施肩吾《访松岭徐炼师》：千仞峰头一谪仙，何时种玉已成田。开经犹在松阴里，读到南华第几篇。

吕温《夜后把火看花南园》：夭桃红烛正相鲜，傲吏闲斋困独眠。应是梦中飞作蝶，悠扬只在此花前。

李商隐（1）《安定城楼》：迢递高城百尺楼，绿杨枝外尽汀洲。贾生年少虚垂泪，王粲春来更远游。永忆江湖归白发，欲回天地入扁舟。不知腐鼠成滋味，猜意鹓雏竟未休。（2）《锦瑟》：锦瑟无端五十弦，一弦一柱思华年。庄生晓梦迷蝴蝶，望帝春心托杜鹃。沧海月明珠有泪，蓝田日暖玉生烟。此情可待成追忆？只是当时已惘然。

寒山《庄子说送终》：庄子说送终，天地为棺椁。吾归此有时，唯须一番箔。死将喂青蝇，吊不劳白鹤。饿著首阳山，生廉死亦乐。

陆希声《阳羡杂咏十九首其五·观鱼亭》：惠施徒自学多方，谩说观鱼理未长。不得庄生濠上旨，江湖何以见相忘。

陆龟蒙《访僧不遇》：棹倚东林欲问禅，远公飞锡未应还。蒙庄弟子相看笑，何事空门背城流。

李中《经古观有感》：古观寥寥枕碧溪，偶思前事立残晖。漆园化蝶名空在，柱史犹龙去不归。丹井泉枯苔锁合，醮坛松折鹤来稀。回头因叹浮生事，梦里光阴疾若飞。

齐己（1）《渚宫自勉二首》其二：毕竟拟何求，随缘去住休。天涯游胜境，海上宿仙洲。梦好寻无迹，诗成旋不留。从他笑轻事，独自忆庄周。（2）《刳肠龟》：尔既能于灵，应久存其生。尔既能于瑞，胡得迷其死。刳肠徒自屠，曳尾复何累。可怜濮水流，一叶泛庄子。（3）《新秋雨后》：夜雨洗河汉，诗怀觉有灵。篱声新蟋蟀，草影老蜻蜓。静引闲机发，凉吹远思醒。逍遥向谁说，时注漆园经。（4）《湘江渔父》：湘潭春水满，岸远草青青。有客钓烟月，无人论醉醒。门前蛟蜃气，蓑上蕙兰馨。曾受蒙庄子，逍遥一卷经。

司空图《狂题十八首》其四：南华落笔似荒唐，若肯经纶亦不狂。偶作客星侵帝座，却应虚薄是严光。

徐夤《初夏戏题》：长养薰风拂晓吹，渐开荷芰落蔷薇。青虫也学庄周梦，化作南园蛱蝶飞。

还阳子《师勉》：早向忙中认取闲，休将心力役机关。花依时节重开得，水向东流定不还。春色潜偷青鬓发，风光暗换少年颜。须知世事堪悲叹，尽在庄周一梦间。

李九龄《写庄子》：圣泽安排当散地，贤侯优贷借新居。闲中亦有闲生计，写得南华一部书。

三、宋代

徐铉《送南华县张主簿改承县》：适去庄生邑，还临孔父乡。仍闻旧隐处，近在武夷傍。道气年长度，儒风日以光。何时看解组，归去事仙方。

寇准（1）《夏夜闲书》：雨蒙村落野梅黄，茅阁长吟水气凉。幽鸟远声来独树，小荷疏影占前塘。闲心终不忘鱼钓，澹水真宜习老庄。报国自知无世用，烟蓑何日卧清漳。（2）《南阳夏日》：绿杨阴密覆回廊，深院帘垂昼景长。人静独闻幽鸟语，风来时有异花香。世间宠辱皆尝遍，身外声名岂足量。闲读南华真味理，片心惟只许蒙庄。

宋祁（1）《濠上吟》：惠非蒙叟叟非鱼，濠上全知鱼乐无。春水未深鱼易乐，要须真乐是江湖。（2）《濠上》：庄生坐濠上，下玩戏鱼跃。鱼固不知人，人奚谓鱼乐。（3）《舒雁》：庄周悲杀雁，本为不能鸣。宁识山阴误，能鸣亦就烹。

李觏《早夏偶作》：闲愁不觉过年光，强半精神似醉乡。几度雨来成恶热，有时云断见斜阳。古人事业尘空满，故国园林草自长。赖得南华怜我病，一篇齐物胜医方。

欧阳修《绿竹堂独饮》：吾闻庄生善齐物，平日吐论奇牙聱。忧从中来不自遣，强叩瓦缶何诡诡。伊人达者向乃尔，情之所钟况吾曹。愁填胸中若山积，虽欲强饮如沃焦。

王安石（1）《绝句·万事》：万事黄粱欲熟时，世间谈笑漫追随。鸡虫得失何须算，鹏鹖逍遥各自知。（2）《绝句·赐也》：赐也能言未识真，误将心许汉阴人。桔槔俯仰妨何事，抱瓮区区老此身。（3）《蝶》：翅轻于粉薄于缯，长被花牵不自胜。若信庄周尚非我，岂能投死为韩凭。（4）《无营》：无营固无尤，多与亦多悔。物随扰扰集，道与翛然会。墨翟真自苦，庄周吾所爱。万物莫足归，此言犹有在。（5）《杂咏八首》之一：万物余一体，九州余一家。秋毫不为小，徼外不为遐。不识寿与夭，不知贫与赊。忘心乃得道，道不去纷华。近迹以观之，尧舜亦泥沙。庄周谓如此，而世以为夸。

苏轼（1）《和陶诗》：我梦入山学，自谓总角时。不记有白发，犹诵论语辞。人间本儿戏，颠倒略似兹。惟有醉时真，空洞了无疑。坠车终无伤，庄叟不吾欺。呼儿具纸笔，醉语辄书之。（2）《题清淮楼》：观鱼惠子台芜没，梦蝶庄生冢木秋。惟有清淮供四望，年年依旧背城流。（3）《书晁补之所藏与可画竹》：与可画竹时，见竹不见人。岂独不见人，嗒然遗其身。其身与竹化，无穷出清新。庄周世无有，谁知此疑神。（4）《和南都赵少师》：富贵功名已两忘，望高嵩华量包湘。还家傲似蒙庄子。定策忠于汉霍光。远访交亲情益重，共论诗酒兴偏长。圆亭继日休车马，却悔多年滞庙堂。

苏辙（1）《和子瞻濠州七绝·观鱼台》：庄子谈空惠子听，郢人斤斧俟忘形。莫嗟质丧无知者，对石何妨自说经。（2）《和子瞻读道藏》：道书世多有，吾读老与庄。老庄已云多，何况其骈傍。所读嗟甚少，所得半已强。有言至无言，既得旋自忘。譬如饮醇酒，已醉安用浆。昔者惠子死，庄子哭自伤。微言不复知，言之使谁听。哭已辄复笑，不如敛此藏。脂牛杂肥羜，烹熟有不尝。安得西飞鸿，送弟以与兄。

苏颂（1）《和梁签判颍州西湖十三题其三·碧澜堂》：北渚清泠十顷波，偶来凭槛意如何。且观秋水蒙庄论，休听沧浪渔父歌。（2）《陈和叔内翰得庄生观鱼图于濠梁出以相示且邀作诗以纪其事》（节选）：公堂四合临中衢，翰林壁挂观鱼图。传之近自濠梁客，云是蒙邑先生居。……人生均是受形气，好恶欢养同一区。死生寿夭亦大矣，自本而视奚有无。……朝陪玉堂暂晤语，暮入荜门还宴如。欣然共乐濠上趣，相忘正在于江湖。（3）《暇日游逍遥台睹南华塑像独置一榻旁无侍卫前无香火对之歆然起怀古之思因抒长句一千四百字题于台上》（节选）：忆昔初读南华篇，但爱闳辨如川源。沉酣渐得见真理，驰骛造化游胚浑。……死生之辨在旦夜，梦觉之异分形魂。神奇臭腐互美恶，蜩甲蛇蜕奚代迍。卵胎无以易生种，风化自尔成虫蜫。出入于机泯无际，始卒若环焉可扪。……天光内照宇自泰，人益不累中无闷。云谁嗣响可晤语，至理竟亦归无言。

黄庭坚（1）《寺斋睡起》：小黠大痴螳螂捕，有余不足夔怜蚿。退食归来北窗梦，一江风月趁渔船。（2）《几复读〈庄子〉戏赠》：蜩化抢榆枋，鹏化抟扶摇。大椿万岁寿，粪英不重朝。有待于无待，定非各逍遥。譬如宿舂粮，所诣岂得辽。漆园槁项翁，闻风独参寥。物情本不齐，显者桀与尧。烈风号万窍，杂然吹籁箫。声随器形异，安可一律调。何尝用吾私，总领使同条。惜哉向郭误，斯文晚未昭。胡不弃影事，直以神理超。木资不才生，雁得不才死。投身死生中，未可优劣比。深藏无所用，一寓不得已。逍遥同我谁，岁暮于吾子。

梅尧臣（1）《感怀》：忽忽枕前蝴蝶梦，悠悠觉后利名尘。无穷今日明朝事，有限生来死去人。（2）《陪淮南转运魏兵部游濠上庄生台》：周当战国时，何为守静正。干戈既日寻，仁义固不竞。天下皆跖徒，宁知圣为圣。是将万物齐，不顾千金聘。所以忘形骸，所以保性命。安能小仲尼，岂不识世病。我从魏公来，访古停乌榜。聊识贤者心，吁嗟一长咏。

晁说之《过雁》：庄周口舌过平生，择雁何为贵不鸣。默默高飞宁有乐，人间生死本来轻。

张耒《卧病月余呈子由二首》其一：蔀室悠悠昏复朝，强披庄子说逍遥。四禅未到风犹梗，九转无功火不烧。学道若为调鹿马，是身不实似芭蕉。丹砂赤箭功何有，想听清言意自消。

秦观《抱瓮》：揞揞抱瓮人，汇呼治其内。仲尼为所轻，子贡无以对。舍器欲还朴，为量固已隘。苟得混沌真，宁羞事机械。

杨杰《庄周》：谩投香饵试纤鳞，楚使徒来濮水滨。莫讶持竿不相顾，顾君还是上钩人。

蔡襄《唐公以公累出知濠州》：湛湛清渠风力微，濠梁行客布帆归。到官应过庄生庙，试问鷃鹏两是非。

刘敞《读庄子三首》其一：箫韶岂不美，爰居终自悲。俯仰鲁城上，惊顾不能怡。伊昔舜廷内，鸣凤为来仪。和声讵中变，众听邈难齐。浇淳悬异代，聪昧未殊施。咄嗟播鼗武，永乏沧海归。其二：汉阴灌园叟，抱瓮力难任。规为一何拙，机事自伤心。赐也不受命，愧之汗沾襟。至言与世邈，幽操非俗寻。以此高宇宙，岂知倦山林。彼哉夸夺子，佩服烂朱金。其三：商丘有奇树，厥生非一朝。修根走灵社，腾干拿赤霄。拳局无大用，液樠不可雕。谁谓非世器，终焉托逍遥。致身适有遇，松桂宁免樵。

傅察《逍遥堂五咏》之三：欲识逍遥乐，都忘利与名。讨论惟百氏，来往有诸卿。静觉羊肠险，闲看蜗角争。超然穷妙理，知不愧庄生。

孔平仲《读庄子》：损此以锱铢，益我以千金。岂足为轻重，徒能劳尔心。覆彼以狐貉，蒙此以絺绤。岂足为厚薄，徒能损卿德。南山有鸷鸟，睥睨天地秋。有意横八极，固非守一丘。老鸱吓腐鼠，安可施于此。鹓雏尚不屑，况非鹓雏比。

邹浩（1）《读庄子》：形影相随向此居，柴门终日掩清虚。谁知盘礴高堂上，自与南华游物初。万物同为一体真，体真谁复见陈新。今吾故我强名耳，莫逆于心得此人。（2）《读〈庄子·人间世〉》：卮言吾久得南华，每一开编一叹嗟。尘表物从何处去，人间世自莫能加。不知养虎但生事，未始有回真作家。此意于今妙相契，却惭书读谩盈车。

李纲《读〈庄子〉六绝句》其一：漆园仙吏已宾霄，浩荡奇言久寂寥。鹏鷃何须迭相笑，斯游安往不逍遥。其二：世间物论最难齐，有万初从一气吹。若会此心平等法，天渊元自绝高卑。其三：养生有主卫生经，神守全时岂废形。游刃有余刀不挫，解牛须是学庖丁。其四：濠上观鱼适意时，从容鱼乐独相知。何须更问鱼非我，能见鱼游复是谁？其五：宁作泥涂曳尾龟，难堪刍豢庙中牺。从来一臂重天下，肯以此身轻用为？其六：诋欺儒墨每云云，刍狗诗书迹已陈。泯绝是非归妙道，扫除糠秕见天真。

苏籀《大父令赋捕鱼》：寒鱼不乐水，遇汕辄来依。溪边蓑笠翁，智深鱼莫知。网罟既不设，钓竿亦罢携。萧然徒手来，一一收无遗。幽人买鱼食，心亦怜鱼痴。早知烹割苦，宁如在流澌。世人岂异此，外物常见羁。好在李斯犬，当观庄子牺。

邵雍《川上观鱼》：天气冷涵秋，川长鱼正游。虽知能避网，犹恐误吞钩。已绝登门望，曾无点额忧。因思濠上乐，旷达是庄周。

谢薖《读〈庄子·内篇〉》（节选）：陈编为何谁，漆园傲吏书。奇辞通諔诡，空语极虚无。得意荣辱境，脱身忧患余。胸中灌顶句，身上如意珠。逍遥有妙处，领略归一途。尘影阅千世，风波连九区。

冯时行《至日读〈庄子〉》：世路频时节，山城暗夕烟。酒先回暖律，梅自断残年。日月长江水，功名小井天。如何割幽抱，更与问虚玄。

李洪《漫城》：能安寂寞兴何长，自觉无机称坐忘。一溉成功心尚在，五禽为戏学无方。病来乍怯衣裳夹，秋至新尝橘柚香。欲识道人真静处，南华一卷是药王。

辛弃疾（1）《卜算子·用庄语》：一以我为牛，一以吾为马。人与之名受不辞，善学庄周者。　　江海任虚舟，风雨从飘瓦。醉者乘车坠不伤，全得于天也。（2）《感皇恩·读〈庄子〉》：案上数编书，非庄即老。会说忘言始知道。万言千句，自不能忘堪笑。朝来梅雨霁，青天好。　　一壑一丘，轻衫短帽。白发多时故人少。子云何在，应有玄经遗草。江河流日夜，何时了。（3）《念奴娇·和赵国兴知录韵》（下阕）：怎得身似庄周，梦中蝴蝶，花底人间世。记取江头三月暮，风雨不为春计。万斛愁来，金貂头上，不抵银瓶贵。无多笑我，此篇聊当宾戏。（4）《水调歌头·上古八千岁》（上阕）：上古八千岁，才是一春秋。不应此日，刚把七十寿君侯。看取垂天云翼，九万里风在下，与造物同游。君欲计岁月，当试问庄周。（5）《哨遍·秋水观》：蜗角斗争，左触右蛮，一战连千里。君试思、方寸此心微。总虚空、并包无际。喻此理。何言泰山毫末，从来天地一稊米。嗟小大相形，鸠鹏自乐，之二虫又何知？记跖行仁义孔丘非。更殇乐长年老彭悲。火鼠论寒，冰蚕语热，定谁同异。　　噫。贵贱随时。连城才换一羊皮。谁与齐万物？庄周吾梦见之。正商略遗篇，翩然顾笑，空堂梦觉题秋水。有客问洪河，百川灌雨，泾流不辨涯涘。于是焉河伯欣然喜。以天下之美尽在己。渺沧溟、望洋东视。逡巡向若惊叹，谓我非逢子。大方达观之家未免，长见犹然笑耳。此堂之水几何其？但清溪、一曲而已。（6）《哨遍·一壑自专》：一壑自专，五柳笑人，晚乃归田里。问谁知、几者动之微。望飞鸿、冥冥天际。论妙理。浊醪正堪长醉。从今自酿躬耕米。嗟美恶难齐，盈虚如代，天耶何必人知。试回头五十九年非。似梦里欢娱觉来悲。夔乃怜蚿，谷亦亡羊，算来何异。　　嘻。物讳穷时。丰狐文豹罪因皮。富贵非吾愿，皇皇乎欲何之。正万籁都沈，月明中夜，心弥万里清如水。即自觉神游，归来坐对，依稀淮岸江涘。看一时鱼鸟忘情喜。曾我已忘机更忘已。又何会物我相视。非会濠梁遗意，要是吾非子。但教河伯、休惭海若，大小均为水耳。世间喜愠更何其。笑先生三仕三已。

韩元吉《病中放言五首》之一：岁月催人易白头，只应蝴蝶梦为周。跰蹉久悟人间世，汗漫已期方外游。化鹤自知迷故国，断鳌今见立神州。蓬莱水浅君须记，莲叶翩翩仅可舟。

洪迈《秋日漫兴二首》：江湖久客日思家，坐觉微霜上鬓华。节序又催秋后雁，风光争发雨前花。倦游已梦庄生蝶，不饮何忧广客蛇。怪底朝来衣袖薄，一川白露下蒹葭。

白玉蟾《行春辞》：一斗百篇诚有之，无人知我只春知。吟逢蝴蝶即庄子，醉见海棠真贵妃。

楼钥《鲲化为鹏》：鲲大几千里，扬鬐气日增。一时俄化羽，顽固记为鹏。鳞族畴能化，龙门不足登。天池将转徙，云翼快飞腾。怪矣齐谐志，壮哉庄叟称。鸢飞与鱼跃，曾不事夸矜。

刘克庄《杂咏一百首·庄子》：夸大帝传由，形容跖侮丘。仅饶聃御寇，共载一虚舟。

吕愿中《南华洞》：乱崖深峭水淙淙，六夏来游俨似秋。安得蘧蘧一觉梦，倚岩栩栩访庄周。

姜特立《余方悼亡适山圃牡丹芍药盛开赋长句》：白巾对红艳，哀乐自不同。缅彼古之人，拔去体法中，亲丧至呕血，悲涕固无从。不哭即饮酒，陶然醉为乡。吾爱蒙庄子，鼓盆歌慨慷。吾笑潘河阳，忍泪赋悼亡。自古皆有死，生灭固其常。生也根一气，死焉归渺茫。钏情虽我辈，达节圣所臧。且日饮无何，久久永相忘。

许月卿《赠程惠子》：我朝诗道愧唐人，魏晋风流更勿论。庄子于今逢惠子，孔门自昔契程门。君宜莺出云霄路，我亦猿吟烟水村。趁取山人来离谷，梅花湖上返诗魂。

王十朋《次韵万先之读〈庄子〉》：庄生蔽于天，先儒已能言。六经有真味，奚用食马肝。王何佐其高，遗害今犹存。夫君高明士，寄趣名理间。恐蹈贤者过，因诗与君论。

史尧弼《寓斋》：庄生十九言，妙处如筏喻。我欲问公居，公心无所住。

朱熹（1）《梅》：姑射仙人冰雪容，尘心已共彩云空。年年一笑相逢处，长在愁烟苦雾中。（2）《漆园》：旧闻南华仙，作吏漆园里。应悟见割忧，嗒然空隐几。

赵蕃《濠乐》：韩悲沮洳居，贾叹寻常渎。何似老庄周，逍遥一篇足。

郑刚中《幽趣》：幽趣无人会，人应为我愁。山深云易聚，市远酒难谋。恃力鼯惊鹿，争巢鹊避鸠。老夫春睡美，蝴蝶是庄周。

陆游（1）《睡觉作》：世言黄帝华胥境，千古榛荒孰再游。但解消摇化蝴蝶，不须富贵慕蚍蜉。（2）《上虞逆旅见旧题岁月感怀》：舴艋为家东复西，今朝破晓下前溪。青山缺处日初上，孤店开时莺乱啼。倦枕不成千里梦，壞墙闲觅十年题。漆园傲吏犹非达，物我区区岂足齐。

杨万里《和文远以作醮相疏》：涉夏天勤雨，今年定有秋。试思冲热出，何似带泥游。轩冕关庄子，江湖著魏牟。高人香火里，也到酒边不。

岳珂《夜读庄子呈高紫薇》：蒙园傲吏御风仙，聊以卮言后世传。小大升潜同此地，智愚工拙岂其天。众途适正何劳问，一理观心本自然。从此二经束高阁，为君终夕读名篇。

释择崇《读庄子一受其成形不忘以待尽》：人生悉如此，谁悟此中玄。白日无私照，青山任意眠。松风来不断，泉石自相便。路出千峰上，云归竹径边。

陈藻（1）《听吴毕闻讲杜诗今夕行因郊释子偈体成一绝》：春秋皆贬事无褒，庄子思之意若保。下笔便为齐物论，大家命酒且高歌。（2）《读〈庄子〉》：尧无是处桀无非，此语堪惊与道违。造物恩私多嵬琐，始知庄子得真机。

吴芾《和四二侄》：华发萧萧日夜疏，奔驰不止欲何如。得抛印绶心方适，归见湖山气始舒。世事转头如蝶梦，人生到此是蘧庐。我今已作终焉计，却悔当年赴鹤书！

郑思肖《庄子梦蝶图》：素来梦觉两俱空，开眼还如阖眼同。蝶是庄周周是蝶，百花无口骂春风。

钱选《题山居图卷》：山居惟爱静，白日掩柴门。寡合人多忌，无求道自尊。

鹦鹏俱有意，兰艾不同根。安得蒙庄叟，相逢与细论。

沈瀛《行香子·野叟长年》：野叟长年，一室萧然。都齐收、万轴牙签。只留三件，三教都全。时看《周易》，读《庄子》，诵《楞严》。　　阙□会得，万语千言。得鱼儿、了后忘筌。行行坐坐，相与周旋。待将此意，寻老孔，问金仙。

李壁《临川节中寄季和弟》：平生旷达慕庄周，老觉悲来不自由。节里忆君频梦见，遥传掬泪过江州。

刘辰翁《庄子像赞》：无他变化，有语皆嗫。何日花间，作两蝴蝶。

周必大《刻文苑英华千卷》：倚树而吟据槁梧，自怜尔雅注虫鱼。汝曹更作书中蠹，不愧鲲鹏海运欤！

李流谦《予旧服术迂其效弃去比过临邛蒙李丈分惠并副》：是身如芭蕉，敢保金石固。得生况尪陋，愧彼硕且武。……沧溟称微溜，九仞亦拳土。见弹思炙美，拊手鸮未许。……愿求必世仁，借秦谕其故。解牛得养生，持问子庄子。

林希逸（1）《〈庄子口义〉成》：逍遥而下是全书，渔父诸篇却不如。意外形容辞独至，句中脉络字无虚。机锋颇似禅三昧，根极只求性一初。千古濠梁同会面，子真知我我知鱼。（2）《物理六言》其一：以鸟养鸟尽性，惟虫能虫知天。万物与我为一，反身乐莫大焉。

方回《题禊帖图》：永和九年晋癸丑，禊帖至今家家有。遗墨一纸出昭陵，摹本宇宙同不朽。甲子循环十六周，甫近千岁未为久。之字二十我谛观，谁绘此图夸妙手。晋人之学吾能□，□以庄子为六经。大同小异立议论，漆园遗意入兰亭。七情静动应万事，一气聚散钟千形。乐极必悲生必死，倏开忽阖风夭萤。岂不痛哉逸少语，畏饰生老病死苦。掇拾释氏之绪余，惴惴其栗有如许。颜瓢致乐悲安在，曾箦临死生焉□。短中求长断斯文，翰墨高名万万古。

四、金元时期

1. 金朝

郇元章《题南华观》：试拈真理问南华，生死元如觉梦何。昼夜曾停觉梦否，古今还续死生么。潼山岁岁生春草，睢水年年有绿波。子逝于今已千岁，觉时何少梦时多。

马定国《读庄子》：吾读漆园书，秋水一篇足。安用十万言，磊落载其腹。北风熟相梨，冷日照鸿鹄。人生固多事，端坐至秉烛。

王重阳《爇心香》：诸号王风。实有仙风。性通禅、释贯儒风。清谈吐玉，落笔如风。解著长篇，挥短句，古诗风。　斤运成风。鹏化抟风。恣云游、列御乘风。冬寒闭户，念见高风。更坐无炉，眠无被，任霜风。

马钰《七言绝句·偈语》：逍遥物外固精神，绝虑忘机合至真。悟取无争为上士，常怀忍辱作仙人。

元好问（1）《南冠行》节选：诸房三十侍中郎，独守残编北窗底。王孙上客生光辉，竹花不实鹓雏饥。（2）《示怀祖》：憔悴经年卧涧阿，囊中无物只诗多。自惊白鬓先潘岳，人笑蓝衫似采和。狗盗鸡鸣皆有用，鹤长凫短果如何？乘闲便作归田赋，付与牛童扣角歌。

2. 元朝

侯克中《论〈庄子〉二首》其一：理屈词强本不任，郑声犹恐乱韶音。雷同老列才虽赡，波及苏张害更深。敬长爱亲咸有分，绝仁弃义果何心。六经皎皎明于目，安用斯言玷古今。其二：庄生笔底似悬河，词愈夸张理愈伪。作法必由名世者，乱伦无奈异端何？大椿必欲齐朝菌，尺水徒劳起仗波。一指苟存肩背失，岂知方寸有中和。

胡祗遹《读〈庄子〉》：蒙庄谈自然，未必皆背道。静中见天机，安肯同世好。纷纷知与才，私欲助贪躁。九败博一成，暗堕山鬼笑。区区是非言，万蝉同一噪。祸福定谁司，一一冀酬报。寓言岂无情，但恐伤名教。

胡布《杂言二十首》其四：南华赡文藻，物我理亦齐。潜真发伯阳，贻毁尊仲尼。衍溢非外象，寓辞益以卮。至哉警聋瞽，式廓和天倪。孰美达生言，遂违经世私。往往稽喻方，启彼痴人疑。诚能越寰象，斯语徒豁而。

许有壬《作乐导水·倚槛观鱼》：鱼乐江湖自不知，非鱼非我敢相欺。

卮言我不如庄惠，终日观鱼只有诗。

萧䜣《读〈庄子〉》：含哺而游鼓腹熙，斯言本只说无为。岂知引起无穷欲，直到肉林并酒池。

丘处机（1）《题刘节使所藏显宗御画庄子像》：显宗好道当年壮，手笔南华古形状。南华去世千载余，状貌风格知何如。只是今人重古道，仿佛气象加襟裾。至人胸中本无待，万窍吹嘘任天籁。杨韩嵇阮心不同，到了各归于大块。（2）《满庭芳・述怀》：漂泊形骸，颠狂踪迹，状同不系之舟。逍遥终日，食饱恣遨游。任使高官重禄，金鱼袋、肥马轻裘。争知道，庄周梦蝶，蝴蝶梦庄周。　　休休。吾省也，贪财恋色，多病多忧。且麻袍葛屦，闲度春秋。逐疃巡村过处，儿童尽、呼饭相留。深知我，南柯梦断，心上别无求。

白朴《水调歌头・秋水》：三元秘秋水，秋水渺无涯。天人点破消息，梦里悟南华。河伯徒夸浩瀚，千里总归毫末，一笑井中蛙。试问漆园吏，谁是大方家。　　按黄钟，推甲子，定无差。悠悠天理人事，风外万飞沙。且弄空山明月，自荐寒泉秋菊，睡起漱朝霞。更欲辨齐物，银海眩生花。

程文海《逍遥游铭》：光风霁月，鱼跃鸢飞。熙熙皞皞，浴沂咏归。彼逍遥游，意得自我。是将无同，孰云不可。漆园非古，句曲非今。吾名此堂，实名此心。归去来兮，吾亦荷蓧。青山白云，相望一笑。

王冕（1）《感怀》其二：蒙庄旷达士，鲁连倜傥生。不徼一时利，乃有千载名。睢泽务诡谲，仪秦尚纵横。反复弄小技，于道未为贞。圣贤久不作，余生复何营？赖有白鸥鸟，可与忘世情。（2）《闸上》其一：舒啸孤怀壮，天风荡杳冥。草枯秦地白，云尽鲁山青。闻道尊庄子，沽杯候野亭。平生辛苦事，须信此行经。

程端礼《古意》：大鹏飞南溟，抟风几万里。斥鷃无所适，翱翔蓬蒿里。为大既云乐，小者亦自喜。

曹瑞【中吕・山坡羊】《叹世》：虚名休就，眉头休皱，终身更不遭机彀。抱宫囚，为谁愁，功名半纸难能够。争如漆园蝶梦叟。常，紧闭口；闲，且袖手。

陈草庵【中吕·山坡羊】：花开花谢，灯明灯灭，百年梦觉庄周蝶。兴时节，快活些，明朝绿鬓添霜雪，石氏邓通今谩说。人，不见也；钱，不见也。

贯石屏【仙吕·村里迓鼓】《隐逸》：剩水残山向那答。心无牵挂，树林之下，椰瓢高挂。冷清清无是无非诵《南华》，就里乾坤大。

王和卿【仙吕·醉中天】《咏大蝴蝶》：弹破庄周梦，两翅驾东风，三百座名园、一采一个空。谁道风流种，唬杀寻芳的蜜蜂。轻轻飞动，把卖花人扇过桥东。

张可久《水仙子·次韵》：蝇头老子五千言，鹤背扬州十万钱。白云两袖吟魂健，赋庄生《秋水》篇，布袍宽风月无边。名不上琼林殿，梦不到金谷园，海上神仙。

五、明代

杨士奇（1）《题髑髅图》：漆园傲世者，放言出糟粕。大观天地间，玩化以嘲谑。昼夜自恒理，生死等酬酢。存顺而殁宁，焉往非吾乐。（2）《次韵答胡若思宾客二首》其一：东壁蓬山顶，曾同侍玉皇。碧霄龙早逝，沧海鹤高翔。案有庄生论，门临孺子坊。游心邈千载，尘虑已都忘。

凌云翰《庄子观泉图》：秋水成河灌百川，濠梁何必更观泉。欲知无限逍遥意，总在南华第一篇。

朱诚泳《感遇》其四十八：庄生寄傲者，闲居著南华。浮辞逞虚诞，寓言恣喧哗。操戈击夫子，盗跖翻见夸。三王未足论，五帝讵为嘉。睥睨小天地，言谈多险邪。猖狂如所言，万物其泥沙。吾儒自有经，典谟浩无涯。至诚乃君子，宜其辅邦家。

唐寅《题画十首之一》：平村泉石足幽栖，暖着田衣饱青藜。坐看鸡虫笑庄子，劳劳齐物物难齐。

冯裕《放言》：南华有真人，大隐濠梁边。虚襟涵八荒，白眼望青天。粃糠拟尧舜，瞬息齐殇籛。秋水到北海，河伯不敢前。纷纷百家语，争似逍遥篇。

稽首拜下风，悠悠千万年。

黄省曾《高士颂九十一首·其三十三·庄周》：庄周傲世，洸洋寓言。文穷万妙，学守一玄。戏游自快，国聘难延。浩然就尽，弗避乌鸢。

王世贞(1)《漆园》：兹地有漆园，是否庄生庐。遗迹杳莫存，遗言亦成诬。北风卷地来，鹏翼寒不舒。岂必真逍遥，能无爱抢榆。不才惧凫烹，存者乃为樗。令我何所据，瞿然思遂初。(2)《郧中杂言八首》其八：雨余残果自堕，日落倦鹊整喧。手携《南华》一卷，不妨坐待黄昏。(3)《玉泉寺观鱼》：寺古碑残不记年，清池媚景且留连。金鳞惯爱初斜日，玉乳长涵太古天。投饵聚时霞作片，避人深处月初弦。还将吾乐同鱼乐，三复庄生濠上篇。(4)《寄穆考功兼简石给事四首》其四：闻君读书处，乃在清漳源。小尔新蓬径，居然故漆园。暗芳书草发，空翠墨花翻。若语逍遥意，宁将出处论。

穆文熙《题郡城附州县图十一首》之《东明》：庄生宰漆园，时时作吏隐。至今余钓台，高风不可尽。

区大相《咏濠梁》：庄生本旷达，惠施亦多方。辨囿入芒渺，鱼乐且徜徉。非鱼复非我，此中意何长。斯人诚已矣，千载但空梁。

袁宏道《戊戌初度二首》其一：禅灯滟滟雪玻璃，贝典将来戒小妻。客里羁情笼野鸽，乡中春梦阅山鸡。其二：灰心竟日疏《庄子》，弹舌清晨诵准提。无限长林无限羽，一枝那复计高低。

张正蒙《冬日闲居二首》其一：僻居心远矣，闭户日萧然。一水带寒月，孤村幕夕烟。其二：贫惟尊酒在，诗岂众人传。却忆蒙庄子，冥搜内外篇。

庄昶《吊易羽士姜守一》：一鹤西来瘦有余，每将生死问何如。几回见我扶还拜，两月来书病不除。枕上希夷千古梦，手中庄子十年书。人间若果神仙有，愿候新江旧草庐。

祝允明《读〈庄子·逍遥游〉二首》其一：惠施五石瓠，弥大弥无当。呺然莫与京，不任盛水浆。掊弃谁顾惜，胡由效所长。幸遇漆园叟，昌言为阐扬。大樽堪取材，江湖一苇杭。浩荡凌万顷，寥廓共徜徉。平生诵此篇，心旷超八荒。

乐哉逍遥游，千古仰蒙庄。于今所见殊，却笑予更狂。璠玙韫在璞，奚必为珪璋。倏忽凿混沌，报德翻致戕。试问不龟手，何如袖手康。洴洸裂地封，臧穀均亡羊。欲识大瓠真，请从最初详。弗剖天质全，块处神自王。惟大似不肖，老氏言孔彰。镇以无名朴，朴散器始张。有用以为用，锥刀竞夭伤。无用以为用，伎俩未尽忘。宁如竟勿用，藏用孰可量。我愿宝斯种，艺之寂寞场。瓠成复何事，画前问羲皇。其二：樗大苦不材，匠石过弗视。树彼无何乡，彷徨无所事。颇疑梦蝶翁，与世太相避。曳尾泥中龟，岂希留骨贵。吾观闽有榕，一筹蔑可试。只垂广长荫，亭亭每匝地。既为居人依，复为行人施。暍者赖以凉，惫者赖以憩。本无心利物，物乃蒙其利。借令中绳规，斧斤应早被。焉能磨岁月，而成此大庇。勿用用乃全，用即不可继。寝寤独逍遥，逍遥未为至。双林利自他，樗也何敢企。

顾清《读〈庄子〉有感》：落日平林烟雾生，西风茅屋短檠明。书生已惜三千字，狂客犹夸九万程。蛮触干戈神独领，蜉蝣日月梦潜惊。旧游亦有芝兰契，冰雪何人与问盟。

杨巍《读〈庄子〉》：富贵浮云尔，死生一梦焉。此中谁解得，空诵远游篇。

文肇祉《读南华》：开遍桃花柳拂烟，鸳鸯日暖傍沙眠。焚香静坐心如洗，细看庄周齐物篇。

徐渭《读〈庄子〉》：庄周轻死生，旷达古无比。何为数论量，生死反大事。乃知无言者，莫得窥其际。身没名不传，此中有高士。

于慎行《馆课雪夜讲庄义》：寒风吹朔雪，霏霏日云暮。广庭列瑶阶，空林挺琼树。有伟高堂上，宗工陈矩度。抠衣侍绛帷，悬河启谆谕。大道既具陈，玄史亦纷骛。载阐南华篇，探彼环中趣。卓哉漆园吏，齐论归逍遥。葆光守天府，泰宇悬高标。乘元御六气，九万恣扶摇。解牛怅四顾，梦蝶纷飘摇。大知一万物，众籁空调刁。太息至人远，梦觉何寥寥。蟪蛄与彭祖，物化竞一朝。指马得真诠，心斗聿云消。归去夜未艾，三尺方瀌瀌。嘘嗒不得寐，隐几坐萧条。

王慎中（1）《书怀答彭石屋》：已悔为人学，还因世网留。行云时出岫，逝水偶成流。事简知无术，交疏悟寡俦。方将齐外物，窃比我蒙周。（2）《月夜同姚在明济上观水》：盈科流水滥汤汤，映月涵空更可望。泌沸千淙珠比色，澄泓一曲鉴为光。遥遥银汉微分景，宛宛金堤与障狂。取适有同蒙吏傲，兼携惠子在濠梁。

周拱辰《水调歌头·读〈庄子〉》：欲求快活散，子细好参求。可是日开笑口，入世付浮鸥。机心机事歇了，个里怎么修。凭你鷃栖鹏怒，同事劳人草草，大小有身忧。眼放半空外，心住玉壶秋。　　唐虞坟，许由冢，蓬髑髅。芭蕉国里，求仙黑路哭藏舟。若不积风三月，硬学扶摇三万，跌落反成羞。摘将集蓼苦，一吊逍遥游。

佘翔《过蒙城》：漆园为吏傲当时，世远风流尚在兹。欲起斯人论物化，梦中蝴蝶许谁知。

孙承恩《古像赞·庄子》：其心廓廓，其气浩浩。万古瞬息，八荒堂奥。厌薄仁义，狎侮孔周。曲说之雄，异端之尤。

徐有贞《题庄周梦蝶图》：漆园傲吏常多睡，不管人间春与秋。梦去只知周是蝶，觉来还讶蝶为周。蘧蘧卧处无何有，栩栩飞时亦自由。十万余言皆寓也，即今图画更真不。

夏原吉《题扇面庄子观泉》：银潢半天来，窈窕几千尺。空林送清声，遥壁荡晴色。炎晨坐披襟，凉气拍胸臆。吁嗟南华翁，高怀有谁识？

陈献章（1）《庄子观泉》：珊珊泻下天花烂，仰首白龙高十万。丹青已会识者心，谁道漆园非具眼？（2）《题庄子泉》：闲看千丈雪，飞下玉台山。争知白沙子，不是南华仙？

程敏政《题庄子观泉》：忍将飞蝶幻孤身，却玩流泉古涧滨。可惜一回川上趣，当时无分见邹人。

陈霆《洞仙歌·庄子观泉》：飞流直下，泻长空如练。溅沫寒崖玉珠乱。转山腰，万点苍雪侵林，林影外，一带白虹初断。　　道人疏懒久，散发披襟，石凳苔茵坐来惯。适意总忘言，斜日双瞳，寒光耀、目花生眩。待横空。

一剑上青冥，看飞度，银河灵源清浅。

程立本《赋观鱼台送李濠州归河北》：庄周非惠子，惠子非庄周。二子濠上意，固知鱼乐否。我陪李使君，聊复濠上游。漠漠野屋古，悠悠淮水秋。濠鱼不盈尺，数罟日相求。喁喁讵能乐，政似苍生忧。吾祖养鱼作，德与元化侔。庄惠满一哂，抚掌风萧飕。使君将北归，脱履巢云丘。濠州失父母，遮道不可留。涸辙无活鲋，深渊有潜虬。徘徊下台晚，极目送孤舟。

程可中《浣溪沙·濠梁》：庄惠千秋不可招，华林围日数前朝。山堂小样景粗绕。　　薄霭晚迷黄竹屿。平波春涨赤阑桥。赤阑桥下戏轻条。

陈铎【双调】《沉醉东风·咏髑髅笛》：那里也伴衰草狐踪兔迹，只管里怨春风绿惨红凄。包含万古愁，全仗三分气。把庄周错认桓伊。多少时人信口吹，不解把英雄叹息。

梅守箕《题南华诗》：姓因遗柱下，号与漆园同。姑射肌凝雪，冲虚行御风。高飞妍避鸟，回倚态惊鸿。欲化为蝴蝶，来君魂梦中。

张瑞图《庄周》：庄周多寓言，肆志弄嘲谑。岂紧诋贤圣，实繇愤末俗。齐物同死生，洸洋无轨躅。大启达生途，为惠良以博。牛不愿为牺，龟宁甘处渎？梦中随蝶化，濠上观鱼乐。三复逍遥篇，鲲鹏等鸠莺。

徐枋《庄子赞》：黜聪堕明，爰葆其真。释仁去义，性乃无敝。吾知之矣，真性若水。五味即调，厥水乃淆。惟其甘旨，旋亦腐岁。若彼湛然，亘古无愆。惟葆我真，物莫得撄。惟浮我性，物莫能竞。吾全其我，无可不可。止若乘空，行若御风。睥睨揶揄，吾无隐忽！忽为大鹏，翼垂天云。水击风负，能小天下。忽为蝴蝶，轻举一叶。彼栩栩者，我梦觉也。大而能化，审乎无假。扩而能收，与造物游。今我拟之，伊谁似之？庄生庄生，其人其人。

六、清代

傅山《口号十一首》之四：庄生原不是荒唐，只为天才莫敢当。匠石有斤须得质，五车惠子亦多方。

屈大均《赋得庄周梦为蝴蝶》：逍遥自是至人心，仙梦虚无物化深。出茧三春为凤子，如轮五色向花林。千年蝙蝠徒为尔，一夕蜉蝣亦至今。解绝云霓非有待，漆园精爽在兰衾。

赵怀玉《庄子》：漆园祖苦县，意则小变之。什九皆寓言，洸洋无津涯。亦知孔颜重，每引供谈资。梦与蜕俱化，材惟栎为宜。名轧复智争，纷纭止何时。吾少慕养生，往往困坐驰。饮河期满腹，巢林志一枝。虚室苟逍遥，何心羡天池。

董元凯《南乡子・病起读庄子》：俯首视烟霞。云蔽长安路更赊。藜杖移时挑细药，幽花。洞口人家日更斜。　　不得问丹砂。席上余杯对早茶。销得人间无限事，南华。斗觉霜毛一半加。

鲍桂星《庄周》：御风人已去晴虚，更有蒙庄善著书。化国三年游畏垒，浮生一笑在蘧庐。惊回晓梦身犹蝶，悟到濠梁我亦鱼。读罢南华无解说，半帘香雨落花初。

查揆《庄子》：百川方灌河，秋水无津涯。牛马不可辨，浩与逍遥期。冥心运尻轮，飘风来炎离。道逢鹍大鹏，告我南溟移。许我附腹背，横览周四维。扶摇过九万，荡荡无路歧。寄谢鸴与鸠，飞抢毋乃疲。少焉一处子，冰雪莹肤肌。辟谷餐风露，见之忘朝饥。相将御六气，窅与万物遗。是何妙思议，朽腐为神奇。第谓古圣人，汲汲多可疑。独于六经外，污漫无端倪。苟以抒郁纡，遑计非孔姬。烛龙有狂焰，讵曰代娥羲。

王廷绍《庄周》：不官不隐不神仙，著得南华亦偶然。数亩漆园秋水外，一篇渔父楚辞前。鲲鹏化去何知海，蝴蝶飞来别有天。解识个中唯惠子，更无文字世间传。

张维屏《庄子》：游戏文章幻鼠肝，梦为蝴蝶去寻欢。庄生亦是多情者，莫作申韩一例看。

李杭《庄子》：死生若大梦，梦醒乃复初。疏者胡为亲，亲者终自疏。结发为夫妇，终始永不渝。倏忽歧路间，分手在须臾。生若兰苕荣，死若蕙草枯。芳华不我待，焉用徒欷歔。浮生逆旅耳，终当还故居。涤兹烦浊虑，游心于太虚。

罗惇衍《庄周》：非非想入太初先，一觉蘧庐物外天。叔季可能还上古，逍遥应许等游仙。言征东鲁曾宗圣，理阐南华不蹈禅。郭象何须潜窃注，七篇文字本蹄筌。

宋琬《沁园春·题孙坦夫想想园》：达者庄生，寓言十九，天地蘧庐。叹世人劳攘，求田问舍，经营惨淡，种柳栽蒲。金谷豪奢，平泉佳胜，鱼鸟楼台总画图。今安在，见雕梁去燕，寒树啼乌。　先生晚狎樵渔。早悟却浮生是梦欤。看朱甍画栋，都成泡影，丹邱碧海，随处吾庐。结构徒工，后人诮拙，千顷何须觅木奴。非非想，向羲皇高卧，彭羡为徒。

查慎行《读〈庄子·内篇〉八首》其一：世人耳目隘，直与蜩鸠邻。焉知天地间，乃有鹏与鲲。小窥大不尽，大视小不伦。吾游非彼适，彼笑非吾闻。其二：彼此一是非，有一斯有万。于中强分别，间不能以寸。齐之以不齐，两俱置勿问。方将与物化，何有乎物论。其三：其意在诋儒，其说乃近仙，其源发乎老，其渐流为禅。养生徒养形，木寇膏自煎。是形无不尽，薪尽而火传。其四：死生非二理，出入同一机。人皆有故乡，弱丧昏不知。千载旦暮遇，渊明悟其微。南山旧宅在，逆旅终常归。其五：生本玩世人，初未忘用世。观其审出处，亦重君臣义。用世必以言，忠言或取戾。所以遁天刑，宁甘为世弃。其六：人人两其足，耻与兀者徒。向非德内充，有足不啻无。外形而形全，内神而神腴。形神两皆寓，是谓内外符。其七：读书自得师，深浅随所到。当其快领会，何异朝闻道。劳生佚以老，反覆觉语妙。妙处老方知，毋轻视年少。其八：嗜欲必有开，聪明出乎凿。自从混沌死，天下无纯朴。帝王递相嬗，泰氏不可作。世运日趋浇，滔滔繄谁觉。

万经《读庄子》：庄生妙笔真神仙，虫鱼草木皆新鲜。造物不施绳墨迹，能使天地偕方圆。驭马曳车抵石壁，峰回路转徐加鞭。忽转入平忽入险，五岳可置秋毫巅。内圣外王本无意，大山吹去纤尘镌。将以娱世非娱世，何妨言语之便便。

爱新觉罗·弘历《偶读》：偶读蒙庄第二篇，知通适得固精义。其不达者劳神明，因取狙公以为譬。此语其然岂其然，吾谓漆园未深思。格物可以验诸人，固有同归而一致。常平创之耿寿昌，出陈易新永不匮。秋借春偿即朝三，春借秋偿即朝四。众狙喜怒谓为愚，何不人情一揣试。

殷希文《草堂漫兴》：庾园虽小足相羊，荣辱何关一草堂。裘马五陵空自艳，菊松三径未全荒。雨窗酌酒杯还润，花槛题诗句亦香。更有《南华》供细读，《逍遥游》拟学蒙庄。

韩维镛《读〈庄子·齐物论〉》：臣朔饥而死，侏儒饱益馋。春秋一晦朔，臭味此酸咸。古调戴琴碎，劳薪墨突黗。集枯与集菀，不必问仙凡。

苏宗经《读〈庄子〉》：庄生非圣亦超群，一部南华见大文。既觉儿孙同委蜕，又看富贵似浮云。神游物外三千界，尘落胸中八九分。最好忧愁纷扰处，手持一卷酒微醺。

顾日新《庄子》：性情取舍不同量，是是非非漫主张。何处著人齐物论，苍蝇嗜臭蜜蜂香。

李埈《读南华经》：楼居幽借水之隈，濛雨含烟只不开。塔影似从空际落，雁声知向冷边来。疏留一径先生柳，白拥深山高士梅。展读南华聊自适，香炉茗碗足徘徊。

孙肩《读南华经》：少壮谈周易，衰年读老庄。在川叹逝水，秉烛胜颓阳。至乐翻成苦，达生徒自忙。嗒焉我丧我，意不赋沧浪。

孙在中《读庄子》：吾智羞葵后，雅欲任自然。逍遥无有乡，岂蕲畜乎樊？洙泗固雍容，庄生易而欢。洙泗齐隐显，庄生潜乎潜。俗鉴貌孔父，庄生神挈焉。客有执吾说，谓吾言太玄。万物信刍狗，劳生苦最悬。云何争伎俩，跳梁悲狙猿。

顾宗泰《读〈庄子〉七首》其一：蜩鸠笑鹏鸟，自控乃榆枋。芥舟乐杯水，所处仍均堂。朝菌与蟪蛄，摧谢随风霜。天空冥海阔，逍遥任翱翔。姑射有仙子，骖龙游八荒。列寇御风行，招邀望帝乡。上智本无待，谁与推行藏。河汉不余信，物理失故常。曷以听钟鼓，曷以与文章。其二：至人休天钧，那知非与是。儒墨苦断断，纷争万端起。道枢得环中，一齐造化理。泰山与秋毫，大小不逾咫。乾坤物有万，一马复一指。不用生分别，六合如是耳。庄周梦蝴蝶，栩栩忘彼此。梦中更占梦，愚者亦可耻。丧我意何居，吾闻南郭子。其三：解牛有善技，自古称庖丁。游刃有余地，刃若新发硎。奏刀中款隙，肯綮不一经。当其怵然戒，止视兼凝神。是得养生术，可以全吾真。哀乐不能入，养神非养形。安时而处顺，何以遁天刑。吾生本无尽，观火传于薪。其四：漆园故玩世，修然无町畦。无用乃大祥，比德于支离。观其审大戒，义命惟所宜。君臣天地间，忠尽而安之。一心辨出处，依然志仲尼。特抱区区志，举世谁其知。莫知良已矣，却曲亦何为？膏煎木自寇，被绣将为牺。所以古达者，功名不可羁。其五：人人两其足，羞与兀者处。瓮盎复支离，赋貌乃如许。所贵德内充，和豫入灵府。性命不保合，块然复何补？男士冠九军，所恃非于橹。使形以全形，肝胆岂越楚。长吟据槁梧，劳精亦太苦。其六：彼鱼而处陆，以沫相呴濡。欲遂泳游性，不如浮江湖。至人忘乎道，直与天为徒。瞶然无今古，乘化翔云衢。劳生息以死，妙语良不诬。嗜欲累聪明，谁返生民初，俯视虽虽者，情死何其愚。其七：使蚊负太山，鉴河仍涉海。运世良独难，何以得真宰？顺物归自然，能事亦孔迩。圣人镜为心，静照光常在。避熏鼠求穴，避矰鸟惊起。无知而有知，可识性命理。嗟嗟淳朴漓，凿破混沌死。藏仁以要人，弥缝费张弛。古人如可作，邈焉思泰氏。

伍兆鳌《读〈庄子〉二首》其一：庄生尘外姿，梦蝶遗物感。造化窥机缄，名教识闲检。文章如烛龙，光生万丈焰。若肯师仲尼，何难友曾点。惜乎知过之，旁行越轨范。缘督以为经，乡愿同心胆。兀傲天为徒，君臣义已慊。周道多荆榛，横议公然敢。其二：明王敕九法，帝者提三纲。岂曰自拘束，将为千载防。云何漆园书，词旨徒荒唐。骈枝比仁义，刍狗论宪章。西晋祖浮虚，六戎乃猖狂。玉麈辉且美，金瓯缺复伤。哀哉司马祚，遂以清谈亡。夷甫何足惜，此子胎祸殃。

钱师曾《读〈庄子〉》：柱下示宏指，怡然以出之。漆园扬其波，其言乃多危。邈哉清静理，简易不可为。方其亹亹言，于道欲庶几。弥显乃弥远，咎在与之追。譬如元音微，乃有急管随。凛然情态备，人亦赴其机。

孙錤《读〈庄子〉》：逍遥世外托遗编，注转支离妙不传。翠竹一庭花半榻，终朝蝴蝶在帘前。

屈复《漆园》：蝴蝶寒无梦，鲲鱼化未名。空园闲吊古，吏隐莫相轻。河北草花落，曹南秋水生。逍遥偏得地，远我著书情。

仇丽亭《漆园》：漆园小吏大梦觉，内外杂篇皆寓书。梦蝶之梦忘却蝶，乐鱼之乐非知鱼。立论竟敢齐物我，此意直欲逃空虚。梦耶觉耶百年内，问谁栩栩谁蘧蘧。

王祖昌《漆园》：平生读南华，今到漆园里。物外逍遥游，余亦爱秋水。

孔庆镕《漆园城》：漆园在何处，冤句即遗址。远睆南华观，近襟菏泽水。人杰溯卞壶，晋室雷贯耳。隔邻濮上音，闻乐戒靡靡。问曾为吏者，古称蒙庄子。庄子多寓言，著经侔李耳。所语虽失实，中亦含至理。总以己洁清，不问世臧否。后之著离骚，其源自此始。

袁昶《漆园》：漆园吏傲身将隐，沔上声消语转谐。触处似人皆可喜，如卿所论亦良佳。松肪明灭书残架，石发纵横叶堕阶。渐喜市尘吹不到，丛篁围处结茅斋。

觉罗舒敏《漆园》：远慕漆园叟，逍遥远尘务。心悟梦亦清，一枕敧秋树。

周乐《漆园城》：雉堞参差映夕晖，漆园风调记依稀。水流或有鲲鱼在，花放偏多蝴蝶飞。名挂冷官身自隐，书宗老子道宁非。钓台此去无多路，想见携竿日暮归。

岳礼《漆园》：栩栩南华士，高风寄漆园。良才多弃置，小吏复何论。蝴蝶心游戏，残枝花断魂。本非求救渴，聊以赋鹏鲲。

赵执信《大椿轩》：庄生夸大椿，意似悲朝菌。春秋八千歲，屈指终有畛。何如静者心，一息古今尽。

龚自珍《自春徂秋得十五首》之三：名理孕异梦，秀句镌春心。《庄》《骚》两灵鬼，盘踞肝肠深。古来不可兼，方寸我何任？所以志为道，淡宕生微吟。

缪公恩《读庄子》：生死须臾事，彭殇固可齐。乃知鹏运海，原不异醯鸡。

释敬安《西园放生池观鱼》：春风梅柳自成村，潭影闲云对笑言。到此忽生濠梁想，人鱼同乐是西园。

第三节　有关咏庄文赋传记、著述序文选辑

一、咏庄文赋

报桓谭借庄子书

西汉·班嗣

若夫严（庄）夫子者，绝圣弃智，修生保真，清虚澹泊，归之自然，独师友造化，而不为世俗所役者也。渔钓于一壑，则万物不奸其志；栖迟于一丘，则天下不易其乐。不绁圣人之罔，不嗅骄君之饵，荡然肆志，谈者不得而名焉，故可贵也。今吾子已贯仁谊之羁绊，系名声之缰锁，伏周、孔之轨躅，驰颜、闵之极挚，既系挛于世教矣，何用大道为自眩曜。昔有学步于邯郸者，曾未得其髣髴，又复失其故步，遂匍匐而归耳。恐似此类，故不进。

髑髅赋

东汉·张衡

张平子将游目于九野，观化乎八方。星回日运，凤举龙骧。南游赤野，北陟幽乡。西经昧谷，东极扶桑。于是季秋之辰，微风起凉。聊回轩驾，左翔右昂。步马于畴阜，逍遥乎陵冈。顾见髑髅，委于路旁。下居淤壤，上负玄霜。平子怅然而问之曰："子将并粮推命以夭逝乎？本丧此土，流迁来乎？为是上智，为是下愚？为是女人，为是丈夫？"

于是肃然有灵，但闻神响，不见其形。答曰："吾，宋人也，姓庄名

周。游心方外，不能自修。寿命终极，来此玄幽。公子何以问之？”对曰：“我欲告之于五岳，祷之于神祇。起子素骨，反子四肢。取耳北坎，求目南离。使东震献足，西坤援腹。五内皆还，六神尽复。子欲之不乎？”髑髅曰：“公子之言殊难也。死为休息，生为役劳。冬水之凝，何如春冰之消？荣位在身，不亦轻于尘毛？飞锋曜景，秉尺持刀。巢、许所耻，伯成所逃。况我已化，与道逍遥。离朱不能见，子野不能听；尧舜不能赏，桀纣不能刑；虎豹不能害，剑戟不能伤。与阴阳同其流，与元气合其朴；以造化为父母，以天地为床褥；以雷电为鼓扇，以日月为灯烛；以云汉为川池，以星宿为珠玉。合体自然，无情无欲。澄之不清，浑之不浊。不行而至，不疾而速。”

于是言卒响绝，神光除灭。顾盼发轸，乃命仆夫，假之以缟巾，衾之以玄尘，为之伤涕，酹于路滨。

吊庄周文

西晋·嵇君道

帝婿王弘远华池丰屋，广延贤彦，图庄生垂纶之象，记光达辞聘之事。画真人于刻桷之室，载退士于进趋之堂，可谓托非其所，可吊不可赞也。其辞曰：

迈矣庄周，天纵特放。大块授其生，自然资其量。器虚神清，穷元极旷。人伪俗季，真风既散。野无讼屈之声，朝有争宠之叹。上下相陵，长幼失贯。于是借玄虚以助溺，引道德以自奖。户咏恬旷之词，家画老庄之象。今王生沉沦名利，身尚帝女，连耀三光，有出无处。池非岩石之溜，宅非茅茨之宇，驰屈产于皇衢，画兹象其焉取。嗟乎！先生高迹，何局生处岩，岫之居，死寄雕楹之屋？托非其所，没有余辱。悼大道之湮晦，遂含悲而吐曲。

大鹏赋·并序

唐·李白

余昔于江陵见天台司马子微，谓余有仙风道骨，可与神游八极之表，因著《大鹏遇希有鸟赋》以自广。此赋已传于世，往往人间见之。悔其少作，未穷宏达之旨，中年弃之。及读《晋书》，睹阮宣子《大鹏赞》，鄙心陋之。遂更记忆，多将旧本不同。今复存手集，岂敢传诸作者，庶可示之子弟而已。其辞曰：

南华老仙，发天机于漆园，吐峥嵘之高论，开浩荡之奇言。征至怪于齐谐，谈北溟之有鱼。吾不知其几千里，其名曰鲲。化成大鹏，质凝胚浑。脱鬐鬣于海岛，张羽毛于天门。刷渤澥之春流，晞扶桑之朝暾。燀赫乎宇宙，凭陵乎昆仑。一鼓一舞，烟朦沙昏。五岳为之震荡，百川为之崩奔。

尔乃蹶厚地，揭太清。亘层霄，突重溟。激三千以崛起，向九万而迅征。背業太山之崔嵬，翼举长云之纵横。左回右旋，倏阴忽明。历汗漫以夭矫，狙阊阖之峥嵘。簸鸿蒙，扇雷霆。斗转而天动，山摇而海倾。怒无所搏，雄无所争。固可想象其势，仿佛其形。

若乃足萦虹霓，目耀日月。连轩沓拖，挥霍翕忽。喷气则六合生云，洒毛则千里飞雪。邈彼北荒，将穷南图。运逸翰以傍击，鼓奔飙而长驱。烛龙衔光以照物，列缺施鞭而启途。块视三山，杯观五湖。其动也神应，其行也道俱。任公见之而罢钓，有穷不敢以弯弧。莫不投竿失镞，仰之长吁。

尔其雄姿壮观，坱轧河汉。上摩苍苍，下覆漫漫。盘古开天而直视，羲和倚日以旁叹。缤纷乎八荒之间，掩映乎四海之半。当胸臆之掩昼，若混茫之未判。忽腾覆以回转，则霞廓而雾散。然后六月一息，至于海湄。欻翳景以横翥，逆高天而下垂。憩乎泱漭之野，入乎汪湟之池。猛势所射，余风所吹。溟涨沸渭，岩峦纷披。天吴为之怵栗，海若为之躨跜。巨鳌冠山而却走，长鲸腾海而下驰。缩壳挫鬣，莫之敢窥。吾亦不测其神怪之若此，盖乃造化之所为。

岂比夫蓬莱之黄鹄，夸金衣与菊裳？耻苍梧之玄凤，耀彩质与锦章。既服御于灵仙，久驯扰于池隍。精卫殷勤于衔木，鶢鶋悲愁乎荐觞。天鸡警晓于蟠桃，踆乌晰耀于太阳。不旷荡而纵适，何拘挛而守常？未若兹鹏之逍遥，无厥类乎比方。不矜大而暴猛，每顺时而行藏。参玄根以比寿，饮元气以充肠。戏旸谷而徘徊，冯炎洲而抑扬。

俄而希有鸟见谓之曰：“伟哉鹏乎，此之乐也。吾右翼掩乎西极，左翼蔽乎东荒。跨蹑地络，周旋天纲。以恍惚为巢，以虚无为场。我呼尔游，尔同我翔。”于是乎大鹏许之，欣然相随。此二禽已登于寥廓，而斥鷃之辈，空见笑于藩篱。

鲲化为鹏赋

唐·高迈

北溟有鱼，其名为鲲。横海底，隘龙门。眼睔睔明月不没，口呀呀而修航欲吞。一朝乘阴阳之运，遇造化之主。脱我鬐鬣，生我翅羽。背山横而压海嵯峨，足山立而偃波揭竖。张皇闻见，卓荦今古。过鲁门者累百，曾莫敢睹；来条支者成群，又何足数？既负此特达壮心，亦有取也。

若乃张垂天，激洪涟。海若籛其后，阳侯腾其前。汹如也，皓如也。蛟螭为之悚怖，洲岛为之崩骞。如此，上未上之间，邈矣三千。接海运，抟风便。飞廉倏而走，羊角忽而转。勃如也，蓬如也。云溟为之光掩，山泽为之色变。如此，高未高之间，腾夫九万。足踏元气，背摩太清。指大地以遥集，按高衢而迅征。时与运并，道与时行。遗夭阏之类，放逍遥之情。如此，自一日，亘千岁。阴数与阳数际，乃下夫南溟之裔。

呜呼！谁无借便之事？九万二千，故非常情之所希冀。谁无回翔之图？一举六月，故非常情之所觊觎。由此言之，则凤凰上击，诚未得其锱铢；鸿鹄一举，适可动其庐胡。况鷦鹩之辈，尺鴳之徒，易安易给，其足其吾。须臾之间，腾踯无数；龌龊之内，翩翻有余。伊小大之相绝，亮在人而亦尔。凌云词赋，满腹经史。婆娑独得，肮脏自是。不大遇，大不起，谓斯言之无征，试假借乎风水。看一动一息，凡历天机千万里。

求元珠赋

唐·白居易

至乎哉！元珠之为物也，渊渊绵绵，不知其然。存乎视听之表，生乎天地之先。其中有象，与道相全。求之者刳其心，俾损之又损；得之者反其性，乃元之又元。元无音，听之则希；珠无体，搏之则微。故以音而求者妄，以体而得者非。倏尔去焉，将窅冥而齐往；忽乎来矣，与罔象而同归。是以圣人之求元珠也，损明圣，薄仁义。索之惟艰，失之孔易。将在乎以心忘心，以智去智。其难得也，剧乎剖巨蚌之胎；其难求也，甚乎伺骊龙之睡。夫惟不皎不昧，至明至幽。将致之于驯致，岂求之于躁求。性失则遗，若合浦之徙去；心虚潜至，同夜光之暗投。斯乃动为道枢，静为心符。至光不耀，至真不渝。察之无形，谓其有而非有；应之有信，谓其无而非无。故立喻比夫至宝，强名谓之元珠。名不徒尔，喻必有以。以不凝滞为圆，以不炫耀为美。盖外明者不若内明之理，纯白者不若虚白之旨。藏于身不藏于川，在乎心不在乎水。然则外其心，颐其神，韬其光，保其真，虽无胫求之必臻；劳其智，役其识，肆其志，徇其惑，虽没齿求之不得。则知真宗奥秘，妙本冥默。珠者无形之形，元者无色之色。亦何必游赤水之上，造昆丘之侧。苟悟漆园之言，可臻元珠之极。

凿混沌赋

唐·薛逢

有物混成，先天地生。言乎地兮不浊，谓乎天兮不清。物我俱亡，莫究希夷之际；元黄未判，因标混沌之名。有南海之帝曰倏，北海之帝曰忽。胥遇于兹，一言相发。伊人以视听食息滋养，观尔则耳目口鼻俱阙。将欲擿尔听以置音声，抉尔明以分日月。疏尔准而通气，翕尔喙而容龁。厥议既臧，厥臂用攘。揕颡舂胆，真随手伤。一之二之日，视之茫茫；三之四之日，听之锵锵。六日而穹鼻齁息，七日而巨口箕张。于戏！奸伪兹始，回邪作矣。

中明役神，外物攻己。一彼一此，无终无已。痛乎道德丧而仁义生，亦由形兆分而混沌死。嗜欲悲哀，声牵响来；蘧然寐觉，划然形开。日月星辰，强配阴阳之数；轮辕榱桷，争标曲直之材。徒观夫执仁斤，横义斫。剖圭角，析清浊。投伊砺乃之器，入彼敦弓之朴。势腾凌，声瀺灂。静者地而动者天，融为河而结为岳。则知朴能成器，器成朴分。木能生火，火盛木焚。盖所谓聪明著而胜负交战，知勇昭而是非纠纷。夫如是，又安得二气凝而不流，万有来而不拂。吾欲寂唱和于声响，缦文章于黼黻。然后弃尔见而阻尔闻，复归于无物。

至人用心若镜赋

唐·纥干俞

眷理心之至者，有明镜而比诸。皎然可鉴，泊然其虚。舍将迎之载勤，无情是得；存好恶之不辨，何状不储。彼诚之明，惟道斯守。居中自执于精一，待物岂殊乎先后。云谁鉴矣，则用当其无；匪我功焉，乃为而不有。渊兮内照，旷若虚受。伊默虑其智愚，俨分形于美丑。稽至理也，其性命哉。莹尔蒙蔽，涤乎氛埃。引曜宏纳，清明洞开。自外爰依，叶彼生而有象；由衷必应，体夫神以知来。故得称有别于宏规，等无私于众类。苟观过之能审，爰见疵而不愧。始求义于昭昭，卒穷微于至至。和平自保，非险乎山川；容貌既呈，必肖乎天地。美夫鉴乃不藏，胜而无伤。恒其德匪明而匪晦，状于物或圆而或方。仰周文之翼翼，同叔度之汪汪。是知宏量资乎日宣，储精本于明证。镜将心而共理，影与形而合应。思负局之克修，并悬心而有称。感物攸在，立诚取斯。彼范金这遗制，信灵府以相随。吾道方存，庶一观而无替；其明固久，亦屡照而忘疲。想夫朗若爰启，静而无闷。比申鉴于盈尺，愿修容于进寸。乐广播披云之词，庄生谐止水之论。冀因照以元鉴，岂逢时而在困。

庄周梦为蝴蝶赋

唐·贾悚

穷万化之指归，得七篇于往昔。何真人之形气，以异类而迁易。将以明道之枢，喻心之适。徐徐在寐，忽羽化于他方；栩栩既游，忘魂交于此夕。是知溥天之下，万物一也。难飞走之或殊，何生成之为假。形随梦改，岂必大人占之；心与物迁，孰云夫子圣者。澹然休息，恍尔飞扬。暗出蟏蛸之户，潜辞蟋蟀之堂。风景熙熙，但娱情于蝴蝶；是非草草，已委蜕于蒙庄。既而忽忽悠悠，东西泛浮。动皆造适，止必忘忧。草上翩翻，与百花而共媚；林间摇曳，似一叶之先秋。彼贤愚波注，祸福环周。信乃人间之累，非同域外之游。且夫浩浩阴阳，茫茫群众。纷胸襟之忧患，劳日夜而迎送。是以至人，因兹托讽。为鱼而江湖可入，为鸟而风云可控。飘然而往，安知弃我如遗；倏尔复来，又疑与尔俱梦。故得吊诡之理，明悬解之规。方形神之寂寞，有变化之云为。梦也者，不期而会；飞也者，以息相吹。岂衔发之能诊，盖忘蹄之可知。至乎往复须臾，以化为徒。寤与觉而未辨，蝶将周而已殊。是以大同而言万物，为肝为胆；小异而说一身，为越为胡。苟愚智而自得，实圣灵之轨模。客有志业未如，居多不惬。六梦纷其夜动，七情忘于昼接。乃陈古以况今，赋庄周之梦蝶。

庄周梦蝴蝶赋

唐·张随

伊漆园之傲吏，谈元默以和光，表人生之自得，繄万化之可量，万灵齐夫一指，异术吻乎通庄。忘言息躬，辄造逍遥之境；静寐成梦，旋臻罔象之乡。于以迁神，于以化蝶，乐彼形之蠢类，忘我目之交睫。于是飘粉羽，扬翠鬣，始飞飞而稍进，俄栩栩而自惬。烟中荡漾，媚春景之残花；林际徘徊，舞秋风之一叶。

于戏！变化悠悠，人生若浮，希微兮其状方异，恍惚兮其神遂收。虽蘧蘧而复体，尚悄悄以在眸。我岂彼类？彼宁我俦？苟梦非而觉是，诚虚往而实留。且元踪莫觌，真理难求，庄周之梦蝶，而蝴蝶之梦周欤？乃知元气混然，感通斯众，为生死之异分，量寤寐而适中。形因静息，符大辨之不言；神以化迁，异至人之无梦。若夫气为质本，梦与道俱，以我之有，化彼之无，固假寐而倏忽，越百龄以须臾。其在周也，不知蝶之于彼矣；其在蝶也，不知周之于此乎？

若然者，万物各得其性，一体或殊其途。有徐徐而龟曳其尾，有察察而狼跋其胡，智者所以自智，愚者所以自愚。则孰能间其巨细？孰能别其荣枯？欲穷庄生梦蝶之理，走将一问于洪炉。

运斤赋

唐·独孤授

漆园傲吏，志惬神王，和而不唱，或崆峒之间，或濠濮之上。诚道枢之同体，表人情之异状。爰感激于惠施，乃兴之于郢匠。

嗟乎！功有善价，吾道之亚。既出鬼而入神，亦千变而万化。可以迎夫远近，可以接夫上下。用之朋友，管鲍可以全交；行之君臣，桓文可以致霸。请言其始也，鼻之垩兮匠之良，子有度兮我有长；形枯木兮自若，斤成风兮允臧。微微以霞散，刃荧荧以电光；信之者双美，疑之者两伤。其为心也以济，其为妙也更相。吾固知青萍之术兮空设，公输之巧兮徒尝。实由气同者合，声同者应。挥手馀地，因悟解牛之能；忘情铦锋，宛识狎鸥之兴。岂两贤之相厄，乃二人之俱别。有不度其时，不稽厥疑，蒿目犹视，蓬心自师。代匠石而忍垢，骋锋刃而勿思。永昧心得，图为面欺。苟临事以率尔，或后悔而凄其。且伤于手之是惧，亦何暇乎涅而不缁。曷若素缉乃事，爰定乃志；料轻重，审同异。曾无恐泥之忧，颇识断金之利。雕锼合理乎神理，磨砻出乎人意。苟自得以忘形，亦可斫乎有鼻。至于道洽情融，体异心同，求之不得，感而遂通。利器见投，尚仓惶于麾下；良工斯在，乃拂拭于涂中。君既有执柯之便，岂比夫按剑之雄？

庄周论（上、下）

宋·王安石

庄周上

世之论庄子者不一，而学儒者曰：“庄子之书，务诋孔子以信其邪说，要焚其书、废其徒而后可，其曲直固不足论也。”学儒者之言如此，而好庄子之道者曰：“庄子之德，不以万物干其虑而能信其道者也。彼非不知仁义也，以为仁义小而不足行已；彼非不知礼乐也，以为礼乐薄而不足化天下。故老子曰：‘道失后德，德失后仁，仁失后义，义失后礼。’是知庄子非不达于仁义礼乐之意也，彼以为仁义礼乐者，道之末也，故薄之云耳。”夫儒者之言善也，然未尝求庄子之意也；好庄子之言者固知读庄子之书也，然亦未尝求庄子之意也。

昔先王之泽，至庄子之时竭矣，天下之俗，谲诈大作，质朴并散，虽世之学士大夫，未有知贵己贱物之道者也。于是弃绝乎礼义之绪，夺攘乎利害之际，趋利而不以为辱，殒身而不以为怨，渐渍陷溺，以至乎不可救已。庄子病之，思其说以矫天下之弊而归之于正也。其心过虑，以为仁义礼乐皆不足以正之，故同是非，齐彼我，一利害，则以足乎心为得，此其所以矫天下之弊者也。既以其说矫弊矣，又惧来世之遂实吾说而不见天地之纯、古人之大体也，于是又伤其心于卒篇以自解。故其篇曰：“《诗》以道志，《书》以道事，《礼》以道行，《乐》以道和，《易》以道阴阳，《春秋》以道名分。”由此而观之，庄子岂不知圣人者哉？又曰：“譬如耳目鼻口，皆有所明，不能相通，犹百家众技，皆有所长，时有所用。”用是以明圣人之道其全在彼而不在此，而亦自列其书于宋钘、慎到、墨翟、老聃之徒，俱为不该不遍一曲之士，盖欲明吾之言有为而作，非大道之全云尔。然则庄子岂非有意于天下之弊而存圣人之道乎？伯夷之清，柳下惠之和，皆有矫于天下者也，庄子用其心亦二圣人之徒矣。然而庄子之言不得不为邪说比者，盖其矫之过矣。夫矫枉者，欲其直也，矫之过则归于枉矣。庄子亦曰：“墨子之心则是也，墨子之行则非也。”推庄子之心以求其行，则独何异于墨子哉？后之读《庄子》者，善其为书之心，非其为书之说，则可谓善读矣。此亦庄子之所愿于后世之读其书者也。今之读者，挟庄以谩吾儒曰：“庄子之道大哉，非儒之所能及知也。”不知求其意，而以异于儒者为贵，悲夫！

庄周下

学者诋周非尧、舜、孔子，余观其书，特有所寓而言耳。孟子曰：“说诗者，不以文害辞，不以辞害意，以意逆志，是为得之。”读其文而不以意原之，此为周者之所以讼也。周曰：“上必无为而用天下，下必有为而为天下用。”又自以为处昏主上乱相之间，故穷而无所见其材。孰谓周之言皆不可措乎君臣父子之间，而遭世遇主终不可使有为也？及其引太庙牺以辞楚之聘使，彼盖危言以惧衰世之常人耳。夫以周之才，岂迷出处之方而专畏牺者哉？盖孔子所谓隐居放言者，周殆其人也。然周之说，其于道既反之，宜其得罪于圣人之徒也。夫中人之所及者，圣人详说而谨行之，说之不详，行之不谨，则天下弊。中人之所不及者，圣人藏乎其心而言之略，不略而详，则天下惑。且夫谆谆而后喻、譊譊而后服者，岂所谓可以语上者哉？惜乎，周之能言而不通此也！

南华真人画赞

宋·晁补之

乾颔坤颐，口海觺岳。其朕日月，大空之灼；其词风雷，万有之作。鱼乎周乎，不在濠上；周乎蝶乎，何有梦想！惟周能虫，惟虫能天。匪我则云然，周则云然。谓之圣人者，非也。（晁补之《鸡肋集》卷三十二）

过庄赋（并序）

南宋·范浚

庄生有言：“大块载我以形，劳我以生，佚我以老，息我以死。”世诵其说，予独以为妄辩，作《过庄赋》。

大块载我以形，禀我以性。目，吾使之视；耳，吾使之听。言以抒吾意，思以达吾懵。我饥我渴，与以饮食。我作我息，诏以晨暝。使我从容乎事物之间，而不失基正。天于人为至厚，稽诸身而可证。何生之劳，可为吾病？何必老而后佚，何必死而后静？

苟达观于一致，何存亡之足评？岂有身则为患，岂身殒则为胜？顾真我之为我，匪形生而气孕。曾无象以独立，緊常存而靡竟。历千变与万化，每自如而安定。彼从壮而得老，此何衰而何盛？彼从老而得死，此何损而何剩？凿至理而妄辩，实庄生之未圣。

若予者则为如何，邈与世其无兢。蓬茅一室，松菊三径；林岭泉石，娱吾游衍；风花云月，供吾啸咏。无营无欲，爰清爰静。随所适而得此生焉，聊乐乎天命。

逍遥园赋（有序）

明·穆文熙

余舍有园一区，带城下。自为儒时，与拱辰石君分席共业为铅砚之所。后相继登第去，比余既解考功郎归，稍稍作池馆，垒山石，裒集词翰，日栖迟其间。乃未几而拱辰倦于太仆，亦谢病归。归则无日不晤于此，晤则习于幽事，而养命顺理，怡情养性，庶几有逍遥之风。余因据庄生逍遥篇为赋纪之。拱辰览之，谓与《乐志论》、唐子西语相轩轾也。遂刻置台端。其辞曰：

伊予性之好僻兮，开别圃于城隅。筑垣墙以周卫兮，诛白茅以为庐。莳花竹以匝径兮，种菱芰以盈池。悬桔槔于金井兮，时自挽而灌蔬。“招隐”以名吾洞，“云鹤”以号吾堂。台则有“读书”“迟鸿”“东山”“俯豁”，皆环列槐柳，有云树之苍茫；亭则有“牡丹”“芰荷”“松萝”“止观”，悉斜带清溪，俨山家之行藏。

时其条风布暖，红药缤纷；朱明协候，绿叶垂云。秋至而篱菊葳蕤，冬至而檜梅郁芬。景缘时至，兴随赏殷。尔其偕我良朋，契若兰薰。鹖冠草履，褐衣苎襟。相与临花坞，步芳亭。抚白日，玩青冥。观攸游，听鸟鸣。数飞花，搴落英。弄池水，荡浮萍。指点奇石，较计阴晴。云霞团坐，鸥鸟不惊。而或投博赌胜，角弈取赢。纵歌层台，蹴踘广庭。鸣琴深洞，放雀高城。已而偃息台端，何虑何营。酒泛绿醅，饭煮青菁。

时复有墨客琴士，画史骚流。诗谈白雪，图拟丹丘。谱探飞龙，帖抹苍虬。日有文事之起予，了无俗务之交酬。燕坐兮箕踞，长啸兮科头。羲和兮御顿，玄兔兮影留。蘧蘧兮蝶梦，扰扰兮浮沤。方来兮随分，既往兮堪羞。

若夫五岳三江，胜地无垠；梁园金谷，乐事纷纭。金张之家，炙手可热；许史之门，吐气成云。子云著书而谀莽，相如作赋而得金。稷下枭鸣，而千人辩折；座间麈动，而百夫生欣。古匪不有，我匪不闻。第以静躁不同，趋舍有方。或图南以广运，或蛟睫以自藏。苟所志之得适，虽微渺而何妨。吾故遵南华之遗训，于以逍遥乎此乡。

于是拱辰闻之踊跃，歌曰：邈天地兮蘧庐，纷世事兮风旗。纫幽兰兮吾党，抚桂树兮城隅。誓从子兮逍遥，安所问兮盈虚。歌既，余复为之乱曰：惟余之志，子与侔兮。惟余之园，子与游兮。园有水泽，被芙蓉兮。园有碣石，郁虬龙兮！火山焚，不能为之热；层崖冰，不能为之裂。返巨雀于条支，脱苍鹰于絷绁。与子共逍遥于一世，尚期不愧于往哲。（此文原载民国二十二年《东明县新志》）

庄子赞

明·张文旆

谓先生遗世耶，千载而下有漆园吏之名；谓先生狎世耶，濠上逍遥曾不为世绳婴。冥然物外，可以铸尧舜；休乎天均，可以齐殇彭。有人之形，无人之情。若寐若觉，何亏何成！皮相者仅想象其狂简之似，孰窥其体自然穷天地而长存道德之精？漆园居士张文旆谨赞。（《古蒙庄子》卷首）

二、有关传记

庄子祠记

宋・苏轼

庄子，蒙人也，尝为蒙漆园吏。没千余岁而蒙未有祀之者，县令、秘书丞王兢始作祠堂，求为文以记。

谨按《史记》，庄子与梁惠王、齐宣王同时，其学无所不窥，然要本归于老子之言。故其著书十余万言，大抵率寓言也。作《渔父》《盗跖》《胠箧》，以诋訾孔子之徒，以明老子之术。此知庄子之粗者。予以为庄子盖助孔子者，要不可以为法耳。楚公子微服出亡，而门者难之。其仆操棰而骂曰："隶也，不力。"门者出之。事固有倒行而逆施者。以仆为不爱公子，则不可；以为事公子之法，亦不可。故庄子之言，皆实予而文不予，阳挤而阴助之，其正言盖无几。至于诋訾孔子，未尝不微见其意。其论天下道术，自墨翟、禽滑釐、彭蒙、慎到、田骈、关尹、老聃之徒，以至于其身，皆以为一家，而孔子不与，其尊之也至矣。

然予尝疑《盗跖》《渔父》，则若真诋孔子者。至于《让王》《说剑》，皆浅陋不入于道。反复观之，得其《寓言》之意，终曰："阳子居西游于秦，遇老子。老子曰：'而睢睢，而盱盱，而谁与居？大白若辱，盛德若不足。'阳子居蹙然变容。其往也，舍者将迎其家，公执席，妻执巾栉，舍者避席，炀者避灶。其反也，舍者与之争席矣。"去其《让王》《说剑》《渔父》《盗跖》四篇，以合于《列御寇》之篇，曰："列御寇之齐，中道而反曰：'吾惊焉，吾食于十浆，而五浆先馈。'"然后悟而笑曰："是固一章也。"庄子之言未终，而昧者剿之以入其言，予不可以不辨。凡分章名篇，皆出于世俗，非庄子本意。元丰元年（1078）十一月十九日记。

新建庄子祠记（节选）

明·汪鏜

庄子祠，始宋秘书丞王兢为蒙令时，实元丰元年也。

庄子为蒙人，距元丰且二千余年。自元丰之前无有祠者祀之，自兢始祀。后讫明天顺时而祀始废，至是且百余年。岁庚辰，东兖张公来守中都，过蒙访旧祠所在，始命蒙尹括苍吴君重构祠而祀之，且为文记诸石。

嗟夫！庄子之学，其大与吾圣人异。自汉唐以来，诸儒且诋毁为异端而禁绝之。彼自元丰以前，世无有祀之者，岂亦以此耶？夫古人其治方术者亦多矣，彼其以为不可加也，皆未有能外吾圣人者也。而庄子之书为世大禁，则以世之君子不能深求其心，而徒据其影响以随人上下之，遂使古人立言之旨不尽白于后世也。

庄子之学出于老子，老子为苦人，而蒙去苦仅及百里。庄子之生去老子时未久，盖当时亦有亲见其徒而闻知之者。故其淡泊虚无之说，皆自老子得之。而间或有出于吾圣人六经之旨，不至于悖吾圣人而猖狂自恣，特其愤激太甚而任于一偏，世儒不深求之也。今其言曰："以仁为恩，以义为理，以礼为行，以乐为和，薰然慈仁，谓之君子。百官以此相齿，以事为常，以衣食为主，蕃息畜藏，老幼孤寡为意皆所以养，民之理也。《诗》以道志，《书》以道事，《礼》以道行，《乐》以道和，《易》以道阴阳，《春秋》以道名分。"夫六经之道，帝王致治之法。自圣人之殁，世无有闻之者。而庄子谆谆然言之，且不独窃其糠秕，而直深见其微，可措诸行事，则共为书，又安见大戾于圣人，而谓之异端也。……彼庄子之非孔子也，亦巢由夷齐之意也，所谓愤世嫉俗而过焉者也。其《渔父》《胠箧》《盗跖》诸篇，犹《采薇》之歌乎？甚矣！世儒之不察也。

楚王得良工，使造弓焉。弓成，天下之利器也。其后楚国多盗，皆操良弓以毒人。楚令尹之诘盗无虚日，既而罪弓人焉，且下令曰："凡持弓者，杀无赦！"夫诘盗是矣，而以是罪弓人则过矣。庄子之书犹是也，然天下之诘盗者，果皆不忠者耶？甚矣！世儒之不察也。《田子方》一篇，有庄子见鲁哀公事，曰："鲁公之儒者一人。"夫庄子与鲁哀公非同时，其谓丈而儒，盖指孔子也。由此观之，庄子盖真尊孔子者。苏子所谓"实与而文不与、阳挤而阴助"者，诚然舆。今天下皆尊孔子，所学一出于正。然如庄子者，犹之乌头、钟乳，药中自不可少耳。诗曰："虽有丝麻，无弃菅蒯。虽有姬姜，无弃憔悴。"此今日建祠之意也。

张公，讳登云，号浩宇，兖之宁阳人，第辛未进士；吴君，讳一鸾，处之丽水人。以庚辰十月上浣日创事，辛巳九月望前日告成。凡五楹，中肖像，左有楼曰"梦蝶"，右有台曰"观鱼"，中有堂曰"逍遥"。其费取诸废庙、隐粮者共构云。（此文原载民国四年《重修蒙城县志》）

新修庄子祠记

明·李时芳

余弱冠，好黄老言。每有羽客，即倒屣恐后。读西山，别构丹室。一夕，梦张道人谒，以为吾乡大真人也。比见其貌，与怒发者不相肖，心窃疑之。临别，遂有"我非是张"之语，卒不解其所谓。及承乏蒙邑，展礼先生祠下，宛然当年梦中形象，乃悟：非张者，庄也！

嘉靖间，陆应阳著《广舆记》，载：漆园在归德小蒙城，濮有庙，曹又有漆园，以庄子为非今蒙人也。按"传记"，庄子后数千年无祀之者，宋元丰间蒙令王兢始祀之，苏轼为记。王安石题《蒙清燕堂》诗，有"民有庄周后世风"之句。若此蒙非古蒙，二公何为异口同声称为先生之故里哉？后隆庆先生曾感登云张公指示闱事，张问之曰"治下蒙人，他日自知"。迨守濠睹像始知焉。详载姜先生《漆园图说》。则蒙漆园之为真无疑也。张公谕邑大夫吴侯修先生祠。祠在旧河北，东坡碑记，前贤题咏，俱归黄水波涛之中，遂为祠于东郊。余欲复其旧址，沦于水莫能复兴。既而曰：先生乘元气游无何有之乡，旧址与东郊何择焉？遂于祠之前后置隙地而广之，建堂曰"逍遥"，亭曰“五笑”，辟池为“濠上观园”，为《漆园》，以修岁祀，以启后观。

余独怪世之人好为奇怪，信所传不能信所见。读陆生之书，咸信为确据，而蒙之人亦未能考核传记，以辨彼说之非。是致令漆园著书之地，竟为浅儒所淹没，非得当世之名人为之表章，守土之吏为之辩白，又何能取征于后世哉！畴昔之梦，先生得无有意乎？夫人情皆喜议先生，又乐窃先生。议先生者，欲索先生之瘢；窃先生者，欲借先生之荣。议者固不足辨，而窃者既多。独弗思以东坡之才、介甫之学，为宋人一代宗工，宁有考证不确而轻托于诗文者乎？唯世不信东坡、介甫于元丰之际，乃信陆应阳于今日癫狂谬妄、曲学媚世之口，当亦先生所不受。

余于祠成，复述余之梦与张公之遇，揭于楹间，使世知归德、曹、濮之漆园皆非其真，而蒙之漆园庶不至为鼓箧者所窃哉。（此文原载《重修蒙城县志》）

重修庄子庙碑记

明·罗志儒

古称老庄尚矣。老子者，楚人也。庄子者，蒙人也。老生春秋，庄生战国。老周守藏史，庄蒙漆园吏。老著《道德经》五千余言，庄著《南华经》十万余言。老无为自化，清净自化，清静自正。庄洸洋自恣，游戏自快。老居周久之，见周之衰，乘牛而去，紫气浮关。庄楚使迎之，许以为相，喻以牺牛，终身不仕。

太史公曰，老子所贵，道虚无因应变化于无为。故著书辞称微妙难识。庄子敬道德，放论要，亦归之自然。由是观之，老子隐君子也，庄子隐君子也。其所作《渔父》《盗跖》《胠箧》以明老子之术，原于道德之意。属书离辞，指事类情，大抵皆寓言也。或曰老子与孔子同时，孔子适周将问礼于老子。庄子与梁惠王、齐宣王同时，孟子曾无一言相折衷。何哉？盖老子自隐无名，为务学不侔于浮屠。庄子千金卿相为轻，行不同于杨、墨。倘所谓深藏若虚，盛德若愚者，非耶。世之学老庄者黜孔孟，学孔孟者黜老庄，亦见狭也。

孔子谓弟子曰：鸟，吾知其能飞；鱼，吾知其能游；兽，吾知其能走；至于龙，吾不能知其乘云而上天。吾今日见老子其犹龙耶。《易》曰："潜龙勿用。"周子曰："龙德尔隐。"老子其犹龙耶。或曰漆园故城属梁国，或曰属蒙县，在曹濮之间。濮有二台，其东则陈思王读书台也，其南相传庄子钓台即其处也。泽畔淼茫，风物依稀，太公蹯溪经济，子陵桐江烟雨。西周、东汉先后同轨，与去台百武，有祠巍然。搜诸舆图，郡志未及悉，盖历千秋已。环祠居民苏子光府、安子崇法、王子自安等共言，是祠也，来不知所自，一修胜朝世宗十五年，一修神宗四十七年。祠之前旧有玉皇阁、三清观，兹欲踵事增华，崇德报功，重修庄子殿五间，玉皇阁一间，三清观三间，亲修泰山行宫三间，东西廊十间，三曹殿三间，门宇夹室数十间。斋心涤志，鸠工庀材，如竹苞、如松茂，以享祀、以妥侑，纵蝶化翻飞梦中，鹏翼且垂南溟，庄之神逍遥人世，遨游天庭，固在天下也。譬若丰剑，气冲斗牛，拭以南昌白严之土，光芒艳发。拭以赤城华阴之土，倍尔精神。譬若石鼓，叩之蔑声，取蜀中桐材刻为鱼形，击之声闻十里，有感必应，无微不彰，大率类此。庄之神不在天下其在斯乎。殿宇落成，镌石志胜，庙貌尊严，钓台巍峨，颉颃今古，洋洋大观也哉。请记其功，而为之铭曰：如跂斯翼，如矢斯棘，如鸟斯革，如翚斯飞，君子攸跻。（此文原载《濮州志》《鄄城县志》）

绎庄亭记

明·王庭诗

余生平嗜读《南华经》，每抚玩《逍遥》《秋水》《缮性》《达生》诸篇，读其文，想见其人，吟啸讽咏，有旷世相感之怀焉。庄于梁惠王时为漆园吏，寻游真至乐，一味葆光，隐于曹州南华。著书十余万言，皆洸洋自适，语直与天地精神往来，而不役于万物。俯视追逐世好，役志于功利机巧之场，不曰风波之民，则曰倒置之民。方其钓于濮水之上，辞楚威王命，其视浮云富贵，毫能芥蒂于胸哉？自庄抵今，兹凡历几千百载，至令谭者，飘飘乎有凌云之思也。汉司马子长为庄作传，亦云：“王公大人不能器之。”其意盖已多之矣。

余于万历庚辰之春，承乏曹濮之役。署之西垣，故有空壖一区，亭一楹。间于公暇，则散屧步其中。见古木参差，杂花葱蒨，鸣禽上下，飞栖于庭之左右。徘徊瞻顾，盖山林陂池之致，而幽人高蹈之境也。因绎思庄语曰：“乐全之谓得志。”古之所谓得志者，非轩冕之谓也，厥有旨哉？时绕树栖迟，见有十仞之枝，百围之木，而未尝经剥辱枝泄，此非曲辕之木乎？旁有隙地，盈数亩余，卒鞠为茂草。问之，则谓故园。为圃畦，凿井而灌，经日不周。畦以用力多而见功寡也，寻罢之。辄噫曰：此汉阴之智也，时绿阴满地，鸟鹊争巢，小大强弱，各异其性。有据美荫而忘其身者，有见得而忘其形者。不辞搏击，不悟召累。余反走而窥之，飞鸟不解余之息机也，群翔而若物色。余者怵然曰：“此何异雕陵之樊乎？”因倚树踌躇者久之。

夫静漠恬淡，养性之符也。和愉虚无，养德之本也。人之系于世者，以身役物，而以欲滑和者也。故列道而议，分途而讼，博学以拟圣，华诬以胁众，至缘饰诗书以贾名誉于天下，聚众不足以极其变，多财不足以赡其费。天下之人，孰不睢睢盱盱，竦身而视听之哉。下此，则又焦枯于连嵝列埒之间，踌蹈于污壑阱陷之中，怵毁誉劳，好憎撄取舍，或欣欣而乐，或慑慑而悲，万方百变，摇惑而无所定，内愁垒脏，外烦耳目。虽浇漓于世者，不同其于擢德塞性均也。此其窥南华之门，不啻万里矣。余忆斯地为故隐君子之所，而早暮周旋其间也，不能无慨于衷。因取《南华经》读之，则砉然当余意也。已复，掩卷而思之，似若有绪理可寻者。再取复读之，又不得其窍窾。忽坐而假寐，仿佛乎蝴蝶之栩栩余前 而散。木之见谇于余也。遂扁其亭曰“绎庄”。后之君子登斯亭也，其幸凉余志，勿曰“此诞说也”。（此文原载清·光绪六年《新修菏泽县志》）

重修庄子观碑记

清·杨日升

邑之东台，古漆城地，周时庄先生吏于兹。政治之暇，为修身缮性之事，不揖州郡之交，故以傲闻。然于民生利弊，时俗得失，未尝不洞晰条贯。今所传《南华》三十三篇，犹可想见。年远道衰，历今二千有余，祀无复有知之者。故妙果一区，观型数椽，滔滔漠漠于无何有之乡。

仆令其旧治已七稔，虽不敢习其傲，未尝不仪其人。每于雪白风和，月晴露湛，时睇故城之睥睨，望平野之汪洋，如见其马蹄蹀躞，旗影翻扬，飘飘乎从天而下也。乃搜邑乘，拓遗址，起熙明之茂宰，为瞻仰之修人，瓦砾有辉煌之色，草木生敷贲之容。直使南辕北辙服駷税牝者得以观感而起，亦前后合辙天人相喻之一助也。

兹为先生观坟之地，重建启土，约五尺许，出泉一窟，深可丈余，清洌异常，省役人远汲之劳。乡人有取以愈疾者，佥谓先生之灵，名曰灵泉云。更有先生修真之所在裕州屯，即古"逍遥园"也，有地三十六亩，以供祭典，悉清查归观，后之令兹土者，其饬勿侵没焉。（此文原载清·康熙十一年《东明县志》）

重修庄子祠墓记

清·张澧中

余既莅大名三年，时和岁登，俗用康乂，方将与守土诸君谋修复昔贤祠墓，以为士民风。按图志，东明古冤句县，城东裕州屯即漆园也。庄子蒙人，曾为漆园吏，故其祠墓在今县东北东台里。拟行步时一往瞻拜，适庄生配震及璨以重修庄子祠墓蒇工来告，并请为文记之。

余惟庄子之学无所不窥，所著内外杂篇十余万言，洸洋奇肆，自适己意，不主故常，司马子长谓其诋訿孔子之徒以明老子之术，未免以辞害志。自眉山苏氏阳挤阴助之说出，而庄子尊孔之微意始昭然若揭。今读其天下篇曰诗以道志，书以道事，礼以道行，乐以道和，易以道阴阳，春秋以道名分，言六经之旨何尝少悖于孔子哉？独其为吏时，治绩无所表见，然其狙公赋芧，庖丁解牛，轮扁斫轮诸事，度其为政必有近人情而和天倪者，特寄怀散木，取鉴牺牛，不乐以功名显耳。其垂纶濮上却聘数言，於用行舍藏之理亦殆有合欤。顾庄子治行虽不传，而东明人士俎豆而尸祝之，庄生等咸能诵清芬守先祀于二千余年之后，以时修完祠墓，则庄子之流风余韵入人之深，而斯邑人心之厚，亦居然可睹矣。

后之莅兹土者，诚能近人情，和天倪，以庄子之治为治，而此邦士君子，各疏瀹而心，澡雪而精神，即庄子学归本于孔子，则过墟生哀、入庙生敬者，将于是乎在。若惟是遁虚无，尚寂灭，以仁义为簧鼓，等圣言于糟粕，以辞害志，不以意逆志，是殆庄子所云寿陵余子学行于邯郸，未得国能又失其故行矣，直匍匐而归耳。其于世道人心所关，岂浅鲜哉！余故因庄生之请，而乐为记。（此文原载于清·宣统版《东明县续志》）

三、著述序文

《庄子》序

晋·郭象

夫庄子者，可谓知本矣，故未始藏其狂言，言虽无会而独应者也。夫应而非会，则虽当无用；言非物事，则虽高不行。与夫寂然不动，不得已而后起者，固有间矣，斯可谓知无心者也。夫心无为，则随感而应，应随其时，言唯谨尔.故与化为体，流万代而冥物，岂曾设对独遘而游谈乎方外哉！此其所以不经而为百家之冠也。

然庄生虽未体之，言则至矣。通天地之统，序万物之性，达死生之变，而明内圣外王之道，上知造物无物，下知有物之自造也。其言宏绰，其旨玄妙。至至之道，融微旨雅，泰然遣放，放而不敖。故曰：不知义之所适，猖狂妄行，而蹈其大方；含哺而熙乎澹泊，鼓腹而游乎混芒。至仁极乎无亲，孝慈终于兼忘；礼乐复乎已能，忠信发乎天光。用其光则其朴自成，是以神器独化于玄冥之境而源深流长也。

故其长波之所荡，高风之所扇，畅乎物宜，适乎民愿。弘其鄙，解其悬，洒落之功未加，而矜夸所以散。故观其书，超然自以为已当，经昆仑，涉太虚，而游惚恍之庭矣。虽复贪婪之人，进躁之士，暂而揽其余芳，味其溢流，仿佛其音影，犹足旷然有忘形自得之怀，况探其远情而玩永年者乎！遂绵邈清遐，去离尘埃而返冥极者也。

《南华真经注疏》序

唐·成玄英

夫庄子者，所以申道德之深根，述重玄之妙旨，畅无为之恬淡，明独化之窅冥，钳揵九流，括囊百氏，谅区中之至教，实象外之微言者也。

其人姓庄名周，字子休，生宋国睢阳蒙县，师长桑公子，受号南华仙人。当战国之初，降衰周之末，叹苍生之业薄，伤道德之陵夷，乃慷慨发愤，爰著斯论。其言大而博，其旨深而远，非下士之所闻，岂浅识之能究！所言子者，是有德之嘉号，古人称师曰子。亦言子是书名，非但三篇之总名，亦是百家之通题。所言《内篇》者，内以待外立名，篇以编简为义。古者杀青为简，以韦为编；编简成篇，犹今连纸成卷也。故元恺云："大事书之于策，小事简牍而已。"《内》则谈于理本，《外》则语其事迹。事虽彰著，非理不通；理既幽微，非事莫显；欲先明妙理，故前标《内篇》。《内篇》理深，故每于文外别立篇目。郭象仍于题下即注解之，《逍遥》《齐物》之类是也。自《外篇》以去，则取篇首二字为其题目，《骈拇》《马蹄》之类是也。

所言逍遥游者，古今解释不同。今泛举纮纲，略为三释。所言三者：第一，顾桐柏云："逍者，销也；遥者，远也。销尽有为累，远见无为理。以斯而游，故曰逍遥。"第二，支道林云："物物而不物于物，故逍然不我待；玄感不疾而速，故遥然靡所不为。以斯而游天下，故曰逍遥游。”第三，穆夜云：“逍遥者，盖是放狂自得之名也。至德内充，无时不适；忘怀应物，何往不通。以斯而游天下，故曰逍遥游。”

《内篇》明于理本，《外篇》语其事迹，《杂篇》杂明于理事。《内篇》虽明理本，不无事迹；《外篇》虽明事迹，甚有妙理；但立教分篇，据多论耳。所以逍遥建初者，言达道之士，智德明敏，所造皆适，遇物逍遥，故以逍遥命物。夫无待圣人，照机若镜。既明权实之二智，故能大齐于万境，故以《齐物》次之。既指马蹄天地，混同庶物，心灵凝澹，可以摄卫养生，故以《养生主》次之。既善恶两忘，境智俱妙，随变任化，可以处涉人间，故以《人间世》次之。内德圆满，故能支离其德，外以接物，既而随物升降，内外冥契，故以《德充符》次之。止水流鉴，接物无心，忘德忘形，契外会内之极，可以匠成庶品，故以《大宗师》次之。古之真圣，知天知人，与造化同功，即寂即应，既而驱驭群品，故以《应帝王》次之。《骈拇》以下，皆以篇首二字为题，既无别义，今不复次篇也。

而自古高士，晋汉逸人，皆莫不耽玩，为之义训；虽注述无可间然，并有美辞，咸能索隐。玄英不揆庸昧，少而习焉，研精覃思三十矣。依子玄所注三十篇，辄为疏解，总三十卷。虽复词情疏拙，亦颇有心迹指归；不敢贻厥后人，聊自记其遗忘耳。

《经典释文序录》之《庄子》

唐·陆德明

庄子者，姓庄，名周（太史公云：字子休），梁国蒙县人也。六国时，为梁漆园吏，与魏惠王、齐宣王、楚威王同时（李颐云：与齐愍王同时）。齐、楚尝聘以为相，不应。时人皆尚游说，庄生独高尚其事，优游自得，依老氏之旨，著书十余万言，以逍遥自然无为齐物而已；大抵皆寓言，归之于理，不可案文责也。

然庄生弘才命世，辞趣华深，正言若反，故莫能畅其弘致；后人增足，渐失其真。故郭子玄云："一曲之才，妄窜奇说，若《阏弈》《意修》之首，《危言》《游凫》《子胥》之篇，凡诸巧杂，十分有三。"《汉书·艺文志》"《庄子》五十二篇"，即司马彪、孟氏所注是也。言多诡诞，或似《山海经》，或类占梦书，故注者以意去取。其内篇众家并同，自余或有外而无杂。惟子玄所注，特会庄生之旨，故为世所贵。徐仙民、李弘范作音，皆依郭本。今以郭为主。

《南华真经章句音义》序

北宋·陈景元

太史公曰："庄子尝为蒙漆园吏，著书十余万言。"《汉书·艺文志》"《庄子》五十二篇"，《隋书·经籍志》"向秀注二十卷，郭象注三十三卷，又梁旷有《南华论》二十五卷"。陶隐居《真诰序录》曰："庄子受长桑公微言，撰《内篇》七卷，以三言为题者，当是法璇玑之环转，三景之焕明，故造《真诰》，编为七目，亦用三字为标。隐居著述，盖有所宗焉。"唐天宝中，诏册《庄子》，宜依旧号，曰《南华真经》，是知"南华"之义所来尚矣。

仆自总角，好诵是经，非事趣时，破卷而已。斯乃道家之业，务在长生久视，毁誉两忘，而自信于道矣。岂与有待者同日而论哉！今述章句，复成七卷，谓离章辩句，委曲枝派也。以《逍遥游》《齐物论》《养生主》《人间世》《德充符》《大宗师》《应帝王》七篇为"内"，实漆园命名之篇也。其次止以篇首两字或三字为题，故有外篇十五，杂篇十一。或谓外、杂篇为郭象所删修，又按陶隐居曰："庄子作内、外篇，而不言其杂篇。"复览前辈注解，例多越略，殊难稽考。今辄于二十六篇之内，取两字标目而一段成篇者，得《骈拇》《马蹄》《胠箧》《刻意》《缮性》《说剑》《渔父》七篇，以配内立名，而曰《外篇》。其次《让王》《盗跖》《在宥》《天地》《天道》《天运》《秋水》《至乐》《达生》《山木》《田子方》《知北游》《庚桑楚》《徐无鬼》《则阳》《外物》《寓言》《列御寇》《天下》，十有九篇，比乎内、外之目则奇偶交贯，取其人物之名则条列自异，考其理则符阴阳之数，究其义则契言默之微，故曰杂篇。今于三十三篇之内，分作二百五十五章，随指命题，号曰“章句”，逐章之下，音字解义，释说事类，标为“章义”。

书成，尝数其正经，得六万五千九百二十三言，合马迁之所记十亡其四矣。复将中太一宫《宝文统录》，内有庄子数本，及笈中手钞，诸家同异，校得国子监景德四年印本不同，共三百四十九字。仍按所出别疏，阙误一卷，以辩疑谬，《公孙龙》三篇，以备讨寻。乌乎！后之学者，不幸不见漆园简策之完，篇章之大体妙指浸为诸家裂。

元丰甲子岁上元日叙。

《庄子口义》发题

南宋·林希逸

庄子，宋人也，名周，字子休，生睢阳蒙县。在战国之初，与孟子同时，隐遁而放言者也。所著之书，名以《庄子》，自分为三，《内篇》七，《外篇》十五，《杂篇》十一。虽其分别次第如此，而所谓寓言、重言、卮言三者，通一书皆然也。《外篇》《杂篇》则即其篇首而名之，《内篇》则立为名字，各有意义，其文比之《外篇》《杂篇》为尤精，而立言之意，则无彼此之异。陈同甫尝曰：“天下不可以无此人，亦不可以无此书。”而后足以当君子之论。

若《庄子》者，其书虽为不经，实天下所不可无者。郭子玄谓其“不经而为百家之冠”，此语甚公。然此书不可不读，亦最难读。东坡一生文字，只从此悟入。《大藏经》五百四十函，皆自此中细绎出。左丘明、司马子长诸人，笔力未易敌此，是岂可不读？然谓之难者何也？伊川曰：“佛书如淫声美色，易以惑人。”盖以其语震动而见易摇也。况此书所言仁义性命之类，字义皆与吾书不同，一难也；其意欲与吾夫子争衡，故其言多过当，二难也；鄙略中下之人，如佛书所谓为最上乘者说，故其言每每过高，三难也；又其笔端鼓舞变化，皆不可以寻常文字蹊径求之，四难也；况语脉机锋，多如禅家顿宗所谓剑刃上事，吾儒书中未尝有此，五难也。是必精于《语》《孟》《中庸》《大学》等书，见理素定，识文字血脉，知禅宗解数，具此眼目而后知其言意，一一有所归着，未尝不跌荡，未尝不戏剧，而大纲领、大宗旨未尝于圣人异也。若此眼未明，强生意见，非以异端邪说鄙之，必为其所恐动，或资以诞放，或流而空虚，则伊川"淫声美色"之喻诚不可不惧。

希逸少尝有闻于乐轩，因乐轩而闻艾轩之说，文字血脉稍知梗概，又颇尝涉猎佛书，而后悟其纵横变化之机，自谓于此书稍有所得，实前人所未尽究者。最后乃得吕吉甫、王元泽诸家解说，虽比郭象稍为分章析句，而大旨不明。因王、吕之言，愈使人有疑于《庄子》。若以管见推之，则此书自可独行天地之间，初无得罪于圣门者，使庄子复生，谓之千载而下子云可也。非敢进之作者，聊与诸同志者共之。

鬳斋林希逸序。

《南华真经义海纂微》序（节选）

南宋·汤汉

古诸子之书，若孟氏之正，蒙庄之奇，皆立言之极至，后世虽有作者，无以加之矣。而《庄子》尤难读，大聪明如东坡翁，自谓于庄子有得，今观其文，间有说庄者，往往犹未契本旨。况雱、惠卿流，毒螫满怀，而可与于帝之县解乎？近时释庄者益众，其说亦有超于昔人。然未免翼以吾圣人言，挟以禅门关键，似则似矣，是则未是。余谓不若直以《庄子》解《庄子》，上绝攀援，下无拖带，庶几调适上遂之宗，可以见其端涯也。武林褚君伯秀，道家者流，非儒非墨，故其读此书也，用志不分，无多歧亡羊之失，特欲索祖意于千载之上，荟萃众说，附以已见，采获所安，不以人废？白首成书，志亦勤矣。余视其目端而明，气夷而靖，斯学之力也。余旧喜读庄，时有欣然会心处，然未尝笔之于册。今老病目昏，嘉褚君之志有成而已，不暇一二勘其得失矣。君既竭力以板行其言，且属余序其篇首。余笑曰：彼刻雕之工未竟欤，则释椎凿而上者能为君序之矣。

咸淳乙丑岁八月甲申，潘阳汤汉书。

《南华真经副墨》序

明·陆西星 陆律

1. 陆西星自序

外史既测《道德经》已，乃复测《南华》。《南华》者，《道德经》之注疏也。其说建之以常无有，而出为于不为，以破天下之贪执者。

去圣远，道德之风微，儒墨并起，各持其似以相是非，上仁义，崇圣智，而首乱之民，爰窃之以嚆矢天下。以故，识者病焉，以为先疾而施剂，则君参佐耆，适以滋毒而戕人，善摄生者不轻试以无妄之药。故曰，上德为之而无以为，失道而后德，失德而后仁，仁可为也，义可亏也，见素抱朴，少思寡欲，淡寞而天下治矣。且夫天下不可为也，将欲取天下而为之，吾知其不得已。若乃虚静恬淡、寂寞无为，则其于道也，几乎！古之至人，守宗保始，欲为而为之以不为，世出世法莫不繇此，所谓以其真治身，而出其绪余以理天下。盖自几蘧以逮羲轩，莫不通于道而合于德，退仁义而宾礼乐，明于本度，系于末数，理之所以穷也，性之所以尽也，命之所以至也。明此者，谓之大道；迕此者，谓之俗学。

若乃断言语，绝名相，混溟茫沕，迥出思议之表，则竺乾先生，谭之西方，未始相袭也，而符契若合。故予尝谓，震旦之有《南华》，竺西之贝典也。贝典专谭实相，而此则兼之命宗，盖妙窍同玄，实大乘之秘旨。学二氏者，乌可以不读《南华》？缘督守中，则卫生之经也；地文天壤，则止观之渊也；藏神守气，则食母之学也；忘言绝虑，则总持之要也；有情有信，则重玄之秘也；无实无虚，则实相之理也；因是，则玄同之德也；忘我，则无相之宗也；生死一条，可不可一贯，则解脱之门也。若乃采其文撷艺圃之华，资其辩给悬河之口，则操觚挥麈之伦又多取焉。

呜呼！文字上起唐虞以逮邹鲁，称性之谭，精绝闳肆，孰逾《南华》矣？亦其矢口寓言，正而若反，从心曼衍，废而中权，以通神明之德，以类万物之情，则惠施呿口，公龙结舌，季真、接子之徒又乌能测其涯哉？昔晋人郭象首注此经，影响支离，多涉梦语，肤斋口义颇称疏畅，而通方未彻，挂漏仍多。是知知虑一失，在贤知犹不能免；商赐启予，回非助我，仲尼大圣，不无望于人人，而况其散焉者乎？

星款启寡闻，素无前识，而二氏之学，载之末年，颇窥堂奥，乃复添注是经，补救偏弊，以匡昔贤之不逮，名之副墨，相与二家之诰，参订异同，而一二同志佥谓发所未发，勉令卒业。游历江海，佩之奚囊，三易岁乃脱草。

呜呼！批道熟，则庖丁之目无全牛，察认真，则九皋之肆无留良。千载而下，知庄叟者谁欤？若谓侮圣畔道，言大而无当，则星也与叟均之不白于天下矣！

万历戊寅四月望日。

2. 陆律序

吾少读《南华经》，意谓是陈刍狗、资章句耳。顷读其书，心目大骇。读之七日，恍见其人，乘龙鞭霆，逍遥于赫胥氏，左玄冥，右参寥，演天游天放之奥，三十三篇，语语皆道德性命，自然之情。有问及仁义礼乐者，三问而三不答，创为不必有之人、不必有之物，又或世所必无之事，玩弄百出，自五帝三王而下，往往遭其戏剧，如颠如狂，听者逡巡而不敢进。彼何为者？又聆其咳唾，如悬河天上，在坑满坑，在谷满谷，酌之莫可涯竟。无论其他，即西来大藏，衣被而细绎者何限？又词人数百家，猎其精英，如人海煮盐，倚山铸铜。嘻！世安从得此语也？世儒或诋其掊斗折衡，不经之甚，或谓其意与孔圣争衡，而卑孟子专言仁义，太史公则曰：善属书离词，剽剥儒墨，虽当时宿学不能自解免也。

嗟夫！《南华》，其人不易知，书亦不易读。古有至人，游于方之外者，虚静恬淡，寂寞无为，以道德自然为宗，乘云气，骑日月，长于上古而不为老，与大椿齐龄而不为寿，将无非其人欤？彼以步虚御空之姿，适弗逢世，下视大盗攘攘，窃圣人仁义圣智以济其篡夺之谋，曰：世丧道，道丧世矣。奈何哉？必圣人死而后混沌复。盖深念至德不可见，而深叹仁义无救于乱亡，险语破胆，而后人遂嚣嚣议之。夫酒之流生祸，有不罪酒人而罪上世之始为酒者人，曰：吾必黥其人！其将信之乎？吾窃谓其人不易知，书亦不易读。

吾叔氏方壶先生，天诞之灵，夙有异骨，才雄学博，洞百氏外家语。童时即志仙游，尝曰：人世浮华石火耳！安用名为？一日，即谢去亲知，长啸入栖霞山，彷徨乎尘垢之外，逍遥乎无为之业，鹑居鷇食，徐徐于于。旧注《阴符》《道德》《参同》《玄肤》等书，顷著《南华》。吾乡村李先生，博洽群书，一见爱而读之，曰：吾当与世人传之。命余序之。

陆子律曰：自先生注出，而诸家注可尽废矣。何者？《南华经》汪洋恣肆，语多险怪，读者要在悟其宗旨，不必字解句裂如诸训诂语。先生逍遥若鲲鹏，怒扬若戏蝶，直悟性灵，不假言诠，非注《南华》，注先生也。自闻自见，自暖自寒，自饮自知，又乌知《南华》注先生耶？先生注《南华》耶？予之读先生注也，盖欣然大有当于心者终日，适一蝴蝶翩翩而下，予异之；甫文成，孟夏廿有三日也，蝶复来。嘻！大异哉！汝奚自两来哉？汝奚自两来哉！岂栩栩者梦蝶耶？抑蘧蘧者南华仙耶？吾愿乘成以随先生游，相与徜徉于寥天一也。

万历戊寅孟夏，从子从吾律顿首书。

附：《南华真经副墨》之《逍遥游》篇“乱辞”：

大鹏上扶摇，九万立可期。野马及尘埃，均以息相吹。
斥鷃翔蓬蒿，蜩鸠决枋榆。小知不及大，嗤笑理则宜。
见大自遗小，二虫尔何知？所以尧与由，万乘固让辞。
大哉藐姑人，至德安可跂？气冲腹不枵，神全民无疵。
粃糠铸尧舜，讵以天下为？神人乃无己，汾阳丧其巍。
大小固有量，蓬心苦忧疑。大瓠浮江湖，利涉无倾危。

大樗树广莫，斤斧安所施？愿封龟手药，不学候敖狸。
用大岂无当？大用始为奇。博哉逍遥翁，万古开群迷。

《庄子翼》序

明·焦竑

老子在晚周著书上下篇，明道德之意，而关尹子、杨朱、列御寇、亢仓子、庄周皆其徒也。诸子唯杨朱无书，列子在晋末书始行，疑后人取《庄子》之文足成之者，故太史公作《列传》不及列子。《亢仓子》，唐王士源所著，《关尹子》书甚高，顾婴儿、蕊女、咒诵、土偶之类，聃时尚无之，亦后世知道之士所托为，非其真也。《庄子》旧传五十二篇，今存者三十三篇，《外》《杂》篇间有疑其伪者，乃《内篇》断断乎非蒙庄不能作也。然则老氏门人之书，传于世者独《庄子》耳。余既辑《老子翼》若干卷，复取《庄子义疏》读之，采其合者为此编，亦名之曰《庄子翼》。夫老之有庄，犹孔之有孟也。老子与孔子同时，庄子又与孟子同时，孔孟未尝攻老庄也。世之学者，顾諸諸然沸不少置，岂以孔孟之言详于有而老庄详于无，疑其有不同者欤？嗟乎！孔孟非不言无也，无即寓于有，而孔孟也者，姑因世之所明者，引之所谓下学而上达者也。彼老庄生其时，见夫为孔孟之学者，局于有而达焉者之寡也，以为必通乎无而后可以用有，于焉取其所略者而详之，以庶几助乎孔孟之所不及。若夫仁义礼乐云云者，孔孟既丁宁之矣。吾复赘而言之，则何为乎？此盖老庄之雅意，而非其创为高也。不然形而上者谓之道，形而下者谓之器，此乃孔孟之言也。今第易道器为有无，转上下为徼妙，其词异耳。以词之异而害其意之同，是攻之者之自病也。曾足以病老庄乎？孔孟、老庄闵学者之离其性也，而为之书以觉之，不知反其性而哓哓然异同之辨，非余之所知也。

时万历戊子人日，焦竑弱侯书。

《庄子因》序

清·林云铭

1. 增注《庄子因》序

古今能文之士有不读《庄》者乎？既读，有不赞其神奇工妙者乎？余窃谓读《庄》者实未尝读得《庄》，而赞之者亦未尝赞得神奇工妙处也。何也？盖凡读书家必先识得字面而后分得句读，分得句读而后能寻得段落，寻得段落而后能会得通篇大旨，及篇中眼目所注，精神所汇，此不易之法也。庄之为文，其字而有平易醇雅者，即有生割奇创者；其句读有径捷隽爽者，即有艰涩纠缠者；其段落有斩截疏明者，即有曼衍错综者。若不逐句训诂，逐句辨定，逐段分析，如前此注《庄》诸家解其可解而置其不可解，甚至穿凿附会，颠倒支离，与作者大旨风马无涉，凡篇中眼目所注，精神所汇，悉付之云雾惝况，虽极口嘉赞，无殊醉呶梦寱，庄必不受也。余注《注》二十有七年矣，镌木之后，分贶良友，即携归里，贮建溪别墅，与二三方外畸人讲究丹诀，借为印证，原不蕲于问世。寅、卯闽变，余家尽为逆氛毁夺，所注经书藏稿十余种同作劫灰，而是书赖有锓板独存。惩羹吹齑，不得不为无穷之虑，与近注《古文析义》前后编并行于世，今且遍及海内矣。兹再加翻阅，其中有鄙意所未尽者，恐初学或费探索，因竭四阅月玩味揣摩之力，重开生面。将《内七篇》逐段分析，逐句辨定，逐字训诂，誓不复留毫发剩义。而《外篇》《杂篇》虽属《内篇》注脚，遇有神奇工妙处，亦必细加改订，分别圈点钩截，得其眼目所注、精神所汇而后已。至如赝手拟《庄》，搀入篇内，往往得罪名教，实《庄》之秕莠蟊贼，必不可姑容者，谨一一摘其纰缪，徙旁抹出，镌为定本，以公同好。昔朱晦庵《大学章句》成于五十九岁，至七十一犹改注《诚意章》，学以年进，务求至当不易，良工苦心，千载如见。余何敢妄拟古人，但以数十年寝食于《庄》，久已稔其大旨，迄今论定，而段落字句之间始无遗憾，因叹著述之难如此，海内读《庄》者开卷欣赏，如见其人，不至茫然射覆臆钩，仅为世俗虚赞，当亦谅余今日之苦心也夫！

康熙戊辰季秋望日，三山林云铭西仲氏题于西湖画舫。

2.《庄子因》序

余支离成性，不为事物所宜，于《庄》为近，故少而好之，久耳弥笃。稍长，涉猎玄门诸书，私念人生地上寓也，其与几何？逍遥寝卧于无何有之乡，一笠一瓢，此生之事业毕矣。戊子以来，历今十有六载，其间天损人益之洊加，俾畏人之鷾鸸，难以自遂，不得不智效一官，舍鹏飞而从鷃笑。自是以后，为樊雉，为庙牺，为雕陵异鹊，求其俯仰而不得罪于人，此其难者。故有甚忧两陷，螴蜳不得成，阴阳之食人与金木之讯者等。吾友邵是龙，善于《庄》，案牍之余，为余谈及。余聆之，若昆弟亲戚謦咳于藜藋鼪鼬之迳也。急索书竟读之，则见见闻闻，旧国旧都，望之畅然矣。夫虚己游世，人莫能害，而流遁决绝，为大道所不出，则今日之余，祸福淳淳，相与风雨寒暑之序，举不足以滑成，斯其所得于《庄》者，固不在区区筌蹄间也。但大道日漓，去古渐远，谭《庄》之家，自郭子玄以后，言人人殊，究为鲁遽之瑟，无关异同，使人徒受其黑其黮黯，适得怪焉。余考证诸本，参以《管见》，栉比其词，檃栝其旨，惟因是因非，因非因是，以治《庄》之道，读庄之书，求合乎作者之意而止。异日者，骊龙未寤，腐鼠已捐，泛若不系之舟，虚而遨游，将手此一编，以质于大莫之国。若谓漆园功臣，漆园罪人，呼牛为牛，呼马为马，余何蕲乎？而人善之而人不善之邪！亦因之而已矣，遂以"因"名。

康熙癸卯（1663）岁秋七月望前三日，题于金陵报恩墖寺。

《庄子独见》序

清·武启图　胡文英

1. 武启图序

世事非奕也，文字似之。假如两人对弈，其下数子者，必不能仰窥其落子布局之妙。龙门，国手棋也；漆园，仙乎弈者也，两人虽未交手，而其谱具在。自汉以来，读史者不甚烦注释，学步者亦往往貌似，何居乎？南华老人著此绝迹飞行之谱，使龙门遇之，仅举其《盗跖》《渔父》诸败著，向、郭诸家亦各演一角，其欲解之也，其不欲解之也。而其指点形势，隐见之际，洞幽烛微，仙乎奕者虽欲另出一奇以相诡，而亦几乎莫或遁矣。南华老人爱其著而喜乎，惧其泄而怒乎？胡子当早已默契之矣。

乾隆岁次辛未杪秋，云中武启图羲民氏题于端江之虚白斋。

2. 胡文英自序

昔子舆氏有言："夫道若大路然，岂难知哉？"是故《六经》之言道，如天地之无所不包；四子之言道，如日月之无所不烛。而设有雷之奋击，电之薄射，云之飞翔，风之播扬，震撼天地，蔽亏日月，其谓有益于天地日月哉？抑有损于天地日月乎哉？庄子著书，一雷电风云之通于天地日月而无可端倪者也。史迁涉猎广博，称"其学无所不窥"，似能窥所窥矣。然后此读《庄》者，胸横"空语无事实"一句，实而往，虚而归，去精咀粕，殆与叶公好龙者类。将毋谓雷电风云无补与造化，而仅以饰观耶？抑何祖庄者之同而异也！余丱即嗜《庄》，尔时第知雷电之惊耳骇目，风云之娱心畅意，爽然相忘，无所于解。浸淫既久，他有会通，目睹注家割裂凌轹，夫食其本而忘其报，与见其害而不为之利，皆心所不安，惟自谅薄植，车薪杯水耳。年来跨山涉海，辛苦流离，不能如古圣贤之乐天知命，颇赖是书以静究而深观之。有所得，切喜起舞。椎鲁莫能尽记，碎札与衲被相似。友人见而言曰："子之功亦勤矣，然利于己而不利于人，其道将入于杨朱。且子将以此自娱乎？则默而存之可矣；如将以起作者而俟后人，则古之道术虽廓如天地，昭如日月，犹费贤者之经营表章，况此起灭无端、变幻莫测之书，而欲听狂瞽低昂涂附于其间，斯又与狂瞽之甚者也。"余不得已，而简细别白，联络其辞，贯串其意，约以该之，微以显之，解其所可解，而置其所不必解。纵未能揭日月而行，而幽邃之中，亦时有绝径路而通风云之乐。付之梓而颜以"独见"，非敢曰"冥冥之中独见晓焉"，实欲由管窥而渐趋于众著云尔。

乾隆岁次壬申小除，晋陵胡文英题于端州之来鹤堂。

附：胡文英《庄子论略》（共十条）

一、庄子人品、德性、学问、见识，另有一种出人头地处，另有一种折衷至当处。后人只在语言文字上推求，何从窥其寄托？

二、庄子是全副才情。老子只有一副家伙，钩着他没有的家伙，他便不动手。管子、荀子是收拾圣人的旧家伙而改造之者，故尔也还用得，只是不醇不备。若遇庄子动手，自然在诸子之上。

三、庄子才学来得本是纯正，只是眼界太高，看得忒容易了，故使人疑他无济于实用。如少陵窃比稷、契，岂漫无所见而为大言者？俗子强作解事，不为轻许，请问究竟看见什么？

四、庄子本是个要出世底人，缘是藏诸用者远，不肯屑屑于口头耳。试看诸葛武侯《梁父吟》，何尝露一点圭角？黄征君、文中子满口是要救民，只怕动手未必能如武侯也。世有解得《梁父吟》者，亦解得庄子。

五、庄子开口就说没要紧的话，人往往竟算作没要紧看。要知战国是什么样时势风俗？譬如治伤寒病的一般，热药下不得，补药下不得大寒凉药下不得，先要将他一团邪气消归乌有，方可调理。这是庄叟对病发药手段，看作没要紧者，此病便不可医。

六、庄子眼极冷，心肠极热。眼冷故是非不管，心肠热故感慨无端。虽知无用而未能忘情，到底是热肠挂住。虽不能忘情而终不下手，到底是冷眼看穿。

七、庄子并非三代以下所能用，亦不为三代以下用。许由皇臣，故不比皋、禹。伯、夷帝佐，故不同周、召。庄叟所学，亦非春秋以后所能用也。

八、庄子每多愤世嫉邪之谈，又喜欢讥诮出名大户，或寓责备贤者之意，或假人穷反本之思。诚以彼龊龊者，擢其发而数之，适足污吾口耳。执死腔板以相绳者，无从说起。

九、庄子非但不是关、列根源，并不是沮、溺光景。“时命大谬”是其不能立德立功处，“充实不可已”是其所以立言处。

十、庄子最是深情。人第知三闾之哀怨，而不知漆园之哀怨有甚于三闾也。

盖三闾之哀怨在一国，而漆园之哀怨在天下；三闾之哀怨在一时，而漆园之哀怨在万世。昧其指者，笑如苍蝇。

附：胡文英《读〈庄〉针度》（凡八则）

读《庄子》须是穷理。试看庄子穷理之乐，直是口不能言，而心以髣髴之者。若不能穷理，以心相印，徒恃聪明偶到之处，横为剸截，只是解者肚里明白，作者肚里倒不明白了。

读《庄子》须把心收得细如游丝，虚而与之委蛇。望其气上，则引而避之；俟其气下，复缓而惹之。炼得此一片轻清微妙之质，则气息自通。

读《庄子》须善用照法。正照之。斜照之，远照之，反照之。照得不真者，仍旧打扫心地，自然照见真际。

读《庄子》须用一路没要紧的功夫对付他，如泡药酒一般，久久气味自出。若偶有所见，强为拿住，到头来心孔里铸成一土木魔君，非徒无益，而又害之。

读《庄子》须把眼界放活，则抑扬进退，虚实反正，俱无定极。惟跟着神气之轻重伸缩寻觅将去，才能大叩大鸣，小叩小鸣。

读《庄子》须笑谈鼓舞以读之。今人读书只说苦心力学，殊不知眼前之理才要苦心求合，至古人之理，明明摆在书上，何用钻在间壁去？若苦心相伴者，便与《庄子》相反。

读《庄子》要浅者深之，深者浅之。只如极平淡语句中，有无限含蓄。极奇幻语句，却是游戏神通。从此入去。迎刃可解。

读《庄子》要如演杂剧一般，生旦净丑，各各还他神气。若有胸襟抱负的人，自渐渐藏入神气去，而不知我之为庄、庄之为我矣。

《庄子雪》序

清·陈大文 陆树芝

1. 陈大文序

天之积空，为日月，为垣舍，为黄赤道，为雾露虹霓，懿濞黡暗，不可思议也。庄子之为文，为风为火，为江为海，为鼠肝虫臂，尻轮神马，嘘噏泼漫，不可思议也。天下之事，莫难于测空，而测《庄子》者，如之矣。岭南陆树芝，余庚子岁奉使所取士也。好为古文词，矻矻于周秦百家之言，而于《庄子》尤有昌歜嗜，为文能师其奇诡。近以一卷质余，居然《南华》也，居然《秋水》也。其大则所谓江海日星，其细则所谓鼠肝虫臂也，其丽则倾宫旋室，其激謞叫嚎则蜚廉折丹枅、圈臼洼也。余因叹曰：庄子神于文者，子神于《庄子》者。自子之文出，而庄子于是乎有替人，有知己。

时嘉庆四年二月，会稽陈大文撰。

2. 陆树芝自序

《庄子》，诸子之冠也。其言异于《六经》，而亦不同于诸子。《六经》如日月之丽天矣，诸子其犹爝火乎？幽阴中可以自见也。若夫称瑞冬春之交，而晶莹皎洁、不染点尘、别具寒香者，雪也，唯《庄子》似之。顾其书奥衍磅礴，自晋唐来，解者无虑数十家，率皆支离隔膜，虽一二卓识之士时有特见，而所得者尚未什一，因未能通体了澈也。博采者是非杂陈，妄庸者任意猜混，于句解段落往往失之，意使千古奇文尽如梦，又安望其揭全书之大旨，识厥功之甚伟哉？夫说经者多而经亡，祸有甚于秦火者，况以洸洋自恣之文而复为瞽说所蒙，安得不如坠云雾也？不揣固陋，辄取内、外、杂篇而通解之，务使简约不繁，而肌理分明，单词皆适。既乃取龙门之《传》、东坡之《记》，述论于前，以明其无罪，而大白其维持《六经》之功。虽不敢自谓必当，而开卷了然，无复沉闷，似拨云雾而对皎雪也，遂名之曰《庄子雪》，据所见也。今复房室之中，帷帐之内，人以为暗也，蚊蚤游之，则與青天白日之下无以异焉；莽苍之林，荆榛之野，人以为蓬也，鸟雀入之，则与康庄四达之衢无以异焉。何者？性之所近而身之所习也。见以为雪，在雪之耳矣。独是物之光且明者，莫如火日，火日可以远照，而雪不能。说《庄》而谨如雪也，遂无憾乎？然火日外光，雪则表里洞然。久视日火者，目为之眩，雪则谛观焉，把玩焉，而心之烦者亦释，神之浊者亦清，虽予之火日，有不以易者矣。

且夫庄子，雪人也；其文，雪文也。说之而使尘垢得混焉，不使寒香沁于心脾焉，则其文汨，而其人之真亦以没矣，可乎哉？此则私心之颇窃自喜者，庄叟如可作也，倘亦曰“我有文字，人梦之；我有苦心，云雾蒙之；得一畸士，从而雪之”乎？

时嘉庆元年七月七日，次山陆树芝见廷氏书于三在山房。

《南华经解》序

清·宣颖

呜呼！天地开辟以来，世愈积而事愈增。至于绸缪繁饰而无遗者，皆非人之所能为也。一道之精蕴，至于畅发不止者也。譬之果木，由一仁而发两荄，由两荄上达而千枝万叶生焉。此千枝万叶，岂非皆一仁之中之所全蕴而不发布止者乎？特寓之于无而见之于有，人自不克知耳。夫世自鸿蒙以迄周盛，则由根荄而枝叶毕具者也。枝叶蔽芾，不可复剪，人胥悦其灿然。故有世道之责者，亦就灿然者相维持，此圣人之不得已也。夫圣人以精蕴示人，势必有所不能，而先剪弃其枝叶，则是率天下而兽也。心尤有所不忍，故姑就灿然者为维持，而以其精蕴俟之上智一贯之才，而不敢轻为示。此圣人之体大而思深，为爱天下之至也。后有上智之才出焉，能自窥乎其精蕴，窥之而学未及圣人之大且深也，则不复能有所俟，于是日取而津津道之，道之不已而笔之为书，而反侧摹画之。此庄子所为作也。向使以庄子之才而得亲炙孔子，其领悟当不在颜子下，而磨砻浸润以浑融其笔锋舌巧，又恶知其出不违如愚之下哉。不幸而圣人没，微言绝，百家并噪，无异禽鸟斗鸣。庄子于是不能自禁，而发为高论绮言，以删叶寻本，披枝见心，此又庄子之不得已也。后人读之，乃得徜徉其骀荡之姿，浩瀚之势，空灵幻化，殊诡清越，此则庄子之不幸，而后人之幸也。

呜呼，庄子之文，真千古一人也，少时读《史记》，谓其言洸洋自恣以适已。及览《李太白集》，称之曰：“南华老仙，发天机于漆园。”予私心向往，取而读之，茫然不测其端倪也。乃旁搜名公宿儒之评注，不下数十家，而未尝不茫然也。即郭子玄以此擅胜名家，又未尝不茫然也。则意子长、太白所称，即此茫然无端、任意滑稽者是乎？窃疑其必不然也。吟讽之下，渐有所解，屏去诸本，独与相对，则涣然释然，众妙毕出。寻之有故，而泻之无垠，真自恣也，真仙才也，真一派天机也。乃知古今能读《庄子》者，惟子长、太白耳。诸家但摘其数句之工，一字之巧，遂谓能读《庄子》；甚且字句之间，大半强作解事，譬之主人觌面而旁猜张、李，其支离可笑，有不胜言者。噫！《庄子》之难读如是乎？予此本不敢于庄子有加，但循其窍会，细为标解，而不以我与焉。庶几庄子本来面目，复见于天下，不致觌面而旁猜而已。若其玄风妙旨，则鹿门茅氏尝曰："太史公于庄子之学，未必知。"夫以太史公能赏其文，尚未必知其学，况于予乎！然每一披卷，文理既畅，神怡意适之际，跃如有见，则夫去圣既远，而为学人津筏，有不可诬者。夫庄子既不避圣人罕言之戒，而于圣人之不欲剪者剪之，圣人之不轻示者示之，此《庄子》所以维末流之穷，而一出于忍俊不禁，一出于苦心致觉者也。后世分别九流，乃以异端目之。予谓庄子之书，与《中庸》相表里，特其言用处少，而又多过于取快之文。固所谓养生之未至，锋芒透露，惜不及亲炙乎圣人者。若具区冯氏，谓为佛氏之先驱。鸣呼，庄子岂佛氏之先驱哉！

康熙六十年岁次中秋，句曲后学宣颖茂公氏自序。

《庄子集释》序

清·王先谦

郭君子瀞为《庄子集释》成，以授先谦读之，而其年适有东夷之乱，作而叹曰：庄子其有不得已于中乎！夫其遭世否塞，拯之末由，神彷徨乎冯闳，验小大之无垠，究天地之终始，惧然而为是言也。

邹衍曰："儒者所谓中国，于天下乃八十一分居其一分耳。赤县神州外自有九州，裨海环之，大瀛海环其外。"惠施曰："我知天下之中央，燕之北，越之南是也。"而庄子称之。亦言倏与忽凿混沌死，其说若豫睹将来而推厥终极，亦异人矣哉！子贡为挈水之槔，而汉阴丈人笑之。今之机械之事，倍于槔者相万也。使庄子见之，奈何？蛮触氏争地与蜗角，伏尸数万，逐北旬日。今之蛮触不知其几氏也，而庄子奈何？是故以黄帝为君而有蚩尤，以尧为君而有丛枝、宗、脍、胥敖。黄帝、尧非好事也，然而欲虚其国，刑其人，其不能以虚静治，决矣。彼庄子者，求其术而不得，将遂独立于寥阔之野，以幸全其身而乐其生，乌足以及天下！

且其书尝暴著于后矣。晋演为玄学，无解于胡羯之氛；唐尊为真经，无救于安史之祸。徒以药世主淫侈，澹末俗利欲，庶有一二助焉。而其文又绝奇，郭君爱玩之不已，因有集释之作，附之以文，益之以博。使庄子见之，得毋曰“此犹吾之糟粕”乎？虽然。无迹奚以测履，无糟粕奚以观于古美矣！郭君于是书为副墨之子，将群天下为洛诵之孙已夫！

光绪二十年岁次甲午冬十二月，长沙愚弟王先谦谨撰。

《庄子集解》序

清·王先谦

夫古之作者，岂必依林草、群鸟鱼哉！余观庄生甘曳尾之辱，却为牺之聘，可谓尘埃富贵者也。然而贷粟有请，内交于监河；系履而行，通谒于梁魏；说剑赵王之殿，意犹存乎救世。遭惠施三日大索，其心迹不能见谅于同声之友，况余子乎！吾以是知庄生非果能回避以全其道者也。

且其说曰：“天下有道，圣人成焉；天下无道，圣人生焉。”又曰：“夫处乎材不材之间。”夫其不材，以尊生也；而其材者，特藉空文以自见。老子云：“美言不信。”生言美矣，其不信又已自道之。故以橛饰鞭策为伯乐罪，而撽髑髅未尝不用马捶；其死棺椁天地，而以墨子薄葬为大觳；心追容成、大庭结绳无文字之世，而恒假至论以修心。此岂欲后之人行其言者哉？嫉时焉耳。

是故君德天杀，轻用民死，刺暴主也；俗好道谀，严于亲而尊于君，愤浊世也。登无道之廷，口尧而心桀；出无道之野，貌夷而行跖。取又奚取夫空名之仁义，与无定之是非？其志已伤，其词过激。设易天下为有道，生殆将不出于此。后世浮慕之以成俗，此读生书者之咎，咎岂在书哉！

余治此有年，领其要，得二语焉，曰："喜怒哀乐，不入于胸次。"窃尝特此以为卫生之经，而果有益也。噫！是则吾师也夫！

旧注备矣，辄芟取众长，间下己意，辑为八卷，命之曰《集解》。世有达者，冀共明之。王先谦大清宣统元年七月。

后 记

庄周是我国古代伟大的哲学家、思想家和文学家，其所著《庄子》一书内容博大精深，是我国古代典籍中的瑰宝，无论是在思想史、哲学史，还是文学史上，都具有极其重要的地位，对后世的影响广泛而深远。为了写好《道家宗师庄周》这本书，我们不仅对《庄子》重新进行了精研细读，而且翻阅了海量的历史文献和当今的研究著作、报刊。可以说，本书是在以往学习与研究庄子的基础上，对自己所认识的庄周做的一个比较系统的总结。

为庄周立传，历史资料并不丰富，西汉史学家司马迁也只写了二百多字的《庄子本传》。本书以《庄子》为基础，参考有关历史文献资料和民间传说故事，尽量全面客观地记述传主为吏、游历、授徒、交往、著述充满传奇而逍遥的一生，希冀为庄学爱好者提供一份全景式参考资料，使广大读者更加深入地走近庄周、认识庄周、走进《庄子》，了解道家文化。

《道家宗师庄周》的编著，得到了市、县有关领导、专家学者及庄学爱好者的大力支持和热情帮助，并参考和引用了前人及当今许多专家学者的研究成果（附参考文献），借付梓出版之机，对大家表示最诚挚的谢意。由于我们学识水平和认识深度所限，书中难免存在误漏和不足，敬请方家、同人和广大读者不吝赐正。

编 者

二〇二三年十二月